重庆市社科规划年度项目：重庆市政务数据共享机制研究（2020YBSH106）
重庆市政务数据资源"聚通用"协同机制创新研究（22SKGH189）
重庆工商大学重庆市社会学一流专业建设项目

资助

纪 杰◎著

开放政府视野下
地方政府数据共享：
运行机制、治理困境与破解路径

KAIFANG ZHENGFU SHIYEXIA
DIFANG ZHENGFU SHUJU GONGXIANG:
YUNXING JIZHI, ZHILI KUNJING YU POJIE LUJING

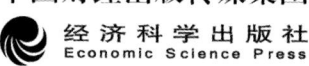

中国财经出版传媒集团
经济科学出版社
Economic Science Press

图书在版编目（CIP）数据

开放政府视野下地方政府数据共享：运行机制、治理困境与破解路径／纪杰著.—北京：经济科学出版社，2023.1

ISBN 978 - 7 - 5218 - 3190 - 0

Ⅰ.①开⋯ Ⅱ.①纪⋯ Ⅲ.①地方政府－信息管理－研究－中国 Ⅳ.①D625

中国版本图书馆 CIP 数据核字（2021）第 250640 号

责任编辑：杜　鹏　郭　威
责任校对：杨　海
责任印制：邱　天

开放政府视野下地方政府数据共享：运行机制、治理困境与破解路径
纪　杰／著
经济科学出版社出版、发行　新华书店经销
社址：北京市海淀区阜成路甲 28 号　邮编：100142
编辑部电话：010－88191441　发行部电话：010－88191522
网址：www.esp.com.cn
电子邮箱：esp_bj@163.com
天猫网店：经济科学出版社旗舰店
网址：http://jjkxcbs.tmall.com
固安华明印业有限公司印装
710×1000　16 开　20.75 印张　360000 字
2023 年 1 月第 1 版　2023 年 1 月第 1 次印刷
ISBN 978 - 7 - 5218 - 3190 - 0　定价：98.00 元
（图书出现印装问题，本社负责调换。电话：010 - 88191510）
（版权所有　侵权必究　打击盗版　举报热线：010 - 88191661
QQ：2242791300　营销中心电话：010 - 88191537
电子邮箱：dbts@esp.com.cn）

前　言

　　信息技术变化成为政府治理变革的最深刻动因，以计算机、互联网、大数据为标志的信息和通信技术（ICT）呈几何级变化，政府行政改革也与之深度融合，更是催生了人们对数字时代新治理模式的极大想象力。"开放政府"是一种治理模式和方法，旨在通过信息公开、数据开放、政府与公众之间的互动和对话以及政府与企业和非营利性社会组织之间的合作，提升政府的治理能力，为全球越来越多的国家所接受。通过"透明"原则为公众提供政府正在做什么的信息，促进问责制的建立；通过"参与"原则便于公众提供建议和某些专业知识，以此来制定与改善公共政策；通过"协作"原则鼓励政府内部不同层级之间、政府与私人机构之间、政府与个人之间的合作，推动政府向开放、协同、合作迈进。2007年9月，30名开放政府倡导者聚集在加利福尼亚州的塞巴斯托波尔，讨论开放政府数据如何推动民主，最终形成并发布了《开放政府数据原则》，即数据必须是完整的、原始的、及时的、可获取的、机器可读的、非歧视的、非专有的、免许可的。自此，"开放政府数据"一词开始流行起来。

　　2014年中国政府首次将"大数据"写入《政府工作报告》，并提出"开放数据"的战略思路，2015年国务院印发的《促进大数据发展行动纲要》提出2018年底前建成国家政府数据统一开放平台，中共十八届五中全会提出实施国家大数据战略，推进数据资源开放共享。2016年，习近平总书记在中央政治局第36次集体学习时强调："以推行电子政务、建设新型智慧城市等为抓手，以数据集中和共享为途径，建设全国一体化的国家大数据中心，推进技术融合、业务融合、数据融合，实现跨层级、跨地域、跨系统、跨部门、跨业务的协同管理和服务。"[①] 2019年11月党的十九届四中全会明确提出要

[①] 深化认识推进新型智慧城市建设［EB/OL］. 新华网, http://www.xinhuanet.com/politics/2016-10/18/c_1119739656.htm?from=singlemessage。

推进数字政府建设，加强数据有序共享，可以看出数据共享已经从行政管理层面上升到国家治理层面。2020年12月中央全面深化改革委员会审议通过了《关于建立健全政务数据共享协调机制加快推进数据有序共享的意见》，指出"建立健全政务数据共享协调机制、加快推进数据有序共享"。虽然地方政府率先进行政府数据开放共享的探索，积累了一些经验，但在中央—地方行政组织结构下，中央通过高位推动、逐级发包等模式来控制自上而下的政策执行，存在压力层层叠加、被组织性和动员与运动的模式共性，忽视地方政府的个性，影响数据共享实施过程中的理性建构和自组织，政府数据共享建设依然存在系统相互割裂，碎片化和垂直化现象仍然突出，进而导致地方数据开放共享过程中出现推进不足、推进不均和推进不畅的问题，"数据孤岛""数据烟囱""数据壁垒"相当普遍，"纵强横弱"成为政务信息化建设的实践悖论，成为影响国家治理的重要难题，亟须破解。

实际上，数据共享作为一种"外来"的信息技术，由于其本身具有的交互性、外源性等特征使其在被某个组织运用时，会给组织内的行动者带来不一样的观感，这种观感可用"不确定性"来表述。简要地来说，就是政府数据共享包含着部分难以预见的情况，也存在着不同变化的可能，即不确定性，正如斯蒂芬·巴利所提到的：技术充当了"触发器"的角色。为此，不同的行动者需对这种不确定性做出反应，并根据自身情况对数据共享进行评价，从而形成不同的主观认知和判断，也就是行动者认知。在地方政府数据共享中，行动主体做出的行动策略是以他们对数据共享的直觉认识作为出发点，也就是行动主体所感知的关于数据共享这一行为的结果以及对该结果进行评价的函数。个体在组织中的行为受到职位关系的影响，基于职位关系，组织成员对工作任务的承担和理解不同，由于职位结构多元化，会形成不同的主观认知，也就赋予其不同意义和期望，这种认知和期望在很大程度上影响到数据共享效果。也就是说，仅仅将作为"共享者"的行为动机独立于行政环境之外，会带来两个问题：一是在理论上缺乏多元行动者的理论假设，忽略了部门太小、职能过窄、部门壁垒、机会主义等造成政府间的合作困境；二是行动者个体层面的因素可以对"数据共享"这一组织行为产生影响，但其分析仅仅停留在"共享行为如何发生"的层面，仍然无法回答"共享行为为什么会发生或没有发生"的核心问题。

本书一是契合从"技术—工具"工具导向向"过程—机制"过程导向转变，不再强调技术自身特性对数据共享行为产生的单向因果关系的"技术决定论",而是向突出行动者的主体地位和选择能力的"策略选择论"转变,在承认技术的支持性作用前提下,强调多元参与主体互动策略的调节性作用;二是契合从"结构—制度"的静态研究向"行为—机制"动态分析转换,不再局限于从组织结构和制度安排的角度阐释政府数据共享的影响因素,而是从多元行动主体的主观态度和行为意愿的角度研究政府数据共享独特的行为机制。本书尝试从宏观视角分析决策层面临的机遇和约束、管理层采取的合作和冲突、使用层具有的动机和意愿及其互动策略,以及他们对数据共享基本认知的差异性,从微观层面找寻数据共享和组织互动过程背后的运作逻辑,拓宽了跨部协同治理理论研究。

本书可能的创新之处体现在以下三个方面:一是研究问题创新。目前学界对于政府数据共享的研究焦点逐渐从关注顶层设计、统一开放数据平台、政策体系比较和体制机制等宏观层面的研究转变到基于某个实践主题或某个单一理论的深层次研究,本书立足于地方政府政务数据共享中"纵强横弱"的实践悖论,顺应了政府数据共享研究趋势,遵循"行为—机制"逻辑,从微观层面透视多元行为主体跨部门数据共享的行为过程,深入阐释地方政府数据共享过程背后独特的行为机制、治理困境以及破解路径。二是研究视角创新。突破以往研究采用的单一使用主体(公众)、职能部门、政府内部整体划分的视角来对跨部门政府数据共享进行研究的局限,尝试从政府内部将行动主体划分为三个层级来探讨决策层、管理层、操作层的认知倾向、关注焦点、行动策略,从多元行动主体的主观态度和行为倾向的角度研究政府数据开放共享独特的运行机制。三是研究方法创新。运用深度访谈获取数据共享过程中存在的现实问题、制约困境与建设性意见,有助于理解跨部门政府数据共享所具有的复杂性,扎根理论三级编码可对经验事实加以释义而又避免了过度简化,从而归纳与分析多元行动主体和组织互动过程背后的运作机制和制约困境,相较传统的"从假设到理论",具有更高的信度和效度。

本书在写作过程中参阅和引用了一些专家学者的研究成果与资料,对参考和借鉴的有关论著,有的在书中已注明,有的观点和思路对研究提供了帮助,但难于一一注明,因此,仅将部分论著作为参考文献列出。在此向给予帮助和启迪的专家、学者及所参考和借鉴论著的作者们表示真诚的谢意!

作者

2022 年 10 月

目 录

第1章 绪论 ··· 1
- 1.1 研究背景 ··· 1
- 1.2 研究意义 ··· 11
- 1.3 研究内容 ··· 13
- 1.4 可能的创新之处 ··· 15

第2章 相关概念及理论基础 ·································· 17
- 2.1 相关概念 ··· 17
- 2.2 相关理论研究 ··· 42

第3章 政府数据共享文献综述 ································ 71
- 3.1 基于行政管理的视角 ····································· 71
- 3.2 基于数据质量的视角 ····································· 84
- 3.3 基于信息技术的视角 ····································· 110
- 3.4 政府数据共享的研究动态与研究趋势 ······················· 129

第4章 地方政府数据共享实践研究 ···························· 134
- 4.1 政策演进：地方政府数据共享制度创新 ····················· 134
- 4.2 推进机制：地方政府数据"聚通用"实践做法 ················· 150
- 4.3 保障体系：地方政府数据共享的保障机制 ··················· 171
- 4.4 地方政府数据共享的典型案例 ····························· 185

第5章 研究设计：分析与资料收集方法 ························ 202
- 5.1 资料分析技术：扎根理论 ································· 202
- 5.2 资料收集 ··· 208

第6章 地方政府数据共享运行机制 ···························· 214
- 6.1 译码过程 ··· 214

  6.2 多元行动主体共享认知体系构建……………………………… 220
  6.3 多元行动主体的关注焦点分析……………………………… 231
  6.4 地方政府数据共享的运行机制分析………………………… 242
第7章 地方政府数据共享治理困境 …………………………………… 249
  7.1 译码过程……………………………………………………… 249
  7.2 内生动力缺失………………………………………………… 253
  7.3 外驱动力不足………………………………………………… 262
  7.4 多元行动主体参与跨部门政府数据共享困境……………… 271
第8章 地方政府数据共享破解路径 …………………………………… 279
  8.1 治理理念重构………………………………………………… 279
  8.2 管理制度完善………………………………………………… 287
附录 访谈提纲 ……………………………………………………………… 295
参考文献 ………………………………………………………………………… 298

第1章 绪　　论

1.1　研究背景

1.1.1　开放政府成为政府治理模式变革的动因

政府治理模式的变革始终是学界重点关注话题，而围绕模式变革的原因分析则是焦点之一。具体而言，已有研究大致将导致变革发生的原因总结为三种：价值因素、组织因素和技术因素[1]。首先，核心价值的演变推动着公共行政模式的变迁。对"效率"的追求推动了新公共管理运动的诞生[2]，而对于"民主"价值以及负责任政府的强调则促发了新公共行政和新公共服务的兴起[3][4]。其次，政府作为一种组织形式，其本身的运行状态也将推动治理模式的变革。19世纪早期美国吏制的腐败催生了威尔逊"政治—行政"二分的公共行政改革，而机构臃肿、僵化迟钝的科层组织也成为新公共管理运动所批判的标靶[5]。最后，研究注意到了作为治理工具的技术进步对于政府治

---

[1] 贾开. 从"开源软件"到"开放政府"：互联网影响下的政府治理变革 [J]. 经济社会体制比较，2016（2）：104-112.

[2] Hood, C. The "New Public Management" in the 1980s: Variations on a Theme [J]. Accounting, Organizations and Society, 1995（2）：93-109.

[3] Frederickson, H G. New Public Administration [M]. Ala.: University of Alabama Press, 1980.

[4] Denhardt, R B and J V Denhardt. The New Public Service: Serving Rather Than Steering [J]. Public Administration Review, 2000, 549-59.

[5] Osborne, D, P Plastrik. Banishing Bureaucracy: The Five Strategies for Reinventing Government [M]. MA: Addison-Wesley Publishing Company, Inc, 1997.

理模式变革的影响①，关注技术进步为组织管理提供的工具价值。例如信息技术变化成为政府治理变革的最深刻动因，以计算机、互联网、大数据为标志的信息和通信技术（ICT）呈几何级变化，政府行政改革也与之深度融合，更是催生了人们对数字时代新治理模式的极大想象力。

随着5G、大数据、云计算、人工智能等新技术的规模化应用，政府治理也迈入数字时代，强调政府通过加强与一般民众、社会组织、市场主体的互动，建立开放政府。实际上开放政府的理念并不是大数据时代特有的产物，早在1766年，瑞典国王就向社会颁布了一部法令——《出版自由法》（The Freedom of Press Act），该法案允许瑞典公民有条件获取官方文件。"二战"后，个人可以获取政府信息、享有知情权的理念在西方国家被广泛接受。随着社会的发展，世界各国愈加意识到公开透明是民主法治的基石，以美国1966年制定的《信息自由法》（The Freedom of Information Act）为肇始，各国也纷纷制定信息公开制度，为知情权的实现提供制度保障②。1983年，美国计算机领域出现"软件开源运动"，该运动为使计算机发挥更大价值，主张开放软件的代码和有关数据，这项运动如火如荼的推进过程中，人们不断发现数据所蕴涵的丰富价值，提出了"开放政府"主张，呼吁政府决策和行动应该更加透明和参与的信念，特别是如何通过开放政府进程使公民个人和民间社会组织赋权参与到政府活动中③，"透明（transparency）""参与（participation）"和"协作（collaboration）"成为开放政府的核心战略要素④。帕莱塞克（Parycek，2010）认为开放政府代表一种新的治理模式，为开放程度、透明以及政府和公众之间的持续对话互动提供了新的空间，赫克曼（Heckmann，2011）认为开放政府实际上就是让人们知晓政府的活动，掌握一定的公共信息。

"开放政府"是一种治理模式和方法，旨在通过信息公开、数据开放、政府与公众之间的互动和对话以及政府与企业和非营利性社会组织之间的合作，提升政府的治理能力，"开放政府"为全球越来越多的国家所接受。以

---

① Hood, C C, H Z Margetts. The Tools of Government in the Digital Age [M]. London: Palgrave Macmillan, 2007.
② 陈尚龙. 论政府数据开放的理论基础 [J]. 理论与改革, 2016 (6): 104–107.
③ Meijer A J, Curtin D, Hillebrandt M. Open government: connecting vision and voice [J]. International Review of Administrative Sciences, 2012 (1): 10–29.
④ 骆毅, 王国华. "开放政府"理论与实践对中国的启示——基于社会协同治理机制创新的研究视角. 江汉学术, 2016 (4): 113–122.

美国政府为代表，2009年美国总统奥巴马上任伊始，就发表了一份关于提高政府开放程度的声明。不久，奥巴马发表《透明与开放的政府备忘录》（Memorandum on Transparency and Open Government），承诺将建成一个空前开放的政府作为施政的首要目标，提出要建立透明、公众参与、合作的政府，以加强民主和促进政府的工作效率和有效性，确保公众的信任，改善协作方式和水平以确立新的合作机会。此后，又发布了"信息自由法案"备忘录（Memorandum on the Freedom of Information Act），作为国家致力于"开放政府"建设行动的制度保证。2009年12月8日，美国行政管理和预算局向白宫提交了"开放政府指令"（open government directive），强调"开放政府"的三个原则：透明、参与和协作，希望通过"透明"原则为公众提供政府正在做什么的信息，促进问责制的建立；通过"参与"原则便于公众提供建议和某些专业知识，以此来制定与改善公共政策；通过"协作"原则鼓励联邦政府内部不同层级间、政府与私人机构间、政府与个人之间的合作，推动政府向开放、协同、合作迈进①。

2011年9月20日，"开放政府"进入新的阶段并成为一项重要的全球议题，巴西、印度尼西亚、墨西哥、挪威、菲律宾、南非、英国、美国八个国家联合签署《开放数据声明》，成立开放政府合作伙伴关系组织（Open Government Partnership，OGP），并发布《开放政府宣言》，承诺用可以重复使用的格式，及时主动地向社会开放高质量的信息②，迄今为止，全球已经有75个国家加入这一计划，其中既有美国、德国、英国等发达国家，也有坦桑尼亚、阿富汗、突尼斯等发展中国家③。

1.1.2 全球各国开放政府数据运动方兴未艾

政府数据开放的产生和发展与西方国家"信息自由"运动倡导的开放政府理念、开源软件的技术变革以及大数据时代的现实需要有着密不可分的关系，体现了社会进步思潮、信息技术力量及市场需求对西方政府管理理念的

---

① 李平. 开放政府视野下的政府数据开放机制及策略研究 [J]. 电子政务，2016（1）：80–87.
② OGP. Open Government Declaration. [EB/OL]. http：//www. Opengovpartnership. org/about/open-government-declaration，2011.
③ "开放政府合作伙伴"（OGP）：开放数据提升治理质量 [EB/OL]. https：//www. sohu. com/a/202425611_505884.

冲击及其回应①。为了支持开放政府数据运动的发展，2007年9月，30名开放政府倡导者聚集在加利福尼亚州的塞巴斯托波尔举行的"开放政府工作小组会议"上，提出了八项公开政府数据的准则，并发布了《开放政府数据原则》（Eight Principles of Open Government Data）。具体包括：（1）完整（complete）：除非涉及国家安全、商业机密、个人隐私或其他特别限制，所有的政府数据都应开放，开放是原则，不开放是例外；（2）基础性（primary）：数据不是以修改的格式，而是以最高水平的粒度格式，从源头上进行收集；（3）及时性（timely）：在第一时间开放和更新数据；（4）可获取性（accessible）：数据可被获取，并尽可能地扩大用户范围和利用种类；（5）可机读（machine processable）：数据结构合理，允许通过设备进行自动化处理；（6）非歧视性（non-discriminatory）：数据对所有人都平等开放，不需要特别登记；（7）非私有性（non-proprietary）：任何人都可使用数据，而不必再专门注册；（8）免于授权（license-free）：数据不受版权、专利、商标或贸易保密规则的约束或已得到授权使用（除非涉及国家安全、商业机密、个人隐私或特别限制）②。

2013年6月，八国集团首脑在北爱尔兰峰会上签署了《开放数据宪章》，法国、美国、英国、德国、日本、意大利、加拿大和俄罗斯承诺，在2013年底前，制定开放数据行动方案，如美国政府于2013年底发布了《美国第二次开放政府国家行动方案》，指出要在第一次行动方案的基础上，针对第二次的行动方案进行承诺，让公众能够更方便地获取有用的政府数据。英国于2013年底公布了《G8开放数据宪章：英国行动计划》，提出的目标包括：明确的高值数据集、确保所有数据通过国家数据门户网站发布、通过分享经验和工具支持数据开放创新者、为政府数据建设国家级的信息基础设施等。法国的《G8开放数据宪章：法国行动计划》做出了如下承诺：一是朝着公开发布数据的目标前进、支持高价值数据集的发布；二是建立一个开放平台以鼓励创新和提高透明度；三是通过征求公众和社会意见完善开放数据政策。从目前全球参与开放数据运动的国家来看，既包括美国、英国、法国、奥地利、西班牙等发达国家，也包括印度、巴西、阿根廷、加纳、肯尼亚等发展中国家。一些政府间国际组织，如联合国、世界银行、经济合作与发展组织

---

① 谭海波，张楠. 政府数据开放：历史、价值与路径［J］. 学术论坛，2016（6）：31－34＋53.

② Open Government Working Group. The Annotated 8 Principles of Open Government Data, 2007.

（以下简称经合组织）等也加入了开放数据运动中，上线了数据开放门户网站。

从全球范围来看，建立统一的政府开放数据门户，集中开放可加工的数据集是各国数据门户网站的一个普遍做法。各国数据门户网站域名中都普遍带有"数据"和"政府"字样，重点开放可机读的数据集（datasets）、应用程序（APPS）等资源，有些数据门户网站上还设置了供开发人员参与和公众反馈的专栏，如 2009 年 5 月美国开放政府数据网站（www.data.gov）正式上线，涉及农业、气候、消费者、教育、能源、金融、健康、地方政府等多个领域[①]，之后加拿大、英国、澳大利亚、韩国等国家都先后制定和实施了政府开放数据计划，全球政府数据开放呈现快速发展的态势。除了全国统一的数据门户网站外，美国还有 40 个州、44 个县市建立了单独的数据门户，英国伦敦、曼彻斯特等地以及索尔福德市议会等 16 个地方和部门也建立了独立的开放数据门户。根据《2016 联合国电子政务调查报告》的数据可知，截至 2016 年，联合国 193 个成员国中已有 106 个提供了开放数据目录[②]，各国开放的数据集以 CSV、HTML、XLS、NII、PDF 等一种或多种格式出现。美国的数据开放格式多达 46 种，其中应用最广的格式是 HTML、ZIP 和 XML 这三种，数据集分别有 20775 个、12517 个和 11992 个；在印度以 XLS 格式开放的有 1793 个，以 ZIP 格式开放的有 4 个，以 CSV 格式开放的有 2087 个，以 HTML 格式开放的有 30 个，以 XML 格式开放的有 1897 个。[③] 从各国开放数据门户情况来看，围绕民生需求的数据在开放数据中比重最高，也颇受用户欢迎，但是民众关注的热点与国家的社会体制和经济发展情况密切相关。如美国新版的数据开放门户，将原来的金融、企业、农业、海洋和安全等六大类数据集拓展至农业、消费、教育、能源、金融、地球空间、全球发展、医疗、就业和技能、公共安全、科研、气候、企业、道德、法律、制造、海洋、州、市、县二十大类，与民生需求相关的数据集普遍增加。在加拿大，下载量最高的十个数据集中有九个来自加拿大公民身份与移民局，包括永久居民的申请流程和时限、永久居民的分类、等待中的永久居民申请等。在印度，

---

① Government of United States. "US Open Government Database" [EB/OL]. https：//catalog.data.Gov/dataset.
② 中国地方政府数据开放平台报告（2017）[R]. 复旦大学数字与移动实验室，2017.
③ 全球政府开放数据的四大特点 [EB/OL]. 中国经济网，http：//intl.ce.cn/specials/zxgjzh/201402/20/t20140220_2343380.shtml.

下载量最高的数据集为电子和计算机科学的技术发展、印度国防研究与发展组织的热成像产品、国内储蓄及构成占国内生产总值（GDP）现价的比例等数据集①。

1.1.3 "纵强横弱"成为我国政府数据共享的实践困境

在开放政府数据于全球范围内快速发展的背景下，我国也积极参与到政府数据共享的全球化浪潮中。1993 年我国已正式启动"三金工程"建设，即金桥工程、金关工程和金卡工程，其中金桥工程是建设国家公用经济信息通信网络，金关和金卡工程是重要业务信息化系统，以条线应用为主②。2002年，我国电子政务的第一个纲领性文件《国家信息化领导小组关于我国电子政务建设指导意见》明确提出建设十二个重要业务系统，也就是业内常称的"十二金"工程③。2014 年中国政府首次将"大数据"写入《政府工作报告》，并提出"开放数据"的战略思路，2015 年国务院印发了《促进大数据发展行动纲要》，提出了 2018 年底前建成国家政府数据统一开放平台，党的十八届五中全会提出"实施国家大数据战略，推进数据资源开放共享"。2016 年，习近平总书记在中央政治局第三十六次集体学习时强调，"以推行电子政务、建设新型智慧城市等为抓手，以数据集中和共享为途径，建设全国一体化的国家大数据中心，推进技术融合、业务融合、数据融合，实现跨层级、跨地域、跨系统、跨部门、跨业务的协同管理和服务"④。2017 年 12月 6 日，国务院常务会议部署加快推进政务信息系统整合共享工作，指出各省级政府和 71 个部门已接入国家电子政务外网，初步实现政务信息系统整合共享的网络通，已经在信用、人口信息等领域实现跨部门、跨地域、跨层级数据共享，要求 2017 年底前初步实现国务院部门 40 个垂直系统向各级政务部门开放共享数据，打通约 500 项数据查询互认的通道，加快实现数据通和

---

① 李苑. 建立数据开放门户网站通过政府数据免费使用带动创新［N］. 中国电子报，2014.2.25.

② 汪玉凯. 中国电子政务十年回顾和发展展望［J］. 信息化建设，2009（11）：11－13.

③ 张勇进，章美林. 政务信息系统整合共享：历程、经验与方向［J］. 中国行政管理，2018(3)：22－26.

④ 习近平在中共中央政治局第三十六次集体学习时强调加快推进网络信息技术自主创新朝着建设网络强国目标不懈努力［EB/OL］. http：//cpc.people.com.cn/shipin/n1/2016/1010/c243247－28766832.html.

业务通①。李克强总理在2017年的政府工作报告中要求加快国务院部门和地方政府信息系统互联互通②，同年2月中央全面深化改革领导小组审议通过了《关于推进公共信息资源开放的若干意见》，要求着力推进重点领域公共信息资源的开放，释放经济价值和社会活力③。2018年，李克强总理进一步明确打破"信息孤岛"的时间表，即"打造全国一体化政务服务平台，三年内实现国务院部门数据共享、满足地方普遍性政务需求，五年内政务服务事项全面实现'一网通办'"④。2019年11月党的十九届四中全会明确提出要推进数字政府建设，加强数据有序共享，可以看出数据共享已经从行政管理层面上升到国家治理层面⑤。2020年12月中央全面深化改革委员会审议通过了《关于建立健全政务数据共享协调机制加快推进数据有序共享的意见》，指出"建立健全政务数据共享协调机制、加快推进数据有序共享"⑥。

近年来，党中央、国务院高度重视打破信息壁垒，加快部门和地方政务信息系统整合共享，多次做出明确指示，发改委、网信办、中编办、财政部、审计署等多个部门和国办电子政务办、督查室等联合发力，整合共享。实际上，早在2017年8月，国家发展改革委、中央网信办、中央编办、财政部、审计署五部门制定《加快推进落实〈政务信息系统整合共享实施方案〉工作方案》，进一步提速整合共享工作，将阶段性四个目标的任务提前到2017年底前完成，按照"先联通，后提高"的原则分解为两个阶段十一项任务，确保按时完成"自查、编目、清理、整合、接入、共享、协同"七个方面工作，整合共享当年要取得明显成效⑦。2018年1月22日，国家发改委召开2018年第一场定时定主题新闻发布会。国家发改委作为政务信息系统整合共

---

① 李克强主持召开国务院常务会议部署加快推进政务信息系统整合共享等［EB/OL］. http://www.gov.cn/guowuyuan/2017-12/06/content_5244924.htm.

② 2017年的政府工作报告［EB/OL］. http://www.gov.cn/guowuyuan/2017zfgzbg.htm.

③ 习近平主持召开中央全面深化改革领导小组第三十二次会议［EB/OL］. http://www.xinhuanet.com/politics/2017-02/06/c_1120420090.htm.

④ 把好政府和市场效率抓手 国务院力推"放管服"改革［EB/OL］. http://www.gov.cn/zhengce/2018-07/02/content_5302822.htm.

⑤ 推动数字政府建设 助力政府治理体系和治理能力现代化［EB/OL］. http://www.xinhuanet.com/mrdx/2019-11/06/c_138532141.htm.

⑥ 习近平主持召开中央全面深化改革委员会第十七次会议并发表重要讲话［EB/OL］. http://www.gov.cn/xinwen/2020-12/30/content_5575462.htm.

⑦ 关于印发《加快推进落实〈政务信息系统整合共享实施方案〉工作方案》的通知.［EB/OL］. http://www.gov.cn/xinwen/2017-08/28/content_5221066.htm.

享工作推进落实领导小组组长单位,会同有关部门集中攻坚,打破部门数据各自为战壁垒,加快推进政务信息系统整合共享。会上宣布全国信息共享"大动脉"已经初步打通:一是实现了 71 个部门、31 个地方与国家共享交换平台的对接,建立了数据共享"大通道";二是打通了 40 余个国务院部门垂直信息系统,共享了超 600 个数据项,推动人口、法人等重点领域数据基于共享网站提供查询核验服务,初步实现 16 个重点领域的"数据通""业务通",试点推进公共数据服务,推进信息共享体制机制和技术创新;三是构建了涵盖 47 万项目录的数据资源体系,其中,可共享目录占 90%,可开放目录占 45%[①]。

另外,为了加快推进落实整合共享,争取早见成效,在全国层面上开展政务信息系统数据资源全国大普查摸清底数,清除僵尸系统的基础上,选择基础条件较好的四川、山东、贵州、浙江、福建、广东、河南、江苏、北京等省(市)和公安部、发改委、工商总局、民政部、教育部、国土部、计生委等部门开展整合共享应用试点工作,重点推动一批跨地区、跨部门、跨层级的信息共享和业务协同典型应用,加强垂直建设的国务院部门信息系统数据向各级政务部门的横向共享,明确试点部门共享数据清单,大力推进地方政务服务大厅业务利用国家共享交换平台数据实现便民应用[②]。虽然地方政府率先进行政府数据开放共享的探索,开放或整合部门数据,建设政府数据开放门户,建立数据开放管理体制和机制,积累了一些经验,但依旧存在压力层层叠加、被组织性和动员与运动的模式共性忽视地方政府的个性,影响数据共享实施过程中的理性建构和自组织[③],政府数据共享建设依然存在系统相互割裂,碎片化和垂直化现象仍然突出,进而导致地方数据开放共享过程中出现推进不足、推进不均和推进不畅的问题,"数据孤岛""数据烟囱""数据壁垒"相当普遍,"纵强横弱"成为政务信息化建设的实践悖论[④],成为影响国家治理的重要难题,亟须破解。

[①] 国家发改委. 全国信息共享"大动脉"已初步打通. [EB/OL]. http://lyzjb.cn/show.php?contentid=5462.

[②] 张勇进,章美林. 政务信息系统整合共享:历程、经验与方向[J]. 中国行政管理,2018(3):22—26.

[③] 李勇军. 推进与响应:1949—1978 政策执行模式研究[J]. 云南行政学院学报,2012(2):74—76.

[④] 樊博,孟庆菡. 顶层设计视角下的政府信息资源共享研究[J]. 现代管理科学,2009(1):3—5.

1.1.4 行为机制分析成为地方政府数据共享研究趋势

中央党校（国家行政学院）电子政务研究中心 2019 年发布的《省级政府和重点城市网上政务服务能力调查评估报告》显示，"数据共享难制约改革深化的问题日益突出"[①]。整合共享工作牵涉多元管理主体以及业务协调、项目管理、安全保密、技术支撑等方方面面多种管理活动，是一项系统工程，具有复杂性特征[②]，不同行动主体因文化价值观念、自身资源、体制机制约束等必然引发利益分配的差别与分歧，或者因它们之间基于合法性认同的横向沟通不畅而出现合作困境[③]。显然，政府数据共享并非单纯的技术管理问题[④]，而是政府内部共同使用数据资源的一种机制[⑤]。多元行动主体参与数据共享有几种表现形式：上下级政府之间的纵向协同，同一政府不同职能部门之间的横向协同，政府公共部门与非政府组织之间或公众的内外协同[⑥]。然而，国内针对政府数据共享多元行动主体的研究多基于利益相关者理论，重点突出了政府部门、企业、社会组织、社会公众等群体[⑦⑧]，还有部分学者如董娇[⑨]、朱灿红[⑩]、徐慧娜[⑪]、高天鹏[⑫]等大多借鉴社会学、心理学、消费者行为学、营销学等多学科理论，整合技术接受模型（Technology Acceptance Model，TAM）、

---

① 中央党校（国家行政学院）电子政务研究中心. 2019 年省级政府和重点城市网上政务服务能力调查评估报告［EB/OL］. http：//www. echinagov. com/report/253090. htm.
②⑥ 周志忍，蒋敏娟. 中国政府跨部门协同机制探析——一个叙事与诊断框架［J］. 公共行政评论，2013（2）：91 - 117 + 170.
③ Rawl, John. 1971. 何怀宏等译. 正义论［M］. 北京：中国社会科学出版社，1988.
④ 刘文静，陈耿. 政府信息共享制度建设的价值取向［J］. 电子政务，2014（10）：17 - 26.
⑤ 李卫东. 政府信息资源共享的原理和方法［J］. 中国行政管理，2008（1）：65 - 67.
⑦ 符嵘. 参与主体视角下的政府数据开放研究——以上海市为例［J］. 科技促进发展，2017（4）：237 - 241.
⑧ 沈晶，胡广伟. 利益相关者视角下政府数据开放价值生成机制研究［J］. 情报杂志，2016（12）：92 - 97.
⑨ 董娇，董建新. 开放政府数据中公民参与影响因素实证研究［J］. 广东行政学院学报，2017（1）：21 - 28.
⑩ 朱红灿，胡新，李顺利. 基于 Kano 模型的政府数据开放平台用户体验要素分类研究［J］. 现代情报，2018（12）：13 - 21.
⑪ 徐慧娜，郑磊. 面向用户利用的开放政府数据平台：纽约与上海比较研究［J］. 电子政务，2015（7）：37 - 45.
⑫ 高天鹏，莫太林. 政府数据开放平台用户初始采纳模型及实证研究［J］. 电子政务，2018（11）：69 - 82.

感知价值理论、创新扩散理论等研究公众参与或用户参与数据共享，学者们大多以 TAM 为基础，侧重从使用者的个人认知和行为等微观视角出发对数据开放采纳行为进行实证检验。

实际上，学界围绕技术与组织关系的研究有着深厚的研究传统，自 20 世纪 50 年代以后呈现出"技术决定论""制度约束论""策略选择论"三大视角①："技术决定论"认为大数据作为强化政府工具的利器，通过跨组织的业务协同和信息共享，增进政府机构之间的合作，深化公民与政府之间的互动与交流，对政府管理理念、治理结构、工作流程、政策制定方式、服务方式重大变革具有支撑作用和决定性影响，是数字时代的新治理模式；"制度约束论"认为大数据技术的应用受制于政府组织本身的结构和制度，单纯的技术只是一种"虚拟的美丽"，并不必然带来政府组织的结构变革和管理创新；"策略选择论"认为行动者策略是影响大数据技术应用效果的重要因素，如何利用大数据技术，属于拥有影响力的人的选择，而不是由技术决定的，同时还需要与行动者的目的性行为和功能性相适应②。上述研究可以形成两种互为补充的观点：一种是侧重描绘技术、管理和制度等因素如何影响部门跨部门数据共享行为，其中"技术决定论"强调技术自身特性对组织结构及其行为产生的单向因果影响，"制度约束论"突出了制度性因素对信息技术应用的制约作用；另一种侧重关注行政体制形塑的政治激励及个体"关系"等个体层面因素，如"策略选择论"突出了行动者的技术认知和策略选择。

政府数据共享不应该作为一种纯粹"外源"性制度分析，而是应该"嵌入"条块分割的行政管理体制的实践情境。我国行政实践中横向部门分工在客观上带来了政府机构重叠和职能分散，使得政府数据不免出现"数据重复"和"数据孤岛"两种极端现象③。仅仅将作为"共享者"的行为动机独立于行政环境之外会带来两个问题：一是在理论上缺乏多元行动者的理论假设，忽略了部门太小、职能过窄、部门壁垒、机会主义等造成政府间的合作

---

① 邱泽奇. 技术与组织的互构：以信息技术在制造企业的应用为例 [J]. 社会学研究，2005 (2): 32 – 54.
② 谭海波，孟庆国，张楠. 信息技术应用中的政府运作机制研究 [J]. 社会学研究，2015 (6): 73 – 98.
③ 胡建森，高知鸣. 我国政府信息共享的现状、困境和出路——以行政法学为视角 [J]. 浙江大学学报（人文社会科学版），2012 (2): 121 – 130.

困境[1]；二是行动者个体层面的因素可以对"数据共享"这一组织行为产生影响，但其分析仅仅停留在"共享行为如何发生"的层面[2]，仍然无法回答"共享行为为什么会发生或没有发生"的核心问题。菲沃克（Richard C. Feiock，2007）基于奥斯特罗姆（Elinor Ostrom，2005）第二代行动者理性假设提出的制度性集体行动（Institutional Collective Action，ICA）从集体行动困境出发，将发生在行政体系内部的碎片化作为协作困境的起因，从而将多元行动主体与组织间交互行为的微观动机、中观结构和宏观模式密切连接起来，形成了一般性的解释框架，并提供了缓解集体行动困境的多样化机制。

显然，多元行动主体在政府数据共享时会对成本、收益、风险等因素进行权衡，通过各种机制选择来提升集体行动收益，克服集体行动交易成本和降低协作风险[3]。梳理国内外相关文献，可以发现呈现出两个方面的研究趋势：一是从"技术—工具"工具导向"过程—机制"过程导向转变，不再强调技术自身特性对数据共享行为产生的单向因果关系的"技术决定论"，而是向突出行动者的主体地位和选择能力的"策略选择论"转变[4]，在承认技术的支持性作用前提下，强调多元参与主体互动策略的调节性作用。二是从"结构—制度"的静态研究向"行为—机制"动态分析转换[5]，不再局限于从组织结构和制度安排的角度阐释政府数据共享的影响因素，而是从多元行动主体的主观态度和行为意愿的角度研究政府数据共享独特的行为机制。

1.2 研究意义

1.2.1 理论意义

一是契合从"技术—工具"研究到"过程—机制"分析的转换，遵循

---

[1] 锁利铭. 府际数据共享的双重困境：生成逻辑与政策启示 [J]. 探索，2020（5）：126 - 140.

[2] 张洪汇. 地方党政官员跨部门数据共享意愿影响因素研究 [D]. 杭州：浙江大学，2020.

[3] Feiock R C, Scholz J T. Self-organizing governance: collaborative mechanisms to mitigate institutional collective action dilemmas [M]. NY: Cambridge University Press, 2010.

[4] 龙健. 政府信息资源跨部门共享影响因素研究进展及启示 [J]. 情报资料工作，2014（2）：44 - 51.

[5] 谭海波，孟庆国，张楠. 信息技术应用中的政府运作机制研究 [J]. 社会学研究，2015（6）：73 - 98.

"行为—机制"研究逻辑，沿着帕森斯的"次级管理阶层"和威尔逊的"官僚层级"两种层级结构框架，尝试把政府数据共享过程中产生重要影响的决策者和管理者引入跨部门组织行为分析，阐释多元行动主体在地方政府跨部门数据共享的互动策略，可以比较完整地把握政府数据共享的"过程—机制"，丰富了层级结构理论在政府数据共享领域的研究。

二是沿着制度性集体行动（ICA）分析框架，将集体行动纳入考量信息不对称分布、对风险的认知以及对其他行动者特征的识别等进入集体行动的决定因素之中，尝试从宏观视角分析决策层面临的机遇和约束、管理层采取的合作和冲突、使用层具有的动机和意愿及其互动策略，以及他们对数据共享基本认知的差异性，从微观层面找寻数据共享和组织互动过程背后的运作逻辑，拓宽了跨部协同治理理论研究。

1.2.2 现实意义

一是借助焦点小组访谈，获取数据共享存在的现实问题、制约困境与建设性意见，通过扎根研究等质性分析方法梳理政务数据共享过程中决策层面临的认知分歧、管理层面临的利益冲突、操作层面临的激励缺位等治理困境，分析其推动/弱化、合作/抵制、配合/应付等行动策略，对于阐释"纵强横弱"实践困境具有参考价值。

二是尝试从内生动力和外驱动力的视角，围绕政府数据共享，分析决策层的视野中是管理创新还是治理创新，是部门主导还是业务驱动有着不同认知，存在认知分歧；在管理层视野中因数据系统开发和建设的"部门化"忽视了政府数据"公共品"属性，出于利益和风险的考虑而不敢或不愿与其他部门共享数据，面临利益冲突；操作层在政府数据共享过程中，出于经济人理性与政治人理性，导致制度性集体行动困境，且绩效考核得不到有效激励，监督问责强化了数据共享中多种行政阻滞行为，面临激励缺位，以此构建破解地方政府数据共享的有效路径，对于政府数据资源"聚、通、用"的协同推进，具有重要的指导意义。

1.3 研究内容

沿着"理论研究—质性研究—对策研究"逻辑线索，本书的研究内容包括以下四个部分。

1.3.1 政府数据共享概念内涵及理论阐释

一是借鉴冈萨雷斯·萨帕塔（Gonzalez-Zapata）和希克斯（Heeks）总结的开放政府、开放数据之间的交叉构成了开放政府、开放数据、政府数据的概念，围绕开放（开放数据）—数据（政府数据）—政府（开放政府）的逻辑顺序对相关概念进行阐述。

二是阐释开放政府理论、制度性集体行动理论、数字治理理论、官僚制理论，围绕理论起源、基本内容和分析框架，为全面分析地方政务数据共享的运行机制、治理困境与破解路径奠定理论基础。

三是基于行政管理的视角，通过建立制度或规范，协调不同业务部门间的利益冲突以增进共享意愿；或基于数据质量的视角，界定不同业务部门间实现政府数据开放共享的先决条件；或基于信息技术的视角，以实现技术手段对政府数据的准入、调用和使用方式进行管理和监督，回顾政府数据共享相关文献。

1.3.2 地方政府数据共享实践探索与典型案例回顾

一是在梳理我国地方政府数据共享政策演进的基础上，围绕我国地方政府数据共享的顶层设计、地方政府数据共享的推进机制、地方政府数据共享的保障机制，全面回顾了我国地方政府数据共享实践探索。

二是选取浙江省"最多跑一次"、广东省"数字政府"、贵州省"云上贵州"等典型案例，从实践历程、实践经验、实践成果等视角，系统剖析了地方政府数据共享的典型实践案例。

1.3.3　地方政府数据共享分析框架及运行机制分析

一是借鉴帕森斯的"次级管理阶层"和威尔逊的"官僚层级"两种层级结构划分标准，根据行动主体角色地位、目标诉求的异质性，尝试将其分为决策层、管理层和操作层三种类型。

二是围绕决策层对政务数据共享的机遇和约束、管理层对政务数据共享的合作和冲突、操作层对政务数据共享的动机和意愿的研判，分别从社会效益、部门利益和个人收益的视角分析决策层、管理层和操作层的主观规范。

三是多元参与主体政务数据共享态度分析，借鉴"信息报告评估"中的重要性和"创新扩散理论"中的相容性概念，引入重要性认知和相容性认知，采用技术接受模型（TAM）中的有用性认知和易用性认知，全面分析决策层、管理层、操作层在跨部门数据共享中的认知。

四是在制度性集体行为理论视角下，从多元参与主体对政务数据共享的社会和政绩效益、给本部门带来的地位和利益、技术系统的兼容性以及操作难易程度、自身时间和精力投入等多个角度，尝试从价值—效益、权力—风险、投入—收益的维度，分别分析决策层、管理层和操作层的关注焦点。

五是多元参与主体政务数据行动策略分析，围绕决策层的认知分歧、管理层的利益冲突、操作层的激励缺位，研判多元参与主体对政务数据共享的行为意愿，以此分析其推动/弱化、合作/抵制、配合/应付等行动策略，全面揭示跨部门政务数据共享的行为机制。

1.3.4　地方政府数据共享治理困境及破解路径分析

一是针对行动主体划分对决策层、管理层、操作层进行半结构访谈，根据访谈内容进行编码以澄清概念与类属之间的关系，最终确定以"地方政府数据共享治理困境"为核心范畴。

二是分析不同行动主体对地方政府数据共享的主体意识，反映目前存在决策层价值理性偏差、管理层独有专享观念、操作层净收益不确定的内生动力缺失情况。

三是分析机构行动者在跨部门数据共享时，同样要受到外部环境的制约，在地方政府数据共享中具体表现为交往理性缺失、风险责任压力、绩效考核困境。

四是尝试从多元行动主体的内生动力缺失和外驱动力不足，即意识和情境两个方面来解释地方政府数据共享的微观动机和外在约束，分析决策层认知分歧、管理层利益冲突、操作层激励缺位的共享治理困境。

五是尝试从多方主体交互性策略行动的角度去思考如何对这一问题做出有效的应对，即围绕治理理念重构和管理制度两个维度，从整体性数据治理和数据业务协同两个方面解决决策层认知分歧困境，从新型国有资产和权利义务分配两个方面解决管理层利益冲突困境，从构建共同体和考核问责相容两个方面解决操作层激励缺位困境，以此构建地方政府数据共享的破解路径。

1.4　可能的创新之处

1.4.1　研究问题创新

目前学界对于政府数据共享的研究焦点逐渐从关注顶层设计、统一开放数据平台、政策体系比较和体制机制等宏观层面的研究转变到基于某个实践主题或某个单一理论的深层次的研究，本书立足于地方政府政务数据共享中"纵强横弱"的实践悖论，顺应了政府数据共享研究趋势，遵循"行为—机制"逻辑，从微观层面透视多元行为主体在跨部门数据共享的行为过程，深入阐释地方政府数据共享过程背后独特的行为机制、治理困境以及破解路径。

1.4.2　研究视角创新

突破以往研究采用的从单一使用主体（公众）、职能部门、政府内部整体划分的视角来对跨部门政府数据共享进行研究的局限，尝试从政府内部将参与主体划分为三个层级来探讨决策层、管理层、操作层的认知倾向、关注焦点、行动策略，从多元行动主体的主观态度和行为倾向的角度研究政府数据开放共享独特的运行机制。

1.4.3 研究方法创新

运用深度访谈获取数据共享过程中存在的现实问题、制约困境与建设性意见，有助于理解跨部门政府数据共享所具有的复杂性，扎根理论三级编码可对经验事实加以释义而又避免了过度简化，从而归纳与分析多元行动主体和组织互动过程背后的运作机制和制约困境，相较于传统的"从假设到理论"，具有更高的信度和效度。

第 2 章　相关概念及理论基础

2.1　相关概念

政府数据共享的概念起源于电子政务和数字政府的研究，它融合了开放政府理念和数据共享相关理论与技术。"开放政府"是一种治理理念与政策，"开放数据"可指政府、企业和社会组织等多种部门的数据开放，而"开放政府数据"是一个复合概念，既可理解为开放政府和开放数据的交集①，也可理解为开放数据和政府数据的交集②。杰森（Janssen）、查拉彼德（Charalabidis）和扎德维克（Zuiderwijk）很早就对政府数据开放进行了基本理论的研究，他们认为政府数据开放是开放政府和开放数据的继承、融合和发展，它既包含了开放数据的技术方法，也体现了开放政府的透明性和参与性理念。冈萨雷斯·萨帕塔和希克斯（Gonzalez-Zapata & Heeks, 2015）则全面总结了开放政府、开放数据的概念内涵和外延，研究了政府数据开放的构成基础：开放、政府、数据之间的交叉构成了开放政府、开放数据、政府数据的概念。本书借鉴萨帕塔和希克斯（2015）观点，如图 2-1 所示，围绕政府：开放政府—开放：开放数据—数据：政府数据的逻辑顺序对相关概念进行阐述。

---

① Martin A S, Rosario A H D, Perez M D C C. An International Analysis of the Quality of Open Government Data Portals [J]. Social Science Computer Review, 2015 (3): 298-311.

② Kucera J, Chlapek D. Benefits and Risks of Open Government Data [J]. Journal of Systems Integration, 2014 (1): 30-41.

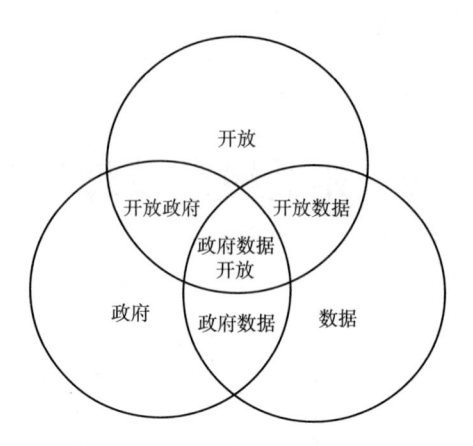

图 2-1　开放政府、开放数据、政府数据之间的概念结构

2.1.1　政府：开放政府

开放政府是一个具有高度透明度和公共监督机制的政府，重点是政府问责制[1]。透明度被认为是开放政府的传统标志，这意味着公众应该获得政府掌握的信息并了解政府程序。透明度和获取政府信息的概念是一个相当现代的概念，可以追溯到17世纪和18世纪的启蒙时代。1966年美国国会通过《信息自由法案》以保护公民的知情权。在此后的几十年里，政策利益相关者将"开放政府"一词作为公众获取以往未公开政府信息的同义词。值得注意的是，早期的大部分规定源于20世纪80年代的里根和布什政府，这一时期政府认为信息"不是公共利益"，而是"经济资源"[2][3]。由于20世纪70年代和80年代制定的《信息自由法》和相关法规的判例法，联邦法院的判决也开始使用"开放政府"一词[4]。近年来，开放政府的定义已扩大到通过使用现代开放技术增加公民参与的范畴。艾伯特（Albert et al., 2012）认为开放政府就是公民通过接触政府信息和参与政策制定而监督和影响行政过程

---

[1] What is Open Government [EB/OL]. https://opensource.com/resources/open-government.
[2] 温芳芳. 我国政府数据开放的政策体系构建研究 [D]. 武汉：武汉大学，2019.
[3] Nolin J M. Defining transparency movements [J]. Journal of Documentation, 2018 (5): 1025-1041.
[4] Yu H, Robinson D G. The New Ambiguity of Open Government [EB/OL]. https://ofti.org/wp-content/uploads/2012/07/ssrn-id2012489.pdf.

的程度，赫克曼（Heckmann）也认为开放政府就是在所有的公共事务中增加透明度和责任，透明实际上就是人们知晓政府的活动，掌握一定的公共信息[①]，显然开放政府概念意味着更高的透明度、参与度、问责制和获取公共信息[②]。

2009 年 1 月奥巴马政府成立以后，其建设重点逐渐转向"开放政府"，奥巴马在上任第一天就发表了一份关于提高政府开放程度的声明。不久，奥巴马发表"开放政府"备忘录（Memorandum on Transparency and Open Government），承诺将建成一个空前开放的政府作为施政的首要目标。此后，又发布了"信息自由法案"备忘录（Memorandum on the Freedom of Information Act），作为国家致力于"开放政府"建设行动的制度保证。此后，政府部门开始制定各自的改革计划。2009 年 12 月 8 日，奥巴马进一步发布了"开放政府指令"（Open Government Directive），强调"开放政府"的三个原则：透明、参与和合作[③]。"指令"对政府部门的改革行动提出了限定时限，并提出了具体要求：（1）在线发布政府信息；（2）提升政府信息质量；（3）创建"开放政府"的文化并将其制度化；（4）创造并维护"开放政府"的政策框架。"指令"还要求政府部门在"开放政府"三个原则基础上进一步提出具体计划。2011 年 9 月，奥巴马政府发起"开放政府伙伴计划"（Open Government Partnership），致力于加强与其他国家实现透明型、参与型政府的合作，并宣布发起新的实施项目，即"国家行动计划"（National Action Plan），标志"开放政府"改革进入一个新时期，成为一项重要的世界议题[④]。

2.1.1.1 开放

"开放（open）"一词与其他的"开放"运动如开源软件、开放教育（资源）、开放知识、开放获取、开放科学等类似。具体来说，开源软件意味着程序的源代码将被免费提供给用户；开放教育（资源）旨在建立免费学习材料的数字资料库，以支持全球知识获取；开放获取旨在在线免费提供同行评

[①] Open government – retooling democracy for 21 century. Heckmann Dirk. Proceeding of the 44th Hawaii In ernational Conference on System Science，2011.

[②] Martin A S, Rosario A H D, Perez M D C C. An International Analysis of the Quality of Open Government Data Portals [J]. Social Science Computer Review, 2015（3）：298–311.

[③] White House. Memorandum on Transparency and Open Government [EB/OL]. https：//obamawhitehouse. archives. gov/the-press-office/transparency-and-open-government.

[④] 骆毅，王国华．"开放政府"理论与实践对中国的启示——基于社会协同治理机制创新的研究视角 [J]．江汉学术，2016（2）：113–122.

审的科学文献；等等。总而言之，"开放"的旨意在于使软件、教育资源、知识、数据等实现在网络上的免费获取，推动相关个人和团体的互动。"开放"的本质即开放获取（open access）。相反，不开放即意味着支付使用费用、仅限注册用户获取、采用专有技术或加密技术、版权限制以及搜索引擎难以自由爬取等。可以说，"开放"不仅是一场行动或运动，更是颠覆传统、使知识数据更广泛共享和传播的哲学理念[①]。

英国非政府组织开放知识基金会（Open Knowledge Foundation，OKF）对开放的定义给出了精确的回答，增强了人们对开放的理解。OKF 认为，知识的开放需要满足四个基本要素：开放许可、获取、机器可读性和开放格式。"开放"意味着"任何人可以因任何目的自由获取、使用、修改和共享"[②]，"开放性"应具备两个维度的特性：一为技术性开放，即数据应为可机读、非专属性的电子格式，从而能被任何人使用通用、免费的软件获取和利用。数据还应被置于公共服务器上供公众获取，不设密码和防火墙。二为法律性开放，即这些数据必须被置于公共领域，或处于自由利用条款下，受到最低程度的限制[③]。OKF 进一步指出，"开放"中的要义包含：一是可用性和获取，即数据必须作为一个整体提供，并且不超过合理的复制成本，最好是通过互联网下载，同时数据也必须以方便和可修改的形式提供；二是重用和再分配，即必须在允许重复使用和重新分配的条款下提供数据，还包括与其他数据集的混合；三是普遍参与，即每个人都必须能够使用、重用和重新分配，不应歧视任何个人或群体[④]。

2.1.1.2 开放政府

开放政府最早出现在 20 世纪 50 年代信息自由立法的介绍中。1957 年帕克（Park）的论文首次提出开放政府理念，其核心是关于信息自由方面的内容。帕克认为公众使用政府信息应该是常态，并且信息仅仅在有限定的条件下才限制使用。

---

① 温芳芳. 我国政府数据开放的政策体系构建研究 [D]. 武汉：武汉大学, 2019.
② Open Knowledge Foundation. OpenDefinition 2.1 [EB/OL]. http://opendefinition.org/od/2.1/en/.
③ 郑磊. 开放不等于公开、共享和交易：政府数据开放与相近概念的界定与辨析 [J]. 南京社会科学, 2018 (9): 83–91.
④ 黄如花, 温芳芳. 在开放政府数据条件下如何规范政府数据——从国际开放定义和开放政府数据原则谈起 [J]. 情报理论与实践, 2018 (9): 37–44.

随后，一些学者也开始关注这一理念，如特雷莎·M. 哈里森等（Teresa M. Harrison et al., 2011）认为"开放政府"是建立在通过新技术来实现政治民主的这一乐观构想之上，并且部分借鉴了"开源"编程运动的理念和方法。拉斯洛普和卢马（Lathrop D & Ruma L, 2010）则认为，开放政府意味着公民不仅享有获取信息、文档、程序的权利，还能成为一个优秀的参与者。娜塔莎·韦利科维奇等（Nataša Veljkovic et al., 2014）定义了一个较为明确的"开放政府"概念，即开放数据、数据透明、政府透明、公众参与、互动协作，其具体内涵包括：政府开放部门的信息数据，便于社会和市场部门以统一格式获得数据（透明数据）；向公众开放工作流程及操作过程（透明政府）；向公民解释决策、行政的想法和思路，以民众呼声和期盼作为施政依据，实行行政问责（责任政府）；赋予公民决策权力和机会（公众参与）；在不同层面加强与多元主体合作，如政府与民营部门的合作，与公民之间的合作等（多元合作）。透明是开放政府的主要元素，更多的透明意味着更好的治理、更高的效率和合法性，是实现政府问责的主要手段，用来评估和追踪政府行为的结果并使其对行为结果负责。数据公开是实现透明的前提条件，作为开放政府实践的主要举措并在全世界范围内得到推广。参与旨在将公众纳入民主过程中，政府与社会之间的互动是民主社会的核心特征。政府可以借助于社交媒体和其他互动工具来将公众链接起来，帮助公众分享看法，接收公众对多种社会事务的有价值的反馈，将公众纳入政策制定过程中。协作旨在基于协同工作和反馈信息做出更快速的决策，使所有利益相关者参与到政府运作和决策制定过程中。就政府部门来说，存在政府部门之间的协作、政府与非营利组织之间的协作。

2.1.1.3 开放政府相关概念

（1）政务公开与透明政府。信息分享开始打破政府对信息的垄断，从根本上改变公共管理的组织形式和管理手段。为促进信息的流动，全球共有117个国家和地区颁布了相关法律法规，在这些法律法规中，有62部是以信息获取（access to information）为核心词汇命名的，其余主要是以信息权（right to information）、信息公开（disclosure/openness）、信息法（information act）来命名[①]。同样，跨国组织对"透明"也越来越关注，1992年世界银行在其

---

① 黄建友. 表达权还是知情权：信息自由概念的内涵变迁 [J]. 国际新闻界, 2018 (9)：116 - 127.

一份报告中表示,信息在经济和社会发展变化中处于至关重要的地位,过分狭窄的信息基础和不透明的决策是不良治理的一个显著特征[①]。1994年世界银行进一步认为"透明公开的信息是良好治理的必备要件,并可以加强政府的责任"[②],经济合作与发展组织(OECD)、联合国开发计划署以及联合国教科文组织也分别在1996年和1997年以发展为主题发表报告,表达它们对"优良"治理、"健全"治理、"民主"治理的看法,它们都把政府透明、信息公开作为有利于发展的一种重要形式[③]。

对于透明政府的概念,学者从不同角度出发,分别用了不同的表述方式,其中主要从政务公开、政府信息公开、政府情报公开等角度阐述什么是透明政府,有学者认为透明政府的内涵是指"行政主体的对外职务行为,除法律明文禁止者外,一律公开",也有学者认为"除法律禁止的情况以外,一切与国家行政有关的活动一律对外公开"[④],还有一部分学者将行政公开原则的内涵仅仅界定为情报公开制度与告知说明理由制度[⑤]。不同学科视域下,透明政府内涵也各不相同,其中政治学视域下的透明是善治的基本要素之一,并将透明性(transparency)界定为"政治信息的公开性"[⑥];行政学视域下透明政府建设是公共服务型政府建设的新的管理范式[⑦];哲学视域下透明政府构建是对公民的平等意识、参与奉献精神以及公共利益、公共精神等价值诉求的回应[⑧];法学与行政法学视域下透明政府是依法行政的表现,通过行政公开可以改变政府权力的运行模式,使政府机关的职权、办事过程、办事时限、办事结果及监督方式等为公众所知晓,这不仅可以有效避免暗箱操作和腐败现象,造就一个廉洁政府,而且还可以增进公民对政府的信任感[⑨];经济学视域下政府作为最大公共信息资源的所有者和控制者,也有利用自身的信息优势地位追求自身利益最大化的冲动,导致政府出现败德行为和民众利

---

① World Bank. Governance and Development, 1992.
② World Bank. Governance: the World Bank's Experience, 1994.
③ United Nations. Sustainable Development and International Economic Cooperation: Implementation and Follow-up to Major Consensus Agreements on Development, 1996.
④ 许崇德等. 新中国行政法学研究综述[M]. 北京:法律出版社,1991.
⑤ 李金刚. 行政公开及我国相关制度之完善[J]. 经济与法,1999(3):14-16.
⑥ 俞可平. 治理与善治[M]. 北京:社会科学文献出版社,2000.
⑦ 傅琼. 透明政府建设是提高行政能力的重要途径[J]. 理论月刊,2006(1):133-135.
⑧ 王颖. 透明政府构建:后现代会话理论的视野[J]. 理论探索,2006(5):124-126.
⑨ 田应斌,贵义华. 法治政府的价值取向及指标体系探析[J]. 湖北教育学院学报,2006(3):76-78.

益的受损，而解决政府信息不对称问题的根本途径是政府信息的公开[1]。这就是说，透明政府是一种理念，它应该有一整套的透明机制，例如政府信息公开、政务公开，这是透明政府操作层面的内容。因此，政务公开、政府信息公开、政府情报公开等概念与"透明政府"是规则与范式的关系[2]。

（2）电子政务与数字政府。20世纪90年代，英文文献中已经出现"电子政务"（electronic government）和"数字政府"（digital government）的相关研究，均是当时西方政府与IT企业合作的各种创新的概括[3]。2012年以后，西方国家政府在概念上转向使用"数字化"或"数字政府"，如美国2012年发布了《数字政府：构建更好服务美国人民的21世纪平台》（Digital Government: Building a 21st Century Platform To Better Serve The American People）的报告，同年英国政府也推出"政府数字战略"（government digital strategy）[4]。

学界对数字政府的定义则更加多元化，不同学科背景可能会给出不同的答案，总体上侧重于描述数字政府是什么（结果）或者应该有什么[5]。首先，基于形态视角将数字政府视为"信息技术革命的产物，是工业时代的传统政府向信息时代演变产生的一种政府形态"[6]；其次，基于工具视角认为数字政府是"将政府与其他主体之间的互动、政务服务、社会治理等政务活动统统数字化并存储于云端……并且政府事务在数字化、网络化的环境下展开的政府存在状态和政府活动实现形式"[7]，可以灵活地支持跨部门合作，建立统一的服务渠道，支持移动办公，以及基于安全的数据开放和基于数据驱动的决策等[8]；最后，基于过程视角将其视为通过数字化思维、战略、资源、工具和规

---

[1] 方燕. 从信息不对称理论看政府信息公开实践意义 [J]. 北方经济, 2005 (12): 43-44.

[2] 陈栋, 刘祖云. 透明政府：一种政府模式研究的反思 [J]. 中共南京市委党校南京市行政学院学报, 2007 (5): 77-81.

[3] 黄璜. 中国"数字政府"的政策演变——兼论"数字政府"与"电子政务"的关系 [J]. 行政论坛, 2020 (3): 47-55.

[4] Schorr H & Stolfo S J. A Digital Government for the 21st Century [J]. Communications of the ACM, 1998 (11): 15-19.

[5] 黄璜. 数字政府：政策、特征与概念 [J]. 治理研究, 2020 (3): 6-16.

[6] 王伟玲. 加快实施数字政府战略：现实困境与破解路径 [J]. 电子政务, 2019 (12): 86-94.

[7] 何圣东, 杨大鹏. 数字政府建设的内涵及路径——基于浙江"最多跑一次"改革的经验分析 [J]. 浙江学刊, 2018 (5): 45-53.

[8] Katsonis M, & Botros A. Digital Government: A Primer and Professional Perspectives [J]. Australian Journal of Public Administration, 2015 (1): 42-52.

则等治理信息社会空间、提供优质政府服务、增强公众服务满意度的过程[1]，是公共部门使用 ICT 技术改善信息和服务供给、鼓励公众参与的过程[2]。也有学者指出，数字政府应具体表现为随时随地获取政府信息、促进公众遵守规则、提供个性化服务、数字化的政府采购、机构间数据整合以及公众参与等[3]。

中国政府的数字化转型是在技术现实和治理理论两个层面不断交织行进的迭代升级过程，中国政府运用现代计算技术的发展过程可以根据重要政策节点划分为三个政策阶段：一是 20 世纪 70 年代后期至 2002 年，以国家级信息系统立项建设、"三金工程"以及"政府上网工程"为代表的"政府信息化"阶段；二是 2002～2017 年，以《国家信息化领导小组关于我国电子政务建设指导意见》《国家电子政务总体框架》基本奠定了之后十多年总体范畴的"电子政务"阶段；三是 2018 年至今，以习近平总书记在 2017 年底论述大数据国家战略时指出要"加快建设数字中国"，同时要"运用大数据提升国家治理现代化水平"，以及从 2018 年开始在贵州、广东、浙江等地方治理中被迅速推开，地方规划相继出台为标志的"数字政府"阶段。学者黄璜（2020）指出，截至 2019 年底，《人民日报》提及"电子政务"的新闻报道超过 1000 篇，而"数字政府"仅有 61 篇，前者中词频排名前五的关键词包括信息、信息化、服务、管理、行政，而"数字政府"则是服务、改革、数字、数据、治理。这表明"电子政务"建设在政策目标上始终以"政府职能转变"为基本出发点和立足点，而新时期"数字政府"建设在核心目标上服务于国家治理现代化。

2.1.2 开放：开放数据

2.1.2.1 数据

数据，英文为 data，是我们通过观察、实验或计算得出的结果，是用于表示客观事物的未经加工的原始素材。数据的形式有很多种，最常见的就是

---

[1] 戴长征，鲍静. 数字政府治理——基于社会形态演变进程的考察 [J]. 中国行政管理，2017（9）：21－27.

[2] Gilgarcia J R, Dawes S S & Pardo T A. Digital Government and Public Management Research：Finding the Crossroads [J]. Public Management Review, 2018（5）：633－646.

[3] Pardo T A. Realizing the Promise of Digital Government：It's More than Building a Web Site [J]. Information Impacts Magazine, 2000（3）.

数字，还有文字、图片、声音等。数据本身并无确切的意义，不能完全表达其内容，需要经过解释。数据的概念一直在不断演变，如《现代汉语词典》（1997）中的定义为：科学实验、检验、统计等所获得的和用于科学研究、技术设计、查证、决策值等的数值；百度中的定义为：关于自然、社会现象和科学实验的定量或定性的记录；维基百科中定义为：关于事件的一组离散且客观的事实描述，是构成信息和知识的原始材料，是计算机加工的"原料"，如图形、声音、文字、数、字符和符号等。

学界和研究机构从适合自己领域发展的角度来定义数据，导致数据定义的不同深度及多样化趋势，如马费成等（2002）提出数据是载荷或记录信息的按照定规则排列组合的物理符号。孙九林（2003）认为，数据是人类为了生存而与自然界进行斗争的产物，是人们为了认识和改造世界而用于记录世界的一种符号，它借助于"数字"或其他符号去勾画和记录现实世界客体的本质、特征以及运动规律，是可以鉴别的一种符号。宋峻峰等（2005）认为，数据是记载下来的事实，是客观实体属性的值；数据的记载方式多种多样，包括数值型、文字型、语音型、图像型、视频型等。中国科学院（2005）提出，数据是以适于人或计算机进行解释和处理，计算机与计算机之间、人机之间进行沟通的规范方式所表示的反映客观世界的事实、概念等物理符号。根据《开放数据八项原则》中的第一项原则可知，"数据是电子存储的信息或记录，包括但不限于文档、数据库、成绩单和音频/视频记录"[1]。2014年《印度国家数据共享和可访问性政策》（National Data Sharing and Accessibilty Policy，NDSAP）将数据定义为"一种对信息、数字汇编和观测、文件、事实、地图、图像、图表、表格和图形、数字和/或模拟形式的概念的表示"，而将数据集定义为"包含已处理数据或信息的逻辑相关特征的命名集合"[2]。

2.1.2.2 开放数据

"开放数据"一词最初是由科学家们用来指代原始的、未经处理的科学数据。当时国际合作伙伴帮助美国航空航天局（NASA）运营美国卫星的地面控制站，签署的国际协议要求这些合作伙伴采用"可与美国国家航空航天

---

[1] Open Government Working Group. Eight Principles of Open Government Data [EB/OL]. http://opengovdata.org/.

[2] Department of Science & Technology. National Data Sharing and Accessibility Policy [EB/OL]. http://www.dst.gov.in/national-data-sharing-and-accessibility-policy-0.

局和参与该计划的其他美国机构相媲美的开放数据政策,特别是在数据公开可用方面"[1]。1995年美国国家科学院《关于全面、开放的交换科学数据》的报告中阐述了共享环境监测数据的观点。2002年,开放数据的术语也出现在生命科学中,主要与遗传数据有关。

很多机构和学者对"开放数据"进行了广泛的讨论,维基百科认为"开放数据"是对早先兴起的"开放运动"的扩展,它是一种理念,任何人都可以自由地取得相应的数据,而不需要受到版权、专利或其他机制的限制[2]。但不同组织也有不同的理解,如开放数据研究所(Open Data Institute)将开放数据定义为"任何人可以获取、使用或共享的数据"[3]。在最新的《开放数据手册(2.1版)》中,英国开放知识联盟(Open Knowledge Foundation)将开放数据定义为"任何人都可以以任何目的自由使用、修改和共享的数据"[4]。英国开放知识联盟(Open Knowledge Foundation)提出"开放数据是指数据能够被任何人免费地使用、再利用和重新分配"[5]。开放数据中心联盟(Open Data Center Alliance)则从互联网技术的角度理解开放数据,认为"开放数据是IT企业的基础设施、云计算的应用模式以及解决措施"[6]。联合国经济与社会事务部在《开放政府数据市民参与指南》(Guidelines on Open Government Data for Citizen Engagement)中指出,开放数据即"任何人可以因任何目的且不受限制地加以利用的资料"[7]。万维网联盟(World Wide Web Consortium,W3C)电子政务兴趣小组将开放数据定义为"以原始格式发布数据,使机器可读,以便在其他人开发的应用程序中完全重用"[8]。

---

① Yu H, Robinson D G. The New Ambiguity of Open Government [EB/OL]. http://dx.doi.org/10.2139/ssrn.2012489.

② Open data [EB/OL]. http://en.wikipedia.org/wiki/Open_data.

③ Ayre L B, Craner J. Open Data: What It Is and Why You Should Care [J]. Public Library Quarterly, 2016 (2): 173-184.

④ Open Knowledge Foundation. The Open Definition [EB/OL]. http://opendefinition.org/.

⑤ Open Definition [EB/OL]. http://opendefinition.org/. 2013-05-10.

⑥ 余红,刘娟. 开放数据及其对图书馆信息资源共享的影响 [J]. 图书馆,2014 (4): 87-90.

⑦ Department of Economic and Social Affairs Guidelines on Open Government Data for Citizen Engagement [EB/OL]. http://workspace.unpan.org/sites/Internet/Documents/Guidenlines%20on%20OGDCE%20May17%202013.pdf.

⑧ Machado A L, Oliveira J M P D. DIGO: An Open Data Architecture for e-Government [C] // Proceedings of the 2011 IEEE 15th International Enterprise Distributed Object Computing Conference Workshops. New York: ACM, 2011: 448-456.

除此之外，很多学者也对开放数据概念进行了广泛的讨论，如表2-1所示，有学者认为"数据开放是数据链的开放，而且开放的不是单一数据链上的某一元数据，而是包含所有事实、数据、信息、知识所组成的数据集"①。可见，目前对数据开放的理解角度和定义不尽相同，有学者从公共管理的视角出发，认为开放数据不仅是一种理念层面的开放，更应是一种实践活动，公共机构将自身产生的以及收集到的数据链上的所有相关数据集在网络空间不受限制地开放、互通、共享，任何用户都可以根据自身特定的需求自由、免费地获取公共数据，且这些数据可以随时被访问、下载、再利用和重新分配②。

表2-1　　　　　　　　国外学者对开放数据的概念界定

描述	出处
每个人都可以随意使用和重新发布的数据，不受版权、专利或其他控制机制的限制	S R Auer et al.（2007）
以"机器可读"格式发布的公开或私有数据，可以不受限制地使用	S Barns（2016）
收集并与他人共享以便按照自己的意愿使用的数据，不受版权或使用的限制	L B Ayre et al.（2017）
免费使用、重复使用和重新分配的信息的传播	F Bauer et al.（2011）

2.1.2.3　开放数据相关概念

（1）信息与数据。"信息"泛指任何现在或未来能让人或其他生物的感官所察觉的事实或想法。信息是大脑中经过加工处理，通过解释后能够有联系，具有一定意义，能被存储、分析、展示，可以通过语言、图表或者数字进行交流的数据③。黄鼎成等（2002）提出"信息是人们认识事物、获取知识的唯一方式"，贾善刚（2004）提出"信息是指应用文字、数据、信号、声音等形式通过不同方式的传递和处理，以表现各种相互关系的客观事物在运动变化中所具有特征内容的总称"。显然，信息一般是以文字、数字、图片、声音、影像等形式表现出来，而且是按照有意义的关联与次序进行排列的结果。通常来讲，大多数学者认为信息至少具备四个主要特征：第一，可识别性，即信息能够被社会公众理解、认识、辨别，主要包括直接识别与间

---

① 李佳佳. 信息管理的新视角：开放数据[J]. 情报理论与实践，2010（7）：35-39.
② 王斯好. 中国政府数据开放：现状问题与策略选择[D]. 长春：吉林大学，2016.
③ 荆宁宁，程俊瑜. 数据、信息、知识与智慧[J]. 情报科学，2005（12）：1786-1790.

接识别，直接识别就是指社会公众借助眼耳等感官进行直接识别，间接识别就是指社会公众借助身体之外的各种测试手段进行识别。第二，可传递性，即信息能够借助不同媒介进行传递，可传递性属于信息的本质特征。第三，时效性，即信息仅会在一定时期内具有价值，超出期限就会成为无效信息。第四，可反复利用性，即信息属于一种具备现实价值的资源，从信源开始无论传递到多少信宿，信息绝不会因经过信宿增多而不能够被开发利用①。

数据和信息往往是交织在一起的，有着必然的联系②。"数据"是没有经过处理和整理的第一手原始记录，并没有具体、明确的含义，但是"信息"却通过分析和处理而被赋予特定的、具体的含义③。其实数据和信息是相互关联的，数据的具体表现形式就是信息，是反映客观事物属性的记录。数据经过加工处理之后，就成了信息；而信息需要经过数字化转变成数据才能被存储和传输④。根据 DILW 的层级递进结构"数据—信息—知识—智慧"可知，数据处于最开始的位置（如图 2-2 所示）⑤。

数据 → 信息 → 知识 → 智慧

图 2-2 从数据到智慧过程

资料来源：Rowley J. The wisdom hierarchy: Representations of the DIKW hierarchy [J]. Journal of information science, 2010 (2): 163-180.

（2）信息公开与开放数据。信息公开是将国家行政机关、法律授权和委托的组织在履行职责过程中制作或者获取的，通过法定形式和程序，以一定形式记录、保存的信息，主动向社会公众或依申请而向特定的个人或组织及时、准确地公开发布。

从"信息公开"到"开放数据"存在着一定的差异。首先在发布方向上：信息公开是单向的，是公共机构单方面对外公开的行为；开放数据则是

---

① 吴昊. 大数据时代中国政府信息共享机制研究 [D]. 长春：吉林大学，2017.
② 王斯妤. 中国政府数据开放：现状问题与策略选择 [D]. 长春：吉林大学，2016.
③ Bellinger G, Castro D, Mills A. Data, information, knowledge, and Wisdom [EB/OL]. http://www.sys-tems-thinking.org/dikw/dikw.htm.
④ 中兴通讯学院. 对话多媒体通信 [M]. 北京：人民邮电出版社，2010.
⑤ Rowley J. The wisdom hierarchy: Representations of the DIKW hierarchy [J]. Journal of information science, 2007 (2): 163-180.

流动的，它强调的是主动向公众提供的数据是无须特别授权、可机读的，并且这些数据能够再利用，因此开放数据是一种数据的流动。其次在发布对象上，信息公开的对象是信息，是对底层数据加以解读、分析后的产物，是二手的；开放数据的对象是最底层的数据，是原始、一手的。从上述区别中可以看出，开放数据和信息公开的目标也各有侧重，信息公开的目的是保障公众的知情权，提高政府透明度，是政府的一种责任；而开放数据的目的是促进社会对政府数据的开发利用，是政府提供的一项公共服务[①]。图 2-3 自左至右表示从"知情"到"利用"，自下至上表示从"信息层"深入到"数据层"。传统的政府信息公开强调的是信息层的公开，是政府和公民、法人之间的数据单向传递过程，而政府数据开放则将开放推进到数据层；政府数据发布虽然也涉及数据，但其主要目的仍是保障知情权，而不是促进社会对政府数据的利用；政府数据开放则强调社会对数据的自由利用。政府数据开放与政府信息公开在参与主体上基本一致，但政府数据开放并不包含"依申请"被动开放部分，与政府部门之间的信息共享存在显著差异[②]。可以说，政府数据开放是政府信息公开在数据时代的深入发展，将政府信息公开在深度和广度上都提升到了新的阶段[③]。

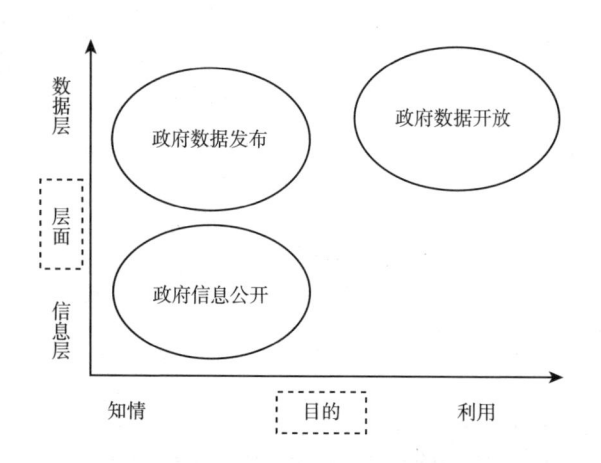

图 2-3　政府数据信息公开、政府数据开放和政府数据发布概念辨析

[①] 王斯好. 中国政府数据开放：现状问题与策略选择 [D]. 长春：吉林大学，2016.
[②] 龙怡. G2C 场景下政府信息共享效益评价研究 [D]. 上海：上海大学，2018.
[③] 郑磊. 开放不等于公开、共享和交易：政府数据开放与相近概念的界定与辨析 [J]. 南京社会科学，2018（9）：83-91.

（3）开放数据与数据共享。"开放"即解除封令、限制等。开放数据指的是数据最大程度的开放或在利用数据过程中不受任何人、任何时间、任何地点、任何客观性条件（如法律、技术等）的限制。维基百科对"开放数据"的定义如下：数据可以被任何人自由获取和再发布，而没有来自版权、专利或其他机制的限制[1]。显然开放数据是指数据应该提供给社会大众由其按照自己的意愿通过合法、合理的手段自由地访问、使用，而不受任何版权等的限制和约束[2]。开放数据包括开放政府数据、开放科学数据（或研究数据、科研数据）、开放机构数据（如开放企业数据）、开放个人数据等[3]。美国科技政策办公室定义了开放数据的范围，包括科学界普遍接受的数字记录的事实材料、需要验证的研究成果，包括支持学术论文使用的数据集，但不包括实验笔记、初步分析、科学论文的草稿、未来的研究计划、同行评议报告、与同事的交流或物理对象（如实验室标本）[4]。欧洲研究大学联盟认为开放科学数据是开放知识的一部分，开放知识可以是任何类型的信息，如基因信息、地理信息、统计信息等，可以被自由使用、重复使用和重新发布[5]。

数据共享是指不同计算机、网络、数据库等环境下产生的不同类型、格式的数据之间的交换、融合与供给。《数据资产管理实践白皮书（4.0）》将数据共享界定为"开展数据共享和交换，实现数据内外部价值的一系列活动"。科学数据的共享是数据科学领域研究的热点之一，其理论方法已经较为成熟，国内外地球科学、生命科学等数据密集的领域已建设了一些科学数据共享平台，例如美国国家航空航天局（National Aeronautics and Space，NASA）的全球变化主要目录（Global Change Master Directory，GCMD）、欧洲中期天气预报中心（European Center for Medium-Range Weather Forecasts，EC-MWF）数据服务站、我国的地球系统科学数据共享平台（National Earth system science Data Sharing Infrastructure）等[6]。

---

[1] Open Data [EB/OL]. https：//en. Wikipedia. Org/ wiki/Open_data.

[2] 黄如花，温芳芳. 我国政府数据开放共享政策问题的构建 [J]. 图书情报工作，2017（12）：26 – 36.

[3] 盛小平，杨智勇. 开放科学、开放共享、开放数据三者关系解析 [J]. 图书情报工作，2019（9）：15 – 22.

[4] OSTP. Increasing Access to the Results of Federally Funded Scientific Research [EB/OL]]. https：//www. white-house. Gov/sites/default/files/microsites/ostp/ostp_public_access_memo_2013. pdf.

[5] LERU. Open Research Data [EB/OL]. https：//www. leru. org/files/general/Open% 20Access% 20to% 20Research% 20Data-FINALdocx. pdf.

[6] 李白杨. 我国政府数据开放的用户需求及其保障策略研究 [D]. 武汉大学，2017.

2.1.3 数据：政府数据

2.1.3.1 政府

关于政府概念的界定众说纷纭且各持己见。英国《简明大不列颠百科全书》关于政府的定义为：政府是治理国家或社区的政治机构[①]；美国《新标准百科全书》关于政府的定义为：政府是一个民族、一个帝国、一个公国、一个国家、一个城市或其他政治单元中的主要官员组成的政治组织或团体的形式[②]；我国《辞海》定义为：政府，即国家行政机关，国家机构的组成部分。

崔志林（2017）总结出关于政府概念的三种类型：

一是"一般意义的政府"，亦可称为概念政府或抽象意义的政府，涵盖人类社会上各类社会管理机构，政府运用法律、制度、道德、信仰甚至民俗、风俗对一定范围内的社会及其成员进行管理，这样的政府无疑是范围最广、形式多样、外延最大的组织体系。

二是"广义的政府"，亦可称为阶级社会的政府，它和国家、阶级、政党、政治共同体、利益集团乃至各种社会要素紧密融合在一起，这种政府是国家的代表和主要组成部分，亦是经济、社会、文化的公共管理机关。广义的政府享有垄断的公共权力，维护绝大多数人的公共利益，制定和实施公共决策，实现有序统治，从这个意义上来说，政府就是国家权威性和合法性的表现形式。

三是"狭义的政府"，是指现代国家的各级权力机关和执行机关，往往是指国家的立法机关、行政机关和司法机关等公共机关的集合。"政府就是国家表示意志、发布命令和处理事务的机关。"[③]

2.1.3.2 政府数据

从 2012 年起，学界对政府数据理论、技术、管理、实践、环境以及法律

[①] 简明不列颠百科全书（第 11 卷）[M]．北京：中国大百科全书出版社，1990．
[②] New Standard Encyclopedia [M]．Standard Educational Corporation，Chicago，1982．
[③] 杨幼炯．政治科学总论——现代政府论 [M]．上海：中华书局印行，1967：322．

等多领域展开深入探索，不断地更新现有的知识体系框架①。政府数据是指政府部门在履行职责的过程中产生、采集和存储了海量的数据资源，产生于政府内部或外部，对于政府公务和社会公众产生关联的数据资源②。开放知识基金将政府数据定义为"政府或政府控制实体生产或委托的数据和信息"③。联合国将政府数据定义为"公共部门机构生产或委托的数据或信息"④，具体来说，是公共部门的机构（如议会、政府各部委、法院）和其他政府控制实体产生、创建、收集、处理、保存、维护、传播、资助或委托的任何数据和信息。国内学者康振国也认为政府数据是指政府部门在依法履行对城市、社会、公众的服务、管理等行政职能过程中制作或获取的，利用某种方式保存或者记录下来的文字、图表、数据等各种资料数据和政务信息资源，其中也包含政务部门直接或者间接运用第三方平台、政务信息系统等依法获得的、采集的政务信息资源⑤。政府数据所涵盖的类别和数量繁多，有着可信度高、价值大、敏感度高、价值密度高、延续性好等特点。

一般来说，政府数据包含了政府在履行各项职能过程中产生、采集的内部数据，从数据类型来看，政府数据分为五类：政府采集的数据，如资源类、财税类等；政府汇总的数据，如工业生产、农业生产等；政府发起所产生的数据，如城市基建、交通基建、医疗教育等；政府监管所获取的数据，如人口普查、金融管理、食品药品管理等；政府提供服务所产生的数据，如社保、水电等。从数据的属性来看，政府数据又可分为：自然信息类，如环境、地理、气象等；城市建设类，如旅游、交通、住宅等；城市管理类，如财税、工商、人口等；民生领域类，如水电、燃气、通信等⑥。

2.1.3.3 政府数据相关概念

（1）政府数据与公共数据。公共数据（public data）是相对于私有数据

---

① 邓林艳. 中国政府开放数据现状研究［J］. 信息技术与信息化，2018（9）：175-177.
② 晏晓菁. 开放政府数据管理政策研究［J］. 农业图书情报学刊，2017，29（12）：81-84.
③ Open Knowledge Foundation. What is Open Government Data［EB/OL］. https：//opengovernmentdata. org/.
④ United Nations. Guidelines on Open Government Data for Citizen Engagement［EB/OL］. http：//workspace. unpan. org/sites/Internet/Documents/Guidelinees%20on%20OGDCE%20May17%202013. pdf.
⑤ 康振国. 政务数据共享绩效评价及优化路径研究［D］. 内蒙古大学，2020.
⑥ 不一样的大数据时代［EB/OL］. https：//www. sohu. com/a/239985225_999250272018-07-08.

（private data）、有隐私限制的或机密的数据而言的。这些数据由公共资金投入产生，主要集中于公共组织或由政府正式资助的企业[①]，具体言之，公共数据包括以下内容：1）商业信息（含商会和公务信息），包括注册、专利、商标以及公共数据库；2）地理信息，包括地址信息、航空照片、建筑物、地籍测量、大地测量控制网络、地理水纹数据和地形测量信息；3）司法信息，包括国内裁决、外国和国际法庭裁决以及国家的立法和条约；4）气象信息，包括气候数据集合模型以及天气预报等；5）社会数据，包括各种类型的经济学、就业、健康、人口和公共管理的统计数据；6）交通信息，包括交通堵塞、道路施工、公共运输和机动车注册等。此外，具有潜在应用价值的数据种类还包括：7）文化数据，或关于文化工作和文物的数据，包括标题、作者，以及通常由画廊、图书馆、档案和博物馆收集和持有的数据等；8）科学数据，包括从天文学到动物学的科学研究产生的数据；9）金融数据，包括作为政府账户（支出和税收）以及金融市场信息（证券、股份、债券等）的数据；10）统计数据，包括统计机构产生的如人口普查和关键社会经济指数等数据；11）环境数据，如关于诸如污染物和污染程度等数据。[②]由此可见，政府数据中不涉及隐私、机密或国家安全的数据即为公共数据，政府数据与公共数据存在交叉关系。

（2）政府数据与大数据。大数据，英文为 big data，在这个概念还没出现之前，通常使用"海量数据"或"非常大的数据"，随着大数据的流行，大数据的定义呈现多样化的趋势，尚未达到共识形成统一的概念。美国国家标准和技术研究院（National Institute of Standards and Technology，NIST）则认为大数据是"数据的容量、数据的获取速度或者数据的表示限制了使用传统关系方法对数据的分析处理能力，需要使用水平扩展的机制以提高处理效率"，而维基百科对大数据的定义是："大数据是指利用常用软件工具捕获、管理和处理数据所耗时间超过可容忍时间的数据集。"全球知名的麦肯锡（McKinsey）咨询公司在 2011 年 6 月发布的一份研究报告中将大数据定义为超过了典型数据库软件工具捕获、存储、管理和分析数据能力的数据集合，具有海

[①] Jung K, Park H W. A Semantic (TRIZ) Network Analysis of South Korea's "Open Public Data" Policy [J]. Government Information Quarterly, 2015 (3): 353 – 358.

[②] Open Knowledge website. Open Knowledge：What is Open? [EB/OL]. https：//okfn.org/opendata/.

量的数据规模、快速的数据流转、多样的数据类型和价值密度低四大特征①。国际数据中心（International Data Center，IDC）是研究大数据及其影响的先驱，其定义的大数据是："大数据技术描述了一个技术和体系的新时代，被设计于从大规模多样化的数据中通过高速捕获、发现和分析技术提取数据的价值。"② 政府数据是大数据的一种③，大数据以结构化和非结构化形式存在，而开放数据是结构化的数据。

2.1.4 开放政府数据

2.1.4.1 开放政府数据

开放政府数据是开放数据的一部分，是指政府生产的、收集的和拥有的数据，在知识共享许可下发布，允许共享、发布、修改，甚至对其进行商业使用的具有正当归属的数据④。2007 年 9 月，30 名开放政府倡导者聚集在加利福尼亚州的塞巴斯托波尔，讨论开放政府数据如何推动民主。最终形成并发布了《开放政府数据原则》（Eight Principles of Open Government Data），如表 2 - 2 所示，即数据必须是完整的、原始的、及时的、可获取的、机器可读的、非歧视的、非专有的、免许可的⑤。自此，"开放政府数据"一词开始流行起来⑥。世界银行在 2012 年《如何认识开放政府数据提高政府的责任感》报告中提到：开放政府数据指的是非专有的、机器可读的数据，任何人都没有法律或技术的限制，可以自由使用、重复使用、操作和传播，而开放的数据可能来自任何地方。OKF 关于开放政府数据的定义，即由政府或政府控制

---

① Manyika J, Chui M, Brown B, et al. Big data: The next frontier for innovation, competition, and productivity [EB/OL]. http://www.mckinsey.com/Insights/MGI/Technology and Innovation/Big_data_The_next_frontier_for_innovation.

② Gantz, J., Reinsel, D. The digital universe in 2020: Big data, bigger digital shadows, and biggest growth in the far east. IDC iView: IDC Analyze the Future, 2012.

③ Ayre L B, Craner J. Open Data: What It Is and Why You Should Care [J]. Public Library Quarterly, 2017, 36 (2): 173 –184.

④ Wordbank How to Notes: Towards Open Government fo Enhanced the Social. Accountability [R]. 2012.

⑤ Open Government Working Group. Eight Principles of Open Government data [EB/OL]. http://opengovdata.org/.

⑥ Ubaldi B. Open Government Data: Towards Empirical Analysis of Open Government Data Initiatives [EB/OL]. http://www.oecd-ilibrary.org/governance/open-government-data_5k46bj4f03s7 - en.

的实体生成或委托的数据,任何人都可以自由使用、重用和重新分配①。简而言之,"向所有人免费提供数据,不受限制"②。

表 2-2 《开放政府数据原则》的内容

内容构成	描述
完整的(complete)	所有的公共数据都可用。公共数据是不受隐私、安全或特权限制的数据
原始的(primary)	数据可从来源处收集,并具有最高级别的细粒度,且不是以整合或修改的形式提供
及时的(timely)	在实际数据创建之后,尽快地提供数据,以保留数据价值
可获取的(accessible)	数据可供所有消费者使用,并且对其使用没有限制
机器可读的(machine processable)	数据以结构化的方式发布,允许自动化处理
非歧视性的(non-discriminatory)	数据可供所有人使用,无注册要求
非专有的(non-proprietary)	数据以不由单一实体专门控制的格式发布
许可免费的(license-free)	除了允许合理的隐私、安全和特权限制之外,数据不受版权、专利、商标或商业秘密法规的限制

资料来源:https://opengovdata.org/。

不同的组织、政府机构对开放政府数据有不同的理解,世界银行将开放政府数据定义为政府开放、产生、收集和拥有的数据,在知识共享许可下发布,允许共享、分发、修改,甚至对其进行商业使用③。经济合作与发展组织(OECD)将开放政府数据定义为一套理念和逐渐增长的政策,通过向所有人提供政府数据来促进透明度、问责制和价值创造④。德国内政部在《德国数据开放》报告中将开放政府数据定义为公共行政机构所有的能被第三方重新利用的数据⑤。《开放数据白皮书》中将其理解为政府领域内可作为开放

---

① Open Knowledge Foundation. What is Open Government Data [EB/OL]. https://opengovernmentdata.org/.

② Kalampokis E, Tambouris E, Tarabanis K. Open Government Data: a Stage Model [C] //Proceedings of the 10th IFIP WG 8.5 International Conference on Electronic Government. Berlin: Springer, 2011: 235-246.

③ Wordbank. How to notes: toward open government for enhanced the social accountability [R]. New York: Wordbank, 2012.

④ Open Government Data [EB/OL]. http://www.oecd.org/gov/digital-government/open-government-data.htm.

⑤ The Federal Ministry of the Interior in Germany [R]. Open Government Data Germany, 2012.

数据提供给公众的数据资源①。2016年5月，美国《开放政府数据法案》提出开放政府数据应当满足机器可阅读、开放格式提供和全球公共领域的一部分这三个条件，或者有必要用开放许可的方式发布，也就是可以免费使用且不限制其复制、出版、传播、引用等②。

国内外学者对开放政府数据有着不同的理解和界定③，如表2-3所示，开放政府数据包含以下几个层次的内容：开放政府数据是公共部门的数据，这些数据是政府或政府控制实体生产或委托的；数据是开放的，符合开放定义，满足开放数据的要求，即采用开放格式，允许任何人免费获取、重用和再分配。

表2-3 国内外学者对开放政府数据的概念界定

描述	作者
不受限制地访问政府信息，不包括来自政府的个人信息和安全敏感数据	Davies（2010）
以开放格式且以允许公众获取和促进利用的方式免费提供公共部门的信息	E Kalampokis et al.（2011）
以开放、原始的格式发布数据，使其可供所有人访问和使用，并允许重用	A L Machado et al.（2011）
公共部门所有的存储数据，政府可以根据公共利益访问这些数据而不受任何使用和分配限制	C P Geiger & J von Lucke（2012）
作为开放数据向公众提供的公共部门信息	HM Government（2012）
为了普通公众的利益而免费提供的数据，以供没有任何限制地使用、传播和重复使用	H Yu & D G Robinson（2012）
由公共机构创建或委托的数据或信息，可供其他公共实体、企业自由使用、重用和分发，公民只受制于（最多）用户归因于数据的要求，并且他们也可以共享他们的作品	United Nations（2013）
以符合开放定义的方式创建和发布的政府数据，即它在技术上和法律上是开放的	J Kučera, D Chlapek & M Nečaský 11（2013）

---

① Open data white paper [EB/OL]. https://data.gov.uk/sites/default/files/Open_data_White_Paper.pdf.

② Open, public, electronic, and necessary government data act or the pen government data act [EB/OL]. http://kilmer.house.gov/imo/media/doc/OPEN%20Data%20Act.pdf.

③ 王斯好. 中国政府数据开放：现状问题与策略选择 [D]. 长春：吉林大学，2016.

续表

描 述	作 者
政府通过加大对未公开的政府数据进行初始发布，或者致力于使这类数据得到开放，然后促使政府自身或外界能够较为便利地获取和再利用，从而形成高透明度、高参与性、协作的开放型政府	陈美（2013）
在确保国家安全的条件下，政府向公众免费地开放财政、资源、人口等公共数据信息，用来增强公众参与社会管理的意愿与能力，进而提升政府治理水平	张明（2019）
国家机关以及由法律授权行使公共管理职能的社会组织，按照法律规章向公众公开其所掌握的、用于记录与公共利益密切相关的各类事实的物理符号。公众可凭借此合法的途径，便利顺畅的方式获知、取得和使用其所需的数据	沈亚萍、许博雅（2014）
政府依据用户自身特定的需求和相关的互联网协议，对不同来源、类型的 Web 数据进行存储和运用，最终实现政府数据在网络空间的开放与共享，以此寻求数据被最大可能的获取和重用	张毅菁（2014）

总结学者们对开放政府数据的认识，可以将开放政府数据的概念界定为：开放政府数据就是国家行政机关以及承担公共事务管理职能的行政执行部门，基于互联网平台，运用信息技术，在不涉及国家机密的情况下，根据公众的需求主动开放与国家公共事务密切相关的原始的、一手的、未经解读的政府数据。任何人都可以免费、无须授权、自由地获取、使用这些可机读的数据，通过分析数据从而了解，进一步监督政府决策的合理性并积极反馈给政府部门，进而提升政府治理水平，促进经济发展，鼓励社会创新。

2.1.4.2 开放政府数据相关概念

（1）政府信息资源再利用与公共部门信息资源增值利用。政府是一国最大的信息资源生产者，因此，政府信息资源开发再利用一直是信息资源管理研究的重点和热点，如何利用好政府不断膨胀的信息资源成为政府与公众共同关心的大课题[1]。在欧盟，政府信息更多的被称为公共部门信息，如在《公共部门信息再利用指令》中将其定义为政府所持有的文件及政府机关所

---

[1] 贾映辉，曹红丽.政府信息共享与数据开放研究综述[J].网络空间安全，2018（5）：1-7.

持有的信息①。我国关于政府信息的概念研究也有很多,《中华人民共和国政府信息公开条例》中也对政府信息的概念作了界定,政府信息是指政府在履行国家管理职能时产生的所有信息的集合②。关于信息再利用概念,也主要来源于欧盟的《公共部门信息再利用指令》,高新民(2004)在"信息资源开发利用高层论坛"上最早使用"政府信息资源再利用"的概念,它是指"政府以外的主体为其他目的使用该信息"。随后众多学者都根据《公共部门信息再利用指令》中的"再利用"定义来界定"政府信息资源再利用"概念,如谭必勇(2007)认为,"政府信息资源再利用"是指政府以外的个人、法律实体以商业或非商业目的对政府部门拥有的信息资源进行的开发利用,信息在初产生时的使用(例如政府部门之间出于行政职责或公共任务而进行的信息交换、再开发等活动)除外。冉从敬(2010)根据欧盟的定义,详细分析了"公共部门信息再利用"的四个特征,"再利用"是一个特定术语,其主体的一方必须是公共部门,另一方是个人或者法人;使用目的可以是商业性的,也可以是非商业性的,商业性的开发占据了重要地位。可见,政府信息资源的所有者,将政府信息以免费或适当价格的形式,提供给其他相关实体,然后这些实体可以对信息进行进一步的加工整理,即对其进行增值,再出售给广大的用户或自己利用,这一过程就可被称为"再利用"③。

2008年以后,学者开始采用"公共部门信息资源增值利用"这一概念,使得概念适用的外延扩大到整个公共部门。周毅(2009)认为"政府信息增值服务是由有关主体针对不同用户的信息需求,在对政府信息进行再加工、再开发与再利用的基础上,开发多种类型的政府信息资源产品、信息内容产品,并提供给有关用户的过程"。刘梦华(2008)则根据公共物品理论,结合政府信息资源的分类,把"政府信息资源增值服务"概念分成纯公共信息和准公共信息两类来进行界定。程万高(2011)认为"政府信息资源增值服务"就是"政府信息资源增值产品的供给服务",结合"再利用"和"信息增值"的概念给出了界定。陈传夫等(2010)在研究中使用了"政府信息增值开发""政府信息资源增值利用""公共部门信息增值利用"的概念,并基

---

① 邵熠星,王薇. 政府信息资源再利用比较研究[J]. 图书情报工作,2010(8):125-129.
② 中华人民共和国政府信息公开条例[EB/OL]. http://www.zwgk/2007-04/24/content-592937.htm.
③ 牙克甫江·买买提. 欧美政府信息资源再利用比较研究[J]. 商品与质量:理论研究,2012(s2):36.

于"再利用"的含义对"政府信息增值开发"做了限定。这种增值利用既可以是商业性开发,也可以是公益性开发①。

显然,"开放政府数据"与"政府信息资源再利用"和"公共部门信息资源增值利用"等概念也有一定差异。后两者所指的社会对政府信息资源的利用,一般需要事先得到政府授权和许可,对于政府信息资源的利用仍是有条件的、有特定对象的和有限度的,而"开放"的政府数据则无须授权即可利用,利用时不再受限。而且,"政府信息资源再利用"和"公共部门信息资源增值利用"所指的利用对象仍是"信息",而非"数据"②。

(2) 政务信息资源共享与政务数据资源共享。"政务信息"概念往往与"政府信息"混淆,"政府"与"政务"的区别在于前者强调数据的"拥有者或来源"是政府机构,在国外的政策文件与研究文献中较多使用,而后者更强调信息的"功能"是履行政府部门的职责,在我国运用较多③。政务信息是反映政府工作运转情况的信息以及政府领导决策和指挥工作所需要的信息,它是信息家族中的重要成员。政务信息包括两个组成部分:一是政府自身产生的信息,被称为内生信息,如各种条例、规定、办法、章程、命令、指示、批复、议案、通告、通知、公函、会议纪要、合同、协议书等;二是政府从外部获取的与政府管理活动有关的信息,被称为外生信息,如新闻报道、消息资料、群众信访、提案议案、社会调研信息等④。显然政务信息资源是一切产生于政府内部或外部并对政府活动有着直接影响的信息资源的统称⑤。

国务院印发的《政务信息资源共享管理暂行办法》指出了政务信息资源共享主要是"政务信息系统互联和公共数据共享",是指"政务部门在履行职责过程中制作或获取的,以一定形式记录、保存的文件、资料、图表和数据等各类信息资源,包括政务部门直接或通过第三方依法采集的,依法授权

---

① 谢笑. 欧美公共部门信息增值利用面临的问题与反思 [J]. 情报理论与实践,2012 (5):120 – 124.

② 郑磊. 开放政府数据研究:概念辨析、关键因素及其互动关系 [J]. 中国行政管理,2015 (11): 13 – 18.

③ 王芳,储君,张琪敏等. 跨部门政府数据共享:问题、原因与对策 [J]. 图书与情报,2017 (5): 54 – 55.

④ 丙廷先. 信息科学概论 [M]. 上海:上海财经大学出版社,2000.

⑤ 胡小明. 电子政务信息资源共建共享研究 [C]. 电子政务信息资源共建共享研究论文集,2004 (10): 34 – 65.

管理和因履行职责需要依托政务信息系统形成的信息资源等"。赵劲松（2008）认为，政务信息资源共享是指政府各部门将拥有的信息资源最大程度地公开，使其他部门、企业、个人可以公开、公平地利用各类信息资源。从形式上来讲，政务信息资源共享就是政务信息在政府机构内部、政府机构之间、政府机构与政府信息相关者之间的传递、交流与共享过程，这种传递、交流与共享服从于政府履行职责和工作的需要，因此，从实质上来讲，政务信息资源共享是政府以传递和交换信息的手段维持自身的存在和履行政府的职能。显然，政务信息资源共享可定义为政府通过政务信息的传递、扩散、交流、共享，在政府内部以及政府与外界环境之间实施管理、控制和协调，以履行政府职责和发挥政府功能的过程。

政务数据资源是指政府部门和依法经授权行使行政职能的公共组织，在依法履行职能、办理业务和事项的过程中产生、加工、使用的各类资料、图表、文件、数据等，包括政务部门直接或间接依法采集或依托政务信息系统形成的数据资源的总称。政务数据资源包括基础数据和业务数据两大类，其中基础数据是由人口、法人、空间地理、电子证照、社会信用等基础数据库形成的数据资源；业务数据是指各部门在日常工作中受理的业务事项形成的数据，包括教育、医疗卫生、社会救助、社会福利、社区服务、婚姻登记、劳动就业、住房公积金、社会保障、计划生育、住房保障、法律服务、法治宣传、公共安全等民生服务领域的政务数据。按政务数据资源涉密属性划分，可以将其分为涉密政务数据资源和非涉密政务数据资源两类，其涉密属性决定了数据资源最终的共享权限和开放程度。政务数据共享是指政府在行政活动或履行职能的过程中形成或采集的政务数据无条件或有条件地供其他部门在日常管理或提供公共服务中使用。政务数据共享的主体和对象都是政府部门，目的是提高政务服务和监管水平。政务数据共享可分为无条件共享、有条件共享、不予共享三种类型。可提供给所有政务部门共享使用的政务数据资源属于无条件共享类型；可提供给相关政务部门共享使用或仅能够部分提供给所有政务部门共享使用的政务数据资源属于有条件共享类型；不宜提供给其他政务部门共享使用的政务数据资源属于不予共享类型[①]。

---

① 朱迪. 服务型政府建设中政务数据共享和开放的挑战与对策研究——以静安区为例 [D]. 上海：中共上海市委党校，2019.

(3) 政府数据开放和政府数据共享。开放数据研究院制作了一个数据光谱，展现了数据开放、数据共享和数据封闭的区别，这个光谱将数据从封闭、共享，到开放排布在一个渐变的过程中，按照授权程度的大小，数据获取形式被分成五种类型，依次是内部获取、定向获取、群体获取、公开获取和所有人获取。其中，内部获取是指数据被封闭在某个组织内部使用，通过雇佣合同和内部政策来保护数据不被外泄；定向获取是指通过合约形式来明确指定数据的使用对象；群体获取是指通过认证形式在特定群体内部进行数据共享；公共获取是指通过授权协议来对数据使用设定限制条件；只有开放数据是指数据获得了开放授权，并对所有人开放[①]。

政府数据共享是不同级别、不同地域的政府机构所产生的不同类型、不同格式数据的交换和融合[②]。美国政府问责办公室（Government Accountability Office）认为，政府数据共享是政府不同部门或不同级别的政府部门间共享和使用数据，目的是消除政府内部的信息壁垒、使用数据、进行数据分析和使政府数据资源达到平衡状态[③]。英国政府也制定了数据共享政策来保障其国家级政府数据开放平台 Data.gov.uk 的资源，该政策指出政府数据共享是为政府数据开放提供可持续发展保障，政府数据共享遵循三个原则：一是强化管理机构为用户提供数据检索和统计数据的供应能力；二是预防欺诈并帮助公众管理他们与政府的债务；三是保证政府在正确的时间为正确的人提供正确的服务[④]。

我国在 2015 年 8 月印发的《促进大数据发展行动纲要》中分别提出要"大力推动政府部门数据共享"和"稳步推动公共数据资源开放"。2017 年 3 月，贵州省第十二届人民代表大会常务委员会第二十七次会议批准的《贵阳市政府数据共享开放条例》将政府数据共享界定为"行政机关因履行职责需要使用其他行政机关的政府数据或者为其他行政机关提供政府数据的行为"；而将政府数据开放界定为"行政机关面向公民、法人和其他组织提供政府数据的行为"。由此可见，政务数据共享的主体和对象都是各党政机关及事业

---

① 郑磊.开放不等于公开、共享和交易：政府数据开放与相近概念的界定与辨析 [J].南京社会科学，2018（9）：83-91.
② 李白杨.我国政府数据开放的用户需求及其保障策略研究 [D].武汉：武汉大学，2017.
③ U.S. Government Accountability Office. Government Data Sharing Community of Practice [EB/OL]. http://www.gao.gov/aac/gds community_of\}ractice/overview#t=0.
④ Data Sharing. Data Sharing in Government [EB/OL]. http://www.dateshaiing.org.uk.

单位，是面向政府内部的数据融合和数据应用；而政务数据开放的主体是党政机关，开放的对象是社会公众，包括个人和企业，是面向全社会的数据查询、开发及服务[1]。显然，"数据共享"是在政府内部进行的，而"数据开放"则是政府面向外部社会进行的。对于前者，具体要求推进国家基础数据资源和信息系统的跨部门、跨区域共享；对于后者，则具体要求推进公共机构数据资源统一汇聚和集中向社会开放[2]。

2.2 相关理论研究

2.2.1 开放政府理论

2.2.1.1 开放政府理论起源

开放政府概念可以追溯到18世纪，一直被理解为公众获取信息的权力，与官僚秘密相对。"二战"后，美国出现一系列推动信息自由的运动，但真正具有重大意义的是由时任美国报纸编辑协会（ASNE）的法律顾问哈罗德·克罗斯（Harold Cross）于1953年所著的《人们的知情权：公共记录和会议记录的合法获取》一书，该协会的主编詹姆斯·波普（James S. Pope）在书的序言中称："克罗斯是在充分理解开放政府的基础上写出此书。"[3] 这也是最早出现"开放政府"术语的地方，但并未得到明确定义，只是多指对过去未公开的政府信息进行公共存取。知情权的概念最早由美国记者库珀在1945年提出并得到广泛认同，是指"公民有权知道政府持有、保存的，与其权力行使有关的一切信息，除非法律有例外的规定"[4]。帕克（Park）认为，开放政府起源于知情权的制度化过程，通常把帕克在1957年发表的《开放政府原则：依据宪法的知情权》一文看作是开放政府理念形成的标志[5]。

---

[1] 朱迪. 服务型政府建设中政务数据共享和开放的挑战与对策研究——以静安区为例 [D]. 上海：中共上海市委党校, 2019.

[2] 郑磊. 开放不等于公开、共享和交易：政府数据开放与相近概念的界定与辨析 [J]. 南京社会科学, 2018 (9): 83-91.

[3] 陈美. 美国开放政府数据的保障机制研究 [J]. 情报杂志, 2013 (7): 148-153.

[4] 章剑生. 知情权及其保障——以《政府信息公开条例》为例 [J]. 中国法学, 2008 (4): 150.

[5] 王本刚, 马海群. 开放政府理伦分析框架：概念、政策与治理 [J]. 情报资料工作, 2015 (6): 35-39.

实际上，信息获取权运动是为了提高政府的工作效率而展开的，最早的信息公开法案为 1766 年瑞典《出版自由法》，该法案赋予普通市民享有要求法院以及行政机关公开有关公文的权利；第二次世界大战之后，随着公共行政的发展，掀起了第二波信息获取权运动。如美国政府在 1966 年出台《信息自由法案》(The Freedom of Information Act)[1]，表明开放政府的核心是透明性和责任制，公民被赋予了了解政府文件、问责决策者的自由权；1980 年发布《文书削减法案》(The Paperwork Reduction Act)，提出要更多地吸纳公众意见，缩减纸质化办事流程[2]；1996 年《信息自由法案》进一步修订，信息公开扩大到电子文档方面[3]；2002 年发布《电子政府法案》(E-government Act)，提出要依托互联网技术改进政府管理绩效，进一步提高公民获取政府信息和服务的权力[4]。2009 年 12 月 8 日，奥巴马进一步发布了"开放政府指令"(Open Government Directive)，强调"开放政府"的三个原则：透明、参与和合作。"指令"对政府部门的改革行动提出了限定时限，并提出了具体要求：(1) 在线发布政府信息；(2) 提升政府信息质量；(3) 创建"开放政府"的文化并将其制度化；(4) 创造并维护"开放政府"的政策框架。"指令"还要求政府部门在"开放政府"三个原则基础上，进一步提出具体计划。

在大西洋的另一边，英国民众也发起了"让我们的数据免费"的运动，要求政府放弃对数据的垄断，让所有人可以免费获取政府数据。这一运动得到了英国社会各界和政府部门的广泛回应。2010 年 4 月，英国国家测绘局 (Ordnance Survey) 开始免费向社会发布地图数据。同年 5 月卡梅伦上台后，英国政府部门开始加速实施开放数据的相关政策[5]。2012 年，英国内阁办公室发布了《公共数据原则》(Public Data Principles) 白皮书，内容涉及政府机构发布数据的行动准则，包括数据的可使用性、可读性、开放格式以及开

---

[1] Freedom of Information Act (United States) [EB/OL]. http://en.wikipedia.org/wiki/Freedom_of_Information_Act (United_States).

[2] Paperwork Reduct Act [EB/OL]. http://en.wikipedia.org/wiki/Paperwork_Reduction_Act.

[3] Ganapati S, Reddick C G. Open e-government in US. State Governments: Survey Evidence from Chief Information Officers [J]. Government Information Quarterly, 2012 (29): 115 – 122.

[4] E-government Act of 2002 [EB/OL]. http://en.wikipedia.org/wiki/E-Government_Act_of_2002.

[5] Jonathan Gray, Helen Darbishire. Beyond Access: Open Government Data and the Right to (re) use Public Information, in Access Info Europe and Open Knowledge, 2011.

放许可证等内容①。2013年经济合作与发展组织（OECD）开始致力于推动开放政府数据运动，并从2015年开始定期发布"开放政府数据指数"，评估其成员和伙伴的政府数据开放程度②。

信息获取权运动只是赋予了公众获取信息的权利，保障公众的知情权，但是并未满足用户对政府持有的数据资源的数据使用权，数据开放是信息获取权的进一步深入发展。透明、参与和合作是开放政府的核心战略要素。美国《透明与开放的政府备忘录》对开放政府的三个主题作了详细解释。第一，透明。透明是指政府用各种新技术最大限度开放信息，按照《信息自由法案》，除了涉及国家安全的数据，政府部门必须向公民无条件提供其要求的数据。例如有关某疾病的数据、个人银行交易数据、社区危险人物居住地数据等等，实现从政府信息到全民信息的转变。第二，参与。在与互联网相结合的管理背景下，鼓励公众参与到搜集公共信息的过程中，这种以技术为支撑的参与式民主成为后现代型公共管理（post-NPM）。第三，协作。各级政府部门之间以及政府与非营利性组织、企业、个人、民营组织之间广泛开展合作③。

2.2.1.2 开放政府理论的基本内涵

不同学者对开放政府理论的解读不甚相同，艾伯特等（Albert et al.，2012）认为，政府开放就是"公民通过接触政府信息和参与政策制定而监督和影响行政过程的程度"。赫克曼（Heckmann，2011）认为，开放政府实际上就是让人们知晓政府的活动，掌握一定的公共信息。吉安鲁吉维斯等（Gianluigi Viscusi et al.，2014）给出了一个相对完整的定义，即"开放政府正在成为一个核心问题，一方面是公众的参与，另一方面是公共行政的责任、透明和传递数字服务的能力"。此外，帕莱切克和萨克斯（Parycek & Sachs，2010）将开放政府认为是"一种现代治理方法，它为开放、透明以及政府和公民之间的持续对话提供新的空间"。

国外对开放政府的概念总结较为全面且应用较广的便是娜塔莎·韦利科

---

① UK Cabinet Office. Public Data-statement of Principles [EB/OL]. http：//data. blog. gov. Uk/2012/10/04/public-data-statement-of-principles/.

② OECD. Open Government Data Report：Enhancing Policy Maturity for Sustainable Impact [EB/OL]. http：//read. Oecd. org/10. 1787/9789264305847 – en？format = pdf.

③ 李平. 开放政府视野下的政府数据开放机制及策略研究 [J]. 电子政务，2016（1）：80 – 87.

维奇（Natasa Veljkovic），他提出了开放政府的主要原则：数据透明，即开放公共部门信息和数据，使公众和企业能够以统一的方式获取政府持有数据资源；治理透明，即向社会公众开放政府运作和决策过程；问责，即向公众解释政府决策和行动，按照要求完成任务并承担失败的责任；参与，即使公众参与到决策制定中；协作，即使不同层级政府之间、政府与民营部门之间、政府与公众之间的协作①。透明是开放政府的主要元素，更多的透明意味着更好的治理、更高的效率和合法性，是实现政府问责的主要手段，用来评估和追踪政府行为的结果并使其对行为结果负责。数据公开是实现透明的前提条件，作为开放政府实践的主要举措并在全世界范围内得到推广。参与旨在将公众纳入民主过程中，政府与社会之间的互动是民主社会的核心特征。政府可以借助于社交媒体和其他互动工具来将公众链接起来，帮助公众分享看法，接收公众对多种社会事务有价值的反馈，将公众纳入政策制定过程中。协作旨在基于协同工作和反馈信息做出更快速的决策，使所有利益相关者参与到政府运作和决策制定过程中。就政府部门来说存在政府部门之间的协作，政府与非营利组织之间的协作。显然娜塔莎·韦利科维奇提出的开放政府的核心思想包括五个方面，即开放数据、数据透明、政府透明、公众参与、多元合作。同时也可以将这五个维度归纳为开放政府数据、多元主体参与和多元主体合作的政策逻辑②，如图2-4所示，这一政策逻辑也昭示着政府开放程度的逐步深入③。

开放政府数据 → 多元主体参与 → 多元主体合作

图 2-4　多元主体合作的政策逻辑

资料来源：骆毅，王国华．"开放政府"理论与实践对中国的启示——基于社会协同治理机制创新的研究视角［J］．江汉学术，2016（4）：113-122.

国内学者张成福在《开放政府论》中指出，开放政府的本质特征在于公开性、分享性、合作性。公开性是指公民能够获取政府的相关信息，并对政

---

① Veljković N, Bogdanović-Dinić S, Stoimenov L. Benchmarking open government: an open data perspective [J]. Government Information Quarterly, 2014 (2): 278-290.
② 骆毅，王国华．"开放政府"理论与实践对中国的启示——基于社会协同治理机制创新的研究视角［J］．江汉学术，2016（2）：113-122.
③ 何彤昕．基于开放政府理论视角的地方政务新媒体研究［D］．青岛：青岛大学，2020.

府进行有效的监督，对政府的施政进行评估。分享性是指政府治理是政府、企业、社会和公民之间的互动过程。合作性是指开放政府承认政府和社会对共同生活合作管理的重要性，公共利益最大化的社会管理的实现依靠的是多元、相互协调的网络[1]。

2.2.1.3 开放政府的分析框架

开放政府作为一种治理途径，有其特定的内涵、目标和意义。开放政府的概念模型与分析框架是开放政府理论的支柱，因此，充分理解开放政府分析框架是进一步完善开放政府理论的前提。OECD从三个维度来定义开放型政府，分别是：透明，即由公众审查和质疑政府行动以及与行动相关的个人责任；可获得性，即公众可以真实地获得政府服务和活动信息；回应性，即政府回应新的想法、要求和需求[2]。

娜塔莎·韦利科维奇等（Nataša Veljkovic et al., 2014）提出一个开放政府的概念模型，包含开放数据、数据透明、政府透明、公众参与、多元合作五个方面，如图2-5所示。（1）开放数据：开放数据是指涉及公共利益的政府数据应该无任何限制并且易于发现和访问地被公众获取，开放数据强调数据的完整性、基础性、及时性、可获取性、机器可处理性、非歧视性、无所有权、自由许可的。（2）数据透明，是指政府开放的数据必须是真实的，可靠的，容易为社会公众所理解、易懂的，并且公开的数据是可以重复利用的，开放数据是增强数据透明度的先决条件。数据透明强调真实性、可理解性、可重用性。（3）政府透明，是指透明度可以进一步扩展到政府运作方式、运作程序、任务及管理条例当中，使政府的决策过程、运作程序公开到社会监督之中，可以让公众了解政府行为及内部流程，同时使政府对其行为负责，构建责任型、服务型政府。政府透明强调程序、运作、任务和管理方面透明。（4）公众参与，公众参与到决策制定中，公众参与是构建开放政府的重要力量，参与旨在将公众纳入到国家的民主进程当中，参与强调开放对话。（5）多元合作，即不同层级政府之间、政府与民营部门之间、政府与公众之间的合作。合作旨在基于协同工作和反馈信息做出更快速的决策，使所有利益相关者参与到政府运作和决策制定过程中，合作是构建开放政府的重

---

[1] 张成福. 开放政府论 [J]. 中国人民大学学报, 2014 (3): 79-89.

[2] OECD. Modernising government: The way forward [M]. OECD Publishing, 2005: 29.

要要求，合作强调政府内部的合作（G2G）、跨组织合作（G2B），即政府与非营利组织和私人部门的合作，以及外部的合作（G2C），即政府与公民之间的合作三个方面。

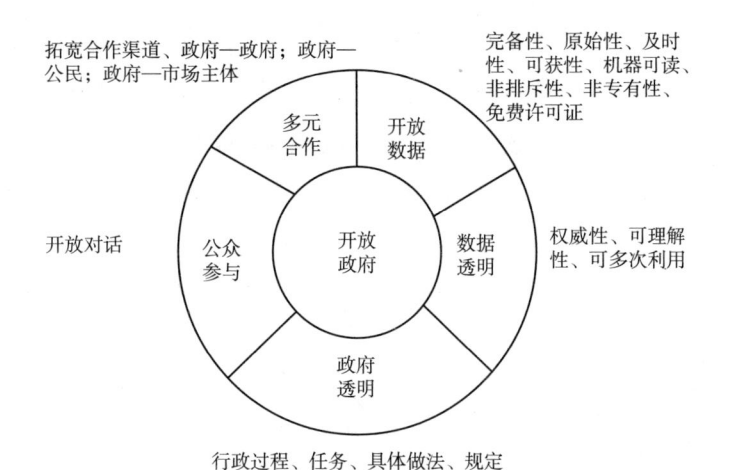

图 2-5 "开放政府"分析框架

资料来源：骆毅，王国华."开放政府"理论与实践对中国的启示——基于社会协同治理机制创新的研究视角 [J]. 江汉学术, 2016 (4)：113-122.

王本刚等（2015）在借鉴娜塔莎·韦利科维奇模型基础上提出另外一个关于开放政府的概念模型，如图 2-6 所示，他认为公众参与和社会合作是开放政府最本质的内容，而信息公开和数据开放则是开放政府的前提条件。在这个模型中，信息公开、数据开放、公众参与、社会合作这四个概念共同构成开放政府理论的内核，形成开放政府的一个分析框架。王本刚认为开放政府是一种治理理念，涵盖了传统的电子政府的理论内容，开放政府的目的是通过信息公开、数据开放、政府与公众之间的互动和对话，以及政府和企业、非营利性社会组织之间的合作，提升政府的治理能力，其最终的目标是通过提供完善的公共产品和服务实现公共价值和社会价值。王本刚将信息公开、数据开放、公众参与、社会合作作为开放政府理论的内核，并进一步将信息公开、数据开放归纳为政策维度，将公众参与、社会合作归纳为治理维度。

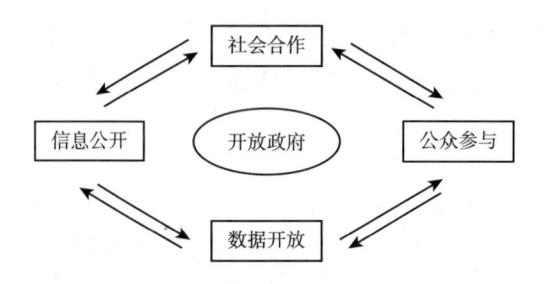

图 2-6　开放政府的概念模型

资料来源：王本刚，马海群．开放政府理论分析框架：概念、政策与治理［J］．情报资料工作，2015（6）：35-39.

针对政府开放进行评价，李光浩（Gwanhoo Lee）提出开放政府成熟度模型（OGMM），具体分为五个成熟度阶段，如图 2-7 所示，即：初始阶段（initail conditions）、开放透明阶段（data transparency）、开放参与阶段（open participation）、开放协作阶段（open collaboration）、无处不在的参与阶段（ubiquitous engagement）[①]。

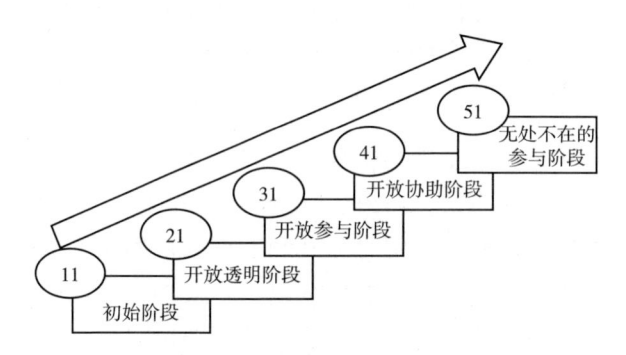

图 2-7　开放政府成熟度模型

资料来源：G Lee, Y H Kwak. An open government maturity model for social media-based public engagement [J]. Government Information Quarterly, 2012 (4): 492-503.

第一阶段：初始阶段。政府较少地使用互动类社交媒体，大多只采用政府网站进行简单的信息发布，只是单向对公众进行信息的灌输，并不在意公众对此的反应和需求，对于信息发布的质量和引起的关注程度等方面也没有设置相应的评价指标，政府内部没有明确地规范运作标准和考核机制。第二

---

① G Lee, & Y H Kwak. An open government maturity model for social media-based public engagement [J]. Government Information Quarterly, 2012 (4): 492-503.

阶段：开放透明阶段。此时，政府开始运用社交媒体作为工作工具之一，政府在这个阶段会制定相应的信息发布标准，筛选信息内容，确保信息内容的准确性、及时性等高标准要求，提高发布质量，同时关注公众需求，考虑发布更多能够在公众中引起较大影响力的内容。此外，政府内部也会构建相应的考核机制。第三阶段：开放参与阶段。在这一阶段，政府相比上一阶段会实现社交媒体使用的常态化，在保持信息发布质量的同时，追求与公众更多的互动交流，如通过发布调查类内容、直接对话或组织如投票等互动类活动，了解公众想法，采纳公众意见，使得公众能够间接参与到政府决策。第四阶段：开放协作阶段。这时政府更多地追求政府内部、政府与组织或公众之间的交流合作，通过制定相关的规范政策，指导政府内部和外部的各项合作。此时的考核机制更倾向于考核政府在协作方面的广度和深度，以及协作成果。在政府实现开放协作后，公众将获得更多便利的服务以及拥有更多参与政府决策的机会。第五阶段：无处不在的参与阶段。第五阶段是在第二至第四阶段基础上实现更高层次的透明、参与和协作。公众可以利用多种社交媒体随时随地获取政府数据信息，与政府的互动交流也变得方便而快捷，信息公开、公民参与和政务服务实现无缝衔接，由于政府内外部之间合作的广度和深度都得到加深，公众可以跨部门操作和参与，参与协作真正做到无处不在，政府实现最高层次的开放程度。

2.2.2 制度性集体行动理论

2.2.2.1 制度性集体行动理论起源

制度性集体行动（institution collective action）理论有其深刻的现实背景和理论基础，是针对美国大都市区治理中的"碎片化"难题，以奥尔森在个体层面上的集体行动理论、奥斯特罗姆的制度分析范式和科思的交易成本等理论为基础融合发展形成的理论分析框架。制度性集体行动的基础性假定有两个：一是碎片化的普遍存在；二是机构也是理性选择的行动者[①]。其一，基于行政系统中的碎片化现象，利伯索尔（Kenneth G. Lieberthal）和兰普顿（David M. Lampton）等学者认为："政府各部门的官员将根据其部门利益进

---

① 锁利铭. 府际数据共享的双重困境：生成逻辑与政策启示 [J]. 探索，2020 (5)：126-140.

行公共政策制定或影响公共政策制定过程，中央政府各部门间、中央和地方政府间、各级地方政府间通过在项目谈判中的各种争论、妥协、讨价还价后，才能制定出公共政策"①，在科层治理和竞争性治理模式下，政府组织发展也越来越趋向功能分化，从而导致政府组织绩效低下②。早期的解决方案是以"合作政府"的理念进行部门整合③，带来的问题就是"碎片化"治理。之后，安塞尔和加什（Ansell & Gash, 2008）以及布莱森等（Bryson J M et al., 2015）提出相似的协作理论，指出跨部门协作可以实现资源和信息的整合，从而改善碎片化带来的合作困境。其二，假定机构主体也是理性行动者。菲沃克（Feiock R C, 2007）使用奥斯特罗姆（Ostrom E, 2005）第二代理性假定，将集体行动纳入考量，信息不对称分布、对风险的认知以及对其他行动者特征的识别等进入集体行动的决定因素之中。于是，包括政府、非政府组织、企业等在内的机构行动者在面对与其他机构共同行动的需要时，会对成本、收益、风险等因素进行权衡，通过各种机制选择来提升集体行动收益，克服集体行动交易成本和降低协作风险④。

菲沃克（Feiock）分别于2007年发表的"Rational Choice and Regional Governance"和2009年发表的"Metropolitan Governance and Institutional Collective Action"较为系统地提出并发展了ICA框架，2013年发表的"The Institutional Collective Action"对ICA进行了完整的理论描述。ICA框架提供了解释地方政府区域合作微观动机与现实选择之间机理的模型。ICA理论认为地方政府作为理性的机会参与者，需要自己评估共同提供公共产品或服务时的成本利益。制度性集体行动是对奥尔森的个人层面集体行动理论（Olsen, 1965）、奥斯特罗姆的制度发展框架（Ostrom, 2003）、科斯的交易成本理论（Coase, 1937）的进一步融合、深化与升级，该理论将集体行动中个体之间的契约与合作扩展到制度行动者层面，将地方政府单元作为集团成员或行动者⑤，主要关注制度单

---

① Liebe Rthal K G, Lampton D M. Bureaucracy, politics, and decision making in post-Mao China [M]. Berkeley: University of California Press, 1992.

② Six P, Leat D, Seltzer K, et al. Towards holistic governance: the new reform agenda [M]. New York: Palgrave, 2002.

③ 张康之. 论合作制组织中的行为选择 [J]. 探索, 2018 (3): 26–34.

④ Feiock C R, Scholz J. Self-organizing federalism: collaborative mechanisms to mitigate institutional collective action dilemmas [M]. New York: Cambridge University Press, 2010.

⑤ Bickers, Kenneth N, Robert M. Interlocal cooperation and the distribution of federal grant awards [J]. The Journal of Politics, 2004 (3): 800–822.

元之间的相互作用，核心在于如何将具有共同偏好的制度单元成员集中在一起，使其达成合作[1]。制度性集体行动框架将集体行动理论、组织交易成本理论、公共经济理论、社会嵌入网络理论以及政治市场政策设计理论等要素整合起来，提供了一个概念系统，以理解和研究当代社会活动和治理安排中普遍存在的各种协作困境。菲沃克（Feiock）使用奥斯特罗姆（Ostrom）第二代理性假定，将集体行动纳入考量，信息不对称分布、对风险的认知以及对其他行动者特征的识别等进入集体行动的决定因素之中，形成了制度性集体行动的理论框架，并在安德鲁（Andrew）、卢贝尔（Lubell）等学者的推动下得到了广泛的传播与应用[2]。目前，制度性集体行动已经成为研究协作性治理的国际主流框架。

2.2.2.2 制度性集体行动基本内涵

制度性集体行动是用于描述和解释组织间互动行为的理论分析框架，它基于行动者的理性选择假设，通过引入交易成本和契约风险作为变量，解释契约、协作与网络的形成[3]，是通过勾勒出合作中的一些重要影响因素来揭示合作行为如何在动态的过程中得以产生和演化[4]。

集体行动逻辑揭示出在人类社会中群体共同的收益并不能零成本促使个体之间有效的共同行动，个体会通过机会主义行为隐藏或弱化个体收益，个体间缺乏共同采取行动的动力，于是会出现不参与或"搭便车"等非合作或弱合作的"集体行动困境"现象。机构行动者在面临共同收益时，同样要受到集体行动困境的制约，由于他们之间存在利益不均衡、动机不一致、决策较分散等问题，常常会遭遇负外部性强或交易成本高昂等治理困境[5]。制度性集体行动困境主要来源于机构做出的决策对其他政府部门或组织产生权力资源划分、组合与分配的影响，主要表现为水平（horizontal）困境、垂直

---

[1] Feiock C R, Steinacke R A, Park H J. Institutional collective action and economic development joint ventures [J]. Public Administration Review, 2009 (2): 256-270.

[2] Simon A, Andrew. Recent Developments in the Study of Interjurisdictional Agreements: An Overview and Assessment [M]. State and Local Government Review, 2009.

[3] 崔晶,汪星熹. 制度性集体行动、府际协作与经济增长——以成渝城市群为例 [J]. 公共管理与政策评论, 2020 (4): 27-39.

[4] 姜流,杨龙. 制度性集体行动理论研究 [J]. 内蒙古大学学报（哲学社会科学版）, 2018 (4): 96-104.

[5] 锁利铭. 府际数据共享的双重困境：生成逻辑与政策启示 [J]. 探索, 2020 (5): 126-140.

(vertical) 困境和职能 (functional) 困境三种情境。水平困境是指处于不同行政区域的同一部门间的协作困境，垂直困境是指发生在不同层级的统一机构间的协作困境，而职能困境则是指不同部门之间的协作困境，于是不同区域、不同层级和不同职能的机构之间都会产生集体行动困境。

围绕这些困境，通过对全球各国不同类型机构集体行动的观察，制度性集体行动框架提供了一系列可选择机制。菲沃克（Feiock）结合地方行动者的数量、面临问题的复杂程度以及相互之间的政策网络关系，按照复杂性和自主性两个维度，其中复杂性是指行动者结构和功能结构，行动者结构可分成双边及多边结构（即两个行动者和两个以上的行动者），功能结构则可分成单一功能和多重功能的集体行动，总结出了12种治理集体行动困境的协作机制（如表2-4所示）[①]：具体表现在自主性维度上，从强到弱又依次划分为松散灵活的社会嵌入机制（Embeddedness）、交互约束的合同机制（Contracts）、科层制下的授权机制（Delegated Authority）以及政策驱动的强制机制（Imposed Authority），这也意味着行动者的退出难度逐步增大。制度性集体行动框架进一步指出，复杂性越高、自主性越低，则机制性成本就越高[②]，适应机制的选择便构成了制度性集体行动的核心目标。

表2-4　　　　　　　　治理集体行动困境的协作机制

复杂性集体行动	多重自组织系统	政府协作委员会	区域行政组织	行政单位合并
中度协作/多边协作	工作组	伙伴关系	多重协作目标区域	有外部力量的网络
单一事务/双边协作	非正式协作网络	签订协作合同	单一协作目标的区域	命令性的协作协议
	嵌入	合同	授权	强制性权力

资料来源：Feiock, Richard C. The Institutional Collective Action Frame-work [J]. The Policy Studies Journal, 2013：397-425.

---

① Feiock R C. The institutional collective action framework [J]. Policy Studies Journal, 2013 (3)：397-425.

② Yi H, Suo L, Shen Y, et al. Regional governance and institutional collective action for environmental sustainability [J]. Public Administration Review, 2018 (4)：556-566.

2.2.2.3 制度性集体行动的分析框架

制度性集体行动理论为从微观视角探讨不同政府部门间的协作行为提供了具有较为重要理论意义与实践意义的分析工具和逻辑路线。作为研究和理解协作关系的理论，制度性集体行动理论为分析微观视角下协作关系构建提供了分析框架，也为政府间集体行动困境的缓解提供了基于不同交易成本与合作风险的替代机制。

（1）协作困境因素。制度性集体行动框架进一步认为，产生这些集体行动困境的原因在于多个行动者之间面临的交易成本和协作困境。其中，交易成本可分为信息、谈判、执行、监督四种，当问题复杂性程度较低，即参与主体数量很少且涉及政策领域很小，以及外部强制性权力介入较小时，交易成本也就越低，因为更多的参与者或更广泛的政策领域必然提高信息、执行等成本，而外部强制性权力的介入必然导致自主性丧失成本的提高。协作困境主要源自因行动各方之间行动的低匹配性而产生的协调风险，行动者可能不执行承诺的违约风险以及合作收益分配不公带来的风险等，协作风险反映协作参与者对于协作失败可能性的主观判断，在 ICA 框架中，这些风险具体体现为三个方面：协调（coordination）风险、分配（division）风险、背信（defection）风险。对于产生这些交易成本和风险的影响因素，制度性集体行动框架提供了四个解释变量：一是经济社会特征，也就是行动者本身的特征，例如经济发展水平、政治地位、人口结构等，它在一定程度上决定了行动者之间的集体行动是出于相似性还是互补性；二是交易物属性，也就是集体行动的议题、领域与业务的特征，主要来自威廉姆森交易成本理论中的资产专用性与绩效可测量性[1]，专用性越高，可测量性越低，则集体行动的困境越大；三是政策网络，即相关行动者在集体行动之前是否已经处在一个共同行动的决策网络，或者说是否具备了集体行动的社会关系基础，也即彼此间的了解与信任程度；四是政治规则，包括战略、政策等制度性约束，这些规则增加了集体行动的外在约束和监督，降低了集体行动困境的程度[2]。

---

[1] 锁利铭，李雪. 区域治理研究中"商品（服务）特征"的应用与影响[J]. 天津社会科学，2018（6）：82-86.

[2] 锁利铭. 府际数据共享的双重困境：生成逻辑与政策启示[J]. 探索，2020（5）：126-140.

(2) 协作动机因素。影响地方政府协作动机的主要因素为协作收益，地方政府协作的收益可以分为基于公共利益的集体性收益（collective benefits）和基于私人利益的选择性收益（selective benefits）两个部分。集体性收益主要涉及协作所带来的公共利益方面，即与协作区域内所有人的共同利益息息相关的收益，主要表现为规模经济和外部性两种形式。选择性收益主要基于参与主体的个人利益，菲沃克（Feiock R C，2007）将这些个人利益更为具体地表述为声誉、信任、地位、社会资本等因素。这种选择性收益与地方政府官员的个人利益相关，主要从政治与职业发展、选民与选票两个方面对地方官员产生激励。

锁利铭团队（2018）对府际协作进行了长期研究，他们认为，在以地方政府为核心的行政区域合作研究中，容易出现地方政府合作行为的"黑箱"化。他们基于制度性集体行动框架视角，认为府际数据共享是政府机构理性选择的结果，存在"协作"与"共享"的双重困境，受到交易成本与风险的双重影响。在微观层面，府际数据共享困境不仅源于政府机构特征、协作基础、制度规则与交易物属性产生的交易成本，还受到数据属性的影响，即数据净收益的非对称性、投入沉默性与使用安全性问题会导致协调、分配与背叛风险。府际数据共享困境由业务协作与数据共享的难度两个维度共同构成。数据共享本身是不同业务之间的信息整合，业务之间的差异会加大协同的交易成本。锁利铭团队基于这两个难度的高低划分，又形成了双重困境的四种潜在情境：低共享困境、低协作困境情境中府际数据共享难度最低，高共享困境、低协作困境与低共享困境、高协作困境两类情境中府际数据共享难度居中，高共享困境、高协作困境情境中府际数据共享难度最高（如图2-8所示）①。

针对ICA理论，崔晶研究团队（2020）针对城市群府际协作与经济增长的关系问题，以制度性集体行动框架理论为基础构建分析框架，从解释变量、解释对象和关系类型对制度性集体行动框架进行阐释，如图2-9所示。

---

① 锁利铭. 府际数据共享的双重困境：生成逻辑与政策启示 [J]. 探索，2020 (5)：126-140.

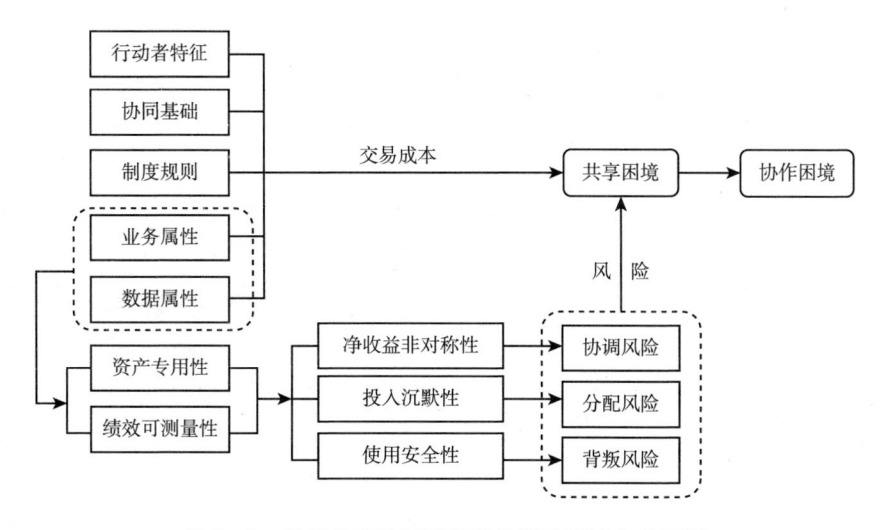

图 2-8　数据共享的制度性集体行动困境生成机理

资料来源：锁利铭. 府际数据共享的双重困境：生成逻辑与政策启示 [J]. 探索, 2020 (5)：126-140+193.

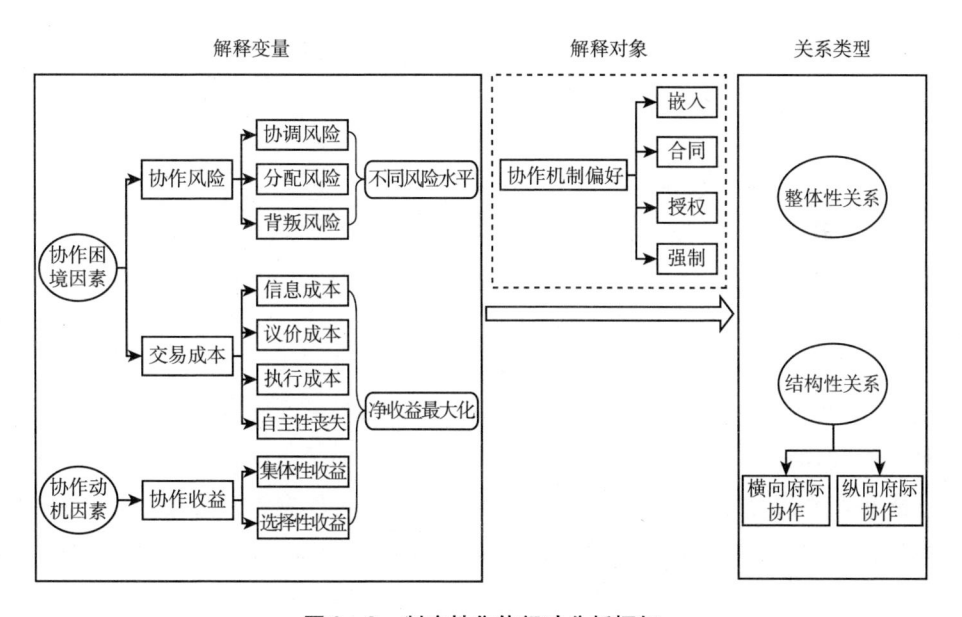

图 2-9　制度性集体行动分析框架

资料来源：崔晶, 汪星熹. 制度性集体行动、府际协作与经济增长——以成渝城市群为例 [J]. 公共管理与政策评论, 2020 (4)：27-39.

2.2.3 数字治理理论

2.2.3.1 数字治理的理论起源

数字治理理论是源于对新公共管理运动负面后果的反思，目的是解决机构碎片化等问题，该理论是以治理理论为基础，结合了数字、互联网等信息时代特征而提出的。数字治理的概念最早在20世纪90年代由曼纽尔·卡斯特提出，他指出，信息技术革命的出现是人类发展史上的一个重大事件，信息技术范式的兴起和全球化的发展为政府公共管理领域奠定了宽阔的平台与深厚的基础[①]。之后由英国帕特里克·邓利维（Patrick Dunleavy）为代表的学者们对数字治理理论的框架及应用领域进行深入系统的研究，主张信息技术和信息系统在公共部门改革中的重要作用，提出机构信息的整合对信息时代下公共管理的优势，最终目的为通过信息技术重塑政府管理流程，实现办事效率以及服务品质的提升，最终实现善治[②]。

邓利维总结了数字治理产生的时代背景、理论内容及治理优势，认为数字治理是马克斯·韦伯官僚制中"社会—技术"系统在信息化时代的发展与超越，提出数字治理具有重新整合、重塑整体、数字化过程三重内涵，强调数字时代的治理是包括组织、政治、文化变革在内的"一个社会整体上的数字时代的运动"[③]。简·芳汀在《构建虚拟政府》中发展了技术执行框架，强化了制度体系和组织基础内容在数字治理中的重要性，由此数字治理理论趋于完善。数字治理理论是治理理论的分支理论，与网络化治理理论、整体性治理理论合称为后新公共管理时期的主要理论。新公共管理理论将竞争引入公共部门，一定程度上提高了办事效率，但同时忽视了部门之间的合作与协调，导致政府管理的碎片化问题以及不同机关、部门间目标冲突等问题。为了解决新公共管理理论在实践中出现的问题，以治理主体多元、治理结构网络化、治理方式协商合作、追求善治为特征的治理理论应运而生。20世纪90年代，信息技术的迅速发展为公共部门重构提供了技术上的支持。邓利维认

---

① 韩兆柱，马文娟. 数字治理理论及其应用的探索 [J]. 公共管理评论, 2016 (1): 92 – 109.
② 韩兆柱，马文娟. 数字治理理论研究综述 [J]. 甘肃行政学院学报, 2016 (1): 23 – 35.
③ Patrick Dunleavy. Digital era governance: IT corporations, the State, and E-Government [M]. Oxford: oxford university press, 2006.

为，目前公共部门组织管理改革围绕着信息技术的变革而进行，主张基于整体性治理理论，在公共部门管理系统引入信息技术和信息系统，从而促进公共管理学科对公共政策的感知由边缘化向中心化发展。

阿曼达·克拉克等（Amanda Clarke et al.，2014）认为，在过去的100年间，数字时代政府治理经历了三种模式：首先是韦伯模式，其基本特征是基于书面文献和大规模科层级结构的控制模式[①]。在这一模式下，政府信息化致力于社会集成，即办公自动化，政府获取和掌握数据资源的能力较弱。从20世纪60年代开始，韦伯式政府机构开始面向数字化转型，但其数据主要来自内部业务运转，是一个封闭和不透明的系统。其次是自20世纪80年代到21世纪初，新公共管理（NPM）模式成为政府管理改革的主要模式，该模式强调大型部门的解构，引入政府机构间竞争机制以及业务线管理机制等。最后是自2000年以来，一种新的公共管理模式——数字时代治理（digital-era governance，DEG）模式出现[②]。DEG模式的基础有三，即对纸质和基于电话的信息系统的完全数据化，以用户为中心的服务一体化，以及对碎片化政府机构的重组与整合。在DEG模式下，政府将跨层级的数据管理从原先的私人部门管理转移到集中化的"智能中心"模式（如图2-10所示）。

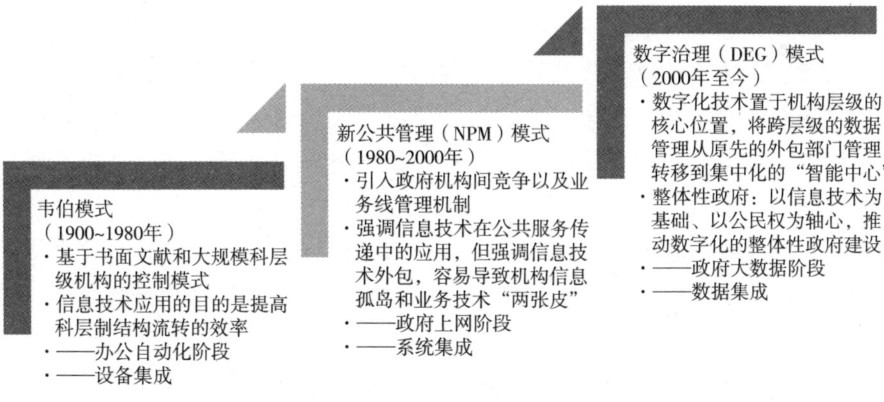

图2-10 数字时代政府治理模式

资料来源：于施洋，王建冬，童楠楠. 国内外政务大数据应用发展述评：方向与问题［J］. 电子政务，2016（1）：2-10.

［①］ Dunleavy P, Hood C. From Old Public Administration to New Public Management ［J］. Public Money & Management, 1994（3）: 9-16.

［②］ Dunleavy P, Margetts H, Bastow S, et al. New Public Management is Dead. Long Live Digital-Era Governance ［J］. Journal of Public Administration Research Theory, 2006,（3）: 467-494.

国内自21世纪初期引入数字治理理论，主要经历了理论引入、理论研究、理论应用及发展三个阶段，其研究主题可以总结为以下三方面内容：第一，数字治理理论的系统梳理。学者们依据时间脉络对不同阶段数字治理理论研究的核心内容进行划分，并总结了数字治理在治理逻辑、政府角色、治理责任、组织冲突等方面的争论[1]。第二，数字政府体系及形态的研究。学者们认为数字治理是促进国家治理体系和治理能力现代化的有效发展路径，提出从"技术能力、规范能力、组织能力"三方面促进治理能力提升[2]。第三，数字治理实践中政府治理结构变革与重塑的研究。学者们指出大数据技术和计算模拟技术对政府传统组织结构形成挑战，同时计算模拟技术在政府中的运用提高了信息处理、政策制定的效率与精确度，学者们提出"算法政治学"回应技术存在的伦理挑战[3]。

2.2.3.2 数字治理理论基本内涵

数字治理，也叫"电子治理"。国外学者对其的界定多半是描述性的，主要从政府工作的自动化和实现信息化的政府治理模式两个维度进行阐释[4]。而国内学者把数字治理分为广义与狭义两个层面。从广义上来讲，数字治理不是信息通信技术（ICT）在公共事务领域的简单应用，而是一种社会组织、政治组织及其活动的形式，它包括对经济和社会资源的综合治理，涉及如何影响政府、立法机关以及公共管理过程的一系列活动；从狭义上来讲，数字治理是指在政府与市民社会、政府与以企业为代表的经济社会互动和政府内部运行中运用信息技术，易化政府行政及公共事务的处理程序，并提高民主化程度的治理模式[5]。其涉及政府、市民社会与以企业为代表的经济社会两大主体，形成政府与市民（G2C）、政府与政府（G2G）、政府与企业之间的互动（G2B）和政府内部运作（IEE）几个层次[6]。数字治理也是指政府、公

---

[1] 韩兆柱，马文娟. 数字治理理论研究综述 [J]. 甘肃行政学院学报，2016（1）：23-35.

[2] 鲍静，贾开. 数字治理体系和治理能力现代化研究：原则、框架与要素 [J]. 政治学研究，2019（3）：23-32.

[3] 黄璜. 数据计算与治理变革：对政府计算的研究与基于计算的政府研究 [J]. 电子政务，2020（1）：2-12.

[4] 朱新现. 国内外电子治理研究文献综述 [J]. 中国行政管理，2010（10）：100-103.

[5] 徐晓林，刘勇. 数字治理对城市政府善治的影响研究 [J]. 公共管理学报，2006（1）：13-20+107-108.

[6] 徐晓林，周立新. 数字治理在城市政府善治中的体系构建 [J]. 管理世界，2004（11）：140-141.

民及其他各主体依托信息技术的运用进行的参与、互动与合作,构建融合信息技术与多元主体参与的一种开放多元的社会治理体系,其主要体现在:现代国家治理通过引入信息技术来更好地提升自身在公共管理和公共服务过程中的效能,同时国家的管理技术、治理手段正变得越来越"数字化""网络化"与"技术化"。

　　从字面意义上来看,"数字治理"之要义在于治理方式的数字转型。"数字"指向一种全新的信息存在方式以及衍生出的现实应用,而国家治理的目标旨归于"自由人联合体"的"社会自治型治理"的实现[1],由此"数字治理"之深层目标旨归于一种"价值实现","在那里,每个人的自由发展是一切人的自由发展的条件。"[2] 历史唯物史观认为,迈向"真正的共同体"是历史的必然。在这一历史过程中同样包含这样一种伦理关系,即政府如何更好地带领公众,凝聚共识,迈向"人类社会"或"真正的共同体"。尤其是在数字治理的背景下,如何将愈益漫游的"单子"通过伦理精神聚合起来,形成合力,协同迈向"自由"之路,是摆在现实面前亟须解决的重要理论问题。而这种合力赖以形成的支点或者逻辑落脚点必然再次回归于政府本身。"数字治理理论发轫于新公共管理运动的衰微与数字时代的兴起之际,强调信息技术和信息系统对公共管理的影响。沿袭了整体性治理理论,主张通过重新整合与整体性治理来解决新公共管理运动带来的政府治理碎片化、信息不对称、目标冲突等问题的观点"[3],强调在整体性治理理论基础上,在公共部门引入信息技术实现上述问题的解决,实现了整体性治理理论从理论到实践的突破。该理论主张信息技术和信息系统在公共部门改革中的重要作用,从而构建公共部门扁平化的管理机制,促进权力运行的共享,逐步实现还权于社会、还权于民的善治过程。总的来讲,数字治理理论有以下三个特点。

　　(1) 数字治理理论是治理理论与互联网信息技术结合的产物。数字治理理论是治理理论的分支理论,与网络化治理理论、整体性治理理论合称为后新公共管理时期的主要理论[4]。新公共管理理论将竞争引入公共部门,一定程度上提高了办事效率,但同时忽视了部门之间的合作与协调,导致政府管理的碎片化问题以及不同机关、部门间目标冲突等问题。为了解决新公共管

---

[1] 梁宇. 马克思的国家治理思想探析 [J]. 哲学研究,2015 (5):31-35.
[2] 马克思恩格斯文集(第2卷)[M]. 北京:人民出版社,2009.
[3] 韩兆柱,马文娟. 数字综述 [J]. 甘肃治理理论研究行政学院学报,2016,(1):23-35.
[4] 韩兆柱,马文娟. 数字治理理论研究综述 [J]. 甘肃行政学院学报,2016,(1):23-35.

理理论在实践中出现的问题，以治理主体多元、治理结构网络化、治理方式协商合作、追求善治为特征的治理理论应运而生。20世纪90年代，信息技术的迅速发展为公共部门重构提供了技术上的支持。邓利维认为，目前公共部门组织管理改革围绕着信息技术的变革而进行，主张基于整体性治理理论，在公共部门管理系统引入信息技术和信息系统，从而促进公共管理学科对公共政策的感知由边缘化向中心化发展。

（2）数字治理理论需要政府组织体制与组织文化等非信息技术因素的介入。邓利维认为"数据治理理论中数字化变革需要以政府部门的组织机构、组织内部文化、公民对政府运用信息技术应用态度的转变为基础"[1]。美国著名学者简·芳汀（Jane E. Fountain）认为，"信息时代的政府治理需要改变的不仅仅是信息技术与政府传统管理体制的结合，更多的是政府组织体制、内部组织文化等非信息技术因素的介入。技术不能决定它自己的发展历程，在某个环境中运行良好的信息系统，在其他环境下有可能失败，原因在于信息系统受到政治、组织、社会安排的中介性影响，信息技术在这些安排中被理解与使用"[2]。

（3）数字治理理论重视公众参与。治理主体多元借助信息科技创新公众参与形式，对公共政策的制定发挥了重要作用。然而，在网络上表达诉求的匿名性受到个人利益驱使极易发展成民粹主义。因此，数字治理理论下网络民主言论的顺利表达需要数字立法、制度、思想教育等保障。在具有高度复杂性和高度不确定性的社会中，政府只是众多治理主体中的一员，政府与非政府部门的关系是平等的，政府扮演着协调、仲裁的元治理的角色，防止治理失灵，提供令公民满意的公共服务[3]。在后新公共管理理论中，政府、市场和社会多元主体形成一种新的互动关系以达到共治，并在一个政策网络框架中相互依存。

2.2.3.3 数字治理理论的分析框架

随着信息技术的发展，社会各界越来越关注信息技术在组织和企业中的

---

[1] 韩兆柱，马文娟. 数字治理理论研究综述［J］. 甘肃行政学院学报，2016，(1)：23-35.
[2] 于春永. 跨越的碰撞，飞跃的构想——《构建虚拟政府：信息技术与制度创新》评析［J］. 电子政务，2012（5）：58-61.
[3] 韩兆柱，翟文康. 西方公共治理前沿理论述评［J］. 甘肃行政学院学报，2016，(4)：23-39+126-127.

应用，虽然做出是否应用信息技术决定的是高层的管理者，但信息技术的最终使用者却是使用者。使用者对信息技术的接受是一个涉及多方面的过程，戴维斯（Davis）于1989年提出的技术接受模型是在用户技术接受研究领域最具影响力的成果，他提出用户的有用性认知和易用性认知是影响用户对技术接受的关键因素。此后众多学者在戴维斯技术接受模型的基础上对用户采纳进行了更深入地研究，提出技术接受拓展模型、技术接受和使用统一模型、技术接受模型等，试图寻找除用户有用性认知和易用性认知这两个变量之外的其他关键因素，希望能更好地解释用户对信息技术的使用。用户技术接受模型最初产生于信息管理领域，其后广泛应用于社会、经济、政治等各个方面。周文泓等（2020）梳理了中国政府数据治理目前在国家层面主要在主体、制度、平台方面展开的实践，具体表现为以下几方面。

（1）主体维度：多部门面向数据的职能内容设置。中国政府目前在国家层面未有专门的数据管理部门，主要由国家信息中心、国家档案局、中央网络安全和信息化委员会办公室等在内的十余个国家机关围绕具体对象如信息、数据、文件、档案或管理的不同方面各有分工，围绕不同种类的政府数据、政府数据的全生命周期管理和不同维度的管控共同构成了职能各有不同却可能存在交叉的主体架构。

在政策规划上，依据中国政府的职能设计，在没有专门领导机构的情况下由国务院统一部署领导和统筹推进全国政府数据治理工作，由其下属的职能部门出台具有针对性的国家战略和发展规划。

在标准制定上，不同机关部门制定标准侧重不同，如中共中央网络安全和信息化委员会办公室（互联网信息办公室）参与政府互联网内容管理的法治建设；工业和信息化部着重起草制定信息化及信息化工程相关的法律法规草案规章；国家统计局确定与统计信息共享和发布制度相关的管理制度；信息技术标准化技术委员会则是国家专门负责数据领域的标准研究和制定的部门。此外，国务院办公厅制定了《科学数据管理办法》，以规范保障科学数据管理安全。

在数据仓库领域，国家档案局整合中央国家机关政府公开信息资源，为政府数据治理提供丰富的资源支持，并从长期保管的角度提出管控性的规划和制度；国家统计局收集汇总全国性基本统计数据，包括人口、经济、农业等不同方面，为政府数据治理提供各类专业性的全面真实的数据支撑。

在基础设施领域，国务院办公厅同国家发展改革委及其直属单位国家信息中心（国家电子政务外网管理中心）负责指导国家电子政务外网建设，开展数据的政务信息资源共享和政务信息系统整合工作，协同工信部为各类业务应用系统建设提供数字基建保障；中央编办电子政务中心承担国家法人单位基础信息数据库的组织协调和联络工作，为国家电子政务工作提供技术支撑保障并指导中央编办外网网站建设等；中央办公厅和国务院办公厅统筹协调政务内网建设，分别向党和国家机构提供网络支持服务，且协同国家发展和改革委参与业务专网向政务内网或外网迁移整合等工作。

（2）设施：保障数字治理的平台建设。集中于平台建设的设施配套是治理可由主体将规则落实于数据对象以满足各利益相关者权责要求的另一要素，是我国政府数据治理实践不可或缺的手段。在政务信息化背景下，我国政府数据平台的支撑作用逐渐从存储数据、交换数据以优化政府运行体系发展为面向社会化利用和国家共建的共享数据、利用数据和开放数据，基础设施与数据资源建设并举。

国际学术共同体通常将电子政务置于技术采纳和应用的视域下展开分析，并发展出了较为丰富的分析框架。在既有文献中，有研究从组织外部环境、组织内部情境及组织成员认知三个方面来解释"地理信息系统"的推广过程及其背后动力[1]。有研究则从信息技术、组织管理、法规管制以及制度环境等层面追根溯源，搭建理论模型[2]。还有研究在重新认识"新制度主义"的基础上从技术、管理以及制度三个方面进行电子政务应用与创新的实证检验[3]。在诸多分析框架中，托纳提兹克和弗莱舍（Tornatizky & Fleischer，1990）所提出的 TOE（technology-organization-environment）框架影响最为广泛，如图 2 – 11 所示，该分析框架强调多层次的技术应用情境对技术应用效果的影响，例如技术的应用场景、组织对技术的需求程度以及技术本身与组织规则的适用性等，其本质上是一种基于技术应用情境的综合性分析框架[4]。

---

[1] Nedovi-Budi, Z, Godschalk, D R. Human Factors in Adoption of Geographic Information Systems：A Local Government Case Study [J]. Public Administration Review, 1996 (6)：554 – 567.

[2] Gil-García, J M, Pardo, T A. E-government Success Factors：Mapping Practical Tools to Theoretical Foundations [J]. Government Information Quarterly, 2005 (2)：18 – 216.

[3] Jun, K N, Wang, F, Wang, D. E-Government Use and Perceived Government Transparency and Service Capacity [J]. Public Performance & Management Review, 2014 (1)：125 – 151.

[4] 邱泽奇. 技术与组织：多学科研究格局与社会学关注 [J]. 社会学研究, 2017 (4)：167 – 192 + 245 – 246.

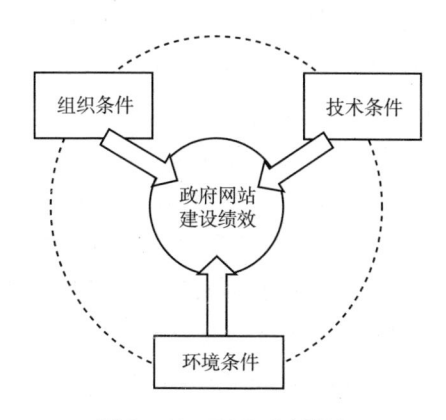

图 2-11　TOE 分析框架

资料来源：邱泽奇. 技术与组织：多学科研究格局与社会学关注［J］. 社会学研究，2017（4）：167-192+245-246.

该分析框架主要内容如下：

第一，技术条件。技术条件具体包括技术管理能力与技术设施建设两个二级条件。在技术与组织的相互作用中，技术的自身特征会对组织采纳、应用技术的一系列行为产生影响。在这一视角下，研究者多从"成本—收益"的角度来审视组织应用新技术的协调成本。因此，技术是否复杂、是否与组织所习惯使用的原有技术相协调、是否方便员工学习和掌握等因素成为研究者关注的核心[1]。在中国电子政务的实践中，专业技术人员、项目管理经验的匮乏是地方政府信息化建设所共同面临的一个核心难题。

第二，组织条件。组织条件具体包括组织内对电子、政务议程的注意力分配以及组织的财政资源供给水平两个二级条件。技术能够"再造组织"，但同时也会受到组织的反向影响，乃至被形塑[2]。研究者通常从组织、管理的层面挖掘影响技术创新应用的因素，包括组织的资源能力、结构的集权化程度以及组织间的压力等[3][4]。练宏（2016）认为组织"注意力"反映了组

---

[1] Cooper R B, Zumd R W. Information technology implementation research: a technological diffusion approach［J］. Management Science, 1990, 36 (2): 123-139.

[2] Mergel, I, Desouza, K C. Implementing Open Innovation in the Public Sector: The Case of Challenge. gov［J］. Public Management Review, 2013 (6): 882-290.

[3] Grimmelikhuijsen, S G, Feeney, M K. Developing and Testing an Integrative Framework for Open Government Adoption in Local Governments［J］. Public Administration Review, 2017 (4): 579-590.

[4] 于文轩，许成委. 中国智慧城市建设的技术理性与政治理性——基于 147 个城市的实证分析［J］. 公共管理学报，2016（4）：127-138+159-160.

织对一系列议题事项的优先性排序。政府的行为选择在很大程度上是由政府注意力分配的不同所导致的,注意力分配对政府议程设定和政策执行起到了至关重要的作用。

第三,环境条件。环境条件具体包括政府所面临的公民外部需求与同级竞争压力两个二级条件。宏观环境会影响组织应用新技术的效果。从环境需求侧的角度来讲,政府网站的主要功能在于向公众提供信息和服务。因此,公众对其需求量的大小将直接影响政府建设网站的情况。不同政府所面临用户的需求强度可能导致其各自网站建设绩效的差异化[1]。

总的来说,在宏观层面,政务数据治理是政府主体对数据产业、数据经济、数据市场与社会数据化进程的战略布局与制度框架[2];在中观层面,政务数据治理是政府在公共事务治理过程中的数据资源与具体行为,涉及政府数据的开放、共享和利用等[3];微观层面的政务数据治理是着眼于数据元素标准化、多维度的统一管理,包括数据架构、数据仓库、元数据、主数据、数据质量管理等内容[4]。最后,对于政务数据治理如何展开从实践行动层予以分析,学者多以上海[5]、贵州[6]等城市为例剖析我国政府在数据采集、利用、开放、共享服务等环节以及在组织制度、机制流程、工具技术中现存问题,对技术设施、制度安排、人力资源体系提出改进建议与优化策略。关于对政府数据治理和管理进行探索的少数研究从治理的视角分析我国开放数据所存在问题的根本原因和解决策略,包括从错综复杂的数据治理环境、扩张延伸的治理边界、调整改变数据治理主体、完善重构法规制度等角度厘清数据开放环境下政府数据治理的主要问题与应对对策[7];综合政府政策建构、数据管理和利益相关者提出应对及预测政府开放数据共享与使用中隐私保护

---

[1] Weare, C, Musso, J A, Hale, M L. Electronic Democracy and The Diffusion of Municipal Web Pages in California [J]. Administration & Society, 1999 (1): 3–27.

[2] 黄璜. 美国联邦政府数据治理:政策与结构 [J]. 中国行政管理, 2017 (8): 47–56.

[3][5] 丁波涛. 政府数据治理面临的挑战与对策——以上海为例的研究 [J]. 情报理论与实践, 2019 (5): 41–45.

[4] 夏义堃. 试论政府数据治理的内涵、生成背景与主要问题 [J]. 图书情报工作, 2018 (9): 21–27.

[6] 安小米, 白献阳, 洪学海. 政府大数据治理体系构成要素研究——基于贵州省的案例分析 [J]. 电子政务, 2019 (2): 2–16.

[7] 夏义堃. 试论数据开放环境下的政府数据治理:概念框架与主要问题 [J]. 图书情报知识, 2018 (1): 95–104.

的问题和建议①；以数据监管为切入点，具体探讨政府开放数据的质量、安全隐私和利用管理②。

2.2.4 官僚制理论

2.2.4.1 官僚制理论起源

官僚制（bueraucacry）又称科层制，指的是政府的组织机构，是公共行政系统以效率为中心而进行的一种组织设计③。目前的官僚制理论是由威尔逊、古德诺、马克斯·韦伯等公共行政学的创始者们建构起来的。它的宗旨是注重行政管理的效率，严密的组织设计、严格地依法办事、专业化的官员队伍是该理论的三大支柱④。

整个20世纪的组织理论及其实践，可谓官僚制发展、完善、解构的历史。19世纪末20世纪初，大工业社会来临，原有的组织不能有效处理层出不穷的社会问题，管理学、公共行政学纷纷诞生，泰罗（Frederick W. Taylor）、法约尔（Henri Fayol）、威尔逊（T. Woodrow Wilson）、古德诺（Frank J. Goodnow）等管理大师不约而同地主张克服原有组织的散漫无序，提高管理效率，客观上促进了官僚制的建立和完善⑤。

1887年，威尔逊发表的《行政学研究》一文成为现代美国公共行政研究的始点，开创了行政学研究的先河，第一次主张行政学应该当作一门独立的学术分类从政治学中分离出来，威尔逊在书中写道，"行政学研究的目标在于了解：首先，政府能够适当地和成功进行什么工作。其次，政府怎样才能以尽可能高的效率及在费用或能源方面用尽可能少的成本完成这些工作"。为了让管理系统更好地完成领导布置的任务和工作，政治与行政两分法原则又被威尔逊进一步在书中提到，这一观点就是把政策制定和政策执行彻底区分开来，"行政管理领域是一种事务性的领域，它与政治领域的那种混乱和

---

① 张聪丛．郗颖颖，赵畅等．开放政府数据共享与使用中的隐私保护问题研究——基于开放政府数据生命周期理论［J］．电子政务，2018（9）：24 – 36．
② 迪莉娅．政府开放数据的监管模式研究［J］．情报理论与实践，2018（5）：22 – 26 + 10．
③ 秦颜霞．官僚制与中国行政改革［J］．武汉交通管理干部学院学报，2003（4）：14 – 17．
④ 杨正联，林二爽．浅析威尔逊官僚制下组织成功的原因［J］．商业时代，2012（12）：105 – 106．
⑤ 慈玉鹏．马克斯·韦伯对"现代官僚制"的解释［J］．金融博览，2012（11）：32 – 33．

冲突相距甚远。"① 威尔逊这一理论的提出和发展，不仅影响了马克斯·韦伯官僚制理论体系的形成和发展，还在学术上对马克斯·韦伯官僚制理论发展提供了坚实的理论保障。所以，马克斯·韦伯的官僚制理论模式也会被后人称作是韦伯—威尔逊模式。在20世纪初期，有"科学管理之父"美誉的泰罗发起了科学管理运动，这也为马克斯·韦伯的官僚制理论体系正式架构提供了强大的理论保障。泰罗把科学实验运用到生产管理之中，成功地把管理学从经验转变为科学。对事不对人的管理对划分形式理性与价值理性提供了坚实的理论保障；以制度与程序管理模式和马克斯·韦伯在官僚制理论中对形式理性与价值理性进行系统分析和比较，具有高度的一致性。

2.2.4.2 官僚制理论基本内涵

官僚制度的这个概念，最初是被法国学者V. 德顾耐在1745年提出的，这个概念最先是为了描述普鲁士的政府形式而创造出来的②。在19世纪时，世人对"官僚制"这一词汇充满了敌意，这一词汇也因此充分具有贬义的含义，许多国家中在学术上有一定造诣的人用这个专业术语去贬低政府官员在工作中处理事情时运用的烦琐的程序、自身狭隘的思想和蛮横的处理方式。有着社会学、宗教学以及政治学教育背景的马克斯·韦伯（M. Weber）在《社会组织与经济组织理论》中对官僚制理论开始了系统的研究，从学术领域全面系统地理解和表述，把官僚制看作一种政府的组织形态或者管理体制，并将其发展完善成一个独立的对世界发展产生重大影响的社会学分析概念。

在马克斯·韦伯看来，他提出的官僚制度在某种程度上具有理想性的价值考量，因为他放弃了在政府组织内部政治制度中对"价值关联"的考虑。他"放弃了西方若干世纪以来普遍采用的以叙述制度的价值规范为主的研究方式，转而以合理主义价值立场和类型化比较研究与发生学因果分析相结合的'理想类型'的方法论"③，在马克斯·韦伯看来，从资本主义社会发展进程中的精神思想来看，官僚制具有思想上的理性化，这种理性化通过政府的

---

① 彭和平，竹立家等编译. 国外公共行政理论精选 [M]. 北京：中共中央党校出版社，1997.
② 慈玉鹏. 马克斯·韦伯对"现代官僚制"的解释 [J]. 金融博览，2012（11）：32—33.
③ ［德］施路赫特. 理性化与官僚化——对韦伯之研究与诠释 [M]. 顾忠华，译. 台北：联经出版事业股份有限公司，1998.

政治生活表征出来的现象即官僚制度，现代社会的官僚制是以工具理性为基础的政治统治和行政管理方式。一方面，现代社会发展中，越来越多的理性化思维充斥着人们的思维，这是官僚制产生的一个诱因；另一方面，官僚制以自身的特点——合理性和合法性——又为社会发展注入了更多的理性因素，通过这种方式社会的发展更向着经济发展的轨道上进行了。

基于这种理性基础上的官僚制的特点可以概括为专业化分工、等级制、法定规则及非人格化四个方面。专业化分工是奠定亚当·斯密经济学大厦的基石，而韦伯则把专业化和人类理性紧密联系起来，从社会学意义上探讨分工问题。分工可以提高效率，更是理性结构化的需要，在技术分工体系中，以考试选拔成员，技术资格决定职务和级别，权力与职务以法律制度的方式赋予组织职务而非个人。组织结构中有专业技术和知识差异，无社会身份的等级划分，消除了人身的特权，改变了传统的社会结构。官僚组织中的职位按权力大小和"命令—服从"关系，形成金字塔形的等级序列。这种等级制区别于传统社会的身份等级，摆脱了人身依附和特权。组织成员有职权的高低，却无身份的贵贱，官僚制打破了传统农业社会中森严的社会等级，为建立近代以来的人人平等的契约型社会创造了先决性条件。从官僚组织的构建形成、部门分工、职位设置、成员选拔，一直到组织的运作，每一个成员的权利和责任都是由法律制度明确规定的。法定规则由协商达成或上级理性制订，所有成员一律遵从。官僚组织的法定规则是一种非人格化的表达，组织的运行不以个人的意志为转移，不受个人感情的支配，祛除个人魅力并排除价值的影响[1]。马克斯·韦伯曾指出，"从纯技术的观点来说，行政组织的纯粹官僚制形态能够达到最高程度的效率。相比于任何其他形式的组织，它具有精确性、稳定性、可靠性和纪律严明的优势。"[2] 因此，他宣称，官僚制是政府治理的最佳组织形式。

总而言之，官僚制的出现是伴随着社会分工而来的，随着国家政治经济职能的增加，为保证国家政治权力的有效运作，国家职能出现了分化的趋势，这就需要有固定的人来专门从事某一方面的统治及管理工作，从而使这些职位固定下来，即出现了专业化分工，正是这种专业化分工的需要，才使得官僚逐渐出现了专业化的趋势，并因此形成一个庞大的国家政治统治和管理体

---

[1] 方由林. 论西方官僚制理论的发展和演变 [D]. 西安：西北大学, 2007.
[2] 陈国富. 官僚制的困境与政府治理模式的创新 [J]. 经济社会体制比较, 2007 (01): 76-81.

系。因而韦伯的理性官僚制理论也以此为基础，重视专业性、合法性及合理性。韦伯通过研究确定了公共行政体系的形式合理性，并从中抽象出了公共行政的工具理性原则。因此韦伯的官僚制理论是指一种以分部—分层、集权—统一、指挥—服从为特征的组织形式。它是建立于法理型权威基础上的现代社会所特有的、有着专业功能及固定规章制度的、设科分层的组织制度和管理形式，也被称为"科层制"[①]。

2.2.4.3 官僚制理论的分析框架

《美国官僚体制——政府机构的行为及其动因》（以下简称《官僚体制》）是美国政治学家詹姆斯·Q. 威尔逊（1931～2012年）于哈佛大学讲授公共行政课程时在讲义的基础上整理而成的[②]。关于《官僚体制》的写作缘起，作者在《官僚体制》的序言开篇明确指出这专著"力图解释政府部门，即官僚机构如何运行"。威尔逊认为，"马克斯·韦伯是官僚系统研究的创立者，但不加任何实质性修正便接受韦伯的观点会使读者带着错误观念去理解美国官僚机构的某些重要特征……韦伯的深刻见解是有益的，但是有限度。一旦越过了这一限度，个性将比共性更重要"。

《官僚体制》提供的并不是一个关于美国官僚体制的一般理论，而是用一个精心建立的框架展示他对官僚体制的洞见，评判各种官僚行为（如图2-12所示）。他认为，如果不知道特定的美国政府机构具体做些什么，不知道它的人员类型、内部文化和政治环境，就无法真正理解政府官僚机构，也为之后学者提供了官僚制分析框架。威尔逊认为一个成功的组织需要解决三个问题。首先，每个组织必须决定如何完成其关键任务。其次，如何定义重要任务，并取得一致意见和广泛认同。最后，如何获得充分的行动自由和外部政治支持。在《官僚体制》的第二部分，作者描述了美国官僚机构中的操作人员怎样确定其工作任务；第三部分描写了官僚机构的管理者是怎样确定工作的；第四部分则描写了行政长官是怎样确定该做什么工作的。

[①] 马克斯·韦伯著，林荣远译. 经济与社会 [M]. 北京：商务印书馆，1997.
[②] 詹姆斯·Q. 威尔逊著，张海淘译. 美国官僚政治：政府机构的行为及其动因 [M]. 北京：中国社会科学出版社，1995.

```
        主管人员
      管理人员
    操作人员
```

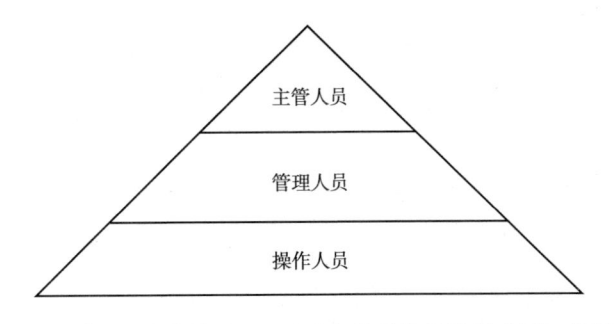

图 2-12　《美国官僚体制——政府机构的行为及其动因》分析框架

威尔逊这么安排顺序反映了他关于官僚机构运作最基本的观点之一：操作人员的任务最终决定"政府机构做什么和为什么这样做"，这明确反映了威尔逊"自下而上"的研究角度。他断言，操作人员的行为往往偏离法律制定者的既定目标，因此，我们应该关注操作人员如何确定他们的任务目标，威尔逊笔下的"操作人员"其实就是一线公职人员。用威尔逊的话说，这些目标没有定义"操作任务"。操作人员为什么做正在做的工作？组织的正式目标有时候有助于回答这一问题，但是操作人员的工作常常取决于他们遇到的情境，即关键性的环境问题、他们以前的经历和个人信念、同伴的期望、其所在组织与利益集团的关系以及该组织的创始人赋予它的原动力。管理人员的工作虽然受到各种条件和机制的影响与制约，但同时也受到组织文化影响。威尔逊认为："每个组织都有自己的文化，许多组织则有多种文化。如果一种文化获得广泛的理解和积极的认同，它就会成为组织的使命。"那么，对组织关键任务的认同取决于对文化的认同和广泛理解。

威尔逊在《官僚机构：政府机构的作为及其原因》一书中认为，官僚机构有其相对独立的行为及动因，它并不是一个简单的、单一的物象，其行为并非仅仅取决于规章、法律和机构的组织结构，还受情境、信念、利益、文化及多种制约因素的影响，官僚制下一个组织必须转变成比较有效的组织方为组织成功①。成功的组织在于能确定关键任务的执行方式、对关键任务的广泛认同、取得行动的自由度和外部政治支持，并使得在同一官僚体制下，组织的行为存在差异性是由多方面因素相互作用而成的，在完成关键任务过

---

① 詹姆斯·Q. 威尔逊著，孙艳等译. 官僚机构——政府机构的作为及其原因 [M]. 北京：生活·读书·新知三联书店，2006.

程中受到业务人员、管理人员、主管人员的作用。成功组织关键在于能协调好关键任务的决定、认同、取得外部支持之间的关系，将组织置于官僚制下，使组织业务人员受各种因素制约，从而影响组织关键任务的决定。而在决定关键任务过程中又受到组织管理人员的制约，管理人员对组织关键任务的认同将会使业务人员产生组织的使命感，将其融入关键任务执行中。同时，组织取得外部支持和行动自由为组织实现关键任务提供了强有力的保障，主管人员在组织成功动力下更愿意争取最大程度的自由和政治资源。可见，成功组织三个因素是相互影响相互制约的。组织成功中关键任务的确定是认同的前提，而对关键任务的认同可以高效地确定关键任务，关键任务的外部支持和行动自由是组织成功的保障，三者构成组织成功的主要因素，缺一不可。

第 3 章　政府数据共享文献综述

随着大数据时代的到来和政府职能变革的迫切需要，政府数据共享逐渐引起学界的重视。学界关于政府数据开放共享的研究或基于行政管理的视角，通过建立制度或规范，赋予部门相应权力，构建以利益格局为协调对象的政策或规范，协调不同业务部门间的利益冲突以增进共享意愿；或基于数据质量的视角，通过设计以元数据为基础的政府数据开放共享协商系统，细化共享原则，明确政府数据在其生命周期各环节中开放共享的特征及处理格式，界定不同业务部门间实现政府数据开放共享的先决条件，明确"谁共享信息、共享什么信息"；或基于信息技术的视角，搭建以云计算、混合本体及面向服务的架构（SOA）为技术支撑的共享协同开发业务体系、共享协同技术平台、运营和维护技术平台，通过对数据的"清洗—比对—整合"，以实现用技术手段对政府数据的准入、调用和使用方式进行管理和监督，为来自不同部门的数据搭建虚拟及物理共享平台，促进政府数据跨部门、跨层级、跨区域的共享[①]。

3.1　基于行政管理的视角

3.1.1　政府数据共享领导与组织机构

政府数据共享领导与组织机构是政府数据共享的执行和保障主体，按照政府机构职能，各国政府数据共享机构可以分为：制定政府数据共享政策和

---

① 宋懿，安小米，等. 大数据时代政府信息资源共享的协同机制研究 [J]. 情报理论与实践，2018 (6)：64-69.

法律的机构；提供数据共享法律咨询的机构；根据标准储存、管理和共享政府数据的机构；对政府数据共享过程进行监管的机构。其中，法律制定机构是政府数据共享体系的基石，决定政府数据共享的环境和基础架构，并确定政府数据公开的标准和审查监管。政府数据共享监管机构负责审查各机构数据清单的完整性和公开性，保证政府数据共享过程的公正和透明。政府数据的管理和共享则依赖多层级的组织形式，基于各国国情不同，人员与岗位设置各具特色①。

3.1.1.1 领导体系

美国于20世纪90年代设立总统管理委员会，委员会的成员由各个部门负责人组成，以便于统筹和协调②，管理与预算局（Office of Management and Budget，OMB）是总统和计划物控制（PMC）的下设机构，负责执行预算计划③，由于几乎所有行政活动都与经费挂钩，OMB的工作贯穿政策制定、实施和监督的各个环节，包括审查各机构数据清单的完整性和公开性。英国政府网站资料显示，英国的数据组织机制与美国相比较为简洁，内阁办公室作为中央的核心部门负责管理，透明监督委员会负责监督政府各部门，之后政府各部门上传数据到Data.gov.uk。国家安全委员会和联合情报组织保障整个运作系统的安全，组织体系方面明确开放政府数据信息的所有责任机构，"领导机构"为内阁办公室，"责任机构"包括所有行政部门，"监督机构"包括多边机构、民间组织、私人部门、工作小组等多方主体，它们相互协作形成有机的组织体系④⑤。

国家层面要做到总体设计、统筹考虑、协同推进，建立强有力的领导和协调机制，为政府数据共享提供指导路径和实现策略。何瑞文（2013）认为，跨部门政务信息共享需要做到组织体制创新，实现政府再造，构建整体

---

① 国内外统计数据共享研究课题组. 全球政府数据共享模式研究——对中国的启示 [J]. 统计学报，2020（2）：14-25.

② Presidential memorandu, implementing management reform [EB/OL]. https://www.whitehouse.gov/.

③ The mission and structure of the office of management and budget [EB/OL]. https://www.whitehouse.gov/.

④ UK open government national action plan2016-18t [EB/OL]. https://www.gov.uk/government/uploads/sysem/uploads/attachment_data/file/522781/UK_open-govern-ment_national_action_plan_2016-18.

⑤ 黄如花，刘龙. 英国政府数据开放的政策法规保障及对我国的启示 [J]. 图书与情报，2017（1）：1-9.

政府，文中分析了中国政府这一组织结构的横向部门之间的差异性，并且认为它会造成政府治理的"碎片化"。毫无疑问，"碎片化"的行政体制会严重影响跨部门政务的信息共享。范静和张朋柱（2008）指出，我国的行政组织中比较特殊的横向行政组织体系，容易造成各个部门条块分割，因此，政府信息共享的有效运作依赖于良好的行政组织体制，需要专门设立一个负责政府各部门政务信息共享的组织。武俊杰（2009）为跨部门政务信息共享应提供组织保障提出两个实现方案：一是建立从中央到地方的各级政府信息资源管理委员会，成员由信息化办公室（信息化委员会）、国家发展和改革委员会两个部门的相关职能人员和各职能部门的信息主管组成；二是建立适合我国国情的首席信息官制度，在政府信息资源管理委员会的统一领导下，各政府部门的相应信息主管负责人能够全权处理该部门的电子政务规划和建设。鲍静等（2017）认为，我国分散化、条块式的行政体制缺少一个统一的、强力的数据共享管理部门，造成跨部门数据共享成为"不可能完成的任务"，提出建立从中央到地方的各级政府数据管理委员会。

中央网络安全和信息化领导小组对国家信息化发展集中统一领导，国家层面现已建立由国家发展改革委主要负责同志担任召集人且由43个中央部门和单位组成的促进大数据发展部际联席会议制度，联席会议办公室设在国家发展改革委（秘书处设在国家信息中心），并在《政务信息资源共享管理暂行办法》中规定联席会议负责政务信息资源共享的组织、指导、协调和监督工作[①]。大数据发展部际联席会议制度在大数据应用和政务信息资源共享领域起协调联动作用，支持各相关部门在政府数据开放的内容管理、平台建设、应用推广、安全管理和评估监督中依法行使法定职能，协同推动各地区各部门政府数据开放的规划、协调、推进和监督，加强对政府信息化项目中的数据共享开放、数据质量与安全保障的后评价和审查，形成统筹有力、前后衔接、总体联动、职责清晰、协同推进的领导和协调机制。地方政府指定专门的政府数据开放主管部门，整体推进、综合协调各部门的数据开放、应用和管理[②]。

3.1.1.2 组织机构

为了确保开放政府数据工作能够持续进行，各国纷纷设立了专门的管理

[①②] 中国行政管理学会课题组. 我国政府数据开放顶层设计研究 [J]. 中国行政管理, 2016 (11): 6–12.

机构协调部门，实现数据有序整合。以美国为例，在 2009 年颁布的《开放政府指令》中，提出创设联邦政府首席信息官（chief information officer，CIO）和首席技术官（chief technology officer，CTO）两个全新职位。要求两者共同成立一个跨机构工作小组，重点关注政府内部的透明度和问责制，鼓励跨部门参与和协作，以提高政府信息的整合和开放程度[①]。随后联邦及各州又陆续设立首席技术官（CTO）、首席数据官（chief data officer，CDO）和首席分析官（chief analytics officer，CAO）等来推动相关配套建设。例如，纽约市在承接联邦政府、州政府首席信息官基础上，在信息科技与通讯局设立本市首席信息官（agency CIO），由该局局长兼任，依托信息科技与通讯局开展工作；同时在纽约市政府各部门设立部门首席信息官（bureau CIO），由市首席信息官任命，实行垂直管理，并于 2013 年在市长办公室下设市长数据分析办公室，成立 8 人的专家团队支持其工作，办公室主任为首席分析官（CAO）。职责上，首席分析官向纽约市长首席政策与战略规划顾问汇报工作，并与分管运行和分管经济发展的副市长，以及信息科技与通讯局协同工作。此外，分管运行的副市长还负责建立政府分析师委员会，并任主席；委员会成员由首席分析官、信息科技与通讯局局长以及运行办公室的其他被指派代表构成。政府分析师委员会主要负责纽约市整体层面的分析战略规划[②]。此外，英国在 2012 年颁布的《开放数据白皮书：释放潜力》报告中提出成立开放数据用户小组，向数据战略委员会提供有关公共数据的建议，推动完善以满足公共利益需求为导向的透明制度[③]。澳大利亚政府于 2013 年 2 月成立政府信息办公室跨部门工作组的"大数据工作组"，设立具体部门负责政府数据共享工作的领导与协调[④]，专门成立了信息管理办公室，主要负责对政府信息的管理和修改[⑤]。

樊博（2008）通过实证调查得出我国现存的电子政务共享管理主体设置共有五种模式，分别为信息产业局模式、信息化办公室模式、发改委合署信

---

① The White House. Open Government Directive ［EB/OL］. https：//obamawhite house. archives. gov/open/documents/open‑government‑directive.

② 樊博. 推进开放政府数据：提升政府部门大数据能力［J］. 学海，2018（2）：5-10.

③ Government of United Kingdom. Open Data：Unleashing the Potential ［EB/OL］. https：//assets. publishing. Service. gov. uk. /government/uploads/system/uploads/attachment_data/file/78946/CM8353_acc. pdf.

④ 黄国彬，刘馨然，张莎莎. 英澳科学数据共享过程中个人隐私保护政策研究［J］. 图书情报知识，2017（6）：105-113.

⑤ Australian Government. Draft Report of the Government 2.0 Task force ［EB/OL］. http：//gov2. net. au/about/draftrepor/.

息办模式、科技信息局模式、信息委模式。黄璜等（2016）梳理出了信息公开、信息化（互联网）、数据资源三种常见的数据开放共享主管部门。实际上与政府数据相关联的管理部门还包括综合协调部门、数据采集生成部门、技术平台主管部门、数据管理部门、数据利用部门、技术支撑机构等。这些关联部门随不同部门内部机构设置而有差异，灵活多变。一般而言，常见的数据管理关联部门分工情况遵循这样的模式：部门办公（厅）室负责数据关联业务的综合协调，抓综合规划的"顶"和数据融合的"底"；部门内设置的信息化办公室（有的为电子政务处/科）或科技局经常作为数据相关的技术平台主管部门；数据采集生成部门随业务科室而定，谁在工作中采集生成或获取相关数据，谁就属于这类数据关联部门；数据管理部门多存在于数据资源比较丰富完整且更新频繁的业务部门，主体形式有资料管理科室、数据管理中心；数据利用部门为本部门内部使用其他部门提供的数据资源的单位，自身不产生数据，也不管理数据；技术支撑机构主要是各级业务部门内设的信息中心、技术部、网站部等，有的还可以是外部运维机构[①]。

3.1.2 政府数据共享战略和政策法规

3.1.2.1 共享战略

进入 21 世纪以来，"数据治国"已经成为许多国家的治国理念。美国奥巴马政府已经将"大数据战略"上升为国家意志，并将数据定义为"未来的新石油"。近十年来，美国联邦政府陆续发布了十多项政策法规来确保政府共享数据的安全顺利进行，这些法规政策涉及各个领域，明确规定了各项行动的执行部门与具体职责。随着这些政策的不断修订和完善，美国政府的数据共享开创了一个全新的局面[②]。2013 年 2 月法国政府发布了《数字化路线图》，明确了 Etalab 工作组的工作内容，制定全新的数字化发展战略，大力发展数字化产业，加强数字化建设，以数字化来促进教育、医疗、服务、旅

---

① 鲍静，张勇进. 政府部门数据治理：一个亟需回应的基本问题［J］. 中国行政管理，2017（4）：28 - 34.

② 蔡婧璇，黄如花. 美国政府数据开放的政策法规保障及对我国的启示［J］. 图书与情报，2017（1）：10 - 17.

游、就业等领域的发展,从而提高法国的综合国力和经济实力[①]。英国政府如在《抓住数据机遇：英国数据能力战略》中提出,要强化数据在商业、经济、服务、创新等方面的应用;进行数据变革要处理好学术界与工业界的关系;要完善英国的教育体系来培养专门的数据专业学生;为数据专业人才制定明确的职业生涯规划;政府要制定配套的数据政策来加快数据共享的进程。《开放数据路线图2015》指出,国家应将开放数据作为数据战略的重要组成部分,鼓励政府发布和使用更多的开放数据,来创造更多的经济、环境效益。

国内学者才世杰等（2015）对发达国家政府数据开放战略实施背景、内容框架以及实施体系与实施效果评估进行比较分析,建议我国的政府数据开放战略要围绕目标定位进行顶层设计和整体布局,进一步破除束缚数据开放与利用的制度障碍等。丁念等（2015）采用同样的政策分析框架对发展中国家的开放数据战略进行研究,建议发展中国家做好顶层设计,完善政府信息管理制度,建立良好的政府数据开放生态系统,倡导开放文化。夏义堃（2017）对国际开放数据战略进行比较,建议设计有利于政府数据开放的系列法规制度体系与开放数据再利用的产业政策体系。

3.1.2.2 政策法规

政策法规是政府数据生态系统中至关重要的要素。政府通过实施相关政策法规,对跨部门间的政务信息资源共享行为进行规范化的标准,使相应部门能够根据法律法规的规定来进行政务间的数据共享。为适应大数据时代的要求,美国立法机构不断修订完善法案,按照目标对象的不同,美国政府数据共享政策法规可分为政府部门数据联通、政企数据共享、政民合作三个维度。通过保障多主体共同参与、相互补充,美国形成了良好的政府数据共享体系[②]。英国以提升行政透明度和公众参与度为核心,制定政府数据共享政策与法律法规[③]。截至2019年6月,BAILII的网站上共有9465条英国政府数

[①] 黄如花,林焱. 法国政府数据开放共享的政策法规保障及对我国的启示[J]. 图书馆,2017(3):1-6.

[②] 侯人华,徐少同. 美国政府开放数据的管理和利用分析——以 www.data.gov 为例[J]. 图书情报工作,2011(4):119-122.

[③] 黄如花,刘龙. 英国政府数据开放的政策法规保障及对我国的启示[J]. 图书与情报,2017(1):1-9.

据共享的法律法规，英国政府也做了一些积极的努力来促进政府数据共享，这些努力工作包括制定相应的政策法规来规定政府数据共享的总体任务、时间期限、短期及长期目标、具体的实施措施等。2013年法国发布"政府数据开放手册"（Handbook on Open Government Data），阐释了共享数据的政策内涵，规定了政府在公共数据共享中的职能和作用，鼓励政府全方位地参与公共数据的共享，激励政府和公众共同积极努力建设共享数据，以促进社会经济良性发展。日本政府数据共享通过内阁、总务省和经济产业省对数据共享的共同保证，制定数据公开标准，并明确数据共享和利用的责任划分[1]。另外，日本政府十分注重公民的参与，通过共享数据官方门户网站（Openlabs. go. jp）和意见征询网站（IdeaBox）等方式[2]，汇集民众意见并推广相关政策和法律法规，这种方式极大地推进了日本政府数据共享的进程。加拿大政府在2011年开始重视共享政府建设，同年发布《开放政府协议》。随后，一系列有关数据共享的政策和法律法规就陆续颁发执行[3]，其中较为有代表性的是《开放政府合作伙伴计划》。

在我国，政策成为政府数据共享领域新的驱动力量[4]。目前国内已有的政府数据共享政策的研究主要关注以下几个方面：首先是整体性的经验分析。相较于欧美等国家，我国政府数据共享处于探索阶段，因此很多学者对具有代表性国家的政策制定和执行进行了案例分析，并从整体性研究向具体主题的政策研究拓展。如黄如花（2017）、蔡婧璇（2017）、程银桂（2016）等对英国、美国、新西兰、澳大利亚等国家的政府数据共享政策进行了研究，并提出了我国政策制定的建议。其次是对国际组织以及地方政府的政策进行研究。如曹凌（2013）从创新视角分析了欧盟数据共享战略，认为欧盟数据共享战略是以大数据创造生产力和创造价值，通过释放数据推动创新，保障开放与透明，形成了多层次多元化的战略生态框架。钟源（2016）对美国地方政府的数据共享政策进行研究。陈美（2014）专门就英国开放数据的政策执

---

[1] 陆颖隽. 日本政府信息公开与开发利用对我国的启示 [J]. 图书与情报，2010（6）：9 - 13 + 28.

[2] 戴艳清，吴芳. 日本政府门户网站内容建设的政策解读——一项基于内容分析法的研究 [J]. 图书馆，2017（2）：55 - 60.

[3] 胡逸芳，林焱. 加拿大政府数据开放政策法规保障及对中国的启示 [J]. 电子政务，2017（5）：2 - 10.

[4] 陶易，马海群. 开放数据研究主题的知识结构演化分析 [J]. 情报资料工作，2017（4）：30 - 35.

行进行了研究。其次是具体主题的案例研究，涉及到数据安全、个人隐私保护、开放许可、基础设施、数据治理等。唐潇潇（2019）以国内其他地区较为成熟的信息资源共享政策体系为依据，提出了责任协调政策、信息安全政策等六个部分为主体京津冀信息资源共享政策体系。在开放许可方面，黄如花、李楠（2016）对国外政府的开放许可协议的使用进行调查，并探讨了许可协议的适用性。关于基础设施，翟军等（2017）对英国政府的开放数据基础设施政策进行研究。关于政府数据治理，黄璜（2017）对联邦政府数据治理政策进行分析，建议我国政府数据治理政策应明晰概念边界，形成系统的政策概念体系；抓住立规重点，推动相关法律法规尽快出台；调整治理权责，优化数据治理行政管理结构。

3.1.3 政府数据共享困境与影响因素

3.1.3.1 共享困境

不同部门、组织、个体方面的边界差异，政府数据开放共享面临着组织、制度、技术、环境方面的制约因素，不利于政府、企业、社会等不同层面的数据流动和融合发展[1]。在组织障碍方面，由于不同的组织通常存在不同的思维模式，往往使组织间沟通交流、知识转移存在障碍，甚至出现目标冲突。卡莱尔（P R Carlile）提出跨界知识具有差异性、依赖性与新颖性三种属性，知识的差异性促使组织需要彼此之间获取和分享知识，依赖性则指不同知识之间的匹配性，这是组织之间合作发展共同知识的条件，新颖性往往使共同知识的作用减小，使组织识别未知知识和获取的需求提升[2]。达因（A L Dain）和梅米诺德（V Merminod）指出跨界开放共享需要应对语法边界的知识转移、语义边界的知识翻译以及应用边界的知识转化三个方面[3]。费利佩（G Z Felipe）等通过实证分析不同参与者对政府数据开放的看法，认为通常政府官员、公共部门从业人员、政治家、国际组织等群体对数据开放的权力

---

[1] 赵树宽, 孙彦明, 张福俊, 等. 基于跨界融合的政府数据开放共享模型研究[J]. 图书情报工作, 2018 (12): 21-29.

[2] Carlile P R. Transferring, translating, and transforming: an integrative framework for managing knowledge across boundaries [J]. Organization science, 2004 (5): 555-568.

[3] Dain M A L, Merminod V. A knowledge sharing framework for black, grey and white box supplier configurations in new product development [J]. Technovation, 2014 (11): 688-701.

远高于资金捐助者、信息和通信技术供应商、社会活动家、学者等群体，但兴趣相反[1]。在制度障碍方面，邓恩（W. N. Dunn）提出政策是影响政府数据开放共享的重要因素，数据收集和问题界定是政策论证的出发点，通过多种方法产生并在政治环境中转换使用的政策信息，构成政策分析者所支配的论据，以解决公共问题[2]。在技术障碍方面，戴维斯（S. Dawes）等提出政府数据公开获取程度、完整性、优先性、及时性、物理和电子访问的便利性、机器可读性以及将数据置于公共领域的许可，是影响政府数据开放的重要因素[3]。在环境障碍方面，阮（T. T. Nguyen）提出处于不同社会文化的组织之间存在文化错位，使知识流动和组织间相互学习面临着边界挑战，对来源于不同社会文化的知识转移和吸收也面临着很大困难[4]。组织文化的差异甚至会导致组织冲突，影响跨界知识交流[5]。詹森（K. Janssen）提出忽视数据对他人的价值是政府数据开放的主要挑战[6]。

跨部门数据共享中却面临更严峻的挑战，一个重要的原因是我国政府是纵向层级制和横向职能制的二元矩阵结构，条块分割和部门利益导致了政府部门对数据资源的垄断[7]。国内学者们重点研究了行政，体制内的部门利益、政治激励及个体层面的影响因素的作用：黄萃（2005）认为政府数据共享更多的是管理而不是技术层面的问题，并将共享管理障碍归纳为部门利益、交换成本、数据管理混乱、传统政治激励制度四个方面。胡平等（2008）在对陕西省官员群体开展问卷调研时，采用实证方式检验了"信任"变量对地方政府部门数据共享的影响。范静等（2008）指出政府部门管理者之间的非正式关系在跨部门合作中起着关键作用。杜治洲（2009）从博弈论视角发现行

---

[1] Felipe G Z, Richard H. The multiple meanings of open government data: understanding different stakeholders and their perspectives [J]. Government information quarterly, 2015 (4): 441 –452.

[2] 邓恩. 公共政策分析导论 [M]. 谢明，杜子芳等译. 北京：中国人民大学出版社，2010：119 –162.

[3] Dawes S, Vidiasova L, Parkhimovich O. Planning and designing open government data programs: an ecosystem approach [J]. Government information quarterly, 2016 (1): 15 –27.

[4] Nguyen T T. Knowledge transfer across dissimilar cultures [J]. Journal of knowledge management, 2013 (1): 29 –46.

[5] Ahammad M F, Tarba S Y, Liu Y, et al.. Knowledge transfer and cross-border acquisition performance: the impact of cultural distance and employee retention [J]. Cancer, 2016 (8): 1455 –1462.

[6] Janssen K. The Influence of the PSI directive on open government data: an overview of recent developments [J]. Government information quarterly, 2011 (4): 446 –456.

[7] 樊博. 跨部门政府信息资源共享的推进体制、机制和方法 [J]. 上海交通大学学报（哲学社会科学版），2008 (2): 13 –20.

政协调机制、责任分担机制和激励机制缺乏的情况下，部门利益主导下的行动逻辑可能导致共享困境。

3.1.3.2 影响因素

早期比较有影响的是1996年戴维斯（Dawes）提出的用于理解跨部门信息共享的政策、实践与态度相互作用的理论模型[1]，戴维斯以美国联邦政府为研究对象，从技术、组织与政治三个方面分析了跨部门政府信息共享的益处与障碍，发现不兼容的技术、不一致的数据结构、部门利益、支配性的专业架构、影响决策的外部因素、机构的裁量权和程序首位等阻碍了跨部门政府信息共享。此后，从组织层面考察跨部门数据共享行为影响因素的研究开始兴起，并形成了以下三种研究视角[2]：一是技术视角，已有研究普遍证实了信息通讯基础设施及技术能力在政府跨部门数据共享中的重要作用[3]。由于受到"技术决定论"的深刻影响，早期研究往往将技术能力视为影响政府数据共享的核心要素。随着研究深入，学者们开始将关注点转移到技术运用所引发的新问题上。一些研究指出，政府内不同部门在开展电子政务建设时使用了不同类型的硬件和软件，由此产生了数据标准、格式、质量不统一等问题，对数据共享产生阻碍[4][5]；二是组织视角，解决技术问题只是为数据共享奠定了基础，而更复杂的挑战在于组织和政策层面[6]，此后，学者们开始将视线投向组织关系、领导力等影响因素。蔡（Tsai，2002）的定量研究发现，多单位组织内部知识共享需要正式的层次结构和非正式的横向关系作为协调机制，其中以社会互动形式存在的非正式横向关系，对相互竞争外部资源单位之间的知识共享具有显著正向影响，阿克布卢特等（Akbulut，2007）

---

[1] Dawes S S. Interagency Information Sharing: Expected Benefits, Manageable Risks [J]. Journal of policy analysis and management, 1996: 377 – 394.

[2] 张洪汇. 地方党政官员跨部门数据共享意愿影响因素研究 [D]. 杭州：浙江大学，2020.

[3] Wang F. Understanding the dynamic mechanism of interagency government data sharing [J]. Government Information Quarterly, 2018 (4): 536 – 546.

[4] Atabakhsh H, Larson C A, Petersen T, et al. Information sharing and collaboration policies within government agencies [J]. intelligence and security informatics, 2004: 467 – 475.

[5] Klischewski R, Scholl H J. Information quality as capstone in negotiating e-government integration, interoperation and information sharing [J]. Electronic Government, an International Journal, 2008 (2): 203.

[6] Landsbergen D, Wolken G. Realizing the Promise: Government Information Systems and the Fourth Generation of Information Technology [J]. Public Administration Review, 2001 (2): 206 – 220.

认为不可忽视领导力在信息共享中扮演的重要角色，上级管理人员可以通过建立目标、提供资源和政策性指导来发起和维持信息共享活动。三是法律、政策及政治视角，一方面，政府内部的跨部门数据共享需要制度上的合法性，这种合法性通常始于法律和规定，并通过参与者之间形成的正式关系得以加强[1]；另一方面，部门内原有的安全规定也可能限制知识共享，并在部门试图解决共享冲突时造成阻碍[2]。对部门自主性的限制可能对信息共享产生负面效应[3]，而明确数据共享职责则能够打造职能部门的潜在顾虑[4]。政治因素亦会对跨部门数据共享产生影响，在西方政体中，一些党派组织担忧自身权力的丧失，或者担心共享数据会加速推动对立党派的政治议程，因此往往对数据共享秉持消极态度[5]。

在普遍认同西方跨部门数据共享研究基础上，学者们重点研究了行政体制内的部门利益、政治激励及个体层面的影响因素的作用[6]；范静等（2007）基于文献调查的方法梳理出包含法律与政策环境、倡导机构、组织领导的支撑、技术支撑等在内的 7 个影响政府数据信息共享的因素；杨会良等（2016）指出影响政府数据共享的主要因素包括环境因素即法制保障因素、上级表率因素以及共享平台建设因素，共享人员因素即共享的知识因素、共享效果感知因素、共享责任意识因素，以及共享部门因素即共享成本因素和共享风险因素等方面；江尚谦（2017）将影响我国政府数据共享的因素总结为理念障碍、体制障碍和技术障碍三个方面；明承瀚（2018）针对武汉市进行调研认为缺乏改革标准、各部门信息化水平不一、已有政府数据差异大、部分部门缺乏改革动力和共享需求是造成政府数据共享难的因素；李重照等（2019）通过对 H 市 68 个市级部门的 249 数据共享现状进行调查研究发现制

---

[1] Gil-Garcia J R, Sayogo D S. Government inter-organizational information sharing initiatives：Understanding the main determinants of success [J]. Government Information Quarterly, 2016 (3)：572 – 582.

[2] Zhang J, Dawes S S, Sarkis J, et al. Exploring "stakeholders" expectations of the benefits and barriers of e-government knowledge sharing [J]. Journal of Enterprise Information Management, 2005 (5)：548 – 567.

[3] Pardo T A, Tayi G K. Interorganizational information integration：A key enabler for digital government [J]. Government Information Quarterly, 2007 (4)：691 – 715.

[4] Dawes S S. Interagency Information Sharing：Expected Benefits, Manageable Risks [J]. Journal of Policy Analysis and Management, 1996 (3)：377 – 394.

[5] Pardo T A, Cresswell A M, Dawes S S, et al. Modeling the social&technical processes of interorganizational information integration [C]. Hawaii International Conference on System Sciences, 2004.

[6] 张洪汇. 地方党政官员跨部门数据共享意愿影响因素研究 [D]. 杭州：浙江大学, 2020.

度环境、组织网络、信息技术和个人行为及其之间的互动是影响地方政府进行数据共享的主要因素；刘华（2020）认为政府部门数据共享的阻碍因素包括部门利益、缺乏领导者和相关法律政策、消耗成本高、未制定统一的标准。

3.1.4 政府数据共享的机制与实施路径

3.1.4.1 共享机制

政府数据共享的过程实际上是政策变化驱动、数据与技术结合、工作流程重组的过程[1]。为促进跨部门政府信息共享，研究者们探讨了激励机制、动力机制、运行机制、推进机制等，并提出了一系列应对策略，如制订共享协议、建构信任的关系网络、优化治理结构、加强网站信息公开、增加移动应用、保证共享的合法性等[2]。国内学者对于政府开放数据共建的协作机制研究也取得了一定成果[3]，武俊杰（2009）提出跨部门政务信息共享必须要有法律制度层面的保障机制，需要加快制定和完善与政务信息资源共建共享相关的法律、规定、条例等，并明确各相关主体的责任、权利和义务，为跨部门政务信息资源共享的推进创造一个良好的法律政策环境；赵强等认（2011）为，政府数据资源的共享机制应包括政府部门组织结构机制、数据资源集成整合机制、数据资源开放共享机制、政府服务公民评价机制、部门利益协调机制；陈美等（2013）介绍了美国开放政府数据拥有一套完善的保障体系，包括构建跨部口工作组、跨部口网络化合作关系和政策执行机制；姚乐野（2012）认为对于"重跨部门政务协作，轻跨部门政务数据资源共享"的情况，要以制定跨部门政务数据资源共享工作机制为保障，建立大型的政府信息数据库为主题，实现整个政府的跨部门数据资源共享；陈婧（2017）基于政府开放数据流程中的影响因素分析，提出构建利益相关主体的协同机制；李月和侯卫真（2017）基于纽约市政府大数据应用的案例，将政府大数据的应用参与主体分为内外部主体，并详细论述了政府与各主体之

---

[1] Chua A. The influence of social interaction on knowledge creation [J]. Journal of Intellectual Capital, 2002 (4): 375 – 392.
[2] 王芳，储君，张琪敏. 跨部门政府数据共享：一个五力模型的构建 [J]. 信息资源管理学报, 2018 (1): 19 – 28.
[3] 毛太田，赵绮雨，朱名勋. 基于协同理论的政府开放数据共建共享研究 [J]. 图书馆学研究, 2020 (6): 28 – 32 + 51.

间的协同过程；翟云（2017）指出，中国"互联网＋政务服务"的关键在于数据共享和业务协同模式的创新，构建"数据割据—数据共享"转变机制；宋懿等（2018）以宁波市海曙区政府信息资源中心作为分析对象，提出了基于"权力—权益—信息"三要素的协同机制；赵树宽等（2018）提出基于跨界融合的政府数据开放共享的内在机理与模式；白献阳等（2019）基于贵州省的案例，构建了由主体协同、政策协同、资源协同、技术协同组成的政府数据开放协同机制。

3.1.4.2 实施路径

弗利（Foley，2006）建议制订信息共享协议，协议内容包括信息共享的目标、范围、原则与法律权力、合作伙伴的责任、风险管理、数据保护法案的合规性等；帕尔多（Pardo，2008）提出，当政策到位、共享的合法可行能够得到保证、关系网络支持共享、角色和关系被所有参与者广泛理解时，政府间的信息共享更容易成功；帕尔多（Pardo，2008）在考察城市疫情的数据共享时，又提出可持续的信息共享需要优化治理结构、改善资源配置以及具备可升级的战略与危机应对能力；图雅（Tuya，2017）提出了短期与长期建议，短期有强化网站信息公开、加大对其他部门信息需求的优先策略、增加移动 App 应用、与社区讨论其需求等，长期包括识别并评估长期业务需求、准确抽取资产拥有者信息等；刘（Liu，2011）提出了政府信息共享法律控制的基本原则：发生与参与者的合法性、必要性、合理性、程序透明性和争议处置的灵活性。

国内学者迪莉娅（2014）认为，当前各国都在积极研发大数据安全技术和制定相关法律应对大数据的挑战，我国也应尽快制定关于数据主权划分、数据安全和个人隐私保护的专门的法律，为我国数据的共享创造健康的环境；杨瑞仙、毛春蕾等（2016）认为，应当建立有利于政府数据共享的法制环境，为数据共享的范围、质量、标准以及相关部门的职权责任提供真实有效的依据；卫军朝、蔚海燕（2016）也认为我国应当加快国家层面顶层设计的步伐，建立国家层面的相关法律法规，明确规定政府以及公众用户的权利和义务，并对数据从挖掘到使用过程中的各种行为进行严格规范；制定政府跨部门数据共享战略规划，加强国内组织建设和制度建设，建设统一的协调机制来保障政府数据共享行为；武琳、刘珺（2016）认为我国应出台相关的系列政策来为政府跨部门数据共享提供具体引导和支持，如英国政府为了推动其国内社会的创新能力,就根据数据市场需求设置了个性化的数据供给机制并通过政策扶持和资金支持来刺激数据的需求量,取得了良好的效益;张会平等(2018)从以证照电子化为导向、以业务关联为导向、以场景应用为导向三种不同推进策略在数据管理、平台建设、体制机制、法律法规四个维度的区别,认为未来发展应实现国家层面的部署和地方实践探索相互促进、相互支持;肖炯恩等(2018)对国内外政府数据共享交换应用进行了研究分析,结合数据即服务的理论,提出构建政府全量数据资源的管理框架,解决数据共享交换面临的管理理念问题和系统壁垒问题。冯伟宸等(2018)认为政府间协同过程中,需要各参与方通过联动机制,共同进行数据收集,对已有资源进行共享。而政府间数据共享应以需求为导向、不能损害他人利益、权责明确,并与信息公开区分;孟庆国(2018)提出基于数据的归属权、使用权和共享管理权在内的三权分置的政务数据共享机制,以便实现责权清晰、可控可信以及可追溯的良性结果。

3.2　基于数据质量的视角

3.2.1　政府数据要素相关研究

3.2.1.1　数据术语

大数据领域术语定义要素的制定,即运用标准化的原理和方法,对该技术领域内某一特定语言单位进行命名和表达,建立与大数据概念体系相对应的术语体系,以实现在大数据技术领域范围内的术语统一。术语定义所体现的技术内容是为了统一标准使用者对大数据领域技术内容的认识,通常采用陈述型条款。条款内容的表述可以采用"条目编号+首选术语+英文对应词+定义"的形式[①]。核心技术要素作为标准的一章与标准中仅有该核心技术要素的专门标准是不同的,例如在"术语和定义"章节中,标准对代码、编码、数据资源代码等作出了具体解释。术语定义作为标准的一章出现在标准中,则其内容仅适用于该项大数据标准本身;而专门的术语定义标准是可

---

① 张婧慧,罗雪娟,薛强,曹扬.大数据领域标准中"核心技术要素"的选择与编写[J].中国质量与标准导报,2020(4):48–51.

以为大数据领域其他标准所使用的[1]。

《电子政务术语》是 2011 年 4 月 1 日实施的一项中国国家标准，收录了 200 多条词条，编辑组按照术语的技术领域和逻辑层次，将所有的术语分为 6 大类：总论、政务、信息、网络、安全和其他，每个类中的术语按术语标准的惯例，按英文顺序排列。《电子政务术语汇释》一书收录了与电子政务相关的词目近 4000 条，这些词目均来自国内外政府网站相关栏目及相关文献，正文按英文字母排序，文后辅以分类索引（含总论、管理与政务、法律法规、信息技术、信息管理、安全、服务、机构和其他九类）、中文索引、英文索引和缩略语索引[2]。2000 版的《档案工作基本术语》共收录了档案工作基本术语 134 个，其中一般术语 31 个，档案业务工作术语 103 个；第一层级术语 112 个，第二层级术语 22 个[3]。

实践中各地数据管理部门管理对象术语的界定不尽相同，徐拥军等以"政务信息""大数据""公共信息"等关键词在北大法宝等数据库中检索现行制度文件，得到省级地方性法规、规章和规范性文件 71 份。经整理发现，除北京、内蒙古、辽宁、江苏、安徽、湖南、广西、重庆、四川、云南、陕西 11 个省（自治区、直辖市）所用"政务信息资源"的定义与《政务信息资源共享管理暂行办法》中一致外，山东、河北、湖北、河南 4 个省采用的定义与此相近。此外，还有政务数据、政务数据资源、政务信息、公共数据和公共信息资源等 5 种术语[4]。当前"电子政府"常用的中英文术语主要包括：E-government，E-governance，Government online，电子政务，电子政府，电子化政府，电子治理，政府上网等。此外，还有若干提法曾见诸各种媒体的文字报道，如"e 化政府""计算机化政府""数字政府""网络政府""在线政府""虚拟政府"等，这些可视为"电子政府"的别称，这给电子政务的研究和交流带来了困难和阻碍[5]。显然海量电子政务信息资源在开放共享中日益表现出多源异构的特征，这使得传统的以电子政务主题词表为核心

---

[1] 张婧慧，罗雪娟，薛强，曹扬.大数据领域标准中"核心技术要素"的选择与编写 [J]. 中国质量与标准导报，2020（4）：48－51.

[2] 刘家真.电子政务术语汇释 [M]. 北京：高等教育出版社，2007.

[3] 张晓，王英玮.《档案工作基本术语档案工作基本术语》的解读 [J]. 北京档案，2018（08）：18－22.

[4] 徐拥军，张臻，任琼辉.国家大数据战略背景下档案部门与数据管理部门的职能关系 [J]. 图书情报工作，2019（9）：5－13.

[5] 廖敏慧.电子政务相关术语关系的比较及使用误区 [J]. 学习月刊，2009（11）：47－48.

的政务术语知识体系的不足也越发凸显，其特点主要表现为三个方面：一是基于内容主题的术语层次较浅。就国内具有代表性的《综合电子政务主题词表》而言，其范畴表依据《综合电子政务主题词表（试用本）范畴表》的21个知识范畴[①]，虽然涉及政务领域广，但是术语层次较浅。二是基于结构关系的术语层次缺失。词表内诸多层次术语具有结构包含关系，但尚不全面。三是术语层次关联缺少语料支持。过去在缺少政务语料的条件下，只能采取人工构建词表的方式。随着电子政务的发展，公众对政府工作的参与性显著提高，一方面通过网络百科以标准化的形式了解政务知识；另一方面借助社交媒体关注实时的政务信息资源。这些都在当下催生出大量政务语料，也为在缺少语料库条件下形成的词表开拓了较大的术语层次优化空间[②]。

学术界关于术语的抽取是另外一个研究热点，针对术语抽取的研究主要有基于语法规则的方法、基于统计的方法和两者相混合的方法[③]。布里戈（Bourigault，1992）认为术语单元有一个固定的词法形式，他在"表面语法分析"基础上第一次抽取出了最大长度的名词短语。法兰茨等（Frantzi et al.，2000）提出利用术语的上下文信息，通过 NC-Value 来识别术语，利用C-value 值统计方法来对多词术语进行抽取。贾斯蒂森和开特（Justeson & Kat，2000）所提出计算相关词的词频的方法，即计算词在语料库中出现的频率，并使用一个词性过滤器来筛选候选术语，这种方法对于固定短语的抽取效果较好。针对基于混合方法来抽取本体术语的研究中，杜波等（2005）提出先通过假设检验或互信息来检验两个字符串是否独立，如果不独立则认为其合串是一个候选术语，最后通过 C-value 的方法对候选术语集合进行过滤。

3.2.1.2 数据目录

目录是由一群数据个体按照某种便于检索的结构组织起来的数据集合[④]。数据目录则是由数据集目录、要素目录、数据服务目录组成，实现对数据进行检索、查询和服务功能的目录，它是一种层次化、树状、可扩展、可伸缩

---

① 电子政务主题词表编制与应用系统课题组.《综合电子政务主题词表》（试用本）范畴表[M]. 北京：科学技术文献出版社，2005.

② 张卫，王昊，邓三鸿，张宝隆. 电子政务领域中文术语层次关系识别研究[J]. 情报学报，2021（1）：62–76.

③ Shamsfard M, Barforoush A A. Learning Ontologies from Natural Language Texts [J]. International Journal of Human-Computer Studies, 2004 (1): 17–63.

④ 欧阳辉. 基于协议异构数据源集成与信息共享关键技术研究[D]. 广州：华南师范大学，2007.

的目录结构[1]。国外在实践中应用于政府信息资源描述、发现、管理的元数据标准主要有两种：政府信息定位服务（Government Information Locator Service，GILS）和都柏林核心元数据（Dublin Core，DC）[2]。2008年3月1日正式执行的国家标准（GB/T21063.1-2007）"政务信息资源目录体系第1部分：总体框架"中，对政务信息资源目录体系定义是"政务信息资源目录体系（government information resource catalog system）是由目录服务系统、支撑环境、标准与管理、安全保障等组成的整体。目录服务系统是通过编目、注册、发布和维护政务信息资源的内容，实现政务信息资源的发现和定位系统"[3]。在《关于印发政务信息资源共享管理暂行办法的通知》中提出"建立政府数据资源目录体系"，《政务信息资源目录编制指南（试行）》（2017年）涵盖了政务信息资源目录分类、元数据、政务信息资源代码、目录编制要求、目录报送以及目录汇总、管理和更新[4]。数据目录体系架构由信息资源、元数据、资源目录、共享目录、标准及治理体系、目录编目和交换体系等要素构成[5]，政务信息资源目录一般是由政务信息资源分类目录和信息资源目录组成的。政务信息资源目录有基础信息目录、部门信息资源目录、应用共享信息资源目录等，通常由描述信息资源的名称、主题、摘要或数据元素、分类、来源、提供部门等元数据组成。政务信息资源目录条目是供资源使用者发现、检索和开发利用资源的信息，目录条目中不包括对资源注册和管理方面的信息。通过参考目前流行的DC标准，政务信息资源目录条目应有如下数据项：目录标识、名称、替代名称、出版日期、更新日期、负责单位、关键词、摘要、使用限制、访问中介、分类类目名称、类目编码、分类标准、类型、字符集、安全限制分级、安全保密期限、语种、在线资源链接地址等[6]。

---

[1] 曹大岭，邢廷炎，刘福江. 电子政务中数据目录规范化编制流程及实现机制 [J]. 计算机应用，2011（6）：196-198.

[2] 沙志刚. 政务信息资源元数据目录服务系统的设计与实现 [D]. 上海：东华大学，2010.

[3] 中华人民共和国国家质量监督检验检疫总局，中国国家标准化管理委员会. 政务信息资源交换体系、政务信息资源目录体系 [S]. 北京：中国标准出版社，2008.

[4] 国家发展改革委，中央网信办. 关于印发《政务信息资源目录编制指南（试行）》的通知 [EB/OL]. http://www.ndrc.gov.cn/zcfb/zcfbtz/201707/t20170713_854530.html.

[5] 姜伟，于天贵，苟延农. 健康医疗大数据信息资源目录体系构建 [J]. 医学信息学杂志，2021（3）：20-23.

[6] 潘光辉. 基于元数据的政务信息资源目录体系应用研究 [J]. 图书馆理论与实践，2009（10）：42-45.

数据目录可以围绕目录体系框架、编目原则、核心元数据、数据元目录等技术内容进行编写。以 GB/T 21063.3—2007《政务信息资源目录体系 第3部分：核心元数据》标准为例，其核心技术要素主要为"核心元数据"，技术内容为对核心元数据的描述[①]。元数据因可处理各种形式的数字化和非数字化数据资源，特别是能较好地解决网络信息资源的描述、发现、控制和管理问题的特性[②]，作为关键基础设施和建设核心之一在此领域中被重点关注。元数据的英文原文是 Metadata，它首先出现在美国宇航局的目录交换格式手册中[③]，国内把 Metadata 翻译成"元数据"；元数据是对具体数据对象的描述，可以识别、管理数据对象，实现数据的发现与获取[④]，简单地说，元数据是描述和定义其他数据的数据[⑤]。在学术研究方面，现有关于政府数据元数据的研究，主要包括标准规范的建立、应用现状以及地方政府数据资源的元数据构建研究[⑥]。国内学者关于政府数据元数据标准展开相关研究，多以国外成熟的开放政府数据平台为研究对象，如翟军，于梦月等（2016）在介绍 W3C 元数据标准 DCAT（Data Catalog Vocabulary）、美国的"开放数据项目"（Project Open Data，POD）和欧盟的 DCAT 应用纲要（DCAT-AP）方案基础上，分析和总结了美国、欧盟和爱尔兰政府开放数据元数据建设的成果和特点。赵蓉英等（2016）研究了英国政府数据开放共享的元数据标准，以 Data.gov.uk 为研究对象，从文件结构、元素组成及规则等方面总结元数据标准的特点。黄如花等（2017）选取澳大利亚开放政府数据平台 Data.gov.au 为研究对象，调查并分析其元数据标准的元素组成、数据格式、语法结构等，鼓励建立统一的政府数据元数据标准，发布多种数据开放格式和设置专门的开放政府数据元数据标准管理维护机构；武琳等（2017）详细梳理美、英、澳、加和欧盟的相关元数据政策和标准，对元数据格式、元数据

---

① 张婧慧，罗雪娟，薛强，曹扬. 大数据领域标准中"核心技术要素"的选择与编写［J］. 中国质量与标准导报，2020（4）：48–51.
② 曹树金，司徒俊峰，马利霞. 论政府信息资源的元数据标准［J］. 情报学报，2004（6）：715–722.
③ Prothman, B. Metadata［J］. Potentials IEEE, 2019 (1): 20–23.
④ 陈氢. 跨部门政府信息共享协商系统研究——基于元数据［J］. 情报杂志，2014（7）：188–193.
⑤ 陶晨阳. 开放政府数据的元数据质量评价方法及保障机制研究［D］. 大连：大连海事大学，2020.
⑥ 黄静，周锐. 基于信息生命周期管理理论的政府数据治理框架构建研究［J］. 电子政务，2019（9）：85–95.

框架、元素、数据目录词表、受控词表等方面进行比较分析。王立清等（2004）则选取了澳大利亚 AGLS 和新西兰 NZGLS 元数据标准进行了研究，主要包括标准的建立基本情况、元数据元素定义、相关限定词等。另一方面我国已于 2007 年出台了政府信息管理元数据标准文件《GB/T2106.3－2007 政务信息资源目录体系 第三部分：核心元数据》，各地方政府也先后出台相关元数据描述规范等，如贵州省发布的《DB52/T1124－2016 政府数据资源目录 第1部分：元数据描述规范》。但司莉等（2018）指出各个地方平台元数据标准存在标准不统一、元数据信息匮乏、数据集描述不全面、缺乏可机读格式、互操作水平低等问题。李盼等（2016）针对我国地方政府开放数据门户网站在元数据规范和数据格式上的不足，在基于 Durpal 的政府开放数据平台上引入 W3C 的数据目录元数据标准 DCAT，采用通用 DCAT 元数据模式对资源进行目录描述、数据集描述和分发途径描述，以支持跨平台数据间的相互操作。赵龙文等（2017）在分析政府数据开放特点下的描述要求的基础上，引入 DC、VoID、DCAT 等元数据标准对数据资源进行目录描述、数据集描述、关联描述和访问描述，为数据共享、查找、管理等提供有效的支持。黄如花等（2018）指出应根据我国实际情况，应从数据目录词表、受控词表以及关联数据对元数据要素进行设计，从数据目录与范围、使用格式等方面进行规范，加强元数据标准建设，从源头严控数据质量。

资源目录是通过对政务信息资源依据规范的元数据描述，按照一定的分类方法进行排序和编码的一组信息，用以描述各个政务信息资源的特征，以便于对政务信息资源的检索、定位与获取。政务信息资源目录分类包括资源属性分类、涉密属性分类、共享属性分类和层级属性分类等。其中政务信息资源目录按资源属性分为基础信息资源目录、主题信息资源目录、部门信息资源目录等三种类型。基础信息资源目录是对国家基础信息资源的编目。国家基础信息资源包括国家人口基础信息资源、法人单位基础信息资源、自然资源和空间地理基础信息资源、社会信用基础信息资源、电子证照基础信息资源等。主题信息资源目录是围绕经济社会发展的同一主题领域，由多部门共建项目形成的政务信息资源目录。主题领域包括但不限于公共服务、健康保障、社会保障、食品药品安全、安全生产、价格监管、能源安全、信用体系、城乡建设、社区治理、生态环保、应急维稳等。部门信息资源目录是对政务部门信息资源的编目。部门信息资源包括：党中央、全国人大常委会、国务院、全国政协、最高人民法院、最高人民检察院的政务部门信息资源，省（自治区、直辖市）、计划单列市以及其下各级政务部门信息资源。政务信息资源目录按照信息资源涉密属性，分为涉密政务信息资源目录和非涉密政务信息资源目录。涉密政务信息资源目录和非涉密政务信息资源目录，应当资源属性分类、元数据、目录代码等要求分别编制。政务信息资源目录按共享类型分为无条件共享、有条件共享、不予共享等三种类型。可提供给所有政务部门共享使用的政务信息资源对应目录属于无条件共享类。可提供给相关政务部门共享使用或仅能够部分提供给所有政务部门共享使用的政务信息资源对应目录属于有条件共享类。不宜提供给其他政务部门共享使用的政务信息资源对应目录属于不予共享类。政务信息资源目录按其编制层级分为部门政务信息资源目录、国家政务信息资源目录①。

3.2.1.3 分级分类

2020 年中共中央、国务院印发《关于构建更加完善的要素市场化配置体制机制的意见》，其中指出"要推动完善适用于大数据环境下的数据分类分级安全保护制度"②，"十四五"规划纲要也明确提出，要"完善适用于大数据环境下的数据分类分级保护制度"③。2016 年 9 月 26 日，贵州省发布了地方标准 DB 52/T 1123 - 2016《政务数据 数据分类分级指南》，对政务数据分类和分级的目的和方法进行了明确的定义，开启了地方进行数据分类分级标准的先河。贵州省政务数据分类分级指南给出定义，政府数据分类是通过多维数据特征准确描述政府基础数据类型，以对政府数据实施有效管理，有利于按类别正确开发利用政府数据，实现政府数据价值的最大挖掘利用。北京市经济和信息化局于 2020 年 9 月发布了《政务数据分级与安全保护规范（试行）》，给出了北京市政务数据分级的原则、方法、流程，以及与共享开放和安全保护之间的关系，并规范了第一级到第四级数据的安全保护通用要求、技术要求和管理要求，于指导北京市政务数据的采集、汇聚、传输、存储、加工、共享、开放、使用、销毁等数据全生命周期的分等级的安全防护和监督管理④。此外，浙江省于 2020 年发布了《浙江省公共数据分类分级指南》，

---

① 中央网信办. 政务信息资源目录编制指南（试行）[EB/OL]. https：//www.pinlue.com/article/2017/07/2200/513559178138.html.
② 中共中央国务院. 关于构建更加完善的要素市场化配置体制机制的意见[EB/OL]. http：//www.xinhuanet.com//mrdx/2020 - 04/10/c_138964 212.htm.
③④ 李玉亮. 数据分类分级的现状与发展[J]. 中国信息安全，2021（5）：55 - 56.

上海市的《上海市公共数据开放分级分类指南（试行）》等地方性文件明确了政府数据分类分级，以及目前已发布的《政务信息资源目录体系》《政务信息资源交换体系》等政策文件也涉及政府数据开放分类分级相关的内容，但是政策文件中关于政府数据开放分类分级的概念不明确，虽然在分级中都考虑到政府数据对国家安全、社会稳定和公民安全的重要程度，以及数据是否涉及国家秘密、是否涉及用户隐私等敏感信息，但是实践中政府数据开放分类分级的方法有很大相同。

数据分类述及不多，中国地震局实行科学数据四级分类，并建立了行业数据分类标准[①]。2016年国务院颁布的《政务信息资源共享管理暂行办法》第5条第一款明确规定"以共享为原则、不共享为例外"，将政务信息资源按共享类型，分为无条件共享、有条件共享、不予共享三种。国务院要求政府数据开放共享要"严格区分涉密信息和非涉密信息，依法推进政府信息在采集、共享、使用等环节的分类管理"。各政务部门形成的政务信息资源原则上应予共享，涉及国家秘密和安全的，按相关法律法规执行。但是其中又规定，政府信息资源共享分为无条件共享、有条件共享、不予共享三种类型。地方立法的分类不尽一致，有的是分为无条件共享和有条件共享，有的则是用授权共享来替代有条件共享。在何种情况下是属于有条件共享或者不予共享，各地规定也不同，有的规定"列入授权共享和非共享类的，应当说明理由，并提供相应的法律、法规、规章依据"，有的则规定，"应当有法律、行政法规或者党中央、国务院政策依据"。在政府数据共享的种类和条件上出现理解不一、缺乏准确上位法依据的问题[②]。

3.2.2 政府数据管理相关研究

3.2.2.1 数据治理

数据治理体系包括登记、采集、集中建设、共享与交换、安全与管理、存储、存档与销毁、信息资源再利用等环节，以及相关政策与制度、管理体

---

① 中国地震局. 地震科学数据共享管理办法 [EB/OL]. http://www.cea.gov.cn/publish/dizhenj/465/527/760/20120216094234843687764/index.html.

② 王静，刘晓晨. 政府数据共享的法治路径和突破点 [J]. 中国司法，2019 (11)：36–40.

制等外部条件[①]。雷内·亚伯拉罕（Rene Abraham，2019）认为数据治理是指对数据的管理行使权力和控制。数据治理的目的是增加数据的价值，并将与数据相关的成本和风险降到最低，并提出了数据治理的六个维度和五个领域；索雷斯（2014）研究了大数据治理的框架、成熟度、治理标准、治理规则等内容；阿塔尔德（Attard，2015）等从数据预处理、开放与维护三个方面，将政府数据治理生命周期分为数据创建、筛选、协调、分布、关联、发现、探索、开放与监护等九个阶段；文斯特拉（Veenstra，2015）等将政府数据治理分为数据识别、准备、发布、重用与评估五个阶段。具体实践上，政府主导的数据治理亦在行进之中：美国联邦政府面向数据开放和共享从组织架构上任命首席数据官，制度上设定数据互通规则如何编目规范等建立数据治理框架；英国政府通过加强数据基础架构以促进数据利用来升级公共服务能力以及打造智慧城市；澳大利亚国家档案馆设立数据治理与管理的整体版块，从业务、安全、法律、技术、语义等方面建立数据作为资产互通互信的规则，并通过组织架构与监督机制完备管理行动的落实[②]。

  数据治理不同于数据管理偏重于对数据对象的具体行动，数据治理对接于社会治理、企业治理、信息治理等概念，强调的是在多元主体协同的框架下为高效有序的管理提供战略、制度、规划、标准、规范等统一规则[③]。陶晨阳（2020）认为政府数据治理是国家治理体系和治理能力现代化的一个重要组成部分，涉及数据架构管理、数据开发、数据库操作管理、数据安全管理、元数据管理、数据仓库、文件与内容管理以及数据质量管理等。吴善鹏等（2019）认为数据治理可以从宏观、中观、微观三个层面进行定义，总结当前政务数据治理存在的问题，提出了数据治理框架由大数据生命周期管理、数据源管理、技术支撑、资源中心、标准规范、安全等9部分组成。马广惠等（2019）从数据治理主体、客体、工具三方面论述当前大数据治理理论研究的三个趋势，认为数据治理主体由企业扩展至政府领域，治理客体由数据提升至主体层面，治理工具由技术转变至管理维护。高倩倩（2020）认为政务数据治理的关键要素包括数据战略制定、数据组织建设、数据制度规范、流程技术、数据应用服务、数据安全、数据运营和成熟度评估在内的一系列

[①] 姜伟，于天贵，苟延农. 健康医疗大数据信息资源目录体系构建［J］. 医学信息学杂志，2021（3）：20 – 23.

[②][③] 周文泓，朱令俊. 我国政府数据治理的发展进程研究与展望：基于国家层面的分析［J］. 图书馆学研究，2020（16）：57 – 63.

体现政务属性的流程架构。学界对政务数据治理的内涵获得探讨，主要从三个方面进行解答，在宏观层面，政务数据治理是政府主体对数据产业、数据经济、数据市场与社会数据化进程的战略布局与制度框架[①]；在中观层面，政务数据治理是政府在公共事务治理过程中的数据资源与具体行为，涉及政府数据的开放、共享和利用等[②]；微观层面的政务数据治理是着眼于数据元素标准化、多维度的统一管理，包括数据架构、数据仓库、元数据、主数据、数据质量管理等内容规程[③]。如杜小勇等（2019）提出数据治理的核心技术包括数据结构化处理、数据质量评估、数据清洗、数据规范化、数据融合与摘取、数据发布共享，列出了基于数据仓库的数据集成系统架构和基于中间模式的数据集成系统架构。吴信东（2019）认为数据治理过程是对管理活动的评估、指导和监督，而管理过程是对治理决策的计划、建设和运营，分析了数据规范、数据清洗、数据交换、数据集成、治理框架，提出了"HAO治理"模型，将数据治理分为数据接入模块、治理模块、服务模块。政务数据治理如何展开从实践行动层予以分析，学者剖析我国政府在数据采集、利用、开放、共享服务等环节以及在组织制度、机制流程、工具技术中现存问题，对技术设施、制度安排、人力资源体系提出改进建议与优化策略[④]。夏义堃（2018）通过对比分析部分发达国家的数据治理政策和数据治理模型，提出了针对我国的数据治理内容和数据治理框架。安小米等（2019）结合贵州大数据的发展，对数据治理主体、治理对象、治理活动、治理工具等方面进行分析，验证政务大数据治理体系的构成要素。周文泓等（2020）梳理中国政府数据治理在主体、制度和平台方面的实践进展，分析其不足和原因，提出我国政府数据治理实践的优化方向。

3.2.2.2 标准规范

数据按照一定的标准规范发布有利于用户发现和利用数据，为了推动和提升数据质量、标准化程度和关联度，英美均公布了相应的标准规范。英国

---

① 黄璜. 美国联邦政府数据治理：政策与结构 [J]. 中国行政管理，2017（8）：47－56.
②④ 丁波涛. 政府数据治理面临的挑战与对策——以上海为例的研究 [J]. 情报理论与实践，2019（5）：41－45.
③ 夏义堃. 试论政府数据治理的内涵、生成背景与主要问题 [J]. 图书情报工作，2018（9）：21－27.

推出了国家信息化基础设施（National Information Infrastructure，NII）项目[①]，卫生部、交通部、食品部、环境和农村事务部联合测试推出了NII实现文档。NII包括数据管理框架和文件，数据管理框架包括一组指导原则、具有战略性的重要数据的策划表、治理结构、质量标准基线；文件则包括立法相关数据、词汇表和代码列表、许可、适用于数据和数据服务的标准、数据使用说明、元数据[②]。ISO、IEC等国际标准化组织均已开展数据标准建设工作，在数据治理方面发布ISO/IEC 38505 – 1：2017《信息技术 IT治理 数据治理 第1部分：ISO/IEC 38500在数据治理中的应用》等。与此同时，美国、欧盟、新加坡和日本等国家和地区发布了元数据、数据开放、数据质量等方面的标准，数据管理相关国际组织或企业已提出DAMA数据管理知识体系（DAMA-DMBOK2）、数据管理成熟度模型（DMM）、数据管理能力评价模型（DCAM）、IBM数据治理成熟度模型等，指导企业或组织数据管理工作有序开展，并对数据标准提出来了新的要求[③]。国内在标准制定上，不同机关部门制定标准侧重不同，如中央网络安全和信息化委员会办公室（互联网信息办公室）参与政府互联网内容管理的法治建设；工业和信息化部着重起草制定信息化及信息化工程相关的法律法规草案规章；国家统计局确定与统计信息共享和发布制度相关的管理制度；信息技术标准化技术委员会则是国家专门负责数据领域的标准研究和制定的部门[④]。我国第一个正式的政府信息管理元数据标准是2007年出台的《GB/T2016.3 – 2007政务信息资源目录体系——第三部分：核心元数据》，该标准作为政府信息资源目录体系的一部分，主要用于信息资源目录的描述、编目、建库、发布和查询。2009年和2017年我国分别出台的《政府信息公开目录系统实施指引——第二部分：政府公开信息核心元数据》和《政务信息资源目录编制指南》对政府信息资源元数据做了规范说明。在地方层面上，主要有上海2013年发布的《DB31/T 745 – 2013政务信息资源共享与交换实施规范 第1部分：目录元数据》、山东省2016年发

[①] Maltby P. Progress on the Nation Information Infrastructure Project [EB/OL]. http：//data. gov. uk/blog/pro-gress-national-information-infrastructure-project.

[②] Standards, specifications, and formats supporting open data objectives [EB/OL]. http：//project-open-data. cio. gov/open-standards/.

[③] 史丛丛，张媛，逄锦山，都海明. 政务数据标准化研究 [J]. 信息技术与标准化，2020（10）：9 – 11.

[④] 周文泓，朱令俊. 我国政府数据治理的发展进程研究与展望：基于国家层面的分析 [J]. 图书馆学研究，2020（16）：57 – 63.

布的《DB37/T2885-2016 政务信息资源核心元数据》、贵州省2016年发布的《DB52/T1124-2016 政府数据资源 目录 第1部分：元数据描述规范》[①]。云南省从政务信息资源标识符编码方法、符合性测试、资源分类、总体框架方面制定地方标准，北京市从政务信息资源目录管理、交换管理、共享交换平台接口规范、总体框架等方面制定地方标准；内蒙古从政务信息资源代码规范、目录编制指南等方面制定地方标准[②]。

2016年9月《国务院关于印发政务信息资源共享管理暂行办法的通知》要求，"统一标准、统筹建设、建立机制、保障安全""建立完善政务信息资源的目录分类、采集、共享交换、平台对接、网络安全保障等方面的标准，形成完善的政务信息资源共享标准体系"。《国务院办公厅关于印发进一步深化"互联网+政务服务"推进政务服务"一网、一门、一次"改革实施方案的通知》要求，要建立健全"一网通办"的标准规范，建立健全政务信息资源数据采集、数据质量、目录分类管理、共享交换接口、共享交换服务、平台运行管理等方面的标准。《国务院关于加快推进全国一体化在线政务服务平台建设的指导意见》提出，要推进政务服务事项、数据、流程等标准化，实现政务服务平台标准统一、互联互通、数据共享、业务协同。2019年4月发布的《国务院关于在线政务服务的若干规定》提出，要"推进各地区、各部门政务服务平台规范化、标准化、集约化建设和互联互通，推动实现政务服务事项全国标准统一、全流程网上办理，促进政务服务跨地区、跨部门、跨层级数据共享和业务协同"。这些文件都对政务数据共享标准化提出了明确要求[③]。《国家电子政务标准体系建设指南》指出，电子政务标准体系框架由总体标准、基础设施标准、数据标准、业务标准、服务标准、管理标准、安全标准7部分组成。针对制约电子政务发展的主要矛盾和突出问题，围绕政务数据开放共享、公共信息资源开发利用、电子文件、"互联网+政务"等重点工作，提出相应的标准子体系框架及建设重点，其中政务数据开放共享标准体系由数据标准、业务标准、管理标准和安全标准构成；公共数据资源开发利用标准体系由数据标准、业务标准、服务标准、管理标准和安全标准构成，电子文件标准体系由数据标准、业务标准、服务标准、管理标准、

---

① 张晓娟，唐长乐. 我国政府信息元数据标准体系框架构建及其应用流程 [J]. 信息资源管理学报，2018（3）：25-36.

②③ 许潇文，冯蕾，廖景行. 我国政务数据共享标准化路径研究 [J]. 信息资源管理学报，2021（1）：81-84+90.

安全标准构成[1]。为确保在后续操作中有据可循,确保数据的统一性,操作的规范化,喻健等(2020)指出需要建立政务数据标准规范体系,包含基础数据标准规范、数据资源目录编制标准规范等;建立数据交换技术规范,包含数据接入接口规范、数据服务接口规范等;建立运行维护规范,包含数据共享交换工作规范、数据中心管理办法、数据交换中心运维手册等。史丛丛等(2019)结合山东省电子政务标准化实践情况,针对省级电子政务发展,给出总体标准、数据标准、技术标准、管理标准、服务应用标准的相关标准化建议,其中总体标准包括体系框架、标准指南、术语等方面的标准;数据标准包括数据描述、资源目录、共享交换、数据开放等方面的标准;技术标准包括基础设施、应用平台、共性支撑、政务大数据等方面的标准;管理标准包括数据治理、检测评估、互联网+监管等方面的标准;服务应用标准包括服务事项、服务流程和服务管理等方面的标准。国家电子政务标准化总体组认为电子政务标准体系结构由两个层面的6个部分组成,总体标准:包括电子政务总体性、框架性、基础性的标准和规范;应用标准:包括各种电子政务应用方面标准,主要有数据元素、代码、电子公文格式和流程控制等方面的标准;应用支撑标准:包括为各种电子政务应用提供支撑和服务的标准,主要有信息交换平台、电子公文交换、电子记录管理、日志管理和数据库等方面的标准;信息安全标准:包括为电子政务提供安全服务所需的各类标准,主要有安全级别管理、身份鉴别、访问控制管理、加密算法、数字签名和公钥基础设施等方面的标准;网络基础设施标准:包括为电子政务提供基础通信平台的标准,主要有基础通信平台工程建设、网络互联互通等方面的标准;管理标准:包括为确保电子政务工程建设质量所需的有关标准,主要有电子政务工程验收和信息化工程监理等工程建设管理方面的标准[2]。

3.2.2.3 数据资产

数据资产是指拥有数据权属、有价值、可计量、可读取的网络空间中的数据集。政务数据资产化是近年来学界研究的热点,已有文献主要从政务数

---

[1] 国家电子政务标准体系建设指南[J]. 电子政务,2020(7):2+121.
[2] 怀进鹏,林宁,吴志刚. 我国的电子政务标准化工作[J]. 信息技术与标准化,2006(9):7-10.

据的资产管理框架、数据资产评估模型、有效途径和创新策略等视角展开[①]。如孟庆国认为政府数据资产化政府数据资源的确权与资产登记、政府数据价值确认与质量管理、政府数据资产会计核算、评估与审计、政府数据资产增值与折旧的管理、政府数据资产流通与运行平台建设5个方面。韩娜娜等（2016）将政务数据价值分为知晓性、基础应用以及高级应用价值，且运用不同的方法评估不同价值层面的数据资产。魏晓菁等（2015）分析了数据资产形成过程中，对数据资产价值产生影响的相关因素，并确定各因素之间的相对重要程度。王新才（2016）认为数据资产应运用差别定价理念，同时认为成本、效用和预期利润是影响数据价值的主要因素。王建伯（2016）认为，数据的价值主要体现在数据分析与数据交易。由于数据资产兼具有形资产和无形资产的特点，加之数据计量计价、流通交易还存在许多问题，因此，需要设计专门的数据资产评估模型，刘琦等（2016）指出，未来的数据市场必定是完备有效的交易市场，因此建议运用市场法对数据资产价值进行评估。朱丹（2017）完善了数据资产管理框架；发现数据资产价值影响的关键因素，并提出估值模型。王玉兰（2018）指出了传统评估方法的不足，将数据资产作为一种特殊的无形资产，确定采用AHP方法对数据资产进行评估。此外，国内外学者还试图提出数据资产化的有效途径和创新策略。叶雅珍等（2020）给出了一个数据资产化的基本框架，包括数据资源确权、数据价值确认与质量管控、数据装盒入库、货币计价与评估、数据资产折旧和增值的管理等5个步骤。一些地方尚未建立政务数据全生命周期质量管理体系，数据采集和管理责任人不明确，数据信息校对和审核机制不健全，对数据的真实性、准确性和可靠性管控不够。此外，数据产权界定不清晰问题普遍存在，不利于数据资产化管理。

针对数据权属界定的问题，已有文献尚未达成共识，存在争议。肖冬梅、文禹衡（2015）和齐爱民、盘佳（2015）针对数据权属问题的观点类似，他们均认为应从国家数据主权和个人数据权利两个视角对数据权属问题进行研究，其中国家数据主权包括数据管理权和控制权；个人数据权利包括人格权和财产权。郭兵（2016）针对数据权属难以界定的问题，提出了"个人数据银行"的概念，他认为应该有专业机构对个人的数据进行收

[①] 任泳然. 数字经济驱动下政务数据资产化与创新策略研究［D］. 南昌：江西财经大学，2020.

集、清洗和分析，在不泄露个人隐私的前提下，分离数据的所有权和使用权。穆勇等（2017）认为，数据权属界定的关键是要厘清数据的提供者、数据的收集者、第三方大数据平台以及数据的消费者之间的关系，通过确定数据的所有权、控制权和使用权等来界定参与方的相关利益，并制定相关的法律法规、规章制度和签订合约等对此种利益分配关系进行约束。冯惠玲（2017）认为，由于数据权属界定不清，政府部门信息公开存在法律风险，从而限制了信息公开的范围和内容，影响了政府部门的主动性，导致政府信息公开实质性进展缓慢。许可（2018）认为，在不同的利益相关者中，数据财产权应首先依循"捕获规则"，分配给收集、处理数据的数据从业者，继而再依据"关联规则"，将与人格密切相关且界定清晰的"个人敏感数据"权利分配给数据主体，以弥补"捕获规则"之不足。石丹（2018）将数据分为个人数据、企业数据和政务数据，并认为个人数据的所有权和控制权归个人所有；企业数据经过脱敏处理后获得部分所有权，政务数据应当作为公共产品处理。丁晓东（2019）认为，数据具有多重属性，其属性高度依赖场景。对数据进行确权，应当遵循场景化的规则制定方式，以理性规则和个案来自下而上地推动数据规则体系演进，而非寻求数据的统一性规则。

3.2.2.4 数据质量

ISO/IEC 25012 将数据质量分为内在质量和系统依赖质量两大维度，共包括 15 个指标。内在质量有准确性、完整性、一致性、可信度、现时性，系统依赖质量有可检索性、准确率、保密性、效率、遵从性、可用性、可理解、可追踪、可携带、可恢复性[1]。

针对关联数据的数据质量评估体系，2009 年，伯纳斯·李（Berners-Lee）提出关联数据的"五星标准"，旨在提高关联数据质量[2]。随后霍查（Hoxha）等提出"绿色关联数据"的原则[3]，魏来等基于"绿色关联数据"

---

[1] ISO/IEC 25012［EB/OL］. http：//iso25000.com/index.php/en/iso-25000-standards/iso-25012.

[2] Berners-LEE T. Linked Data［EB/OL］. https：//www.w3.org/DesignIssues/LinkedData.html.

[3] Hoxha J, Rula A, Eii B. Towards green linked data［EB/OL］. https：//www.researchgate.net/publication/228430782_Towards_Green_Linked_Data.

总结出包括内容、表述、系统与应用的关联数据质量标准总框架[1]。目前较权威的是莱比锡大学扎韦里（Zaveri）等提出的指标体系，且将其分为存取性、内在性、上下文、表示四大维度。存取性包括可用性、授权、链接、安全性、性能，内在性包括语法验证、语义准确、一致性、简洁性、完整性，上下文包括相关性、可信度、可理解性、及时性，表示包括简洁性、互操作性、可解释性、可视化[2]。魏（Wei）等认为目前缺乏基于数据质量词表的数据集质量标注工具的系统研究，提出可视化用户接口以实现对数据集的质量标注[3]。

数据质量管理过程是一个对数据问题从发现、分析、解决到数据处理优化的全流程解决方案。数据质量管理过程主要功能包括数据质量指标定义、数据质量检测、数据质量问题分析、数据质量报告与数据问题处理[4]。鲁金萍等提出健全政务数据全生命周期质量管理体系。按照"谁采集、谁负责"、"谁校核、谁负责"的原则，明确采集、汇聚、存储、共享、开放、开发利用等各环节的数据质量要求，建立多元数据动态对比和跨地区跨部门政务数据异议处理机制，构建基于政务数据全生命周期可有、可用、可溯、可控的质量管理体系[5]。

3.2.2.5 数据安全

GB/T 39477—2020《信息安全技术 政务信息共享 数据安全技术要求》的安全技术要求，提出针对政务数据共享安全的整体架构设计思路，核心以"明确定级、事前保护、事中响应、事后追溯、全程可信"的思路建成政务数据共享全程可信的安全体系[6]。在数据安全管理方面，建立保密审查制度，研究制定政府信息安全管理、个人和企业信息保护等管理办法；明确数据安全责任，建立安全防范、监测、通报、响应和处置机制；完善身份认证和授

---

[1] 魏来，付瑶. 基于 greenlinkeddata 的关联数据质量标准 [J]. 情报资料工作，2013 (3)：70 – 73.

[2] Zaveri A, Rula A, Maurino A, et al.. Quality assessment for linked data：A survey [J]. Semantic Web, 2016 (1)：63 – 93.

[3] Wei J, Xu Z M, Xia W Z. Dqaf：Towards DQV – Based Dat aset Quality Annotation Using the Web Annotation Data Model [C]. Web Information Systems&Applications Conference，IEEE, 2017.

[4] 陶晨阳. 开放政府数据的元数据质量评价方法及保障机制研究 [D]. 大连：大连海事大学，2020.

[5] 鲁金萍，许旭. 深化我国政务数据共享亟需培养"四种能力" [N]. 中国计算机报, 2021.5.31.

[6] 周健雄，梁孟. 基于国家标准要求的政务数据共享安全架构研究 [J]. 信息安全与通信保密，2021 (6)：24 – 31.

权管理机制，建立以行政评议和第三方评估为基础的数据安全流动认证体系。马海群等（2016）对美国数据安全政策的演化路径、特征进行分析，并建议制定推动数据安全的战略和法律；推进国际合作，维护本国数据跨境流通安全。叶润国等（2016）提出政务数据开放共享中政务数据权属关系需明确等安全问题，并从政策法规等方面提出安全保障建议。曹雨佳等（2016）针对政务数据的安全，提出了建立数据管理专门机构，负责数据开放安全审查；对政务数据进行分级分类管理；制定个人数据保护法等建议。黄如花等（2017）从我国政务数据开放的相关法律法规、政策、组织机构设置以及标准等四个方面对我国数据安全保护进行了调研与分析。袁国杰（2018）应用定量与定性相结合的方法，将政务数据开放安全影响因素分为表层因素、中层因素和深层因素等三个部分，指出影响政务数据开放安全的表层因素为开放流程是否标准。

数据安全体系具体包括数据脱敏、数据加密解密、数据溯源、数据权限管理、数据分级分类、统一认证中心、生命周期数据安全保障、安全审计中心等。其中，数据脱敏可采用动态和静态等方式对敏感数据进行脱敏；数据加密解密可采用国内领先的算法对敏感数据进行智能化探查和字段级别的加解密，保证数据存储、传输和处理过程中的隐匿性；数据分级分类可根据规则设定敏感级别，通过分类进行数据使用权限控制；生命周期数据安全保障包括数据采集、存储、处理和销毁等全生命周期的安全保障；安全审计中心通过零信任模型，采用全网实时跟踪等手段，将日志、流量等数据进行关联分析，对面临的数据窃取、越权访问等内外部违规行为进行识别，确保数据访问合法合规和可审计[1]。学界关于数据脱敏较多，如周期律等（2014）介绍了测试数据脱敏方法评价体系中的五个指标含义及分级方法。张璐等（2014）基于二级管理安全模型，用于保护政务数据安全；同时，采用数据密封机制防止政务数据的二次非法授权访问，对政务数据进行加密，加密密钥与数据授权使用系统的软硬件信息相关联。崔敏龙（2015）设计开发了一种银行业敏感数据脱敏系统，实现了脱敏效果分析等功能。史雅涓等（2018）提出了基于中心点聚类的改进 K 匿名数据共享方法。王晓周等（2019）在结合基础电信企业大数据安全实践，从鉴权、多租户管理、数据分级分类保护等方面，阐述了一种构建大数据平台安全和敏感数据保护的思

---

[1] 吴峥. 浅谈政务大数据平台架构和体系设计[J]. 信息通信，2020（8）：117–118.

路。罗长银等（2019）为了保护数据源信息，首先利用加密算法将数据进行加密处理，再对数据进行模糊化和泛化处理。王毛路等（2019）基于对数据的使用场景的深入分析和分级分类，提出了一种基于存量和增量数据实现静态脱敏和动态脱敏，且可通过 K-匿名和 L-多样化方法验证数据脱敏的有效性。针对大数据平台的数据私密性要求，采用"分级脱敏"实现国家标准中规定的"数据安全分类分级"，保证这种标定是细颗粒度和互操作性，并遵照国家标准中的"个人信息去标识化"方法进行数据脱敏[①]。

3.2.2.6　隐私保护

政务数据共享中存在的隐私安全问题，也逐渐引起了政府、研究学者的关注，主要从隐私保护政策、法律规定、伦理道德约束、行政协作规范，以及防火墙、攻击检测软件的使用等方面进行了研究。例如为解决由政务数据开放共享引发的隐私安全问题，促进我国政务数据开放共享水平的发展，我国政府制定了一系列法律条文规定，《国家网络空间安全战略》和《国家信息化发展战略纲要》等，表明了我国政府部门对安全问题与隐私保护的重视。《信息安全技术个人信息安全规范》于 2018 年 5 月 1 日正式实施，初步建立了隐私保护三次立法模式，对敏感的身份信息、除个人身份信息之外的不可识别的数据信息的使用、个人信息控制权进行了明确规定。同时学者们也开展了保护个人隐私研究，提出的政策方案包括五个方面：一是制定个人隐私保护法或个人信息保护法，对个人隐私的法律概念、个人隐私数据保护范围、救济方法等做出明确规定，如张晓娟等（2016）建议政府在数据开放之前要对数据进行过滤，提出个人信息保护应遵循的三大基本原则，提出建立公民监管和救济制度。二是开展隐私分析审查和隐私影响评估，如黄如花等（2017）提倡开放数据时可选择不公开个人数据，或在基本不破坏政府数据原始性、完整性的原则之下，对敏感数据进行脱敏处理，建立整个数据生命周期的隐私分析和审查机制，并开展隐私影响评估；三是建立数据分级，如蔡婧璇等（2017）建议借鉴美国的数据安全分级制度，对政府数据按照其重要程度划分安保等级，实施有针对性的保护；四是规范数据的收集、共享和使用行为，黄雨婷等（2017）对个人数据安全立法中涉及的数据收集和使

---

① 朱岩，刘国伟，王静．政务大数据安全架构研究［J］．信息安全研究，2019（5）：370-376.

用等具体问题进行了深入探讨；五是对政府开放数据实施风险评估。由于开放数据涉及个人隐私、商业机密和国家信息安全，为此王芳等（2015）建议针对不同类型政府数据的开放与利用进行风险评估，制定合理的风险防范策略。

3.2.3 政府数据应用相关研究

3.2.3.1 数据共享

不断完善目录管理和清单管理制度。调查显示31个省份中，有29个地方通过政策文件形式明确了实行政务数据统一目录管理理清数据共享交换管理流程、强化共享交换数据质量职责的要求。部分地区利用区块链等新技术，提升数据质量，提高共享效率。例如北京市经信局、编办和财政局牵头政府各相关部门借助大数据、区块链、云计算、人工智能等新技术，打造北京市的"目录区块链"。具体而言就是各部门的"职责目录"一一对应，形成全市"数据目录"一本大台账。利用区块链的分布式存储、不可篡改、合约机制等特点，建立起北京市"目录区块链"，将各部门目录"上链"锁定，实现了数据变化的实时探知、数据访问的全程留痕、数据共享的有序关联。这样一来，哪个部门有哪些数据一目了然，申请共享的渠道也更通畅。有20个地方明确提出实行分级分类清单管理。例如上海市建立"三清单"制度，即公共管理和服务机构根据法定职责，明确本单位可以向其他单位共享的数据责任清单；根据履职需要，形成需要其他单位予以共享的数据需求清单；对法律、法规、规章明确规定不能共享的数据，列入共享负面清单，明确了数据资源共享的边界，也进一步强化了数据质量保障责任[①]。

制定接口管理办法，规范数据共享申请、审批和使用流程，指导各部门按规定开展数据共享工作。目前已出台的《电子政务标准化指南》《政务信息资源交换体系》《政务信息资源目录体系标准》《电子政务系统总体设计要求》《电子政务数据元　第1部分：设计和管理规范》等若干相关标准规范相对健全，对服务接口所必须考虑的工程管理、网络建设、信息共享、支撑技术、信息安全、政务信息资源等诸多关键性环节构建了一个相对成熟的标

---

① 郑治国. 政务数据质量管理的发展现状［EB/OL］. http://www.datatom.com/cn/news/2020/1125/354.html.

准规范体系。《广东省网上办事大厅建设规范V1.0》中对主厅服务接口、数据交换接口、部门系统对接、分厅系统对接进行明确规范。主厅平台由前台服务门户、后台支撑系统组成，其中后台支撑系统提供事项管理、事项办理、效能监察等服务管理支撑功能，为部门系统、分厅系统提供统一的平台服务接口和数据交换接口，实现横向、纵向互联互通。同时主厅平台负责封装其他系统的服务，提供统一的服务接口给部门系统调用。分厅系统对接方面，主要有：数据共享交换，即通过广东省政务信息资源共享平台的数据交换接口，实现定期批量提供和获取办事过程等信息；事项目录双向同步，即在主厅平台维护事项目录，调用主厅平台服务接口同步下载到本级分厅，同时在本级分厅系统维护事项目录，调用主厅平台服务接口同步上传到主厅[①]。

建设数据共享交换平台，上连国家共享平台，下连地级市共享平台，并覆盖省直部门，作为政务数据资源获取利用的"总枢纽"，其可实现部门数据从申请到使用的全流程网上办理，打通政务数据共享"主干道"[②]，共享平台主要包括共享网站、信息资源目录编制、资源上报、资源审核、资源申请、使用管理等功能。荆雪蕾（2017）对政务数据共享和开放平台建设的差异上提出观点，认为政务数据共享平台和开放平台的差异在于平台数据库的设置，共享平台行相对而言更为复杂，需要根据各业务职能部门内部分支机构和各业务职能部门之间的业务关联具体划分，但两者都离不开信息化标准及数据规范体系和网络安全保障体系的保驾护航，也离不开各种硬件和软件设施的支撑和辅助。高洁等（2008）借鉴网络通讯协议网络环境下Intranet政府信息资源网的框架设计和文献信息资源管理的总体架构设计的思想，以加强政务信息资源整合、促进政务信息资源共享和业务协同为目标，构建出一个以用户需求为驱动的电子政务信息资源的应用集成、信息集成、业务流程集成和门户网站集成的政务信息共享平台。陈星等（2006）运用XML&Web Services/MS BizTalk Server 2004技术构建了福建省数字林业政务信息共享平台，在此基础上讨论了如何基于现有政务信息资源进行政务信息资源整合和共享。郑锋等（2006）构建一种基于Web Services技术的电子政务平台，该平台可以跨越不同机构的应用体系、操作系统、开发语言等的界限，以服务的形式

[①] 丁艺，刘密霞，黄铭建．关于在线政务服务规范化问题的思考［J］．电子技术与软件工程，2014（8）：119-129．

[②] 刘国忠．省级政务信息资源共享体系建设探索［J］．电脑知识与技术，2020（6）：229-230．

封装数据和应用并对外发布,供用户调用。涂平等(2008)采用 MS. NET、XML 和 J2EE 技术,设计出一个能够把不同部门、不同地域和不同行业的政务信息数据进行整合的共享服务平台。

创新政府数据共享模式,以实现"逻辑集中,物理分散"。罗贤春等(2006)将政务信息资源共享的运作模式分为区域性系统内、全国性系统内、区域间跨系统、和全国性跨系统四种共建共享模式。王彩霞(2009)提出两种面向数据的共享模式,包括点对点数据交换模式和数据中心的数据交换模式,前者是各系统间独自建立连接进行的数据交换,后者是由政府建立统一的数据中心,各系统的数据都集中到数据中心后按需调用。闫丰(2018)指出 Web Service 利用 SOAP、XML 等技术实现异构系统之间应用集成和数据交换。吴应良等(2018)指出传统的数据共享交换模式可以归纳为分布式服务总线交换方式、数据集中共享方式两种:在服务总线基础上分布式政府数据资源共享交换采用面向服务的架构(SOA),结合相应的服务语义、流程服务等技术构建电子政务解决方案;数据中心共享方式对数据采用大集中方式实现共享,逐级采集数据,对多个不同的机构进行数据采集,对源数据进行归并分析,形成统一的资源库。韦樑(2012)认为政务大数据平台的数据交换有直通、代理和共享三种模式,直通模式由两端的政府部门通过平台进行数据资源查询、定位,经过平台审核后,进行数据提供端与使用端间的点对点直接数据传递;代理模式由两端的政府部门通过平台进行数据资源查询、定位,在资源访问请求完成授权后,直接由数据提供端把所提供的数据传递到政务大数据平台上,再由平台向数据使用端共享使用;共享模式由政务大数据平台从数据提供端采集所授权的资源后,进行数据处理,形成各类基础资源库、主题库。数据使用端经提交数据资源查询、定位后,提出访问申请,经授权后访问政务大数据平台上的现有资源。刘铸(2020)分析了基于系统对接的共享、基于数据交换平台的共享、基于区块链的数据共享三种模式,并对各种模式的实现方式一一分析,其中基于区块链的数据共享包括 HTTP 调用、Webservices 等 socket 方式;双方事先约定文件服务器、文件命名规则、文件格式等内容,通过上传文件到文件服务器或从文件服务器下载文件进行数据交互的 FTP 文件方式;数据提供方把数据写入数据库,数据需求方直接从该数据库中读取数据的数据库共享方式。基于数据交换平台的共享通过前置机从数据共享交换中心获取共享目录,根据数据共享接口信息,采用 FTP、JDBC 等相匹配的方式连接业务系统,获取数据,将数据文件上传至中心，常见通用的协议有 FTP、Webservice、HTTP、SOCKET、MQ 等。基于区块链的数据共享通过区块链网络扩张来实现，即有共享需求的系统利用单机加入区块链网络成为该网络中的节点，从而依规则共享区块链上的信息资源。

3.2.3.2　数据开放

政府数据的生命周期管理是政府数据开放的重要问题之一，国内学者自 2017 年开始从数据生命周期的视角研究相关问题，鲍静等（2017）把政府数据生命周期分数据生成和发布、权限配置管理、网上流转、数据呈现、利用管理和更新管理为 6 个阶段进行管理。黄如花等（2018）构建了一个针对政府数据开放的数据生命周期管理模型，包含了政府数据创建与采集、政府数据组织与处理、政府数据存储与发布、政府数据发现与获取和政府数据增长与评价 5 个阶段。有 9 个地方明确了数据开放管理要求。例如山东省提出政务数据按开放类型分为无条件开放、有条件开放和非开放三类。其中可以提供给所有公民、法人和其他组织使用的政务数据资源属于无条件开放类；可以部分提供或者需要按照特定条件提供给公民、法人和其他组织的政务数据资源属于有条件开放类；涉及国家秘密、商业秘密、个人隐私和国家安全，以及其他不宜提供给公民、法人和其他组织的政务数据资源属于非开放类[①]。

很多学者针对政府数据开放平台进行评估。梅耶尔（Meijer，2012）对美国电子政务开放平台进行了调查分析，构建了质量模型[②]、数据质量标准[③]、质量测量机制[④]等，为实现政府数据开放质量评价提供了理论框架。洛伦索（Lourenco，2013）等构建了一个政府数据开放平台的评估框架，包含数据质量、访问权限、可用性与可理解性、及时性和有用性等评估指标。帕莱切克（Parycek，2014）等对维也纳市政府数据开放战略和门户网站建设情况进行评估，评估结果揭示了政府数据开放成功实施的因素，并针对未来的"政府数据开放"策略提出了一些建议。弗里曼（Freeman，2019）等构建了一个

---

① 郑治国. 政务数据质量管理的发展现状［EB/OL］. http：//www.datatom.com/cn/news/2020/1125/354.html.

② Oviedo E, Mazon J N, Zubcoff J J. Towards a data quality model for open data portals［C］//Computing Conference. IEEE，2013.

③ Open government data principles［EB/OL］. https：//opengovdata.org/. Transparency and Open Government.

④ Nataša Veljković, Sanja Bogdanović-Dinić, Leonid Stoimenov. Benchmarking open government：An open data perspective［J］. Government Information Quarterly，2014，31（2）.

由访问、信任、理解、整合和参与五个维度构成的用户交互评估框架，对 34 个政府数据开放平台进行评估。郑磊等（2016）对政府数据开放平台的"平台"层面进行评估，共梳理出界面体验、数据获取、数据导引、数据应用展示、数据展现以及互动交流六个指标。黄陆斐（2017）借鉴数字图书馆 5S 概念模型，构建了 5 个一级指标（包括数据表现、数据表现、App、API 和交互等）及 23 个二级指标组成的评价指标体系，并对我国建设政府数据开放平台提出相关意见。马海群等（2016）通过结构方程法，在用户视角下建立一个评价政府开放数据网站服务质量的六维度测量模型，包括 4 个外生潜变量（网站可达性、网页可用性、数据易用性和服务舒适性）以及 2 个内生潜变量（用户满意、用户信任）构成，观测变量包括网页查找、网页响应、数据全面性、数据及时性、数据客观性、网站导航、页面设计效果、检索功能、在线服务、用户注册、数据下载、总体满意度、达到理想满意度、达到预期满意度、对网站内容信任、对网站期望信任和会经常光顾网站等。郎艳娜（2019）为了更好地评价我国政府开放数据的情况，从数据完备性、元数据、数据格式与更新、数据获取 4 个维度出发，建立了一个政府数据开放平台数据质量测量体系。肖敏（2019）建立了一个政府数据开放平台评价指标体系，由 3 个一级指标（关键数据集、平台性能和功能建设）和 9 个二级指标（包括透明度、开放度、页面体验、互动交流、运行速度、智能检索、信息分类、导航服务和工具提供）以及 31 个三级指标构成。翟军（2019）对 13 个数据开放平台中数千个数据集进行分析，归纳出包含出现数据笼统、数据错误、乱码现象等 29 类"脏数据"，他建议我国政府数据开放平台应引进"数据清洗"和"质量检查"等环节来确保我国政府数据开放平台的数据质量。夏姚璜（2019）从准备度、数据层层面调查我国政府数据开放平台数据质量现状，提出引进技术清洗技术、应用统一的元数据标准以及开发数据质量检测与反馈功能等建议。

李闯等（2018）以广东南海区为例，分析南海数据开放建设平台，发现该平台提供下载设置供用户下载数据，或是以 API 接口向公众开放数据集。余奕昊等（2018）基于国际开放数据平台上提供的 24 个基本的元数据条目，对 10 个地方政府数据开放平台作对比，发现平台之间元数据条目、整体规划都存在一定的差距，建议加强顶层设计，建立数据开放标准、多样化数据分类方式、丰富元数据条目以及提供的数据格式。莫富传（2018）提出，政府数据开放平台应该具有创新的开发利用服务，例如提供有针对性的数据、提供多样性的下载工具等。吴湛微等（2018）针对于如何建设和持续发展政府数据开放平台这个问题，对全球范围内 60 个国家数据开放平台建设现状调查，对比了发展路径，对我国的平台建设发展提出要善于用云平台的建议。陈美（2019）利用了 CKAN 工具，探讨基于 CKAN 的政府数据平台的构建，建议在构建平台时，充分考虑 CKAN 的核心功能，元数据管理以及关联数据集的 API 发布等优势。

3.2.3.3 数据交易

2015 年《促进大数据发展行动纲要》明确提出"要引导培育大数据交易市场，开展面向应用的数据交易市场试点，探索开展大数据衍生产品交易，鼓励产业链各环节的市场主体进行数据交换和交易，促进数据资源流通，建立健全数据资源交易机制和定价机制，规范交易行为等一系列健全市场发展机制的思路与举措"，体现出国家对于这一新兴交易形式的鼓励、支持、引导与规范的态度[1]。此外，国家发展和改革委员会《国家发改委办公厅关于组织实施促进大数据发展重大工程的通知》，农业农村部《农业部关于推进农业农村大数据发展的实施意见》，国土资源部《关于印发促进国土资源大数据应用发展的实施意见》，国家林业局《关于加快中国林业大数据发展的指导意见》等，这些政策文件从顶层设计到具体实施，对从全局到各个领域的大数据发展规划作出部署[2]。在国家政策的推动鼓励下，数据交易从概念逐步落地，部分省市和相关企业在数据定价、交易标准等方面进行了有益的探索。目前，贵州、武汉等地积极探索大数据交易标准规范，贵阳大数据交易所成为国家首个"大数据交易标准试点基地"，华中大数据交易所通过制定《大交易数据格式标准》《大数据交易行为规范》等推动大数据交易规范化发展。

数据交易平台是数据交易行为的重要载体，可以促进数据资源整合、规范交易行为、降低交易成本、增强数据流动性，成为当前各地促进数据要素流通的主要举措之一。从全国范围来看，2015 年前成立并投入运营的有北京大数据交易服务平台、贵阳大数据交易所、长江大数据交易所、东湖大数据

---

[1] 我国大数据交易亟待国家层面规范引导［EB/OL］. 国家信息中心网, http://www.sic.gov.cn/news/610/9716.htm.

[2] 大数据交易：产业创新与政策回应——中国大数据交易合规性调查报告［EB/OL］. https://baijiahao.baidu.com/s?id=1590527108492462398&wfr=spider&for=pc.

交易平台、西咸新区大数据交易所和河北大数据交易中心。2016年新建设的有哈尔滨数据交易中心、江苏大数据交易中心、上海大数据交易中心以及浙江大数据交易中心。以国第一家大数据交易所贵州大数据交易所为例，已在全国布局11个服务分中心，接入225家优质数据源，可交易的数据产品超4000个，数据种类涵盖金融、电商等30多个领域①。钟军（2017）借鉴中关村数海大数据交易平台等数据交易机构的成功经验，结合福建省地方特色，通过规范、规则和制度的制定，为买方和卖方提供集中的交易场所，构建的福建省大数据交易中心开展初级数据、数据产品、数据服务和数据撮合等四项交易业务，以服务福建省内的相关业务为重心，逐步开展面向全国和国际的业务服务。目前我国现有的大数据交易平台大致可以分为两类：一类是以数据生产或数据服务类企业为主导、商业职能为主的数据交易平台，另一类是地方政府联合其他主体投资、第三方撮合性的数据交易平台②。数据交易模式可以进行不同的区分，一是数据中间商交易模式，二是数据交易一级和二级市场模式，三是数据权益交易模式③。

尽管出现了若干"数据市场""数据银行"乃至"数据公约"，但截至目前全球范围内还没有成熟的数据交易市场，究其原因：一是因政府大数据应用主要用于公共服务，二是企业所拥有的大数据多应用在企业内部战略上，三是经过脱敏处理的大数据仍有暴露个人隐私和商业秘密的风险④。同样我国各地方政府、领域数据的生产企业均已开始涉足数据交易市场，依然面临的很多困境、风险及问题。齐爱民、胡丽课题组（2018）对贵阳大数据交易所、华中大数据交易所和中关村大数据产业联盟进行了实地调研发现，各类数据主体缺乏共享理念；数据交易平台定位不明；数据交易缺乏统一标准；数据法律属性与归属存在争议；交易规则理论亟待创新；缺乏跨学科人才，培养基地建设不足；政府数据分类不明，存在交易风险等七大发展困境⑤。政府数据分类不明，也导致存在一定的法律风险，首先，在参与交易之前，政府对数据的分类不明确。对于不同种类的数据，应该经过不同程度的脱敏

---

① 关于规范大数据使用方式的建议［EB/OL］. 中国民主建国会网站，https：//www.cndca.org.cn/mjzy/lxzn/czyz/jyxc/1268281/index.html.

②④ 我国大数据交易亟待国家层面规范引导［EB/OL］. 国家信息中心网，http：//www.sic.gov.cn/news/610/9716.htm.

③⑤ 大数据交易：产业创新与政策回应——中国大数据交易合规性调查报告［EB/OL］. 光明日报，https：//baijiahao.baidu.com/s?id=1590527108492462398&wfr=spider&for=pc.

程序，才能进入数据交易市场，成为交易的客体。其次，政府参与数据交易过程的监管力度不到位。虽然《政府信息公开条例》明确了相关部门的监督职责，但是在现实中，政府数据的脱敏、清洗、交易等关键环节缺少高效畅通的内部监督渠道。最后，政府进行数据交易后的纠错机制不完善。由于政府数据交易可能涉及个人隐私，因此面对交易后当事人的投诉和异议，政府部门缺乏高效的应对处理机制，建体系化的纠错和追责制度[①]。房毓菲从监管、规则、市场三类交易核心要素来看，当前推动大数据交易发展面临的主要问题包括：数据交易监管缺少法规标准、数据权属界定尚未明确、数据资产价值评估困难、交易技术链条不够完善[②]。

面对数据交易市场机遇与挑战并存的形势，杨琪等（2015）对国内外大数据流通和交易市场的现状及特点进行了分析，提出当前我国大数据流通交易环节面临的主要问题是价值链条的不完整和对数据资源流通过程中商业秘密和个人隐私泄露的恐惧，并从数据商品化、社会认知建立和市场主体权益保护三个方面提出了对于推动数据资源流通的建议。针对数据资产的定价机制和交易模式，殷骏建议由大数据管理局联合发改委与信工委等有关部门每月发布"大数据交易指导价格"，在前期对交易收费的各项指标做出指导；价格的调整则需征得物价部门同意。定价与调价应当分开，即由大数据管理局与信工委定价，而由物价局统筹监管调价[③]。房毓菲（2018）提出根据数据特点和市场供需，探索数据资源定价机制，并鼓励数据供给方持续维护、升级所提供的数据，引导数据使用方由"一次性购买数据"向"长期订阅数据"转变[④]。此外还可以尝试制定不同的交易策略和定价策略。如针对稀缺性、价值高的数据，实施卖方定价；针对社会公共价值高的数据，特别是政府部门提供的数据，实施成本定价，探索以数易数、数据捐赠、数据代理等更加"泛化"的数据交易形式。围绕强化数据交易监管，房毓菲提出6点建议，一是立法方面，研究制定《大数据交易工作条例》作为总体规范，明确数据分级分类，确定数据交易的边界。二是设立单独的数据交易监管机构对

---

① 大数据交易：产业创新与政策回应——中国大数据交易合规性调查报告［EB/OL］．光明日报，https://baijiahao.baidu.com/s?id=1590527108492462398&wfr=spider&for=pc．
②④ 我国大数据交易亟待国家层面规范引导［EB/OL］．国家信息中心网，http://www.sic.gov.cn/news/610/9716.htm．
③ 关于规范大数据使用方式的建议［EB/OL］．中国民主建国会网站，https://www.cndca.org.cn/mjzy/lxzn/czyz/jyxc/1268281/index.html．

数据安全、数据交易纠纷等进行监管，对于数据交易市场准入进行审批，对数据中介进行资质认定、信息披露和日常评估。三是对个人数据信息的采集应用的范围和方式进行界定，对数据滥用、侵犯个人隐私等行为加强管理和惩戒，明确事后追责，在立法前先提升行业自律。四是制定大数据市场交易标准体系，研制大数据确权、数据安全、数据交易等标准，开展交易数据格式标准化、数据质量认证体系、数据源追溯体系、数据交易信息披露、市场主体考核评价等相关标准研究。五是通过立法进一步保障个人信息隐私，尊重个人信息主体的知情权、可选择权和被遗忘权，明确个人信息主体受到侵害时的有效救济手段，克服公众对交易个人信息的恐惧心理。六是形成大数据跨境流通的安全保障机制[①]。

3.3 基于信息技术的视角

3.3.1 数据资源集成

技术是信息集成得以实现的重要环节，在很大程度上决定和影响着信息集成的层次和效率。

这些集成方法按照信息资源集成的分布形式可以分为集中式信息资源集成和分布式信息资源集成。集中式信息资源集成主要是指基于数据仓库的信息集成方法，而分布式信息资源集成包括基于联邦数据库、中间件、Web Service、网格计算和云计算的信息资源集成方法。如果按异构数据的集成技术角度来划分，可以分为基于元数据和基于本体的信息资源集成方法[②]。

3.3.1.1 基于数据库

基于数据库的数据集成方法有联邦数据库（federated dataBase system, FDBS）和数据仓库（data warehouse）两种，前者是一个虚拟的数据集成方

[①] 我国大数据交易亟待国家层面规范引导[EB/OL]. 国家信息中心网, http://www.sic.gov.cn/news/610/9716.htm.

[②] 杨兴凯, 刘畅. 政府信息资源集成方法研究综述[J]. 电子政务, 2013 (5): 5-6.

式，由联邦的半自治的数据库组成，目的是实现数据库系统间部分数据的共享即采用一个数据集成平台，编写不同的接口到各个数据源，按照不同的业务需要根据事先定义好的数据提取规则，从不同的数据源中提取数据，数据本身仍按照原有格式保存在原有的数据源中。数据仓库是一个面向主题的、集成的、相对稳定的、反映历史变化的数据集合，是一种实际的数据集成方式，即建立一个大型的物理数据库以集成多数据源的数据[①]。传统的异构数据集成方式，局限性较大，联邦数据库方式需要数据库两两相连，构建和维修成本过高；数据仓库方式将所有数据集中到一个数据仓库中，更新困难大量冗余[②]。

联邦数据库系统可分为两类：采用紧密耦合联邦数据库系统和采用松散耦合联邦数据库系统。紧密耦合联邦数据库系统使用统一的全局模式，将各数据源的数据模式映射到全局数据模式上，解决了数据源间的异构性。这种方法集成度较高，用户参与少；缺点是构建一个全局数据模式的算法复杂，扩展性差。松散耦合联邦数据库系统比较特殊，没有全局模式，采用联邦模式。该方法提供统一的查询语言，将很多异构性问题交给用户自己去解决。松散耦合方法对数据的集成度不高，但其数据源的自治性强、动态性能好，集成系统不需要维护一个全局模式[③]。根据电子政务信息的特点以及电子政务信息集成的应用要求，曹高辉提出了一种基于联邦数据库系统的信息集成体系结构，无缝地提供异构关系数据、XML及文本等非结构化数据的统一访问和管理[④]。

3.3.1.2 基于中间件

中间件（middleware）处于操作系统软件与用户应用软件的中间是基础软件的一大类，属于可复用软件的范畴[⑤]。基于中间件的信息整合方式是通过统一的全局数据模型来访问异构的数据库、文件系统、Web资源等，它是

---

①④ 曹高辉. 电子政务信息集成研究 [D]. 上海：华东师范大学，2005.

② 李永忠，胡思琪. 基于混合本体的政务异构数据集成研究 [J]. 电子科技大学学报（社科版），2016（5）：17-20.

③ 贾玉锋，胡迎新. 电子政务中数据整合技术的研究 [J]. 中国管理信息化，2006（8）：44-46.

⑤ 翟晓静. 基于消息中间件的政务信息集成模型研究 [D]. 成都：电子科技大学，2009.

中间件方式则是建立虚拟数据库，扩展性较好但其无法处理语义异构数据[①]。中间件系统不仅能够集成结构化的数据源信息，还可以集成半结构化或非结构化数据源中的信息，基于中间件的数据集成系统主要包括中间件和包装器，其中每个数据源对应一个包装器，中间件通过包装器和各个数据源交互。用户在全局数据模式的基础上向中间件发出查询请求。中间件处理用户请求，将其转换成各个数据源能够处理的子查询请求，并对此过程进行优化，以提高查询处理的并发性，减少响应时间。包装器是对特定数据源进行了封装，将其数据模型转换为系统所采用的通用模型，并提供一致的访问机制。中间件将各个子查询请求发送给包装器，由包装器来和其封装的数据源交互，执行子查询请求，并将结果返回给中间件[②]。

中间件根据 IDC 对中间件的分类，可以把中间件分成以下六类[③]：一是终端仿真/屏幕转换：用以实现客户机图形用户接口与已有的字符接口方式的服务器应用程序之间的互操作；二是数据访问中间件：适用于应用程序与数据源之间的互操作模型，客户端使用面向数据库的 API（Application Program Interface，应用程序接口），以提请直接访问和更新基于服务器的数据源，数据源可以是关系型、非关系型和对象型；三是远程过程调用（RPC）中间件：RPC 机制是早期开发分布式应用时经常采用的一种同步式的请求应答协议。通过这种协议，程序员编写客户端的应用，需要时可以调用位于远端服务器上的过程；四是消息中间件：可以用来屏蔽掉各种平台及协议之间的特性，进行相互通信，实现应用程序之间的协同；五是交易中间件：是在分布、异构的环境下提供保证交易完整性和数据完整性的一种环境平台；六是对象中间件：在分布、异构的网络计算环境中，可以将各种分布对象有机地结合在一起，完成系统的快速集成，实现对象的重用[④]。

翟晓静（2009）以消息中间件为主要支撑技术提出了一个基于消息中间件的政务信息集成模型，该模型利用消息中间件解决业务处理层与政务数据库、中心数据库的连接，从而实现各政务部门的数据共享。

[①] 李永忠，胡思琪. 基于混合本体的政务异构数据集成研究［J］. 电子科技大学学报（社科版），2016（5）：17-20.

[②] 贾玉锋，胡迎新. 电子政务中数据整合技术的研究［J］. 中国管理信息化，2006（8）：44-46.

[③④] 翟晓静. 基于消息中间件的政务信息集成模型研究［D］. 成都：电子科技大学，2009.

3.3.1.3 基于 Web Service

Web Service 是一种面向服务的分布式计算模式，它为各异构平台提供统一的接口，最终实现系统之间的无缝对话，达到资源共享。Web Service 体系结构包括三个部分：服务提供者、服务注册中心和服务请求者。他们之间的交互涉及发布、查找和绑定操作。在通常情况下，服务提供者提供可通过网络访问的软件模块，定义该 Web Service 的服务描述并把它发布到服务请求者或服务注册中心。服务请求者使用查找操作从本地或服务注册中心检索服务描述，然后使用服务描述与服务提供者进行绑定并调用 Web Service，实现或同它交互。Web Service 本身由 XML、SOAP、WSDL 和 UDD（Universal Description, Discovery and Integration，即通用描述、发现与集成服务）四大部分组成[①]。

XML 是 Extensible Markup Language 的缩写，是一种可扩展的标记语言；XML 技术拥有四个特点，性能方面更加优越：存储数据的格式更加精良、扩展性更高、结构化程度高等，让数据更加方便在网络中传输。用户使用的系统中，XML 作为技术支持，对用户界面、数据结构进行自定义使底层数据库、实现界面数据标准化的输入和输出、分布式得到实现[②]。基于 XML 技术的 Web Service 是解决异构平台集成的最佳手段，它采取简单的、易于理解的标准 Web 协议作为组件界面描述和系统描述规范，完全屏蔽了不同软件平台的差异。能够统一封装信息、行为、数据表现以及商务流程，无须考虑何种应用环境下应该使用何种系统和设备。Web Service 包括以下主要技术：一是 XML 语言：可扩展标记语言（XML）是 Web Service 平台中表示数据的基本格式；二是 SOAP（Simple Object Access Protocol，简单对象访问协议）：提供了标准的 RPC 方法来调用 Web Service。SOAP 规范定义了 SOAP 消息的格式，以及怎样通过 HTTP 协议来使用 SOAP[③]；三是 WSDL（Web Service Description Language，Web Service 描述语言）：网络服务 Web Service 通过 WSDL 协议定义服务接口[④]，即使用 WSDL 文档描述 SOAP 消息接口，提供可复用的

[①②] 朱颖杰. 基于 SOA 的电子政务平台的设计及实现 [D]. 苏州：苏州大学，2016.

[③] Qusay H. Mahmoud, Service-Oriented Architecture (SOA) and WebServices: The Road to Enterprise Application Integration (EAI) [J]. IEEE Internet Computer, 2005 (1): 45 – 49.

[④] META Group White Pape. Practical Approaches to Service-Oriented Architecture, Meeting the Demand Today and Tomorrow [J]. Metagroup Informations, 2003 (11): 5.

应用程序方法,并且通过使用标准传输协议来进行数据传递[①];四是 UDDI(Universal Description Discovery and Integration,统一描述、发现和集成协议):它是定义在 XML 和 SOAP 层次上的提供一种让客户端动态发布和查找 Web Service 的机制。UDDI 的核心组件是 UDDI 商业注册,它使用 XML 文档来描述企业及其 Web Service[②]。

SOA(Service-Oriented Architecture 面向服务的体系架构)是一种解决分布式系统业务异质异构和互操作性问题的技术模式[③]。为了有效支持动态的政务应用集成以及政务业务流程管理,孟祥宏(2009)提出了基于语义 Web 服务的政务应用集成平台,他提出的语义 Web 与 Web 服务结合为电子政务的数据集成解决方案,整体框架由接口层、语义 Web 服务层以及应用层组成。沈大风等(2013)认为典型的面向公共服务的电子政务系统架构包括表示层(presentation layer)、平台层(platform layer)、信息层(information layer)等三层结构和安全与隐私保护体系(security and privacy)。朱锐勋(2017)阐述了电子公共服务体系架构的设计原则和分析方法,提出了基于面向服务的体系架构(SOA)的电子公共服务四层参考模型,认为渠道视窗、业务流程、服务内容、应用技术和安全信任各子系统是构成该四层模型的关键,可以全面支撑电子政务的信息公开和数据开放、在线办理和服务定制、电子咨询和电子参与的基本任务要求。吴建东等(2018)基于 SOA 的电子政务个性化信息服务典型应用,整个框架模型采用"五纵三横"的设计思路,自下而上依次为基础设施层、数据层、应用支撑层、应用服务层和用户与门户层,同时标准规范体系、安全保障体系和运行维护体系贯穿整个框架。

3.3.1.4 基于云计算

云计算技术是在分布式计算、并行处理和网格技术的基础上发展起来的,与网格计算不同的是,它将计算任务分布在大量计算机构成的资源池上,使用户能够按需获取计算能力、存储空间和信息服务。这种资源池称为"云","云"是一些可以自我维护和管理的虚拟计算资源,通常是一些大型服务器集群。云计算技术的体系结构分为四层:物理资源层、资源池层、管理中间件层和 SOA 构建层。物理资源层包括计算机、存储器、网络设施、数据库和

[①] 朱颖杰. 基于 SOA 的电子政务平台的设计及实现[D]. 苏州:苏州大学,2016.
[②] 赵灼. 基于 SOA 的电子政务信息资源整合初探[J]. 中国新通信,2014(8):22-23.
[③] 甘仞初. 电子政务的体系结构[M]. 北京:机械工业出版社,2011.

软件等。资源池层将大量相同类型的资源构成同构或接近同构的资源池,如计算机资源池、数据资源池等。管理中间件负责对云计算的资源进行管理,对应用进行调度。而 SOA 构建层将云计算能力封装成标准的 Web Service 服务,纳入到其体系中进行管理和使用。

  基于云计算的电子政务平台为政府提供了低成本、分布式存储数据、安全管理、可伸缩性、责任性、可变性的解决方案[1][2]。波卡雷尔(Pokharel,2009)等中指出云计算是电子政务未来的解决方案,云计算能处理目前电子政务所面对的软件、硬件、网络、安全等诸多挑战。慕克吉(Mukherjee,2010)等提出了一个基于云计算的电子政务平台框架,该框架由一系列的关于特定问题的规则构成,具有能回答用户查询的接口,能对分布式数据应用做出响应。在云计算环境下,"政府云计算中心"将成为电子政务的基础架构平台,"政府云"是一种面向政务应用的超级计算中心,应用云存储和虚拟化等云计算技术和理念[3],统一部署政务信息资源。王红霞(2006)提出以数据仓库技术为基础建设电子政务决策支持系统。陈开慧(2008)提出建立数据仓库、模型库和知识库子系统,并对各个系统的功能进行了分析与阐述。吕元智(2010)提出了基于云计算的电子政务信息资源共享系统构建的思路和步骤。刘紫微等(2012)提出了云计算环境下政府信息资源集成模式,将以往的政府信息资源相关硬件设备与软件应用并将其集成、整合为四大平台:物理设备平台、数据平台、系统应用平台以及政务服务平台。柳玲等(2013)提出运用虚拟化技术、SOA 技术、Web2.0 技术和 XML 技术构建一个易于资源充分共享的电子政务统一信息支撑平台。赵志超(2014)提出了一种电子政务大数据云计算的实现架构,讨论了分布式数据计算开源云平台 Hadoop 与电子政务大数据计算的特性。许守东(2013)、董凌峰等(2015)提出基于 IaaS、PaaS、SaaS 三层架构的政务云计算共享服务平台方案,IaaS 服务主要依托省政务外网,以高性能服务器和大容量存储为基本运算单元,运用虚拟化技术及云计算操作系统,服务于全省电子政务的集中运算、集中维护的基础设施平台;PaaS 服务在 IaaS 服务基础上建立弹性可扩展框架,实现云容器和云服务支撑;SaaS 服务主要是建成集政务公开、网上申

---

  [1] Grossman R L. The case of cloud computing [J]. Proc of IEEE, 2009 (2): 23 - 37.
  [2] Smitha K K, Thomas D T, Chitharanjan K. Cloud based e-governance system: a survey [J]. Procedia Engineering, 2012: 3816 - 3823.
  [3] 张秀杰,郝婧. 建设北京新一代电子政务数据中心 [J]. 投资北京, 2011 (7): 93 - 95.

报、网上审批、电子监察等功能于一体的网上审批及电子监察综合服务平台，以及省级电子政务共享数据资源中心。

3.3.1.5 基于本体

格鲁伯（Gruber）最早于1993年提出"本体是概念化的规范化说明"[①]，本体基于相关领域内的知识，提供关于概念特性及概念之间关系的明确定义，能非常有效地提供领域内的语义相关关系，是解决数据集成中语义异构非常好的方法[②]。根据本体进行数据集成的方式有三种：单一本体方法、多本体方法和混合本体方法[③]，单一本体法，所有数据源共享一个全局本体，各部分数据通过中间件与全局本体映射。易于构建，数据源独立性不够，数据不易增删；多本体法，本体个数与数据源个数一一对应，易于数据的增删；全局整体性不足，各系统之间很难建立联系。混合本体方法克服上述两种方法的缺点，在各局部本体的基础上，构建全局本体[④]。

聂志强（2003）提出了应用本体技术进行面向语义的信息集成的电子政务系统模型 EG II。仓定兰（2008）给出了利用领域本体构建统一、规范的政府信息资源元数据集的方法和过程，指出其在语义描述和语法表示的层次上能够满足政府信息资源的共享和互操作的要求。刘萍（2007）提出了基于混合本体的政府数据集成模型，该集成模型自顶向下分别为用户层，中间件层（包括全局本体、映射、局部本体）和数据层（包括数据源和屏蔽操作系统和数据结构异构的封装器等），其中用户层接受用户的处理指令，将请求传递给中间件层，并接受其反馈结果传递给用户；中间件层是整个政府数据集成模型的重点，包括全局本体、全局本体与局部本体之间的映射、局部本体和分析处理器；数据源层是由各政府部门的数据源和相应的封装器组成，数据源一般是指各部门的数据库，但也可以包括其他数据文件[⑤]。夏立新等（2009）依照《综合电子政务主题词表》（试用本）抽取电子政务领域内知识，给出了构建局部政务领域本体及实例的过程和方法。为了消除信息的语义异构，从而在根本上解决政府信息共享的难题，姚远（2013）结合本体技

[①] 姚远. 基于混合本体的政府信息共享方法研究 [J]. 辽宁师范大学学报（自然科学版），2013（9）：350-355.

[②④⑤] 李永忠，胡思琪. 基于混合本体的政务异构数据集成研究 [J]. 电子科技大学学报（社科版），2016（5）：17-20.

[③] 杨兴凯，刘畅. 政府信息资源集成方法研究综述 [J]. 电子政务，2013（5）：5-6.

术，构建出基于混合本体的政府信息共享模型，并且通过本体之间的相似度的计算。

3.3.2 数据共享处理

3.3.2.1 数据抽取

数据抽取是从不同的网络、不同的操作系统、不同的数据库及数据格式、不同的应用中抽取数据的过程[1]。抽取可看作是数据的输入过程，主要解决数据源的异构问题，即从多个数据源中将数据抽取到统一的数据存储中。对于半结构化数据，伊兹欧尼（Etzioni O）等采用了机器学习的技术对网页内容进行抽取，但它对格式的要求比较严格[2]。里昂（Leon S.）等提出混合表示法对数据及数据模式进行建模，它包括一个概念层次图和一套知识框架，使用基于内容以及结构框架的方法对数据进行抽取[3]。刘玲（Ling Liu）等人使用交互式的元数据知识模型建模并用引导学习的方法对 XML 文件中的数据进行说明和抽取[4]。对于非结构化数据，曾丽英（Tseng L Y）等使用三种线型模型来表示表格，并采用模糊匹配方法识别表格中直线行上的字段[5]。针对手写汉字文件的数据，陈俊林（Jiun-Lin Chen）等抽取提出了基于引力的算法，以有效识别并抽取表格中的汉字[6]。

在数据采集上，针对大数据体量庞大的特点，在多数场景下，不可能每次采集过程都抽取全部数据，需要跟踪到数据源系统内发生的变化，以增量的方式抽取增加、修改、删除的数据[7]，如何捕获变化的数据是增量采集的

---

[1] 徐俊刚，裴莹. 数据 ETL 研究综述［J］. 计算机科学，2011（4）：15-20.

[2] Etzioni O, Weld D. A Scalable Comparison-shop-ping Agent for the World Wide Web［C］//Proceedings of the First International York：ACM, 1997：39-48.

[3] Leon S. Semi-structured Data-extraction from Heterogeneous Sources［C］//Proceedings of Internet-based Organizational Memory and Knowledge Management. Hershey, PA：IUI Publishing, 1999：83-102.

[4] Liu Ling, Calton P, Han Wei. An XMI：enabled Data Extraction Toolkit for Web Sources［J］. Information Systems, 2001（6）：563-583.

[5] Tseng L Y, Chen R C. Recognition and Data Extraction of from Documents Based on Three Types of Line Segments［J］. Recognition, 1998（10）：1525-1540.

[6] Chen Jiunlin, Lee Hsijian. Field Data Extraction for Form Document Processing using a Uravitation-based Algorithm［J］Pattern Recognition, 2001（9）：1741-1750.

[7] 郑丹辉. 大数据仓库数据模型在电子政务中的应用研究［D］. 郑州：郑州大学，2020.

关键[1][2]。在增量数据采集方面，常见的捕获变化数据方法有日志捕获、时间戳、触发器和全表比对四种：一是日志捕获。利用数据库记录自身操作的日志来推导出数据的变化，数据库会把每个插入、修改、删除操作记录到日志里，多数是二进制格式，数据库内置工具按时间段对日志截取，解析日志获取指定时间范围内对数据表的插入、修改、删除语句，对目标表执行语句进行增量更新[3]；二是时间戳。当进行数据采集时，通过比较系统时间与时间戳字段的值来决定采集哪些数据；三是触发器。在数据源表上建立触发器，新建 INSERT、UPDATE、DELETE 三个触发器，当政务系统数据表中的数据发生变化，激活对应触发器，将变化的数据写入一张存放增量数据的中间表，从中间表采集所有增量数据，采集过的数据被标记或删除；四是全表比对：通过政务系统数据源表和目标库数据表的全部数据比对，来捕获变化数据[4]。郑丹辉（2020）从政务数据归集的实践出发，提出非侵入式增量数据采集方法，用在政府部门业务系统和大数据仓库数据缓冲层之间，捕获业务系统新增、修改或删除的数据。

3.3.2.2　数据转化

数据转换就是处理抽取上来的数据中存在的不一致的过程。从定义上来说，数据转换是对数据的转化（数据的合并、汇总、过滤、转换等）、数据的重新格式化和计算、关键数据的重新构建和数据汇总、数据定位的过程[5]。数据转换一般包括两类：一类是数据名称及格式的统一，即数据粒度转换、商务规则计算以及统一的命名、数据格式、计量单位等；另一类，数据仓库中存在源数据库中可能不存在的数据，因此需要进行字段的组合、分割或计算[6]。针对第一类问题，哈尔维（Halcvy A）等提出了"信息复写"的方法，用

---

[1] 刘胜，杨岳湘，邓劲生，等. 基于关键属性比对的增量数据抽取方法 [J]. 计算机工程与应用，2012（4）：115-117.

[2] 戴浩，杨波. ETL 中的数据增量抽取机制研究 [J]. 计算机工程与设计，2009（23）：52-55.

[3] 彭远浩，潘久辉. 基于日志分析的增量数据捕获方法研究 [J]. 计算机工程，2015（6）：56-60.

[4] 郑丹辉. 大数据仓库数据模型在电子政务中的应用研究 [D]. 郑州：郑州大学，2020.

[5] 徐俊刚，裴莹. 数据 ETL 研究综述 [J]. 计算机科学，2011（4）：15-20.

[6] Squire C. Data Extraction and Transformation for the Data Warehouse Solutions [C] //Proceedings of the 1995 ACM SIUMOD International Conference on Management of Data. New York：ACM，1995：446-447.

以处理数据转换和集成问题,通过对数据源的描述将信息"复写"成目标格式,保证了转换过程的正确性[1]。针对第二类问题,瓦西里亚迪斯(Vassiliadis P)主要通过业务逻辑分析,制订并使用 ETL 转换函数来实现[2]。

3.3.2.3 数据清洗

数据清洗通过分析"脏数据"的产生原因和存在形式,利用现有的技术手段和方法去清洗"脏数据",将原有的不符合要求的数据转化为满足数据质量或应用要求的数据,从而提高数据集的数据质量[3]。加利亚尔达斯(Galhardas,1999)认为数据清洗是消除数据中的错误和不一致,并解决对象识别问题的过程。赫尔南德斯(Hernandez,1998)把合并清除问题定义为数据清洗问题,并提出了基本的排序邻居方法。

数据集进行异常检测,是指对数据集的一记录属性的清洗[4]。主要采用统计学的方法来检测数值型属性,计算字段的均值和标准差,考虑每一个字段的置信区间来识别异常字段和一记录。还把人工智能的方法引入到数据清洗中,如采用基于距离的聚类的方法来识别异常的一记录;采用基于模式的方法来发现不符合数据集中现存模式的异常记录;采用关联规则的方法来发现数据集中不符合具有高置信度和支持度的规则的异常数据[5]。识别并消除数据集中的近似重复对象,也就是重复记录的清洗,消除数据集中的近似重复的一记录问题是目前数据清洗领域研究的最多的内容。为了从数据集中消除重复记录,首要的问题就是如何判断两条记录是否是近似重复。其核心问题是字段的匹配问题,目前常用的算法有递归式字段匹配算法、Smith-Waterman 算法和 R-S-W 算法。在数据集中识别重复记录的经典方法是基本近邻排序方法。针对这种算法的缺陷,研究者提出了各种改进的算法,主要包括多趟近邻排序方法,优先权队列清洗策略等。针对找回率—精度两难问题提出了一个基于知识管理的智能型数据清洗系统的框架,该框架采用专家系统,用规则来表示领域知识,现了知识的高效表示和灵活管理。通过指定有效的

---

[1] Halevy A, Rajaraman A, Ordille J. Data Integration: The Teenage Years [C] //Proceedings of the 32nd International Conference on Very Larne Data Bases. New York: ACM, 2006: 9-16.

[2] Vassiliadis P, Simitsis A, Skiadopoulos S. Conceptual Modeling for ETL Processes [c] //Proceedings of the 5th ACM International Workshop on Data Warehousing and OLAP. New York AM, 2002: 14-21.

[3][5] 朱前磊. 电子政务系统中海量数据清洗方法研究与应用 [D]. 上海: 东华大学, 2010.

[4] Jonathan I. Maletic Andrian Marcus. Data Cleansing: Beyond Integrity Analysis [J]. Division of Computer Science, 2000 (6).

规则，并且在传递闭包的计算过程中引入不确定因子，在一定程度上解决了召回率—精度两难问题①。

已有的研究中已经提出了很多清洗算法，如采用数据库管理系统的集成数据清理算法②、增量数据清洗算法③等。近年来，相似重复数据检测与消除算法④、基于规则的清洗算法⑤、基于领域知识的清洗算法⑥等智能化清洗算法和方案越来越受到研究者的关注。然而很多数据清洗方案和算法都是针对特定应用问题的，只用于较小的范围，通用的且与应用领域无关的算法和方案较少。绝大部分数据清洗方案，提供了接口用于编制清洗程序，一般来说包括很多耗时的排序、比较、匹配过程，且这些过程往往多次反复，用户必须等待较长时间。为了方便用户进行清洗，许多工具还通过提供描述性语言降低用户编程复杂度，解决用户友好性。例如 ARKTOS 方案提供了 XADL 语言与 SADL 语言，AJAX 提供了一套宏操作（SQL 语句及外部函数组成），提供了一种 SQL-Like 命令语言，这些描述性语言都在一定程度上减轻了用户编程难度，但各个系一般不具有互操作性，不能通用⑦。

3.3.2.4 数据装载

数据装载的主要任务是将经过清洗后的干净的数据集按照物理数据模型定义的表结构装入目标数据仓库的数据表中，并允许人工干预，以及提供强大的错误报告、系统日志、数据备份与恢复功能。荫蒙（Inmon W H）将 ETL 中的装载问题分为三类：第一类，若目标数据仓库处于同一系统中，可以将数据及相关元数据直接存入；第二类，存在 Staging Area 中的数据，可通

---

①⑦ 朱前磊. 电子政务系统中海量数据清洗方法研究与应用 [D]. 上海：东华大学，2010.

② Hernandez M A, Stollo S J. The Merge/Purge Problem for Large Databases [C] //Proceedings of the ACM SIUMOD International Conference on Management of Data. New York，ACM，1995：127–138.

③ Zhang Xufeng, Sun Weiwei, Wang Wei, et al. Venerating Incremental ETI. Processes Automatically [C] //Proceedings of the First International Multi-symposiums on Computer and Computer Sciences. Picataway, NJ：LEEE, 2006：516–521.

④ Monge A E. Matching Algorithm within a Duplicate Detection System [J]. IEEE Data Engineering Bulletin, 2000, 23（4）：14–20.

⑤ Marcus A, Maletic J I, Lin K I. Ordinal Association Rules for Error Identification in Data Sets [C] //Proceedings of the 10th International Conference on Information and Knowledge Management. New York；ACM, 2001：589–591.

⑥ Lee M L, Ling T W, Low W I. IntelliClean：a Knowledge-based Intelligent Data Cleaner [C] //Proceedings of the 6th ACM SIUKDD International Conference on Knowledge Discovery and Data Mining. New York：ACM Press, 2000：290–294.

过异构系统的接口载入；第三类，数据仓库中已有数据的更新，可看成增量 ETL 数据的装载，在通过元数据定义的数据规则和格式检查之后更新对应数据仓库内的数据，同时将原有数据保存[1]。装载中的主要问题是大数据量的装载以及与数据抽取时相似的异构数据集成的挑战。芬克（Fenk）等提出了使用 UB 树来装载大数据块（Bulk）的算法，它针对全量和增量过程分别给出了初始化 UB 树以及在 UB 树追加数据的方法，并考虑了系统 I/O 和 CPU 成本，具有很强的可用性[2]。一般情况下，数据仓库的装载是以确定的周期进行的，影响了实时决策的精确性。因此，里卡多（Ricardo，2008）等提出了实时数据仓库的装载概念，将数据仓库内的信息变化定义为实时发生的，通过表结构复制、查询断言约束等方法使得数据仓库的装载最小化地影响查询响应，以提供实时的决策分析，并通过第三方标准 TPC-H 对实时数据仓库的性能进行了测试，证明了此方法的可用性。

3.3.2.5　数据融合

数据融合指将来自政府治理中不同数据源的同一实体的不同表象融合成单一表象，消除潜在的数据冲突[3]。数据融合算法可以分为两大类：第一类是经典算法，包括 D-S 证据理论法、卡尔曼滤波法、贝叶斯估计法、极大似然估计法、最小二乘法等；第二类是现代算法，包括模糊逻辑、神经网络、面向开放领域的知识库方法、数据关联集成方法、大数据集成技术等。如王华东等提出了一种基于遗传算法和神经网络算法的大数据融合算法，该算法的模式分类可以在节点中独立判断，通过簇首节点对其余节点的分类信息进行采集从而实现大数据融合，该算法减少了通信过程中的能量损耗，但实现过程复杂，且鲁棒性较低[4]。冯本勇提出一种基于遗传算法的大数据融合算法，通过遗传算法获取融合节点序列的最佳路径，大大降低了网络能耗和传输延时，然而该

---

[1] Inmon W H, Conklin E. Loading Data into the Warehouse [J]. Tech Topic, 1994 (1): 20-25.

[2] Fenk R, Kawakami A, Markl V, et al. Bulk Loading a Data Warehouse Built upon a UB-Tree [C] //Proceedings of the 2000 International Symposium on Database Engineering & Applications. Picataway, NJ: IEEE, 2000: 179-187.

[3] Dong X L, G A Bril Ovic H E, Heit Z G, et al. From data fusion to knowledge fusion [J]. Proceedings of the VLDB Endowment, 2014 (10): 881-892.

[4] 王华东，王大羽. 蝙蝠算法优化神经网络的无线传感器网络数据融合 [J]. 激光杂志，2015 (4): 164-168.

算法并未解决数据本身的冗余性问题①。王伟等提出一种基于两层鲁棒性交叉映射的大数据融合算法,针对不同层次的数据选用不同的处理方法,通过两者之间的交叉映射对大数据进行融合处理,该算法不仅能耗较低,而且大数据融合精度高,鲁棒性强②。化柏林等研究了大数据下的多源信息融合过程以及分析建模方法③。陈科文等对目前多源信息融合在数据处理、系统设计、融合模型、融合方法等方面的应用并综述了现有方法的缺陷和未来改进的方向④。哈莱吉(Khaleghi)等综述了多源数据融合的现有方法、技术难度和解决方法⑤。

金澈清等系统性回顾了大规模分布式异构数据共享、集成、融合的基础理论和方法,全面综述了实体匹配、实体链接与关联、动态数据的语义关联三个数据融合方面⑥:一是实体匹配,也被称为记录连接、重复数据删除,旨在找出存在于多个数据源中但指向同一实体的记录集合。乔杜里等(Chaudhuri S et al.,2005)在索引和磁盘访问方面进行了优化,从而提高了运行效率。费尔马尼等(Firmani et al.,2016)研究了如何在线进行实体匹配。孔达等(Konda et al.,2016)设计了 Magellan 系统,使用数据科学栈完成实体匹配任务,从而提升了效率;二是实体链接与关联,通过建立知识库中的知识条目与待消歧实体的对应关系实现消歧,它包含 2 个步骤:候选集生成、候选实体消歧。候选集生成的方法主要有基于信息检索的方法⑦、基于查询表述上下文的方法⑧等。张(Zhang,2011)提出了一种减少候选集规

---

① 冯本勇. 基于物联网数据融合算法的土壤环境监测系统设计[J]. 科学技术创新,2015(7):98-99.

② 王伟. 基于两层鲁棒性交叉映射的大数据融合算法[J]. 计算机仿真,2016(10):236-239.

③ 化柏林,李广建,Hua Bolin 等. 大数据环境下多源信息融合的理论与应用探讨[J]. 图书情报工作,2015(8):5-10.

④ 陈科文,张祖平,龙军. 多源信息融合关键问题、研究进展与新动向[J]. 计算机科学,2013(8):6-13.

⑤ Khaleghi,Bahador,Khamis,et al. Multisensor data fusion:A review of the state-of-the-art[J]. Information Fusion,2013(1):28-44.

⑥ 金澈清,陈晋川,刘威,张召. 政府治理大数据的共享、集成与融合[J]. 大数据,2020(02):27-40.

⑦ Mihalcear,Csomai A. Wikify! linking documents to encyclopedic knowledge[C]//Conference on Information and Knowledge Management,November 6-10,2007,Lisbon,Portugal. New York:ACM Press,2007:233-242.

⑧ Cucerzan S. Large-scale named entity disambiguation based on WikiPedia data[C]//Conference on mpirical Methods in Natural Language Processing Conference on Computational Natural Language Learning,June 28-30,2007,Prague,Czech Republic. [S.l.:s.n.],2007:708-716.

模的方法。候选实体消歧方法大致有 2 类：基于相似度计算的实体链接方法、基于有监督学习的实体链接方法。其中，基于有监督学习的实体链接方法在性能上有进一步改进[①]；三是动态数据的语义关联，实体的属性值会随时间变化，同一实体对应的多条记录会出现不一致的情况，为了发掘动态数据中的语义关联，需要细粒度地分析变化。文本词语会随着时间发生语义变化，姚等（Yao et al.，2018）提出了动态统计模型以学习时间感知的词语表示，获取动态数据中语义关联。巴西克等（Basik et al.，2017）提出了基于 K – L 散度的关联模型链接两类数据源中的时空记录，并通过时间和空间过滤机制降低匹配的搜索空间。针对高动态性及实效敏感的数据源，陈（Chen，2018）等提出了扩散随机梯度下降算法，对不同样本分配实效感知权重，增强模型对动态数据的处理能力。在非结构化数据中，传统词嵌入方法无法表征语料信息的变化历史，巴朗哥等（Barranco et al.，2008）提出了时态词向量法，可以有效分析实体的演化过程。

3.3.3　数据共享运维

3.3.3.1　数据安全

针对数据安全的技术方法，刘杰彦等（2007）针对目前电子政务系统中信任与授权服务设计需求，结合 SAML 的标准体系结构，提出了电子政务中基于 SAML 的信任与授权系统设计框架，该框架能够以更加便捷和灵活的方式来构建电子政务自身的安全体系。于代荣等（2008）在改进 TLS 握手协议的基础上，提出一种适用于电子政务网格的认证模型 HIAM（Hierarchical ID-based Authentication Model），该模型克服了基于 PKI 的证书认证机制效率方面的缺点，通过与 GSI 的结合，便于安全部署。张春艳（2014）建议加强大数据安全技术研究，包括分布式环境下的数据完整性验证、数据标签、区块链、细粒度访问控制、密文透明运算、数据溯源、数据脱敏与安全审计等技术。王继业等（2017）提出了以区块链技术为动力支持的数据安全共享系统，以实现可信数据共享网络环境。周健雄等（2021）提出，为实现政务数据共享的全程可信，在安全技术应用上将会涉及身份认证、安全传输、数据加

---

① Ganea O E, Ganea M, Lucchi A, et al. Probabilistic bag-of-hyperlinks model for entity linking [C] //The 25th International Conference on World Wide Web, April 11 – 15, 2016, Montreal, Canada. New York：ACM Press, 2016：927 – 938.

密、数据脱敏、数据水印、可信溯源及数据防泄漏等技术。鲁金萍（2021）等以区块链、数字水印等新技术助力数据安全防护实力的提升。构建基于区块链技术的数据交互平台，借助区块链、智能合约、安全沙箱、工作流引擎等关键技术，实现政务数据跨部门、跨区域共同维护和利用。支持围绕数字水印、数据脱敏、匿名化、差分隐私、可信计算和同态加密等数据保护技术，增强数据安全防护水平。

在数据共享过程中，数据安全性以及灵活的访问性依赖于加密机制的制定，如何制定高效可靠的加密方案，是当下研究者重点关注的方向。基于属性的加密机制由非对称加密技术扩展而来，旨在提供一种灵活的访问控制方法，通过在密文中嵌入访问控制结构实现安全访问，该方法实现了"一对多"的通信方式[1]。基于属性的加密体制可以分为两类，一类是密钥策略的基于属性加密体制（KP-ABE）[2]，另一类是密文策略的基于属性加密体制（CP-ABE）[3]。当密钥和访问策略相结合时就称为KP-ABE；当密文和访问策略相结合而密钥对应一个属性集合时就称为CP-ABE，解密当且仅当属性集合能够满足此访问策略。梅丽莎（Melissa，2007）提出了多授权的基于属性的加密方案（MA-ABE），该方案的特点是有多个授权机构，多个授权机构通过一个中心授权机构（CA）可以实现非交互授权。江村等（Emura et al.，2009）首次提出密文长度固定的属性加密方案，基于（t，n）门限方法对属性公钥进行联合加密，从而实现密文长度不随属性数量的增加而改变。荷伦斯等（Herranz et al.，2010）采用（t，n）门限策略，制定适用于单调门限的访问结构。张等（Zhang et al.，2012）、纳塔邦等（Nuttapong et al.，2012）方案中提出支持灵活撤销的门限访问策略，但是加密效率不高，加解密运算较复杂。通过上述分析可知，目前数据加密方案存在的一个问题是密文长度随属性数量增加而增加，密文在传输时的资源开销较大。洛夫特斯（Loftus，2010）等提出在基于传统的数据加密方案中加入数据分割方法，通过分割将数据划分加密等级，以期达到用较低开销实现数据安全存储于云环

---

[1] A Sahai, B Waters. Fuzzy Identity-Based Encryption. Advances in Cryptology-Eurocrypt [C]. Springer Berlin Heidelberg, 2005: 457–473.

[2] Goyal V, Pandey O, Sahai A, et al. Attribute-based encryption for fine-grained access control of encrypted data [C]. //Proc of the 13th ACM Conference on Computer and Communications Security. New York: ACM Press, 2006: 89–98.

[3] Bethencourt J, Sahai A, Waters B. Ciphertext-policy attri-bute-based encryption [C]. //Proc of IEEE Symposium on Security and Privacy. Washington DC: IEEE Computer Society, 2007: 321–334.

境中的目的。

苏金树等（2011）、朗讯等（2014）和陈亮等（2016）采用在加密方案中添加数据分割的方法，对数据分级后再进行加密处理，有效减少了系统的计算开销。荣静（2016）提出基于数据分块与密文策略属性基加密的数据共享机制。马欣等（2008）对不同的政务办公人员进行身份识别、权限分配，以及对网络中传输的重要办公信息进行加解密，并且介绍了一种以 PKI/PMI 为核心技术的安全支撑平台的构建方案。孙奕（2014）重点分析了定制数据安全交换模式下存在的安全威胁，针对安全威胁提出了相应的解决方法，并总结分析了所涉及关键技术的研究现状与不足之处。陈占芳等（2013）结合电子政务对协同工作及系统安全的需求，设计了一种交互式身份认证及访问控制安全信息平台，采用扩展化的 PKI 和 RBAC 等技术，用于提供整个电子政务平台的安全访问控制策略，同时构建客户端与服务端的数据安全传输通道，为电子政务安全建设提供一种有效的解决方案。吴琼（2016）则针对公有云的服务器提出一个评价模型，并根据共享数据的隐私性和数据特性提出了一种分割算法，结合信任评价以及分割结构将数据加密后存储于混合云上。陈涛等（2011）依据资产、脆弱性、威胁等风险评估基本要素，提出一种基于 Markov 方法、以威胁为核心的电子政务信息安全风险评估模型。韩霞（2005）通过应用 OCTAVE Method 的方法开展电子政务信息系统的风险评估。由于区块链技术在数据共享领域的兴起，部分学者也将目光放到政府应用上。如金泳等（2018）对区块链技术应用于大数据安全共享进行可行性分析，并以此提出了基于区块链的大数据安全共享需求模型及保障方案；侯衡（2018）则通过分析区块链技术在电子政务相关应用过程中存在的优势与问题，进一步提出未来区块链技术会在个体身份认证、生产流程监管以及政府数据公开等方向进行不同程度的应用。余益民等（2019）提出一种基于区块链技术的政务信息资源共享模型，该模型通过构建政务信息资源共享与交换的网络体系、政务信息资源共享交换的目录体系、去中心化数字证书及信任体系实现了政务信息资源的安全智能共享与交换。

3.3.3.2 隐私保护

达米亚尼等（Damiani et al., 2011）提出一种隐私保护方案，即在上传数据时将数据分别存储在云服务器和客户端两个平台上，利用分级加密来限制共享数据的访问。匿名化的隐私保护有多种方法技术，如经典的 k–匿名方法、l-多样性原则、p-sensitive 的 k 匿名、(α, k) 匿名、(k, e) 匿名、(t-closeness) 匿名等技术[①]。k-匿名方法由 Samarati 等提出，要求发布的数据中存在一定数量（至少为 k）的在准标识符上不可区分的记录，使攻击者不能判别出隐私信息所属的具体个体，从而保护了个人隐私[②]。k-匿名通过参数 k 指定用户可承受的最大信息泄露风险。为解决同质攻击和背景知识攻击带来的隐私泄露，盖尔克等（Gehrke et al., 2007）在 k-匿名基础上提出了 l-多样性。P-sensitive 的 k 匿名在满足 k-匿名的前提下，还要求同一等价类中的记录至少出现 p 个不同的敏感属性值。(α, k) 匿名要求在满足 k-匿名的前提下，要求同一等价类中任何一个敏感属性值出现的概率不大于 α （0 < α < 1）。(k, e) 匿名原则要求等价类内敏感属性值的区间范围至少为 e。(t-closeness) 匿名在满足 k 匿名的前提下，要求等价类内敏感属性值的分布与敏感属性值在匿名化表中的总体分布的差异不超过 t[③]。

吕欣、高枫（2012）为解决电子政务信息资源共享中的隐私保护问题，提出一种隐私保护模型。模型将电子政务信息资源共享划分为基于数据挖掘或统计产生决策的业务和业务协同两类，分别采用数据预处理对隐私信息泛化和使用业务协同模拟器确定协同业务所需的最小隐私信息集合的方法，解决共享中的隐私保护问题。陈晓静（2020）提出基于沙盒模式的区块链+政务应用，旨利用沙盒模式解决政务数据共享时数据本身的隐私保护问题。

3.3.3.3 数据存储及管理

大数据存储与管理要用存储器把采集到的数据存储起来，建立相应的数据库，并进行管理和调用。重点解决复杂结构化、半结构化和非结构化大数据管理与处理技术。大数据存储及管理技术的重点内容是开发可靠的分布式文件系统（DFS）、能效优化的存储、计算融入存储、大数据的去冗余及高效低成本的大数据存储技术；突破分布式非关系型大数据管理与处理技术，异构数据的数据融合技术，数据组织技术；突破大数据索引技术，突破大数据

---

① 王平水，王建东. 匿名化隐私保护技术研究综述 [J]. 小型微型计算机系统，2011 (2)：248-252.

② Samarati P, Sweeney L. Generalizing data to provide anonymity when disclosing information [C]. // Proceedings of 17th ACM SIGART-SIGMOD-SIGART Symposium on Principles of Database Systems. New York：ACM Press, 1998：188.

③ 吕欣，高枫. 电子政务信息资源共享中的隐私保护方法 [J]. 计算机应用，2012 (1)：82-85.

移动、备份、复制等技术。

一是 NoSQL（not only SQL）数据库。NoSQL 是一项全新的数据库革命性运动。数据库分为关系型数据库、非关系型数据库以及数据库缓存系统[①]。其中非关系型数据库主要指 NoSQL 数据库，当前主要有以下四种：键值存储数据库、列存储数据库、文档型数据库和图形数据库。NoSQL 数据库在以下几种情况下较适用：数据模型比较简单；需要灵活性更强的 IT 系统；对数据库性能要求较高；不需要高度的数据一致性；对于给定 key，比较容易映射复杂值的环境。二是并行数据库。并行数据库是指在无共享的体系结构中进行数据操作的数据库系统。这些系统大部分采用了关系数据模型并且支持 SQL 语句查询，为了能够并行执行 SQL 的查询操作，系统中采用了两个关键技术：关系表的水平划分和 SQL 查询的分区执行。现有的分区策略有哈希分区、范围分区、循环分区等，在分区存储的表中处理 SQL 查询需要使用基于分区的执行策略。并行数据库系统的目标是高性能和高可用性，通过多个节点并行执行数据库任务，提高整个系统的性能和可用性。三是 NewSQL 数据库，NewSQL 是对各种新的可扩展、高性能数据库的简称，这类数据库不仅具有 NoSQL 对海量数据的存储管理能力，还保持了传统数据库支持 ACID ［即原子性（atomicity）、一致性（consistency）、隔离性（isolation）、持久性（durability）］和 SQL 等特性。NewSQL 系统虽然在的内部结构变化很大，但是它们有两个显著的共同特点：一是它们都支持关系数据模型；二是它们都使用 SQL 作为其主要的接口。已知的第一个 NewSQL 系统叫作 H – Store，它是一个分布式并行内存数据库系统。

根据数据的存储结构的不同，大数据管理的技术路线一般可分为三种：一是针对大规模的结构化数据，通常采用新型数据库集群。通过列存储、行列混合存储、粗粒度索引等技术，结合大规模并行计算架构（Massive Parallel Processing，MPP）的分布式计算模式，实现对 PB 量级数据的存储和管理，这类集群性能好、扩展性高，在各类数据分析类领域广泛应用。二是针对半结构化或非结构化数据为主的大数据，采用 Hadoop 等分布式集群来进行高速运算和存储。三是针对结构化和非结构化混合的大数据，采用 MPP 并行数据库集群与分布式集群的混合来实现对百 PB 量级、EB 量级数据的存储和管理。

---

① 夏秀峰，赵小磊，孔庆云. MBE 与大数据给 PDM 带来的思考［J］. 制造业自动化，2013（10）：70 – 74.

一方面用大规模并行计算来完成结构化数据的计算和管理,对外提供强大的 SQL 和 OLTP 型服务;另一方面用分布式集群实现对半结构化和非结构化数据的处理,以支持诸如内容检索、综合分析、数据挖掘等应用。这种混合模式将是未来大数据存储和管理发展的趋势[1]。

3.3.3.4 数据分析及挖掘

数据分析及挖掘技术主要有改进已有数据挖掘和机器学习技术;开发数据网络挖掘、特异群组挖掘、图挖掘等新型数据挖掘技术;突破基于对象的数据连接、相似性连接等大数据融合技术;突破用户兴趣分析、网络行为分析、情感语义分析等面向领域的大数据挖掘技术[2]。

数据的分析是研究大数据的重点,只有通过分析才能获得深入的、有价值的信息。大数据分析的主要内容有:一是可视化分析。大数据可视化分析系统是通过三维表现技术来表示复杂的信息,实现对海量数据的立体呈现。数据可视化方法分为基于几何的技术、面向像素技术、基于图标的技术、基于层次的技术、基于图像的技术和分布式技术等;二是数据挖掘算法。挖掘算法可以深入数据内部,挖掘出公认的价值;三是预测性分析。通过科学地建立模型,从而预测未来的数据;四是语义引擎。语义引擎需要设计到有足够的人工智能以足以从数据中主动地提取信息。语言处理技术包括机器翻译、情感分析、舆情分析、智能输入、问答系统等。

数据挖掘就是从大量的、不完全的、有噪声的、模糊的、随机的实际应用数据中,提取隐含的人们事先不知道的、但又是潜在有用的信息和知识的过程,数据挖掘有多种分类法。根据挖掘任务可分为分类或预测模型发现、数据总结、聚类、关联规则发现、序列模式发现、依赖关系或依赖模型发现、异常和趋势发现等。根据挖掘对象可分为关系数据库、面向对象数据库、空间数据库、时态数据库、文本数据源、多媒体数据库、异质数据库、遗产数据库以及环球网 Web。根据挖掘方法可粗分为:机器学习方法、统计方法、神经网络方法和数据库方法。机器学习可细分为:归纳学习方法(决策树、规则归纳等)、基于范例学习、遗传算法等。当前,机器学习研究与应用中最常用的关键技术有:半监督学习、迁移学习、集成学习、贝叶斯网络、决

---

[1] 喻健,刘美伶. 政务大数据交换中心的架构研究[J]. 武汉职业技术学院学报,2020(2):108-112.

[2] 杨刚,杨凯. 大数据关键处理技术综述[J]. 计算机与数字工程,2016(4):694-699.

策树、统计学习理论与支持向量机、隐马尔可夫模型、神经网络、K近邻方法、序列分析、聚类、粗糙集理论、回归模型等。其中在大数据分析中，半监督学习、集成学习、迁移学习和概率图模型[1]等技术尤为重要。统计方法中，可细分为回归分析（多元回归、自回归等）、判别分析（贝叶判别、费歇尔判别、非参数判别等）、聚类分析（系统聚类、动态聚类等）、探索性分析（主元分析法、相关分析法等）等。神经网络方法中，可细分为：前向神经网络（BP算法等）、自组织神经网络（自组织特征映射、竞争学习等）等。数据库方法主要是多维数据分析或联机分析处理方法，另外还有面向属性的归纳方法[2]。

3.4 政府数据共享的研究动态与研究趋势

大数据时代，政府数据开放共享逐渐成为全球性政府治理的趋势。近年来，国内外学者对政府数据开放共享进行广泛探讨和深入研究，掀起了政府数据开放共享的研究热潮，政府数据开放共享领域相关研究也逐渐成为学术界的研究热点和焦点，相关研究成果大量涌现，涉及到定性描述、定量分析、理论建构和实践应用等方面。因此，对国内政府数据开放共享的研究热点和动态进行回顾和总结，有助于揭示政府数据开放共享研究的发展趋势、把握发展脉络、促进政府开放数据研究的深入发展。本章选取2010~2021年CNKI全文数据库的期刊论文为数据来源，经过筛选，共计401篇，运用CiteSpace软件进行高频关键词共现网络和聚类分析、关键词时序图和突变分析，全面分析政府跨部门数据共享的研究动态和研究趋势。

3.4.1 研究热点分析

从时段发展来看，国内政府数据开放共享研究起步较晚，最早的文献出现在2010年左右，近年来相关研究发展迅速。2014~2015年，国内部分学者开始关注政府数据开放共享，当时相关研究处于起步阶段，学术成果产出

---

[1] 陈康，向勇，喻超. 大数据时代机器学习的新趋势 [J]. 电信科学，2012（12）：88–95.
[2] 杨刚，杨凯. 大数据关键处理技术综述 [J]. 计算机与数字工程，2016（4）：694–699.

也相对较少。2016年后，政府数据开放共享研究逐渐引起国内学者的高度关注，不同学科的学者开始聚焦此研究领域，相关研究出现集中"井喷"现象，科研项目和相关研究成果大量涌现。

3.4.1.1 高频关键词及其共现网络

为了较为清晰地反映政府数据开放共享领域的热点研究主题，本研究从CNKI文献数据库来分析该领域的研究主题，并梳理了政府数据开放共享领域的高频关键词，如表3-1所示：

表3-1　　　　政府数据开放共享领域的高频关键词

序号	关键词	频次	中心度	序号	关键词	频次	中心度
1	政府数据开放	141	0.40	11	数据开放平台	13	0.04
2	政府数据	79	0.29	12	元数据	13	0.01
3	数据共享	74	0.38	13	人民政府	12	0.03
4	大数据	69	0.23	14	电子政务	12	0.02
5	数据开放	63	0.25	15	政府开放数据	11	0.12
6	开放共享	51	0.30	16	数据治理	11	0.03
7	开放政府数据	25	0.12	17	大数据产业	11	0.03
8	开放数据	24	0.13	18	大数据时代	10	0.08
9	数据资源	17	0.06	19	地方政府	9	0.03
10	数据安全	15	0.06	20	信息公开	9	0.02

为更直观展示高频关键词，探寻政府数据开放共享相关领域的研究热点，在CiteSpace软件中导入项目主题词、CNKI文献数据库数据，参数设置为"Top50"，节点类型选择Keywords，运行程序，生成高频关键词共现网络知识图谱，如图3-1所示。

对知网数据库中401篇文献进行关键词共现分析，形成了一个由322个网络节点、1087条网络连接所组成的，密度为0.021的关键词网络，如图和表。从上图和表中可以看出，知网数据库中论文中，从出现的频次来看，出现次数最多的是"政府数据开放"，后面依次是"政府数据""数据共享""大数据"和"数据开放"等关键词。从中心性的角度来看，中心性较高的关键词均与"政府数据共享开放"的内涵有着密切的联系，说明在相关研究中，"政府数据开放共享"具有很高的地位。

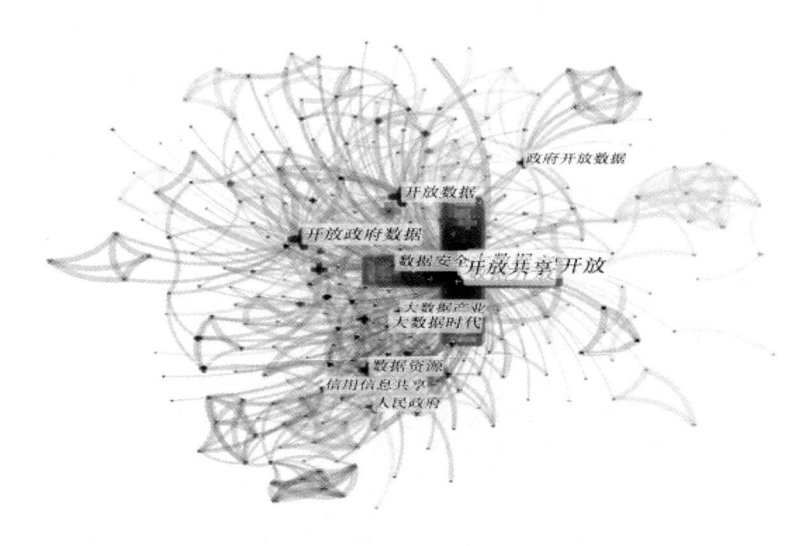

图 3-1 知网数据库文献的关键词网络

3.4.1.2 高频关键词聚类分析

通过对关键词进行聚类分析,可以找到关键词所属领域。一般认为,如果关键词聚类结果中的聚类模块值大于 0.3,说明该聚类的结构显著。如果聚类平均轮廓值大于 0.5,说明聚类是合理的。如果聚类平均轮廓值大于 0.7,说明聚类是令人信服的。

如图 3-2 所示,知网数据库文献的关键词形成了 9 个较为重要的聚类,聚类模块值为 0.5739,聚类平均轮廓值为 0.6116,说明知网数据库文献的关键词聚类结构显著而合理。由下图可以发现,知网数据库文献的关键词聚类主要集中在"数据资源共享""政府数据""公共数据"等领域。

3.4.1.3 高频关键词时序分析

在 CiteSpace 中,导入国内"政府数据开放共享"的期刊论文,利用 pathfinder 算法,选择节点类型为 keywords,阈值设定为 Top50,选择 Time Zone 视图,生成高频关键词时序图(如图 3-3 所示)。

研究发现,"数据资源共享""政府数据"等关键词贯穿于政府数据开放共享行动中,这反映出面向公众的政务服务是政府数据开放共享的重心。其次,"关联数据""元数据""数据标准"等指向度也较高,数据本身的技术

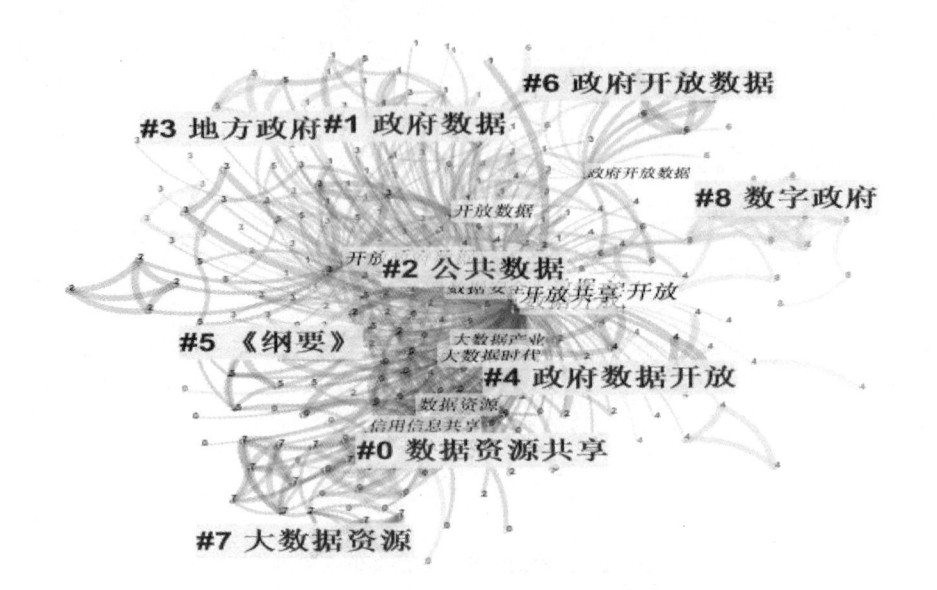

图 3-2　高频关键词聚类分析

运用和服务导向是政府数据开放工作中的核心内容。此外,"应用平台""体系架构""隐私保护""政策法规"等词关联度也较高,表明政府数据开放的中心任务不仅包括应用平台、本系架构等建设问题,也注重隐私保护和政策体系等问题。

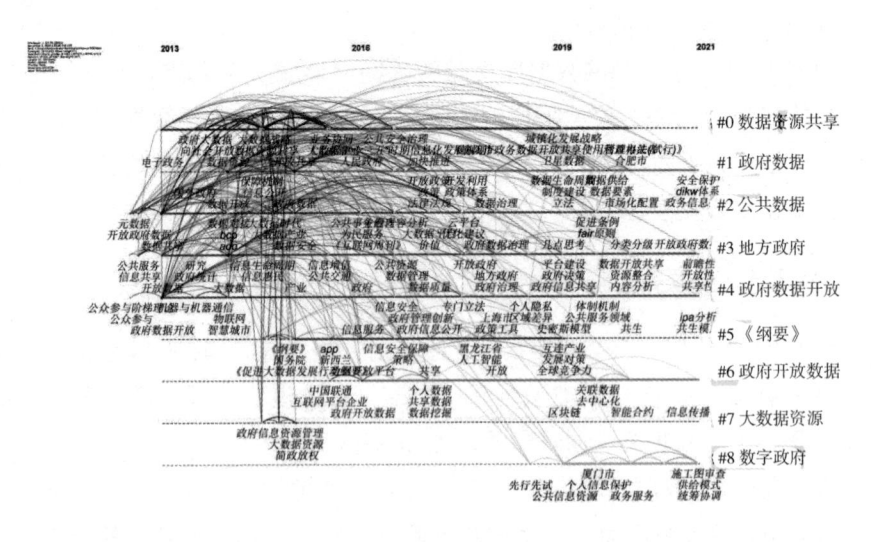

图 3-3　政府数据开放共享领域研究前沿演化图谱

3.4.2 研究趋势分析

对关键词进行突现分析，可以发现某个领域突现强度较高、突现时间较长和目前正在突现的关键词，从而找到该领域的研究重点和热点，并基于此，预测该领域未来的发展方向和演进趋势。

对知网数据库文献的关键词进行突现分析时，将阈值设为0.8，最短持续时间（Minimum Duration）设为1年，得到8个关键词，如表。据表可以看出，突现强度最高的关键词是"数据治理"，突现强度达到4.3785。除了关键词"数据治理"的突现强度最高之外，目前正在突现的关键词是"市场化配置"和"政府治理"，该关键词已经持续突现了7年并且可能继续保持突现（见表3-2）。

表3-2　　　　　知网数据库文献的关键词突现情况

序号	关键词	突现强度	突现开始时间（年）	突现结束时间（年）
1	数据资源	4.1799	2013	2016
2	大数据技术	2.8026	2013	2015
3	国务院	2.8026	2013	2015
4	《促进大数据发展行动纲要》	2.669	2015	2015
5	数据开放	3.6183	2019	2019
6	数据治理	4.3785	2013	2021
7	市场化配置	4.191	2013	2021
8	政府治理	3.3193	2013	2021

第4章 地方政府数据共享实践研究

4.1 政策演进：地方政府数据共享制度创新

党的十九大报告旗帜鲜明地提出建设网络强国、数字中国、智慧社会，全面实施国家大数据战略。2015年8月，国务院印发了我国数据发展的第一份权威性、系统性文件《促进大数据发展行动纲要》（以下简称《纲要》），从国家大数据发展战略全局的高度，提出了我国大数据发展的顶层设计，成为指导我国未来大数据发展的纲领性文件，《纲要》明确指出要加快政府数据开放共享、推动资源整合、提升治理能力，到2017年底前形成跨部门数据资源共享共用格局。2016年9月，国务院印发了《政务信息资源共享管理暂行办法》，对政务信息资源共享工作做出了部署，要求充分发挥政务信息资源在深化改革、转变职能、创新管理中的重要作用。近年来，国家为促进信息化发展、政府数据开放共享整合出台多个政策指导实践，具体如表4-1所示，在国家层面进行统一的政府数据共享立法，是加快政府数据开放共享进程、保障数据开放共享规范性、减少数据开放共享地方分散立法弊端的客观需要①，此后，越来越多的地方政府参与到政策制定和政府数据共享的实践中，地方政府数据共享的政策制定正在如火如荼地进行着。

---

① 刘权. 政府数据开放的立法路径［J］. 暨南学报（哲学社会科学版），2021（1）：92-102.

表 4–1　　　　　国家层面关于促进政府数据共享相关政策统计

名称	政策要点	发布机构	出台时间（年）
《关于进一步加强政务部门信息共享建设管理的指导意见》	加强信息共享工作的组织领导，建立完善跨部门信息共享的保障机制，形成统一完善的国家政务信息共享标准规范体系。	发改委等七部门	2013
《关于加快实施信息惠民工程有关工作通知》	以推动跨层级、跨部门信息共享和业务协同为抓手，促进公共服务的多方协同合作、资源共享、制度对接。	发改委等十二部门	2014
《促进大数据发展行动纲要》	加强顶层设计和统筹规划，明确各部门数据共享的范围边界和使用方式，厘清各部门数据管理及共享的义务和权利。	国务院	2015
《国家信息化发展战略纲要》	完善基础信息资源动态更新和共享应用机制，统筹规划建设国家互联网大数据平台，积极稳妥推进公共信息资源开放共享。	中共中央办公厅、国务院办公厅	2016
《政务信息资源共享管理暂行办法》	建立信息共享工作评价机制，建立政务信息资源共享网络安全管理制度。建立疑义、错误信息快速校核机制。	国务院	2016
《"十三五"国家信息化规划》	完善政务基础信息资源共建共享应用机制，依托政府数据统一共享交换平台，加快推进跨部门、跨层级数据资源共享共用。	国务院	2016
《政务信息系统整合共享实施方案》	完善项目建设运维统一备案制度，加强信息共享审计、监督和评价，推动政务信息化建设模式优化，政务数据共享和开放在重点领域取得突破性进展。	国务院办公厅	2017
《加快推进落实〈政务信息系统整合共享实施方案〉工作方案》	成立信息资源整合领导小组，建立部际协调工作机制，在共享的工作、操作和执行层面统筹协调。	发改委等部门	2017

资料来源：李言. 地方政府政务信息资源共享问题及对策研究——以重庆市为例［D］. 重庆：西南政法大学，2018.

4.1.1　地方政府数据共享政策数量变化分析

根据国家《政务信息资源共享管理暂行办法》《政务信息系统整合共享

实施方案》有关要求，我国 30 个省份均已出台政务数据、政务信息共享管理有关规范性文件，包括贵州和天津出台的 2 个地方性法规，福建、河北、宁夏、浙江出台的 4 个政府规章，以及贵州、天津、上海等出台的 26 个规范性文件。但总体来看，地方性法规和政府规章相对较少。贵州、天津等省市出台大数据促进条例，将促进大数据应用发展有关措施以地方性法规形式予以固化，增强法律效力[1]。通过在各地方政府官网、中国知网、年鉴等渠道检索"政府数据共享""政务信息资源共享""政务信息"等字样收集有关政策文件，并通过对政策内容阅读分析，筛选出与政府数据共享密切相关的政策文件，一共获取了 2012~2020 年的 78 份有关政府数据共享的省级政策文件（如表 4-2 所示）。

表 4-2　　2012~2020 年地方政府数据共享相关政策文件统计

名称	出台时间（年）	名称	出台时间（年）
《福建省政务数据管理办法》	2016	《四川省政务信息资源共享管理实施细则》	2017
《福建省全面推进政务公开工作实施意见》	2016	《四川省政务信息系统整合共享工作方案》	2017
《福建省电子政务建设和应用管理办法》	2015	《四川省 2018 年全省政务信息系统整合共享工作重点任务的通知》	2018
《福建省政务信息系统整合共享实施方案》	2017	《陕西省政务信息系统整合共享实施方案》	2017
《上海推进大数据研究和发展三年行动计划（2013-2015）》	2013	《陕西省政务信息资源共享管理办法》	2017
《上海市政务数据资源共享和开放 2015 年度工作计划》	2015	《安徽省信息化促进条例》	2016
《上海市电子政务管理办法》	2012	《安徽省政务信息资源共享管理暂行办法》	2017
《上海市政务数据资源共享管理办法》	2016	《浙江省公共数据和电子政务管理办法》	2017

---

[1] 陶洋航. 大数据背景下重庆市政务数据资源共享研究 [D]. 重庆：重庆大学，2019.

续表

名称	出台时间（年）	名称	出台时间（年）
江西省政务信息资源共享管理实施细则	2017	《浙江省促进大数据发展实施计划》	2016
《江西省政务信息系统整合共享实施方案》	2017	《山西省政务数据管理与应用办法》	2020
《天津市政务云管理办法》	2018	《山西省政务信息系统整合共享工作方案》	2017
《天津市政务信息资源共享管理暂行办法》	2018	《吉林省加快推进政务信息系统整合共享工作方案》	2017
《重庆市政务信息系统整合共享工作方案》	2017	《吉林省公共数据和一网通办管理办法》	2019
《重庆市政务数据资源管理暂行办法》	2019	《吉林省人民政府办公厅关于运用大数据加强对市场主体服务和监管的实施意见》	2016
《重庆市大数据行动计划》	2013	《山东省政务信息资源共享管理办法》	2015
海南省政务信息资源共享管理办法	2014	《山东省政务信息系统项目管理办法》	2018
《海南省信息化条例》	2013	《山东省政务信息系统共享整合实施方案》	2017
海南省政务信息系统整合共享专项行动实施方案	2017	《山东省电子政务和政务数据管理办法》	2019
《海南省政务信息化项目建设管理办法》	2020	《江苏省政务信息系统整合共享工作实施方案》	2017
《青海省省级政务信息化项目建设管理办法》	2020	《江苏省政务信息资源目录编制指南（试行）》	2018
《青海省政务信息系统整合共享实施方案》	2017	《江苏省政务信息资源共享管理暂行办法》	2017
《青海省政务信息资源共享交换平台建设方案》	2017	江苏省数据共享交换平台政务信息资源申请、授权和使用管理暂行办法	2019

续表

名称	出台时间（年）	名称	出台时间（年）
《甘肃省政务信息系统整合共享实施方案》	2017	《湖北省人民政府关于印发湖北省大数据发展行动计划（2016—2020年）的通知》	2016
《甘肃省关于印发加快大数据、云平台建设促进信息产业发展实施方案的通知》	2015	《湖北省政务信息资源共享管理办法》	2018
《河北省信息化条例》	2013	《湖北省政务信息化项目建设管理办法》	2018
《河北省政务信息系统整合共享实施方案》	2017	《湖北省数字政府建设总体规划（2020－2022年）》	2020
河北省政务信息资源共享管理规定	2015	《北京加强政务信息资源共享工作的若干意见》	2012
《河北省省级政务信息化项目建设管理办法》	2020	《北京市政府信息公开规定》	2014
《湖南省信息化条例》	2012	《北京市政务信息资源管理办法（试行）》	2017
《湖南省政务信息资源共享管理办法（试行）》	2018	《北京市推进政务服务"一网通办"工作实施方案》	2018
《湖南政务信息系统整合共享实施方案》	2017	《贵州省政务数据资源管理暂行办法》	2016
《黑龙江省人民政府办公厅关于推进政务信息系统整合共享工作的通知》	2017	《贵州省大数据发展应用促进条例》	2016
《河南省政务信息资源共享管理暂行办法》	2018	《贵州省政府数据共享开放条例》	2020
《河南省政务信息系统整合共享实施方案》	2017	《贵州省政务信息系统整合共享工作方案》	2017

续表

名称	出台时间（年）	名称	出台时间（年）
《辽宁省政务信息资源共享管理暂行办法》	2016	《广东省促进大数据发展行动计划（2016－2020年）》	2017
《辽宁省政务信息系统整合共享实施方案》	2017	《广东省政务信息系统整合共享工作方案》	2018
《辽宁省关于加强电子政务建设的意见》	2012	《广东省信息化促进条例》	2014
《云南省政务信息资源共享管理实施细则》	2017	《广东省政务数据资源共享管理办法（试行）》	2018
《云南省政府信息公开规定》	2014	《广东省实施大数据战略工作方案》	2012

统计显示，在大数据、云计算和"互联网＋"的先后涌现，特别是2015年国务院将政府数据开放共享上升为国家战略的背景下，相关的政策迅猛增长，如图4－1所示，2017年28个省份一共颁布了29份政策文件，平均每年颁布政策数量约为8.7份，这不仅表明我国各地方政府都开始高度重视政府数据共享，也表明我国地方政府数据共享政策具有颁布数量多、更新频率快等特点。

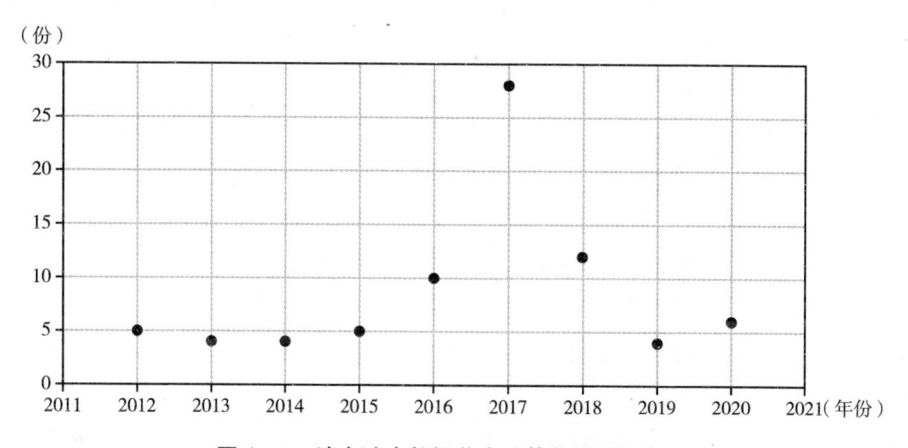

图4－1 地方政府数据共享政策数量变化趋势

4.1.1.1 地方初探阶段：2015 年以前

自 1999 年我国开始政府上网工程建设以来，很大程度上推动了我国政府数据共享制度化、法制化的步伐，各地政府逐渐开始拥有了自己的政府网站，并通过这些网站进行信息公开和数据交换共享，为我国地方政府数据共享打下了基础。2004 年吉林省颁布的《吉林省政务信息公开管理办法》提出政务信息公开应当遵循合法、及时、准确、便民的原则，并对政务信息公开做了明确的规定。2005 年海南省颁布的《海南省政务信息化工程建设管理办法》以及 2007 年黑龙江省颁布的《黑龙江省政务信息工作管理办法》等，都聚焦于"政务信息"的开放，政府数据共享还未被提及。随着政府信息公开步伐的加快，我国地方政府信息资源共享开始萌芽，2006 年深圳市成为我国第一个国家电子政务试点城市，发布了《深圳市政务信息资源共享管理暂行办法》，提出要促进深圳市政务信息资源共享，降低行政成本，并对信息共享的信息采集、信息共享安全、监督等相关方面做了详细规定。此后，我国部分地方作为试点城市开始了政府数据共享的试点工作。2007 年杭州市成为全国第一个政务信息资源共享及业务协同试点城市，2008 年该市出台了《关于加强我市政务信息共享工作的若干意见》，提出要推进和加强政务信息共享；拟定了《政务信息资源共享及业务协同技术管理要求（草案）》和《政务信息资源共享实施细则（草案）》，为政务信息共享工作的顺利进行提供了法治保障。2008 年广东省出台了《广东省政务信息资源共享管理试行办法》，提出要构建政务畅通体系，建立覆盖县级以上政府部门的政务网络平台和信息资源共享平台[1]，并对统筹建设电子政务信息资源中心、建立政务信息资源共享目录和政务信息资源共享交换体系、加强对政务信息资源共享监督检查等提出了原则规范[2]。2010 年福建省发布了《福建省政务信息共享管理办法》，为加强政务数据管理、推进政务数据汇聚共享和开放开发、加快"数字福建"建设提供了法律基础。部分地方政府积极探索推进政府信息共享法律制度建设，并出台了相关政务信息共享管理办法，为政务信息共享提供制度保障[3]。

2015 年以前，我国地方政府数据共享的相关政策数量少且缺乏系统性，政策主要集中于政府数据开放领域。我国地方政府数据共享经历了从信息公开到

---

[1] 广东省：构建电子政务畅通大平台，推进信息共享 [EB/OL]. http://www.forestry.gov.cn.
[2] 秦浩. 政府信息共享模式：理论、实践与个案研究 [J]. 电子政务，2017（4）：75-83.
[3] 王长胜. 2009 年中国电子政务发展报告 [J]. 行政管理改革，2009（1）：50-55.

信息共享的萌芽阶段，试点城市先行，部分城市开始了数据共享的实践并陆续出台了相关政策。但整体上来看，各界对政府数据共享的认识不足，部分数据共享先行城市的探索性发展为后续其他地区和城市的发展提供了经验。

4.1.1.2 顶层设计阶段：2015～2017 年

2015 年国务院发布了《促进大数据发展行动纲要》，从国家大数据发展战略全局的高度，提出了我国大数据发展的顶层设计，是我国数据发展的第一份权威性、系统性文件，其中明确指出要加快政府数据开放共享，该文件成为指导我国政府数据发展的纲领性文件。各地政府积极配合并贯彻落实该文件，部分地方政府展开了政府数据共享的相关工作并陆续颁布相关政策文件，如上海市于 2015 年发布了《上海市政务数据资源共享和开放 2015 年度工作计划》，提出建设电子政务云平台，完善政务数据资源目录体系，并于 2015 年正式开通了全国首个政府数据服务网站——上海市政府数据服务网 2.0 版。2016 年国务院颁发了第一部关于政务信息资源共享的规范性文件——《政务信息资源共享管理暂行办法》，明确提出"以共享为原则、不共享为例外"，明晰了信息共享的权利和义务，界定了信息共享的范围和责任，对政务信息资源目录、国家数据共享交换平台体系构建以及信息共享工作的管理、协调、评价和监督等做出了硬性规定和要求。随着国家层面的政策落实，各级地方政府积极响应号召，纷纷出台地方政务信息资源管理办法，因此政策数量开始增加。如上海市于 2016 年发布了《上海市政务数据资源共享管理办法》，提出要规范和促进政务数据资源共享与应用，促进政府部门间业务协同，推动政务数据资源优化配置和增值利用，进一步提高公共管理和服务水平。随着各地方政府的数据共享实践不断发展，相关法律政策不断完善的同时，仍有部分地方政府尚未开展政府数据共享工作。在各地方政府积极探索实践的过程中，也发现了不少问题的存在，例如，政务信息资源建设中条块分割、各自为战；资源共享或业务协同的项目普遍进展缓慢；协同难度大，共享资源严重不足，客观上造成了业务分立、数据孤岛的格局等问题。2017 年 4 月贵阳市发布了全国首部政府数据共享开放性地方性法规《贵阳市政府数据共享开放条例》，在更高层面上推动我国政府数据共享开放依法有序进行。地方政府数据共享开放立法的开展，不仅推动了政府数据共享开放工作落实，而且为国家大数据的建设和其他地方政府的数据共享发展提供更多可复制可参考的立法经验和范例。为解决政务信息资源共享中的条块分割等问题，2017年，国务院颁布的《政务信息系统整合共享实施方案》和《政务信息资源目录编制指南》都成为地方政府数据共享的指导性文件，提出了要加快推进政务信息系统整合共享、促进地方政府信息系统互联互通的任务要求及实施路径。中央政策文件将推进政府数据资源共享工程建设提上日程，各地方政府随即纷纷发布了地方政务信息资源共享整合方案和目录编制指南。如江西省积极响应号召，于2017年9月发布《江西省政务信息系统整合共享实施方案》，提出通过实施政务信息系统整合共享，实现基础设施集约统一、数据资源开放共享、业务应用协同联动。各地方政府已经普遍认识到数据共享的重要意义，都在积极推动数据共享建设，并有规划地、系统地探索制定数据共享的相关政策，政府数据共享开始蓬勃发展，并日渐在各领域发挥出显著效能，推进政府治理现代化，发挥数据价值，相关政策发布数量也达到了顶峰。

从整体上来看，我国地方政府数据共享政策数量变化自2015年以后开始上升，并出现明显的峰值，该阶段的核心特征是中央和地方政府都出台了大量政策文件，而且大多是顶层设计方面的。国家层面出台了发展和应用政务大数据的纲领性文件，给出了具体的路线图，提出了主要战略领域和重点建设工程；地方政府依据国家顶层设计方案出台了相应的规划方案和行动计划，这不仅表明我国各地方政府都开始高度重视政府数据共享，也表明我国地方政府数据共享政策具有颁布数量多、更新频率快等特点。

4.1.1.3　全面探索阶段：2017年之后

以2017年1月国务院办公厅发布《"互联网+政务服务"技术体系建设指南的通知》以及"贵州省公共服务管理办公室"更名为"贵州省大数据发展管理局"为开端，政府数据共享政策从单一的开放、共享、规范等方面的指导性政策转变为综合性政策，尤其是在放管服改革和互联网+政务服务的背景下，政府数据共享已经通过云计算、大数据等信息技术的支持，深深融合到具体的应用场景中。浙江省颁布《浙江省公共数据和电子政务管理办法》，推动公共数据和电子政务统筹建设与资源整合。上海市出台《上海市公共数据和一网通办管理办法》对公共数据进行了全生命周期立法。贵州省颁布首部省级层面政府数据共享开放地方性法规——《贵州省政府数据共享开放条例》，加快政府数据汇聚、融通、应用。山东省出台《山东省电子政务和政务数据管理办法》,安徽省颁布《安徽省政务数据资源管理办法》[①],重庆市出台《重庆市政务信息资源共享开放管理办法》及《重庆市政务数据资源管理暂行办法》,内容涵盖数据目录、数据汇聚、数据共享、开放应用、安全管理、监督管理等,构建政务数据资源采集、编目、汇聚、共享、开放、应用监督的全链条管理体系。此外,北京、广东、山西也正在推进政务数据共享相关法规或政府规章的制定。目前 31 个省份中,有 28 个(占比87.5%)制定了数据资源管理相关制度文件,其中仅北京、上海、贵州等 10个省份(占比 31.25%)专门针对政务数据制定了综合管理办法;其他省份多聚焦于政务数据资源共享、开放、安全使用等政务数据应用管理的特定环节或特定方面[②]。

除出台政务数据管理办法外,2018 年 8 月广西还发布了《广西推进数字政府建设三年行动计划(2018 – 2020 年)》,专门就数字政府做出统筹规划,提出基础设施建设、数据资源共享、"互联网+政务服务"、宏观决策大数据应用、数字化市场监管、数字化自然资源监管、数字化生态环境治理七项具体建设任务。随后,广东、浙江等省份也在 2018 年发布数字政府建设规划并启动建设工作。截至 2020 年 11 月底,我国有 23 个省级(占比 71.9%)和 31个重点城市(占比 96.9%)地方政府明确了政务数据统筹管理机构,推进本地数字政府建设,16 个省级(占比 50.0%)和 10 个重点城市(占比 31.3%)政府已出台并公开数字政府建设相关规划计划、方案意见[③](见表 4 – 3)。

表 4 – 3　　　　　　部分省级政府数字政府规划发布情况统计

省份	名　　称	出台时间(年)
贵州	《贵州省人民政府关于促进大数据云计算人工智能创新发展 加快数字贵州的意见》	2018.6
广西	《广西推进数字政府建设三年行动计划(2018 – 2020 年)》	2018.8
江苏	《智慧江苏建设三年行动计划(2018 – 2020 年)》	2018.9
广东	《广东省"数字政府"建设总体规划(2018 – 2020 年)及实施方案》	2018.10

---

① 邱玉婷,万文佳. 江苏政务数据共享现状及对策研究 [J]. 江南论坛,2021(3):13 – 15.
② 政务数据质量管理的发展现状 [EB/OL]. http://www.datatom.com/cn/news/2020/1125/354.html.
③ 中国电子政务网. "2020 年数字政府服务能力"成绩单出炉 [EB/OL]. http://www.egov.org.cn/article-175363.html.

续表

省份	名　　称	出台时间（年）
浙江	《浙江省深化"最多跑一次"改革推进政府数字化转型工作总体方案》	2018.12
山东	《山东推进数字政府建设实施方案（2019－2022年）》	2019.3
黑龙江	《"数字龙江"发展规划（2019－2025）》	2019.6
宁夏	《自治区加快推进"数字政府"建设工作方案》	2019.6
湖北	《湖北省数字政府建设总体规划（2020－2022年）》	2020.6
山西	《山西省数字政府建设规划（2020－2022）》	2020.9
安徽	《安徽省"数字政府"建设规划（2020－2025年）》	2020.10
内蒙古	《内蒙古自治区数字政府建设行动方案（2020－2023年）》	2020.10

资料来源：中国信通院政策与经济研究所．数字时代治理现代化研究报告（2021）［R］．2021.3．

4.1.2　地方政府数据共享政策内容分析

根据政策名称和政策内容，将政策分为以下十种类型：办法、方案、规定、规划、计划、条例、通知、细则、意见、指南。由图4－2可知，地方政府数据共享的政策类型多为办法和方案，办法数量为29条、方案为22个，一共51个，占比65%，且大多都是管理办法和实施方案，具有行动计划的特点，可操作性强，属于具体政策层次。在基本政策层次，基本政策多为国家层面制度的战略方针，地方政府无权制定国家宏观层面的政策，因此地方政府的政策较少涉及基本政策层次，多集中在具体政策层次。在保障政策层面，国家层面提供了政府数据共享的政策保障，如《中华人民共和国政府信息公开条例》《关于加强网络信息保护的决定》《网络安全法》等有关个人信息的保护和数据管理制度，保障着数据和个人安全。地方政府参照国家标准执行，细化为具体的管理办法。因此地方政府很少制定专门的政策为数据共享提供标准和保障。

根据Nvivo11的词频统计可知，如表4－4所示，在75份政策文件中"政务"一词是最多被提及的，出现次数一共达到了5882次；其次是"信息"一词，被提及次数达到了5764次；再其次是"数据"一词，被提及次数达到5177次；然后是"共享"一词，被提及次数达到了4240次。

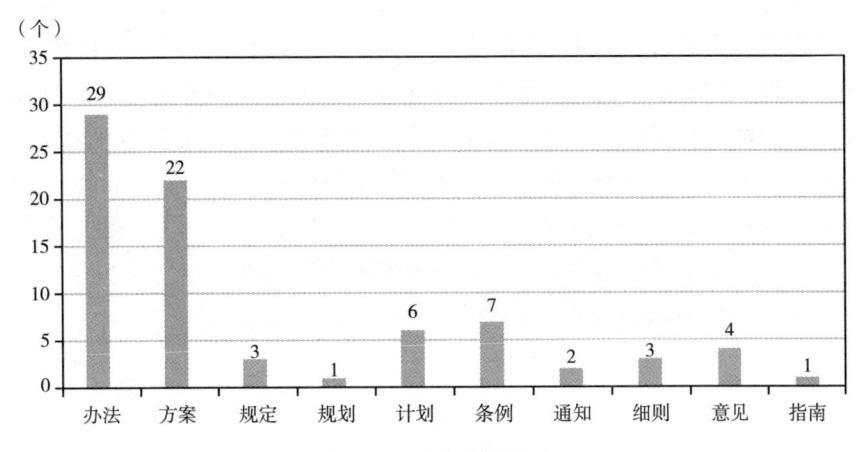

图 4-2　政策类型分布

表 4-4　词频统计

单词	计数次	百分比(%)	单词	计数次	百分比(%)
政务	5882	3.10	平台	1610	0.85
信息	5764	3.04	工作	1420	0.75
数据	5177	2.73	安全	1392	0.73
共享	4240	2.24	政府	1308	0.69
部门	3762	1.98	应用	1237	0.65
资源	3273	1.73	应当	1175	0.62
建设	2334	1.23	电子	1163	0.61
服务	2224	1.17	发展	1140	0.60
管理	1970	1.04	项目	1087	0.57
系统	1761	0.93	单位	1076	0.57

为更直观地展示高频关键词，本章绘制成高频关键词共现网络知识图谱，如图 4-3 所示。政务信息数据共享等系列词汇在政策文件中反复出现，不仅体现了各地方政府对数据共享的重视，也体现了当前的发展方向，从政府信息、政府数据已经转变成了"政务信息""政务数据"的共享。"部门"一词被提及 3762 次，说明各地方政府已经注意到了政府数据共享的跨部门性，也说明政府数据共享重视对各部门的工作安排和部门间的合作协同，以破解政府数据共享的"协同困境"；"服务""管理"等系列词汇频繁地出现在政

策文件中是非常正常的现象，政府数据共享涉及政府，就要涉及建设服务型政府，强调政府的管理职能；"建设""系统""平台"等词汇的频繁出现，说明了各地方政府对建设政府数据共享平台、完善政府数据共享系统体系的重视，政府数据共享的顺利实现依靠平台和系统的建设，更离不开后期对政府数据共享平台的管理和维护，政府数据共享平台是数据汇集、整合、交换、共享和管理的平台，是政府数据共享的关键；"安全"一词被提及了1392次，与政策工具中供给型政策中的安全等保障措施出现了66次相一致，"安全"不仅在词频中频繁出现，在政策工具中也是占比最大的。

图4-3　总体词频网络分布

从单个省份来看，以福建省政策为例，对福建省相关政策进行词频分析，其结果如图4-4所示，可以看出，排名前几位的依然是"政务""数据""信息"等高频词。与总体词频分布即图4-3相比，福建省的词频中出现了"公开"一词，出现频次达到了107次，位于词频排名的第十一位。而在总体词频分布中占比较大的"平台""系统"等词语却没有频繁出现在福建省的政策文件中。因为福建省作为信息化建设的先行省份，在建设"数字福建"进程中，已经率先建设了全省统一政务信息平台，平台建设效果和利用效率都处于全国领先水平。由此可知，福建省在政策制定时考虑了本省的实际发展情况，因地制宜地制定政策。

图 4-4 福建省词频分布

4.1.3 地方政府数据共享政策工具分析

政策工具,即政府为达到一定的目标而采取的系列措施办法。本书借鉴罗伊·罗斯韦尔(Roy Rothwell)和沃尔特·泽哥菲尔德(Walter Zegveld)的政策工具分析框架[①],从供给、需求、环境三方面对政策工具进行分析。其中,供给型政策工具指的是提供资源和有利条件的政策,例如技术、资金、基础设施等支持。需求型政策工具指的是通过刺激需求侧需求达到促进政府数据共享的目的,包括需求方补贴、服务外包、政府采购等方面的政策。环境型政策工具指的是营造良好的影响环境,促进政府数据共享的平稳发展,主要包括办法规范、职责界定、计划规划等方面的内容。一个政策文件可以包括三类政策工具,因此政策总数大于样本数。

由表 4-5 可知,我国地方政府数据共享政策工具类型主要为环境型政策工具为 102 个。其次是供给型政策工具为 99 个,环境型政策工具与供给型政策工具相差不大,但需求型政策工具只有 9 个。可以看出,我国地方政府数据共享的政策偏重于办法规划类,注重从外部环境和法律层面为数

---

① Rothwell R, Zegveld W. Reindusdalization and Technology [M]. Logman Group Limited, 1985.

据共享提供支持和引导，缺乏从供给层面和需求侧刺激政府数据共享的内生动力。

表4-5 政策工具统计表

政策工具	编码	数量（个）	总计（个）
供给型政策工具	基础设施	17	99
	技术	5	
	安全等保障措施	63	
	资金	14	
环境型政策工具	办法规定	30	102
	计划规划	38	
	其他	0	
	职责界定	34	
需求型政策工具	服务外包	3	9
	政府采购	6	
	需求方补贴	0	
	其他	0	

环境型政策工具主要是指政策内容涉及了办法规范、职责界定、计划规划等内容的政策，环境型政策侧重于从法律规范方面为政府数据共享提供良好的法治环境和政策引导。而在环境型政策工具中，办法规定、计划规划和职责界定都是政策文件中所注重的部分。随着我国政府数据共享实践的发展，逐渐发现我国政府数据共享的发展中存在很多问题，如职责不明确、标准不统一等问题。而我国政府数据共享相关政策制定仍处于探索阶段，统一规范和标准的缺失导致政府数据共享改革进展缓慢，因此政府很注重从法律层面为政府数据共享提供办法规范，并明确职责分工，从源头上解决政府数据共享存在的问题。部分地方政府为政府数据共享的发展制定了详细的发展计划和方案，明确指导本地政府数据共享的发展，为政府数据共享的发展提供良好的政策法治环境，因此环境型政策工具数量最多。

供给型政策工具包括提供资源和有利条件的政策，是政府数据共享发展的基础和保障。国务院颁布的《政务信息资源共享管理暂行办法》中明确提出将政务信息资源共享相关工作经费纳入部门财政预算，并给予优先安排。地方政府的部分政策中也提到要为政府数据共享提供技术、资金、基础设施等方面的支持，而大多政策集中于为政府数据共享提供安全保障。几乎每个政策文件中都会提及安全保障措施，如组织保障、绩效考核保障、监督保障等。安全保障措施在一定程度上为政府数据共享提供了保障，但是，不难发现的是，政策所提及的安全保障措施很难落实，针对性不强。例如，监督保障方面，采取内部监督模式，即在上下级机构之间建立监督制约关系，通过建立政务信息共享工作评价机制，监督本行政区域内政务信息共享工作落实情况。但政府内部设立的监督机构对政府行为的约束力不强，在不同层级之间也无法实现高效率监督[①]。因此，可以通过建立第三方监督机构或专门的数据执法监督部门，实现对政务数据采集、共享、应用的全过程监督。在供给型政策工具的分布上，尤其缺乏政府数据共享提供技术方面的支持，基础设施和资金、人力支持也比较缺乏。政府数据共享是一个复杂的动态运行过程，需要新技术、资金和人才的支持，对于政府工作人员来说，不通过培训学习很难处理好这类工作，尤其是政府数据共享平台的运营和维护，更是需要专业的技术支撑。

需求型政策工具主要包括需求方补贴、服务外包、政府采购等内容，但是在这些政策文件中都很少提及这些方面。而在2015年，国务院印发的《促进大数据发展行动纲要》中提到，可以通过服务外包、提供需求方补贴等形式鼓励企业和公众开发利用政府数据资源。服务外包形式有助于进一步转变政府职能，深化政府机构改革，打造高效服务型政府，服务外包已经成为当前建设服务型政府的根本途径。但是，我国地方政府对需求侧重视不足，未能充分展开与外界企业的互动合作。

以福建省和上海市的政策为例，由图4-5可知，福建省和上海市的政策都从计划规划、职责界定、办法规定、安全等保障措施方面为政府数据共享提供了政策支持和保障。而福建省在《福建省电子政务建设和应用管理办法》中提到了要保障项目建设和应用所需经费，引导和支持社会资金投资建设电子政务。上海市在《上海推进大数据研究与发展三年行动计划》中提到了要突破或改进原有的大数据组织和存储技术、大数据分析技术，为大数据获取、管理和分析提供技术保障。不难发现，两个地方政府都主要关注于环境型政策工具，对供给型政策工具略有提及，但都完全忽视了需求型政策工具的提供。

---

① 柳叶威. 基于大数据的政府信息资源共享模式探讨 [J]. 数字通信世界, 2020 (3): 148.

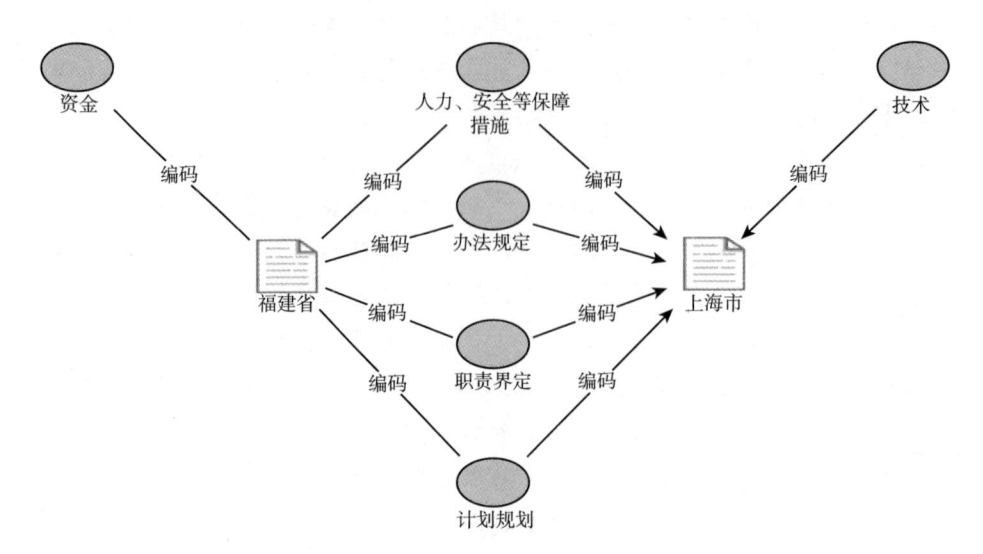

图 4-5　福建省和上海市政策对比

4.2　推进机制：地方政府数据"聚通用"实践做法

4.2.1　地方政府数据全面汇聚

当前，政府数据管理的新趋势在于，通过大数据、云计算等信息技术支持，将政府各业务部门大数据汇聚至一个平台上[1]，一方面，对于传统环境下的政务信息化而言，受条块分割管理体制及信息化发展水平影响形成的"信息孤岛"是政府信息资源管理亟待解决的问题；另一方面，政府治理方式及公共服务提供的发展和创新，有待于借助信息技术实现政府运作和业务流程的变革[2]。地方政府数据全面汇聚包括基础设施集中统一、数据资源目录梳理及数据资产登记管理。

---

① 许欢，孟庆国. 大数据推动的政府治理方式创新研究 [J]. 情报理论与实践，2017（12）：52-57.
② 马广惠，安小米. 政府大数据共享交换情境下的大数据治理路径研究 [J]. 情报资料工作，2019（3）：62-70.

4.2.1.1 基础设施集中统一

2015年出台的《促进云计算创新发展培育信息产业新业态的意见》明确提出，要探索电子政务云计算发展新模式，鼓励应用云计算技术整合改造现有电子政务信息系统，实现各领域政务信息系统整体部署和共建共用，大幅减少政府自建数据中心的数量。2017年出台的《政务信息系统整合共享实施方案》提出，推动政务信息化建设投资、运维和项目建设模式改革，鼓励推广云计算、大数据等新技术新模式的应用与服务，提升集约化建设水平。国家发展改革委正式印发《"十三五"国家政务信息化工程建设规划》，围绕贯彻落实"三融五跨"的战略部署，将推进政务基础设施集约化、平台化、一体化建设上升到全局高度，成为规范和指导我国政务信息化工程建设的纲领性文件。政务大数据中心是信息时代支撑政府部门日常运转的重要基础设施，对提升政府部门信息化水平、推进"互联网+"政务服务发展、提高政务大数据开发利用能力，以及推进社会治理能力和治理体系现代化都具有重要意义[①]。

2014年7月，贵州省启动"云上贵州"系统平台建设，"云上贵州"是全国首个省级数据统一管理、交换、共享的云服务平台，是全国首个实现贵州政府和公共数据"聚通用"的基础支撑平台。"云上贵州"系统平台不仅成为全省政府数据汇聚的"大水池"、数据共享交换的"大码头"，还成为全省政府电子政务、网上服务的"大超市"，以及政府信息数据对外开放的"大窗口"。在"云上贵州"系统平台上，省级政府部门应用系统和数据100%迁上平台实现物理集聚，市县两级政府应用系统和数据100%接入实现逻辑集聚。目前，省级政府部门和市（州）政府612个应用系统在"云上贵州"系统平台汇聚，占应接入系统的97.07%；15033个数据资源目录和243个数据集上云[②]。2019年5月22日，黑龙江省政务大数据中心正式揭牌成立，中心整合了省政务信息化管理服务中心、省工信委信息中心、省科技厅所属计算中心、省计算机软件研究中心、原省委防办所属省教育转化中心以及省发改委所属省信息中心六家单位或职能部门，承担推进"数字龙江"建设，统筹全省电子政务基础设施和重要信息系统建设，肩负政府数据和社会

---

① 周民. 构建新型电子政务基础设施大平台 助推政务信息化"三融五跨"创新发展 [EB/OL]. http：//www.echinagov.com/viewpoint/171738.htm.

② 一个平台 建成全省一体化的大数据中心 [EB/OL]. 贵州日报, http：//news.youth.cn/jsxw/201705/t20170527_9895848.htm.

数据采集、汇聚、管理等方面重要职责①。广东省已建成全省政务大数据中心，建立了人口、法人、信用、空间地理、电子证照等基础数据库，形成共用共享的数据资源池，69个省级部门通过省政务大数据中心共享3955类数据，归集数据总量逾182亿条②。

目前，地方政府纷纷推进政务大数据中心建设，在全国31个省份中，已有12个基本建成省级政务大数据中心，15个正在建设，4个正在规划。从服务属性来看，其中24个设计为单一的政务大数据中心，7个设计为"政务+行业+产业"云平台。从投资模式来看，在已基本建成的12个省级政务大数据中心中，有6个由政府直接投资，4个由省国有企业出资，2个由省国有企业和其他企业合资建设③。总体而言，基础设施集中统一不仅实现了资源集约利用，有助于降低电子政务投资成本和建设周期、提高需求响应速度和应用部署效率，而且对打破"信息孤岛"和"数据烟囱"、促进数据共享和业务协同、提升综合应用效能和整体投资效益等具有重要意义。

4.2.1.2 数据资源目录梳理

政务信息资源目录是通过对政务信息资源依据规范的元数据描述，按照一定的分类方法进行排序和编码的一组信息，用以描述各个政务信息资源的特征，以便于对政务信息资源的检索、定位与获取。政务信息资源目录是电子政务的基础设施之一。国务院办公厅于2017年5月印发了《政务信息系统整合共享实施方案》，国家发改委和中央网信办随后在6月联合印发了《政务信息资源目录编制指南（试行）》，旨在指导各级政府部门编制信息资源目录，提高我国政务信息资源整合共享水平。国内部分省、市政府部门已经编制了政务信息资源目录，如上海市的政府数据服务网已累计汇聚了11个重点领域300多类数据。地方政府在信息资源目录体系上的建设，对我国政务信息资源目录体系建设与理论实践进行了有效探索④。

---

① 黑龙江省政务大数据中心正式成立［EB/OL］. 黑龙江日报, http：//www.gov.cn/xinwen/2019-05/23/content_5394130.htm.

② 广东打造"粤商通"平台实现涉企政务服务一网通办 目前已建成全省政务大数据中心［EB/OL］. 新华网, https：//gd.china.com/gdcs/20000999/20201026/25369436_all.html.

③ 政务大数据中心建设谨防一哄而上［EB/OL］. http：//www.ce.cn/xwzx/gnsz/gdxw/201711/16/t20171116_26888812.shtml.

④ 政务信息资源目录编制方法及应用［EB/OL］. 国脉电子政务网, https：//www.sohu.com/a/242291265_99983415.

政府数据资源目录体系主要有元数据、政务分类表、主题表、唯一标识、信息组织、导航、发现、定化与服务等关键要素，可按照行政结构、行业、公开与保密、信息属性、机制、来源、服务对象等构建政府数据资源分类。如政务信息资源目录按资源属性可分为基础信息资源目录、主题信息资源目录、部门信息资源目录三种类型，其中，基础信息资源目录是对国家基础信息资源的编目，基础信息资源包括人口基础信息资源、法人单位基础信息资源、自然资源和空间地理基础信息资源、社会信用基础信息资源、电子证照基础信息资源等；主题信息资源目录是围绕经济社会发展的同一主题领域，由多部门共建项目形成的政务信息资源目录，主题领域包括但不限于公共服务、健康保障、社会保障、食品药品安全、安全生产、价格监管、能源安全、信用体系、城乡建设、社区治理、生态环保、应急维稳等。

如山东省根据《山东省政务信息资源共享管理办法》规定，依托省级政务信息资源共享交换平台，于 2016 年 10 月正式启动了全省标准统一的政务信息资源目录体系建设；2016 年 12 月 9 日，政务信息资源共享的三项地方标准——《政务信息资源标识符编码规则》《政务信息资源核心元数据》《政务信息资源目录编制指南》正式发布，并配套出台了《关于做好〈政务信息资源标识符编码规则〉地方标准应用工作的通知》，具体指导全省 17 市地开展政务信息资源目录体系建设。经过对所有省级行政机关的信息资源和信息需求进行详细调研、梳理和标准化，制定了首批《山东省政务信息资源共享目录》，经标准化形成了本次发布的政务信息资源共享目录，主要包含范围、规范性引用文件、术语和定义、总体框架、信息资源标识、目录清单、目录内容以及附录八部分，截至 2017 年 5 月底，山东省共完成了 38 个部门的 322 个信息类目录，共 5885 个信息项，形成了首批省级统一的政务信息资源目录[1]。江苏省编制印发 2017 版、2019 版《江苏省省级政务信息资源目录》，摸清政务数据资源家底；并自 2019 年起陆续印发三批《江苏省级部门政务数据共享责任清单》，加快急需高频类政务数据的归集共享，同时注重数据和通用业务标准的统一，按照国家标准规范、结合江苏省实际，编制出台《江苏省政务信息资源目录编制指南》和《江苏省政务信息资源代码编码规范》[2]。贵州省的大数据治理实践尤其突出了对其中数据分类分级问题的关

---

[1] 对省政协十二届一次会议第 0321 号提案的答复 [EB/OL]. 江苏省发展改革委，http://www.js.gov.cn/art/2018/9/7/art_59167_7834415.html.

[2] 邱玉婷，万文佳. 江苏政务数据共享现状及对策研究 [J]. 江南论坛，2021 (3)：13-15.

注，并形成分类分级地方标准形式的治理工具，分类采取主题、行业、服务、标签方式，分级则按照敏感程度进行划分。根据《重庆市政务数据资源管理暂行办法》，重庆市建立了以政务数据资源"目录清单＋需求清单＋责任清单"为核心的政务数据资源目录管理体系，并印发《重庆市政务数据资源责任清单（2019年版）》，新增了247类数据资源，275类原有数据资源新增信息项，目前重庆市政务数据资源总量达到3591类，涵盖了72个部门及单位①。

统计显示，在31个省份中，有29个通过政策文件形式明确了实行政务数据统一目录管理理清数据共享交换管理流程、强化共享交换数据质量职责的要求。例如北京市经信局、编办和财政局牵头政府各相关部门借助大数据、区块链、云计算、人工智能等新技术，打造北京市的"目录区块链"。具体而言就是各部门的"职责目录"一一对应，形成全市"数据目录"一本大台账。利用区块链的分布式存储、不可篡改、合约机制等特点，建立起北京市"目录区块链"，将各部门目录"上链"锁定，实现了数据变化的实时探知、数据访问的全程留痕、数据共享的有序关联。另外，有20个省份明确提出实行分级分类清单管理，如上海市建立"三清单"制度，即公共管理和服务机构根据法定职责，明确本单位可以向其他单位共享的数据责任清单；根据履职需要，形成需要其他单位予以共享的数据需求清单；将法律、法规、规章明确规定不能共享的数据列入共享负面清单，明确了数据资源共享的边界。还有9个省份明确了数据开放管理要求，如山东省提出政务数据按开放类型可分为无条件开放、有条件开放和非开放三类，其中，可以提供给所有公民、法人和其他组织使用的政务数据资源属于无条件开放类；可以部分提供或者需要按照特定条件提供给公民、法人和其他组织的政务数据资源属于有条件开放类；涉及国家秘密、商业秘密、个人隐私和国家安全，以及其他不宜提供给公民、法人和其他组织的政务数据资源属于非开放类②。

4.2.1.3　数据资产登记管理

从各省份政务数据管理相关政策文件制定情况来看，各地对于数据定义

---

① 政务数据管理改革推动数据"聚通用"［EB/OL］．华龙网, http://cq.cqnews.net/html/2019-10/23/content_50702354.html.

② 政务数据质量管理的发展现状［EB/OL］．德拓官网, http://www.datatom.com/cn/news/2020/1125/354.html.

各不相同，包括公共数据、公共信息资源、政务数据、政务信息资源、政务信息资产等不同提法，说明各地对数据和信息的理解、对政务数据和公共数据的理解、对数据是资源还是资产的理解均不一致。甚至是基于同一种提法，不同地区的内涵界定也不相同，例如，同样是"公共数据"，北京、吉林等地的内涵范畴包括了本地各级行政机关和公共服务企业在履行职责和提供服务过程中获取和制作的电子形式数据；而上海、浙江等地则不包含公共服务企业产生的数据①。实际上早在2016年10月福建省出台的《福建省政务数据管理办法》指出，坚持政务数据资源属于国家所有，纳入资产管理的理念，遵循统筹管理、充分利用、鼓励开发、安全可控的原则，推动政务数据向社会开放共享，增强数据的公共服务能力，实现数据资产增值。

2017年7月，贵州省大数据发展领导小组办公室印发的《贵州省政府数据资产管理登记暂行办法》正式施行，标志着贵州省成为全国首个出台政府数据资产管理登记办法的省份。该文件指出政务数据资产是指由政府服务实施机构建设、管理、使用的各类业务应用系统，以及利用业务应用系统依法依规直接或间接采集、使用、生产、管理的，具有经济、社会等方面价值，权属明晰，可控、可交换的非涉密政府数据。政府数据资产登记范围包括：政府信息系统资产目录清单、硬件资产清单、软件资产清单，以及采集、使用、产生、管理的数据资产清单。政府数据资产登记是指政务服务实施机构将各自建设、管理、使用的政府数据资产进行登记，并统一汇集到全省政府数据资产登记信息管理基础平台中的工作。贵州省全量政府数据资产梳理及管理建设主要内容围绕全量政府数据资产梳理及管理建设展开，其中最重要的工作有两点：一是编制政府数据资产登记簿，在贵州省政务信息资源目录的基础上，将各部门的政务信息系统与数据资产清单信息进行补充整合，形成了贵州省政府数据资产的登记簿；二是搭建贵州省政府数据资产登记管理系统，系统包括硬件、软件数据资产共120项，搭建了基于数据基因的全量数据资产登记簿管理系统，包括四个功能：数据登记、动态管理、角色管理、统计分析②。

山西省于2019年11月出台的《山西省政务数据资产管理试行办法》规定，政务数据资产是指由政务服务实施机构建设、管理和使用的各类业务应

---

① 政务数据质量管理的发展现状 [EB/OL]. 德拓官网，http://www.datatom.com/cn/news/2020/1125/354.html.

② 资料来源：《全量政府数据资产登记与数据普查实践》。

用系统,以及利用业务应用系统,依据法律法规和有关规定直接或者间接采集、使用、产生、管理的文字、数字、符号、图片和视音频等具有经济、社会价值,权属明晰、可量化、可控制、可交换的政务数据。办法同时指出政务数据资产是重要的生产要素,属于国有资产,其所有权归国家所有;并指出县级以上人民政府政务信息管理部门应当建立健全政务数据资产登记管理制度和政务数据资产动态管理制度,编制政务数据资产登记目录清单,建设本级政务数据资产登记信息管理系统[①]。

浙江省数据管理中心要求在规定时间内,摸清系统和资源底数,明确可以共享的数据资源包括最多跑一次的服务事项梳理,形成了资源架构一张图——浙江省到底有多少数据资产,对其数据表、数据库和资源目录以及部门数据、基础数据、主题数据等进行分类,并做了顶层规划;全口径的梳理——基于业务梳理、应用系统数量以及应用系统的数据,按照政府的职责范围进行全口径的梳理;管理体系设计——如何进行核心数据的一数一源,一数一源如何构建等。通过普查建立资源目录,进行资源查询、统计、系统的设置等,内容包括导出、导入,系统涵盖了信息系统名称、系统介绍、审核部门、审批时间、在建意见、资金来源等30个要素[②]。

政府数据资产管理是当前我国地方政府数据资源管理观念的重要转变,权属关系及价值属性被视为政府数据资产的关键内容[③]。为适应此趋势,各地也纷纷规范数据资产登记管理业务。做好政府数据资源登记管理,能够加快推进政务数据资源整合共享和开放,提升政府信息资源在配置和利用方面的价值与意义,促进部门间业务协同,提升治理能力和服务水平。

4.2.2 地方政府数据共享互通

大数据融合是政府大数据共享交换的核心阶段,根据现有定义可知,大数据融合是按照知识的语义逻辑关联融合形成知识。在大数据背景下,政府数据共享交换是提高政府治理能力的核心议题,尤其是跨组织系统、跨部门

---

① 资料来源:《山西省政务数据资产管理试行办法》。
② 全量政府数据资产登记与数据普查实践 [EB/OL]. 智慧交通网. http://www.citnet.cn/index.php?m=wap&a=show&catid=222&typeid=97&id=1187.
③ 霍小军,袁飚,舒春燕. 新形势下地方政府电子政务数据规划与建设研究 [J]. 电子政务, 2016 (11): 79–90.

协作及跨部门服务协同被视为政府数据共享交换的关键[1]，地方政府数据共享互通包括：数据共享交换平台建设、数据处理规范制定、政务数据资源整合、共享交换机制构建及数据安全与监控。

4.2.2.1　数据共享交换平台建设

统一数据交换平台能够为政府各部门提供跨层级、跨部门的数据共享交换支撑。统一数据交换平台由平台前置层、共享交换层、平台支撑层、基础资源层组成，如图4-6所示，其中，基础资源层主要汇聚政务服务事项库，办件信息库，共享利用人口、法人、电子证照、信用信息等基础资源库；平台支撑层主要提供消息中间件、ESB、ETL、调换调度等工具，实现接口封装、数据抽取、数据清洗、数据转换、数据关联、数据比对等功能；共享交换层由资源目录平台和交换平台构成，目录管理平台提供元数据管理、目录编目、目录注册、目录发布、目录维护、目录订阅等功能，交换平台提供交换桥接、前置交换、交换传输、交换管理等功能，为信息定向交换传输和形成基础信息资源库提供支撑；平台前置层是指跨地区、跨部门、跨层级交换共享的政务信息数据前置区域，承担着整个平台对外服务，包括数据库、文件、消息队列、在线填报、离线填报、Web Service、Web 浏览等交换方式[2]。

各地方政府相继开展了交换平台建设，据统计，目前31个省份和新疆生产建设兵团全面接入国家数据共享交换平台[3]。其中"云上贵州"政务数据平台于2014年10月正式上线运营，2016年上线启用了数据共享交换平台。截至2017年底，"云上贵州"政务数据平台打通了扶贫、教育、公安等21个国家部委和省市数据，横向连接65个省直部门，纵向部署9个市州和1个国家级新区，形成了一体化的贵州政府数据共享交换开放体系，累计交换量达到1亿条以上，系统平台的数据存储总容量达3000TB。[4] 2017年5月江苏省全省数据共享交换平台先后完成与国家平台接入、目录系统接入、政务外网

---

[1] 徐晓日，李思聪. 大数据背景下政府信息资源共享问题研究 [J]. 长白学刊，2015 (6)：57-61.

[2] 国务院办公厅关于印发"互联网+政务服务"技术体系建设指南的通知 [EB/OL]. 中国政府网. http://www.cac.gov.cn/2017-01/13/c_1120300337_8.htm.

[3] 中国数字经济规模已达31万亿元 约占GDP三分之一 [EB/OL]. 人民日报. http://www.e-gov.org.cn/egov/web/article_detail.php?id=170258.

[4] 周雅颂. 数字政府建设：现状、困境及对策——以"云上贵州"政务数据平台为例 [J]. 云南行政学院学报，2019 (2)：120-126.

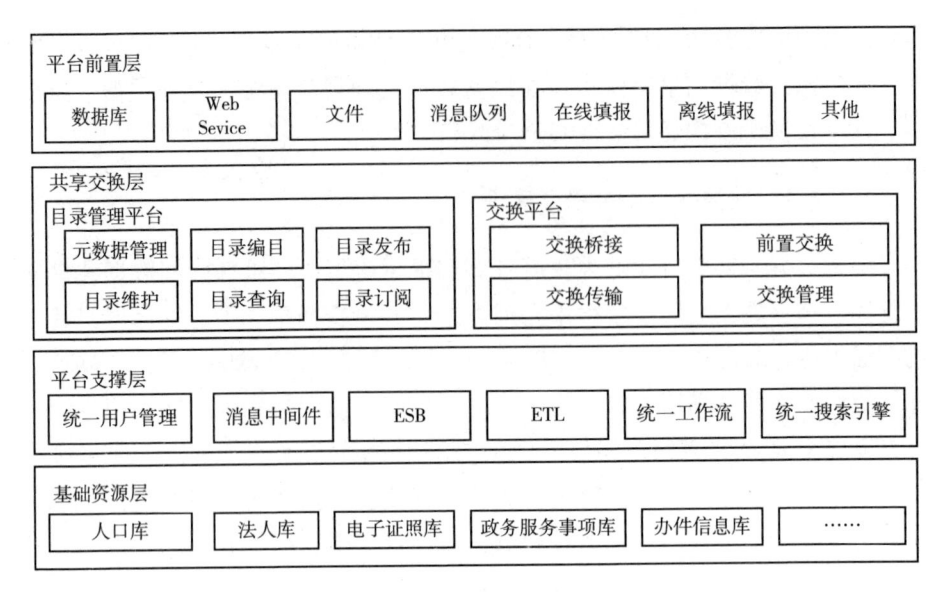

```
┌─────────────────────────────────────────────────────────────────┐
│ 平台前置层                                                       │
│  ┌──────┐ ┌──────┐ ┌────┐ ┌────────┐ ┌──────┐ ┌──────┐ ┌────┐  │
│  │数据库│ │ Web  │ │文件│ │消息队列│ │在线  │ │离线  │ │其他│  │
│  │      │ │Sevice│ │    │ │        │ │填报  │ │填报  │ │    │  │
│  └──────┘ └──────┘ └────┘ └────────┘ └──────┘ └──────┘ └────┘  │
├─────────────────────────────────────────────────────────────────┤
│ 共享交换层                                                       │
│ ┌───────────────────────────┐ ┌─────────────────────────────┐ │
│ │ 目录管理平台              │ │ 交换平台                     │ │
│ │ ┌────────┐┌──────┐┌──────┐│ │ ┌──────────┐ ┌──────────┐   │ │
│ │ │元数据  ││目录  ││目录  ││ │ │ 交换桥接 │ │ 前置交换 │   │ │
│ │ │管理    ││编目  ││发布  ││ │ └──────────┘ └──────────┘   │ │
│ │ └────────┘└──────┘└──────┘│ │ ┌──────────┐ ┌──────────┐   │ │
│ │ ┌────────┐┌──────┐┌──────┐│ │ │ 交换传输 │ │ 交换管理 │   │ │
│ │ │目录维护││目录  ││目录  ││ │ └──────────┘ └──────────┘   │ │
│ │ │        ││查询  ││订阅  ││ │                              │ │
│ │ └────────┘└──────┘└──────┘│ │                              │ │
│ └───────────────────────────┘ └─────────────────────────────┘ │
├─────────────────────────────────────────────────────────────────┤
│ 平台支撑层                                                       │
│ ┌──────────┐ ┌────────┐ ┌────┐ ┌────┐ ┌────────┐ ┌──────────┐ │
│ │统一用户  │ │消息    │ │ESB │ │ETL │ │统一    │ │统一      │ │
│ │管理      │ │中间件  │ │    │ │    │ │工作流  │ │搜索引擎  │ │
│ └──────────┘ └────────┘ └────┘ └────┘ └────────┘ └──────────┘ │
├─────────────────────────────────────────────────────────────────┤
│ 基础资源层                                                       │
│ ┌──────┐ ┌──────┐ ┌────────┐ ┌──────────┐ ┌────────┐ ┌─────┐ │
│ │人口库│ │法人库│ │电子证照│ │政务服务  │ │办件信息│ │……   │ │
│ │      │ │      │ │库      │ │事项库    │ │库      │ │     │ │
│ └──────┘ └──────┘ └────────┘ └──────────┘ └────────┘ └─────┘ │
└─────────────────────────────────────────────────────────────────┘
```

图 4-6 统一数据交换平台

上目录系统接入、组织机构认证等六轮测试，率先完成了所有测试任务，具备了开展跨层级、跨部门、跨系统的信息资源共享交换基础[①]。目前，江苏省级大数据共享交换平台已完成初步建设，并实现与国家数据共享交换平台和全国一体化在线政务服务平台、60 余家省级政务部门以及 13 个设区市政务部门的对接，初步建成全省一体化大数据中心[②]。广西壮族自治区政务数据共享交换平台于 2019 年 6 月底建成并正式运行，实现了上联国家平台，下联市级平台，横向连接自治区各单位，是广西数字政务一体化平台与国家政务服务平台的主要数据传输通道，目前共接入 128 个自治区部门，14 个地市、109 个县（市、区）共 2160 个单位，南宁、柳州、桂林、贵港、贺州、梧州共 6 个市级数据共享交换平台实现与自治区数据共享交换平台联动，实现异构平台数据的共享与交换[③]。江西省统一数据交换平台目前已接入 295 个节点，包括 29 个交换中心节点（省级 1 个，市级 11 个，县级 17 个）、266 个前置交换节点（省级 71 个，市县级 195 个），承载了多个业务应用系统的

[①] 江苏省发展改革委．对省政协十二届一次会议第 0321 号提案的答复［EB/OL］．http：//www.js.gov.cn/art/2018/9/7/art_59167_7834415.html．
[②] 邱玉婷，万文佳．江苏政务数据共享现状及对策研究［J］．江南论坛，2021（3）：13-15．
[③] 大数据应用课题组．广西政务数据共享交换体系现状及对策建议［EB/OL］．http：//gxxxzx.gxzf.gov.cn/jczxfw/dsjfzyj/t7433510.shtml．

数据交换，如全省综合治理平台、统一电子监察平台、公共信用平台、"阳光医药"、公共资源交易数据共享平台、两法衔接信息共享平台、旅店业数据共享、县级基层政务公开等12个省级业务应用。此外，交换平台还承载了设区市综合治税、信息惠民、智慧城市的大量数据交换共享业务。目前，平台已完成省、市两级和部分县级交换中心建设，覆盖了省直50多个部门，初步形成了省、市、县三级政务数据共享交换体系[①]。陕西省政务数据共享交换平台由陕西省信息中心建设、管理和运维，该平台上联国家数据共享交换平台，横联省级部门业务系统，下联市（区）数据共享交换平台，形成跨层级、跨部门、跨区域的数据交换体系。目前，该平台实现与76个省级部门和13个市（区）的业务对接，发布省级政务信息资源目录1996条，下沉国家信息资源目录13539条，挂接政务数据资源352个，代理了国务院部门共享数据资源52个[②]。

4.2.2.2　数据处理规范制定

《促进大数据发展行动纲要》指出"提升政府数据开放共享标准化程度""制定实施政府数据开放共享标准""建立标准规范体系"；《2018年政务公开工作要点的通知》强调"依托政府网站集中统一开放政府数据，探索制定相关标准规范"。《关于构建更加完善的要素市场化配置体制机制的意见》提出"建立统一规范的数据管理制度""制定数据隐私保护制度和安全审查制度""推动完善……数据分类分级安全保护制度"，标准规范支撑政务数据共享建设、运行及推广，是对政策法规的有益补充，能够促进政务数据共享机制的逐步完善。

黄如花（2020）以数据生命周期理论为指导构建了贯穿我国政府数据开放共享全流程的政府数据开放共享标准体系框架。依据规范化流程的界定，该体系可划分成6个标准子体系，细化形成23项标准[③]。一是数据创建与汇交标准。数据格式标准指明不同领域数据、混合数据应采用的格式类型。数

[①] 金俊平，孙杨，喻涌. 江西省：建设数据交换平台，实现政务信息共享［J］. 中国信息届，2017（4）：82–85.

[②] 陕西省政务数据共享交换平台正式上线［EB/OL］. 陕西日报. https：//www.baidu.com/link?url=BPe2w6MxnQAghagMSYjaY9fR_U4hfseZ0l3kG6PMQqjVM2bqKhVoijAGU74ZTAGLKvY5YgUF6n_yvsl-HmmtpLA1KG8hzSRXxFq7pR39bdjE_&wd=&eqid=91a549520000769d0000000560fa77b7.

[③] 黄如花. 我国政府数据开放共享标准体系构建图书与情报［J］. 图书与情报，2020（3）：17–19.

据采集标准从采集原则和方式入手，是获取高质量数据的保证。数据提交标准涉及技术规范，包括提交流程、可用接口及元数据要求；也涉及操作规范，包括提交者的认证方式和数据上传频率。二是数据选择与处理标准。数据审选标准在内容上涵盖与数据集相关的法律、安全、技术及元数据的信息，流程上建议遵循"数据集映射、优先级排序、实施选择、主题分类、数据目录发布"的次序。数据安全风险评估标准是针对数据中个人隐私、商业机密、国家安全等敏感信息进行安全影响评估的指标和流程。数据脱敏标准包括处理敏感信息的原则、流程、方法和工具。三是数据描述与组织标准。元数据标准用于揭示政府数据的外部特征和内容特征。数据分级标准的重点是确定分级方法，并限定各等级数据的开放共享程度。数据目录分类标准是从资源属性、基础信息、主题信息、属地类别、业务属性和授权类别等多个角度建立的类目体系。四是数据关联与发布标准。数据关联标准要遵循W3C政府关联数据工作组建议的关联数据发布实践以及《开放数据五星部署方案》中的相关要求，对关联流程、技术原则和衡量关联程度的指标进行统一规范。数据发布标准规定的是有待开放的数据上传至数据开放平台的流程和方式。五是数据发现与利用标准。数据开放平台标准提出建立国家和地方层面政府数据开放门户的底层技术架构、统一数据检索协议，同时明确运营管理规则，以确保各平台的功能一致性、运行稳定性。数据互操作标准侧重于规范数据互操作框架和互操作级别，前者用于统一互操作的原则和条件，后者考虑法律、机构、语义和技术等方面的互操作问题。数据利用反馈标准涉及用户的反馈渠道、方式及主管部门分析反馈结果的方法。六是数据管理与评估标准。数据保存标准通过规定数据存储的介质、方式、保存格式和编码方式实现政府数据长期保存。数据更新标准参照地方标准的更新规则和模式进行建立。数据管理标准说明数据管理的主体及其职责、流程与制度，以及针对人口、法人等政府主数据的统筹管理。数据维护标准遵循"定期维护数据和元数据、检查URI、根据用户反馈进行改进"的流程。数据质量评价标准用于评价数据内容质量，涉及具体的指标和流程。政府数据开放共享评估标准包括规范的评价策略、指标和方法（如图4-7所示）[1]。

目前贵州、浙江、上海等地加快完善政务数据共享标准规范体系，规范

---

[1] 黄如花. 我国政府数据开放共享标准体系构建图书与情报[J]. 图书与情报, 2020（3）: 17-19.

政务数据共享应用。一是统一政务数据共享数据标准。贵州省制定了《政府数据分类分级指南》《政府数据元数据描述规范》《政府数据资源目录编制指南》《政府数据脱敏指南》四个地方标准等系列地方标准；浙江省发布《法人库数据规范》《人口综合库数据规范》《信用信息库数据规范》等地方数据标准；山东省发布《政务信息资源目录》《法人单位基础信息数据元目录》等系列地方标准。二是统一政务数据共享管理规范。浙江省出台公共数据共享细则、治理工作细则、数据安全动态脱敏技术规范等系列管理细则或规范，建立健全数据全生命周期管控机制。上海市出台《上海市电子证照管理暂行办法》《上海市"一网通办"电子档案管理暂行办法》《上海市"一网通办"平台运行管理暂行办法》等管理规范，统一政务数据的平台管理、数据管理[1]。

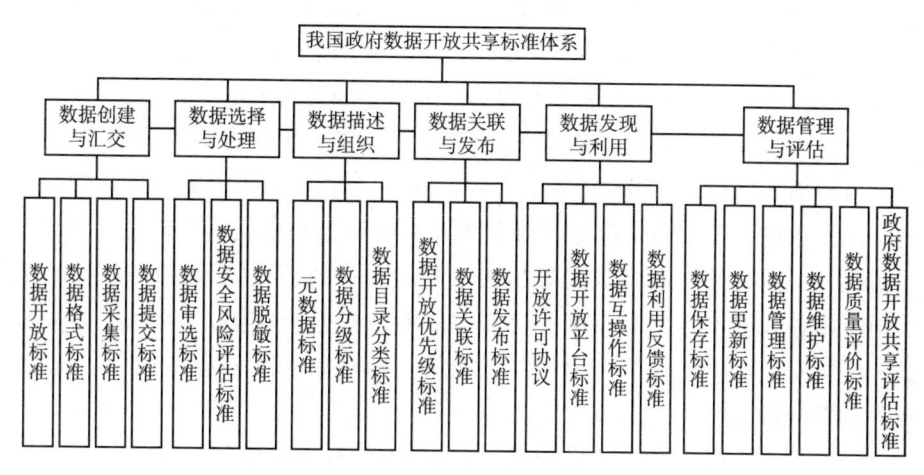

图 4-7 我国政府数据开放共享标准体系

资料来源：黄如花. 我国政府数据开放共享标准体系构建 [J]. 图书与情报. 2020（03）：17-19.

4.2.2.3 政府数据资源整合

基础数据库和公共资源数据库是政府信息资源整合的重要方式[2]，其中基础数据库建设一向是我国电子政务建设工程的关注焦点，是跨部门数据共享交换的关键内容[3]。

---

[1] 邱玉婷，万文佳. 江苏政务数据共享现状及对策研究 [J]. 江南论坛，2021（3）：13-15.
[2] 谢先江. 电子政务外网平台信息资源构建研究 [J]. 情报科学，2005（11）：1610-1616.
[3] 张延松，薛永生，张宇等. 电子政务建设中的基础数据库建设规划研究 [J]. 厦门大学学报（自然版），2004，43（s1）：293-299.

在共享交换平台基础上，以基础数据库及主题数据库建设为典型。贵州省围绕数据整合开展了数据治理实践，由基础库信息资源牵头部门建设，已建成法人单位、人口、空间地理、宏观经济四大基础库，实现整合共建无缝共享，率先在我国成为把四大基础库放在一个云平台上全面共享的省份，超过7760万条数据成功互联互通；医疗卫生、社会保障等主题牵头单位建设形成主题数据库。围绕基础库及主题库建设形成的政策及协调机制成为促进跨部门数据共享交换的关键性工具，该项整合实践突破了现行行政管理体制对部门间数据共享交换的障碍，确保了数据来源权威并避免重复采集，不仅是应用系统开发建设的基础，同时促进了主体协作和业务协同的开展[1]。江西省建成人口、法人、电子证照、公共信用和投资项目等高频共享库，归集公安、市场监管、民政、人社、发改等部门12.67亿条高频数据，经融合治理后开放了203项高频数据接口[2]。重庆市提出建设"两个系统（共享系统、开放系统）+四大基础数据库（人口、法人、空间地理、电子证照）+N个主题数据库+N个部门数据资源池"（2+4+N+N）的数据汇聚体系，其中，自然人数据库已整合4302万余条有效信息；证照库整合212万余条相关信息；法人数据库已归集全市133万余法人基础信息和相关涉企信息，实现法人信息、工商业务与地理空间数据的深度融合；地理空间数据库整合土地、房地产相关数据，已归集5520余条信息，有效服务城乡规划与建设、环境保护、应急安全、税收征管、市场主体监管、河长制管理等多个领域。此外，市共享平台形成19类主题库，如精准扶贫主题库、网上行政审批主题库、生态环保主题库、现代物流主题库等。各部门累计数据调用72.6亿条，累计数据调用45.5亿次[3]。广东省政务大数据中心已建设人口、法人单位、自然资源和空间地理、社会信用信息、电子证照五大类公共基础数据库。基础库已初步建成并对外提供数据共享、接口服务等各类数据服务。政务大数据中心已对47个省级部门、7个地级以上市共享了近2400类数据，数据总量逾83亿条；提供各类数据服务接口222个，其中，电子证照库开通服务58个，日

---

[1] 马广惠，安小米. 政府大数据共享交换情境下的大数据治理路径研究[J]. 情报资料工作，2019（3）：62-70.

[2] 陈佳俊. 浅谈数字政府背后的数据治理[EB/OL]. https://www.163.com/dy/article/FT9IGLPB0518KCLG.html.

[3] 陶洋航. 大数据背景下重庆市政务数据资源共享研究[D]. 重庆：重庆大学，2019.

均调用 7.8 万次①。广西政务数据共享交换平台汇聚了国家相关部委的高频数据接口、优化营商环境重点指标数据、政务服务百项高频事项数据、各地各部门各单位政务数据资源,截至 2020 年 9 月 30 日,平台发布了国家部委数据接口代理 53 个,各地各部门各单位政务数据资源目录 3.8 万条,挂载了 38042 个数据资源,资源挂载率为 99.51%。其中挂载接口 1789 个、库表资源 8579 个、共享文件 27674 个,数据库数据总量 16.61 亿条。同比 2019 年底,广西政务数据资源目录新增 18187 项,数据资源新增 18278 个,数据库数据总量新增 5.88 亿条,汇聚了自治区公安厅、发展改革委、市场监管局、自然资源厅、大数据发展局分别牵头建设的人口、法人、自然资源与空间地理、社会信用、电子证照五大基础库,累计发布共享 381 个数据资源②。

4.2.2.4 共享交换机制构建

关于数据共享交换的实现方式,已有研究及实践探索出的解决方案包括:标准接口、数据交换系统、前置机、政务资源库等方式③,其中,文件交换方式:在政务内外网前置机之间建立安全的 FTP 文件交换通道,数据以文件的方式交换;数据库表同步方式:在政务内外网前置机上建立同步数据库,数据以表同步的方式交换;Web Service 接口方式:平台提供相应接口规范,由申请单位系统开发商根据接口规范开发相应的接口程序实现交换④。

采用前置机交换方式属于传统的技术手段,其主要解决的是大数据量的数据进行交互的应用场景。当交换数据的数据量较大时,当需要进行落地存储,需要将数据集中清洗对外提供共享服务时,当一次采集需要对多个数据需求方进行服务时,当需要进行数据和文件混合交换时,当交换数据需要进行跨网交换时,当对数据传输速度和实效性要求不高时,在这些应用场景中一般较多地采用前置机交换的方式开展。但是采用前置机交换方式在数据交换共享过程中需要开放对方的数据库权限及其数据字典表,这样做一是有开

---

① 广东发布政务数据共享管理办法 建省市县一体化大数据中心 [EB/OL].南方都市报.http://zfsg.gd.gov.cn/xxfb/mtbd/content/post_2122428.html.
② 大数据应用课题组.广西政务数据共享交换体系现状及对策建议 [EB/OL].http://gxxxzx.gxzf.gov.cn/jczxfw/dsjfzyj/t7433510.shtml.
③ 马广惠,安小米.政府大数据共享交换情境下的大数据治理路径研究 [J].情报资料工作,2019(3):62-70.
④ 政务内外网数据安全交换平台介绍 [EB/OL].厦门信息中心 http://www.xmic.org.cn/fwzn/zwnwwsjaq/201608/t20160824_94573.htm.

放数据库的风险，二是需要双方多次协商数据库接口，并由开发商进行相关配置，且每次共享需求改变，都要重新协调字段、库表，进行重新配置。采用 Web Service 接口方式，其本质是用接口的方式来解决业务协同的问题，暨小数据量实时交互的应用场景。其适用于数据量较小、数据传输实时性要求较高的场景，将深藏在各独立而封闭系统中的数据通过自动生成数据服务的方式便捷地开放共享出来，一般实现数据的查询、核准等应用，以满足跨部门、跨领域、多源异构系统之间快捷高效多样化数据服务采集需求。但是采用 Web Service 接口方式需要与部门的系统开发商进行开发接口的协商，并且由数据提供方进行接口开发，由其他的部门进行调用。这种方式由各个开发商开发接口，协调复杂度高、技术要求高、成本较高，在大规模数据量实时地进行数据交换、比对时效率较低[1]。

目前基于 Web Service 的电子政务数据共享交换技术，已经得到了全面推广和应用。且当前国家已经正式启用了国家数据共享交换平台，采用 Web Service 技术实现基础信息资源、主题信息资源、部门信息资源等数据共享与交换，实现政务信息资源目录管理、政务信息资源交换体系、政务数据填报系统，实现"一个中心、多个交换节点"的数据交换模式，并完成了各省份的级联接入部署工作[2]。如广西政务数据共享交换体系自治区级数据资源共有 79 个自治区单位的 2370 个数据资源被申请使用，接口被调用 2.5 亿次，库表被订阅 1437 次，文件被订阅 1058 次[3]。陕西省政务数据共享交换平台实现与 76 个省级部门和 13 个市（区）的业务对接，发布省级政务信息资源目录 1996 条，下沉国家信息资源目录 13539 条，挂接政务数据资源 352 个，代理了国务院部门共享数据资源 52 个，平台支撑了全省政务服务"一网通办""互联网+监管"、社会信用、投资审批、不动产登记、"多证合一"改革及"证照分离"试点等数据共享交换和业务协同，已累计受理数据资源申请 1109 次，服务接口累计被调用 1394.47 万次，数据库表累计交换 8.01 亿条[4]。贵州省数据共享交换平台自 2019 年 1 月改造上线以来，共受理通过各

---

① 闫丰. 政务部门数据交换共享方式对比[J]. 电子技术与软件工程, 2018 (8)：165 – 165.
② 代杨. 政府数据共享交换平台的设计与实现[D]. 贵阳：贵州大学, 2019.
③ 大数据应用课题组. 广西政务数据共享交换体系现状及对策建议[EB/OL]. http://gxxxzx.gxzf.gov.cn/jczxfw/dsjfzyj/t7433510.shtml.
④ 陕西省政务数据共享交换平台正式上线[EB/OL]. 陕西日报. http://www.gov.cn/xinwen/2019 – 12/10/content_5460015.htm.

地各部门数据申请 3167 次，实现共享 2824 次，交换数据 4474 万次，交换数据量 111.7TB[①]。

4.2.2.5 数据安全与监控

目前各地在开展数据归集过程中，主要通过前置机（数据库表交换）、FTP 服务器和服务接口三种方式，虽然三种方式都有内置的安全措施，但是为了保障归集数据过程中的安全，需要分别对三种方式采取有针对性的安全管控设置[②]。

文件交换方式，目前在政务数据共享交换过程中，各类半结构化资料（包括 Excle 数据表、Word 文档、PDF 文件）主要通过文件服务器进行存储交换，会出现的安全问题包括：一是文件存储时，以明文方式集中存储，安全风险较高；二是文件共享时，可以随意下载或复制粘贴，权限控制较弱；三是通过文件服务器系统漏洞，用户进行非法 FTP 操作，包括未经授权的删除、创建文件操作或者访问、遍历文件。所以在面向此类方式进行安全防护设计时：首先应当考虑的是加强账号权限设置，无论 Windows 文件服务器或是 Linux 文件服务器，其关键都是把握读、写、执行等权限的分配。其次需要在匹配文件价值的前提下，考虑存储加密或访问控制等防泄漏设备。最后还需要考虑对文件服务器访问操作的审计，可以通过常规运维审计设备，如堡垒机或运维审计设备实现。

库表交换即数据库共享数据，这类交换方式可以借助更新、回滚等数据库内置事务机制设计业务应用，一般用于批量数据同步，目前在库表交换或者说前置机安全方面，数据局会面临管理和技术两方面的问题。从管理方面来看，由于各类历史原因，会出现前置机物理部署位置在委办局机房，但是业务又只为数据共享交换使用的情况，最终导致出现"委办局不想管，数据局管不到"的局面，包括明确前置机安全责任共担，涉及需要依赖另一方安全措施有效性的，责任由双方共同承担，并在后续逐步将库表交换改造为数据接口交换。另外可以通过分配两类账号解决实际操作问题，主机及运维账号归委办局所有，负责主机的日常安全维护工作，数据库账号归数据局所有，

---

① 2020 年上半年政务数据共享交换情况 [EB/OL]. 贵州省人民政府门户网站 http://dsj.guizhou.gov.cn/zwgk/xxgkml/zdlyxx/sjzygl/202007/t20200729_61897331.html.

② 政务数据归集的安全风险和管控措施 [EB/OL]. 美创科技, https://www.sohu.com/a/423339953_100113888.

负责数据共享交换业务和数据库系统的安全配置。在明确前置机安全责任的范围后，数据局还需要通过落实各类技术措施进行安全管控：一是对前置机服务器进行安全加固，主要进行漏洞扫描，修复安全漏洞，必要时可进行渗透测试并部署 EDR 软件。二是对前置机的运维，通过堡垒机统一运维，堡垒机按照"最小可用"原则分配账号权限，具体包括：限制堡垒机的特定 IP 访问数据库，其他 IP 都不可以访问；限制数据库访问特定 IP（即固定前端应用）；前置机数据库管理员登陆堡垒需要采用双因子（短信或 Ukey）方式进行身份验证；通过专用主机登陆堡垒机进行运维操作，并保证该主机及时更新补丁、安装杀毒软件等。三是关闭数据库及前置机除提供服务外的端口服务。四是部署数据库审计 Agent，记录分析数据库操作行为，必要时对安全事件提供追责证据。

数据接口交换方式，目前数据接口（API）已是政务数据共享和数据归集的主要方式，包括杭州城市大脑中枢系统，也是通过 API 注册、API 路由和 API 授权形成业务协同，相较于库表方式，API 的适用性更强，访问控制措施更加细化，但随着广泛使用，安全隐患也在不断显现：不仅包括 API 的开发过程中会产生安全漏洞，如缺少身份认证，水平/垂直越权漏洞等，还包括 API 正常开发情况下，服务第三方服务人员以合法身份进行非法接口数据访问调用。最后在业务使用过程中还面临的一个问题是：API 的多层封装容易导致出现问题难以定位。面对以上问题，在考虑 API 安全时，需要从以下五个角度进行考虑：一是 API 的身份认证机制，避免出现弱口令、账号密码明文传输等安全隐患；二是 API 的授权访问机制，目前通常是通过授权码验证方式，确保 API 已申请授权；三是 API 数据传输脱敏加密，可以根据业务需要在前端或后端进行脱敏处理；四是 API 存活状态，在掌握 API 资产分布的情况下，可以通过心跳测试确保 API 可用性；五是 API 异常行为监测，包括访问频次超出需要、非正常时间访问等。

目前，国标《信息安全技术个人信息安全规范（GB/T 35273 - 2020）》《政务信息资源交换体系第 3 部分：数据接口规范（GB/T 36478.4 - 2019）》《信息安全技术政务信息共享数据安全技术要求（征求意见稿）》均有对 API 安全的相关要求，针对性地设计 API 安全管控机制，部署相应的安全技术措施。同时，2020 年 11 月，由全国信息安全标准化技术委员会归口上报及执行的 GB/T 39477－2020《信息安全技术政务信息共享数据安全技术要求》获批正式发布（2021 年 6 月正式实施），本标准针对政务信息共享交换过程三方（共享数据提供方、共享数据交换服务方与共享数据使用方）及三阶段（共享数据准备、共享交换和共享数据使用）提出了近150项安全技术要求。焦迪经统计发现，各地方政务信息共享安全防护措施与标准尚有距离，在标准正式发布后，结合各地方政务信息共享安全建设的情况与标准的144条安全技术要求进行了对标分析发现，各地方目前已有的安全措施能基本符合标准要求的有49条，占比40%；部分符合要求的有24条，占比19%；不符合要求的有51条，占比41%[①]。

4.2.3 地方政府数据创新应用

大数据创新应用是指应用数据分析方法挖掘大数据，实现辅助决策及价值增值的过程。大数据应用主要围绕企业、商业、产品等寻求具体的业务应用场景是实现政府大数据真正价值的重要方式[②]。地方政府数据创新应用包括：业务部门主导数据应用、基于场景的数据整合以及面向应用的数据价值挖掘。

4.2.3.1 业务部门主导数据应用

上海市通过市电子证照核心基础数据库的建设，实现了包括身份证在内的222类电子证照归集，共计有8000多万张电子证照。通过用证清单，将市民办事事项的材料清单与电子证照建立关联，为电子证照在政务服务和社会化领域的应用提供支撑；超过一千万名用户可以在"随申办"App中查看本人的电子证照，并助力电子证照在线下的16个区行政服务中心以及220个社区事务受理服务中心办理业务，实现证照材料免交[③]。

江苏省依托互联网优势，全面应用信息化手段深化"不见面审批（服务）"改革，不断创新政务服务方式，进一步便民利企。一是推进政务服务网上办。推进该省政务服务事项与国家基本目录一致，完成业务项拆分和办事指南基本要素标准化工作，实现全省审批一套标准。全省审批类行政权力

[①] 焦迪. 详解政务信息共享数据安全国家标准［J］. 信息安全与通信保密，2021（6）：11-15.
[②] 张引，陈敏，廖小飞. 大数据应用的现状与展望［J］. 计算机研究与发展，2013（S2）：216-233.
[③] 陈佳俊. 浅谈数字政府背后的数据治理［EB/OL］. https：//www.163.com/dy/article/FT9IGLPB0518KCLG.html.

事项可网上办理率达98%，基本实现了"不见面审批"。二是推进政务服务掌上办。建设并不断迭代升级江苏政务服务App，持续上线与居民生活密切相关的高频应用。财政电子票夹应用实现非税票据开票、存档、报销全程电子化，社保费缴纳服务覆盖全省近6000万名城乡居民、灵活就业人员、未成年人等用户群体，首创上线省公积金缴存、贷款证明掌上开具，整体上线研究生考试成绩、高考成绩、自考成绩等12项教育类查询应用，全面对接违章交款、机动车自主选号等19项交管服务。江苏政务服务App上线服务应用2610个，全国领先。三是创新建设应用"苏服码"。江苏政务服务码（简称"苏服码"），是基于统一可信安全身份认证系统、五大基础库、各类政务信息资源，按照统一规范生成的二维码，包括用户基本信息、证照信息、档案信息、办事信息等，形成完整的用户专属空间。目前与南京、常州、苏州、南通、盐城、扬州、泰州等设区市开展对接，完成第一批应用场景梳理，共梳理可用场景294个（自然人197个、法人97个）；与省文旅厅"苏心游"初步制定"苏服码"融合技术对接方案。"苏服码"通过统一规范实现跨应用统一生码、跨业务统一扫码，服务于线下各类政务服务办事场景，为企业和群众提供高效精准数据服务[①]。

4.2.3.2　基于场景开展数据整合

对于贵州省开展的大数据应用活动，尤以块数据在农村精准扶贫中的应用为典型，块数据在其中主要发挥技术支撑和决策参考作用。以精准扶贫场景为例，业务主管部门及应用开发商开始介入治理过程成为新的治理主体。在此过程中，大数据局、大数据委及扶贫办类业务主管部门负责跨部门数据共享协调，农委类业务部门负责主导数据整合，应用开发商负责扶贫应用开发及分析建模。基于扶贫场景形成的治理工具不仅包括新的应用平台，还以扶贫应用标准规范建设为发展方向[②]。

江西省坚持实效导向，推进数据共享应用，持续优化营商环境。一是以数据共享推动业务流程优化。基于数据共享推动办事流程再造，实现投资项目备案"全程网办"，企业备案办理平均时间由5个工作日缩减为3个小时；

---

① 江苏省政务服务管理办公室. 对省政协十二届四次会议第0824号提案的答复［EB/OL］. 江苏省政务服务管理办公室 http://jszwb.jiangsu.gov.cn/art/2021/7/8/art_81501_9875068.html.

② 马广惠，安小米. 政府大数据共享交换情境下的大数据治理路径研究［J］. 情报资料工作，2019（3）：62－70.

企业注册登记时限压缩至 3 个工作日内；国际贸易"单一窗口"货物申报率100%。二是以数据共享推动政务服务"掌上办"。通过数据共享推动 6692个政务服务事项实现"掌上办""掌上查"。省本级和各地市公积金、社保查询等业务已全部接入"赣服通"。群众通过"赣服通"在线预约、填表、缴费、"刷脸"查进度，效率提升 50%，最快可 3 分钟办结。三是以数据共享能力提升政府治理能力。省发改委依托省公共信用平台，归集共享 48 个省直部门 14.6 亿条信用信息，为公众提供 1.6 亿次信用查询服务。省扶贫办通过归集共享 8 家省直部门 2000 余万条扶贫数据，为扶贫相关行业单位精准识别建档立卡贫困户提供支撑[1]。

4.2.3.3 面向应用挖掘数据价值

山东省深化大数据分析应用，一是在经济社会各领域开展大数据应用试点，对各领域数据进行多维度、多层次的大数据分析，大数据应用价值逐步显现。二是大力推进"互联网+政务服务"，建成全省统一的"一窗受理"系统和政务服务用户认证平台，实现公众和企业网上办事"一号登录、一站受理、一网通办"。三是建成"爱山东"App，接入社保医保、交通服务等近 200 项与公众服务密切相关的服务事项，便民服务实现"掌上办"。四是开通企业融资在线服务系统，实现银企双向选择，大幅降低企业融资成本和融资时间。五是建成全省统一的移动办公服务平台"山东通"，推广使用"山东公务邮"，成为国内首个全省统一公务邮箱应用案例。六是优化升级业务协同体系，财政、审计、公安、自然资源、交通运输、生态环境、人社、教育、旅游、民政、卫生健康等领域大数据应用均取得积极成效，为"一次办好"改革和优化营商环境提供强力支撑[2]。

江苏省内数据资源共享交换工作扎实推进，如省公安厅"微警务"集群，内部整合治安、交管、出入境、消防等 30 多个警种部门系统数据，外部打通民政、教育、财政、人社、卫计委、国土、工商、国税等近 20 个政府部门系统数据，依托全省公安数据资源共为省监察委、省高院、省检察院、省司法厅、省交通厅、省民政厅 6 家单位提供数据核查比对服务工作，已提供

---

[1] 陈佳俊. 浅谈数字政府背后的数据治理［EB/OL］. https://www.163.com/dy/article/FT9IGLPB0518KCLG.html.

[2] 关于对省政协十二届二次会议第 12020377 号提案的答复［EB/OL］. 山东省大数据局, http://bdb.shandong.gov.cn/art/2020/4/16/art_123021_2469.html?xxgkhide=1.

人员、车辆等数据核查服务21类共计180余万次,交通违法等数据服务4类1.8亿余条;自2008年起,省人社厅、省公安厅交换了近亿条历年全省城镇职工养老保险和失业登记人员数据、全省近6000万名人员的二代身份证照片和200多万名人员死亡销户人员数据;省信用办目前已建成省级信用"一网两库一平台"(即"信用江苏"网站、社会法人和自然人信用基础数据库、金融信用基础数据库和公共信用信息共享平台),已归集59家省级部门、13个设区市、106个县(市、区)等约30亿条信息,覆盖全省259万户企业、540万户个体工商户、7.1万个民非企业和社会团体等信用主体,形成了信用主体、信息来源部门、地区"三个全覆盖"的公共信用体系。[①] 省住建厅印发《关于在全省推行建设工程施工图多图联审的指导意见》,通过数据资源共享,推动实现了全省所有设区市设计文件统一接收、分工负责、并联审查、统一反馈;各地国土部门根据《省政府办公厅转发省审改办等部门关于全省推行"3550"改革意见的通知》要求,开展与房产、地税、民政、法院、公安、教育等部门的信息共享。南京市首创房产交易与不动产登记一体化办理平台,针对房产交易及不动产登记办事痛点,打通房产、地税、国土等12个部门19个系统,汇聚信息共享平台,实现"一次取号、一窗受理、一网办理、一键缴费、一并送达",手机实时查询全流程,不动产证轻松办;南京市打通税务、房产、公安、人社、教育等部门数据,依托"我的南京"App或南京人社网,只需上传学历学位证书、租房证明两类材料,补贴直接发放到社保卡的金融账户;淮安市建设项目网上数字化联合审图系统平台,通过与数字化施工图审查综合监管平台、公安部消防局行政许可系统、建设项目并联审批平台等审批系统的数据对接和共享,变企业"来回跑"为数据"网上传",变纸质蓝图"线下串联分散审"为电子白图"网上在线并联审"[②]。

江西省推进数据共享应用。一是推动"赣服通"应用。建成"赣服通"移动政务平台,基于数据共享实现服务事项"掌上办",目前,已接入政务服务355项,电子证照64种,实名用户数突破268万人,平均日活用户量2.5万,累计点击数达到2044万次。二是完善公共信用平台应用。平台联接了48个省直部门,归集共享企业、个体等信用主体的信用信息14.5亿条,覆盖了全省70余万家企业、200余万户个体工商户,3万余个事业单位及2

---

①② 江苏省发展改革委.对省政协十二届一次会议第0321号提案的答复[EB/OL].江苏省人民政府网,http://www.js.gov.cn/art/2018/9/7/art_59167_7834415.html.

万余个社会组织，实现了企业、事业单位、社会团体和个体工商户全覆盖，为5400余万人次提供信用查询服务。会同省文明办、省公安厅、省税务局开展联合奖惩，依托"信用江西"对外发布了"双公示"信息500余万条[1]。

浙江省、上海市等地积极拓展政务数据应用场景，推动政务数据共享向纵深发展，推进政府治理现代化，发挥数据价值。一是深入推进政务数据共享支撑政务服务，实现数据多跑路、群众少跑腿。浙江省推进民生事"一证通办"、多事联办、跨省"亮证"等，通过数据共享实现凭身份证免交证明材料。上海市以"高效办成一件事"为目标，对跨部门、跨层级、跨区域协同办事流程优化再造，推出"零材料"事项，深化"全程网办"，拓展"异地代收代办"，优化"多地联办"，实现全市通办、长三角一网通办、跨省通办。二是探索政务数据的融合应用以及个性化、智能化服务。浙江省开放停车场数据，融合互联网数据，缓解停车难的问题，支撑智能化停车服务。上海市推进无人干预自动办理、职能办事指南、数字审批等个性化、智能化服务[2]。

4.3　保障体系：地方政府数据共享的保障机制

4.3.1　地方政府数据共享组织机构体系

政府数据共享是一个复杂的动态运行过程，需要构建一个从中央到地方的组织机构体系，为数据共享提供全面的领导和保障。

4.3.1.1　领导小组

2001年重建的国家信息化领导小组负责加强推进我国信息化建设和维护国家信息安全工作的领导。2002年国务院印发了《国家信息化领导小组关于我国电子政务建设指导意见》，指出把电子政务建设作为今后一个时期我国信息化工作的重点，开启了我国电子政务建设的新时期。随着电子政务建设的大规模发展，信息网络安全成为最主要的问题，因此，在2003年国家信息化领导小组印发了《关于加强信息安全保障工作的意见》，指出

---

[1] 省工业和信息化厅关于省政协十二届二次会议第20190372号提案主办意见的函[EB/OL]. 江西省人民政府网，http://www.jiangxi.gov.cn/art/2019/8/27/art_13331_727011.html.

[2] 邱玉婷，万文佳. 江苏政务数据共享现状及对策研究[J]. 江南论坛，2021（3）：13-15.

要进一步提高我国信息安全保障工作的能力和水平，维护公众利益和国家安全，促进信息化建设健康发展，为我国信息安全保障工作提供了法律保障。2008年的大部制改革后，国家信息化领导小组的具体工作由工业和信息化部承担。

地方层面由省人民政府负责全省政务数据资源共享工作的组织领导，协调解决和数据共享有关的重大问题。部分省政府成立专门的领导小组负责全省的大数据发展，如2014年贵州省成立了贵州省大数据产业发展领导小组，随后更名为贵州省大数据发展领导小组，其主要职责是：审定大数据发展战略和规划，统筹推动全省大数据发展；研究解决全省大数据发展全局性、方向性的重大问题和事项；审定全省大数据发展重要政策措施等。2017年3月贵州省大数据安全领导小组成立，负责统筹协调全省大数据安全管理各项工作和大数据综合试验区建设[1]。2020年，贵州省大数据发展领导小组印发了《贵州省大数据战略行动2020年工作要点》，提出要推动出台《贵州省政府数据共享开放条例》，为贵州省政府数据共享提供坚强的法律保障。各种领导小组的成立为大数据发展提供了坚强的领导保障和组织保障。2016年12月成立的山西省大数据发展领导小组，负责组织领导、统筹协调全省大数据发展；审定大数据发展规划和实施方案；审定全省大数据发展重要政策措施，研究解决全省大数据发展全局性、方向性的重大问题和事项。2019年，山西省大数据发展领导小组印发了《2019年促进大数据发展应用行动计划》，提出要加强通信基础设施建设，并基本形成政府各部门数据资源统一汇集共享的运行机制。湖北、内蒙古、陕西等地也都成立了各自的大数据领导小组，全面领导本省大数据发展。2018年青海省也成立了相同职能的青海省数字经济协调推进领导小组，负责统筹协调全省数字经济发展工作[2]。部分省份的大数据发展领导工作由省信息中心负责，如辽宁省信息中心，成立于1988年，其主要职责是为拟订和实施全省大数据发展战略、规划、标准规范等提供相关服务，为全省政务信息化项目建设、组织实施和运行保障提供技术支撑。各省市的大数据发展工作在各种领导小组的带领下持续发展，取得一定建树，如基础设施不断完善、法律制度逐渐健全、政务数据资源共享工作在

---

[1] 张臻，贾雯清，王丽娟，蔡卓成．贵州省大数据管理机构改革的回顾、理念及思考[J]．北京电子科技学院学报，2020（1）：58-66．

[2] 青海省人民政府办厅关于成立青海省数字经济协调推进领导小组的通知[EB/OL]．郑州威驰外资企业服务中心，https://www.waizi.org.cn/policy/58583.html．

各层级得以落实。

4.3.1.2 管理部门

各省份新设机构纷纷钟情于"大数据局",表明当地政府已经充分认识到大数据的重要性,以数据统筹和治理为抓手,实现跨地区、跨部门政务数据打通、共享、利用。专职机构的设立能够真正敦促、教育各级各部门更重视大数据建设,进而帮助政府和行业更好地整理、汇集数据,服务管理决策[①],发挥数据整合作用,为优化政务服务、提高行政效率提供技术基础,同时对数据经济的发展进行管理和引导。

首先,从地方政府数据管理机构设立状况来看,自2014年广东省率先在全国成立第一个省级大数据管理局之后,贵州省、浙江省也加快政府数据治理机构设立的步伐,大数据管理局已经成为各级地方政府的标配。据统计,截至2020年底,全国31个省份中有22个地区(占比68.8%)明确了政务数据统筹管理机构[②③],如表4-6所示,从名称上来看,各不相同,包括大数据发展管理局、数据资源管理局、政务服务和数字化建设管理局、政务数据服务局等;从设置情况上来看,各省份根据本地区实际设置的政务数据管理机构类型各不相同,主要包括以下几种:一是政府组成部门,如北京的大数据管理局、内蒙古自治区的大数据发展管理局、陕西的政务数据服务局和大数据管理与服务中心等;二是政府直属机构,如广东的政务服务数据管理局、山东的大数据局、贵州的大数据发展管理局等;三是政府部门内设机构,如山西的大数据产业办公室为省工信厅内设机构等;四是政府部门管理机构,如浙江的大数据发展管理局、福建的数字福建建设领导小组办公室(省大数据管理局)、河南的大数据管理局等;五是政府部门管理的事业单位,如天津的大数据管理中心、黑龙江的政务大数据中心、上海的大数据中心等;六是企业法人,如海南的大数据管理局[④]。由于数据管理机构的行政级别、机构性质不尽相同,政务数据的统筹管理力度差异较大。一般来说,政府组成部门、政府内设机构等的统筹力度相对较大。

---

① 全国各地大数据管理局建设、成立[EB/OL]. https://zhuanlan.zhihu.com/p/63521929.
②④ 政务数据质量管理的发展现状[EB/OL]. DATATOM 官网,http://www.datatom.com/cn/news/2020/1125/354.html.
③ 数字时代治理现代化研究报告(2021)[R]. 中国信通院政策与经济研究所,2021.3.

表 4-6　　　　　　省级大数据管理机构设立情况

省份	成立时间（年）	机构名称	隶属机构
广东	2014	广东政务服务数据管理局	政府直属机构
贵州	2015	贵州省大数据发展管理局	
山东	2018	山东省大数据局	
广西	2018	广西壮族自治区大数据发展局（中国-东盟信息港建设办公室、政务监督管理办公室）	
安徽	2018	安徽省数据资源管理局（省政务服务管理局）	
吉林	2018	吉林政务服务和数字化建设局	
重庆	2018	重庆市大数据应用发展管理局	
河南	2018	河南省大数据管理局	政府部门管理机构
浙江	2018	浙江省大数据发展管理局	
福建	2018	数字福建建设领导小组办公室（省大数据管理局）	
内蒙古	2017	内蒙古自治区大数据发展管理局	政府组成部门
陕西	2017	陕西省政务数据服务局	
北京	2018	北京市经济和信息化局（市大数据管理局）	
江西	2017	江西省信息中心（省大数据中心）	政府部门管理的事业单位
上海	2018	上海大数据中心	
天津	2018	天津市大数据管理中心	
黑龙江	2019	黑龙江政务大数据中心	
湖北	2019	湖北省大数据中心	
四川	2019	四川省大数据中心	
海南	2019	海南省大数据管理局	企业法人

资料来源：中国信通院政策与经济研究所. 数字时代治理现代化研究报告（2021）[R]. 2021.3；郭一帆. 数字政府建设的法律对策研究——以数字政府立法为中心 [J]. 河北青年管理干部学院学报, 2021（4）: 86-94.

其次，从地方政府数据管理机构职责来看，大多数地方政府数据共享管理部的职责都包含大数据的顶层设计，其内容主要是：负责制定大数据战略、规划和相关政策，指导和推动大数据研究和应用；统筹推进大数据产业的发展；组织制定数据治理的标准规范和考核体系等。虽然较多机构设置了数据共享的职责，但是在数据归集及开发利用方面设定职责的机构较少。在省一级机构中，天津市、上海市、贵州省设有此项职责。如天津市大数据管理中心负责数据资源的采集、存储、登记、开发利用和共享；上海市大数据中心承担政务数据的归集和应用融合工作，建设全市统一政务数据共享交换平台；贵州省大数据管理局职责中也明确要求统筹数据资源建设管理、采集汇聚等。在技术保障方面，部分机构将外网云计算电子政务建设或信息安全等政府信息化建设职责都纳入了数据治理机构。这类机构较多是政府组成部门或者隶属办公厅、发改委等，而未纳入信息化职责的机构则多为政府直属机构或者隶属工信厅、经信委。一些地方政府将数据治理机构与政务服务管理机构合二为一。此类机构一般隶属于办公厅系统，这应与政务服务网通常由办公厅负责有关。例如广东省重新成立了省政务服务数据管理局；上海市大数据中心则承担上海政务"一网通办"总门户的建设与管理[1]。

最后，从地方数据机构的组建模式来看，地方政府数据治理机构从无到有，组建模式也可分为四种：一是对工信委或经信委相关职能进行重组，将工业和信息化委员会或经济和信息化委员会承担的有关数据资源管理、大数据应用和产业发展（除电子信息制造业外）、信息化（除"两化融合"外）等职责"剥离"后成立政府数据治理机构，如贵州省等地政府数据机构属于该模式；二是对政府办公室（厅）相关职能进行重组，将政府办公室（厅）承担的组织、协调政府系统信息化建设，组织、指导、协调各地政府和各部门电子政务建设以及政府门户网站建设等相关职责，整合划入数据治理机构，如山东省和浙江省都是在省政府办公厅大数据和电子政务等管理职责基础上组建省级数据治理机构；三是对原有信息中心进行重组，将信息中心的工作职责全部划入政府数据治理机构，负责区域内大数据资源的统筹管理工作；四是对原有机构增加相关职能，多个省市的数据治理机构是在原有机构基础上加挂牌子成立的，如 2017 年陕西省工业和信息化厅增加了与大数据发展相关的职责，之后便加挂了陕西省政务数据服务局牌子，2017 年底江西省编办同意江西省信息中心增挂"江西省大数据中心"的牌子[2]。

4.3.1.3 议事机构

政府数据共享是一项复杂的工作，涉及跨部门、跨层级、跨区域的共享，协调难度大。议事协调机构的设立不仅能有效解决跨部门分工合作事务，而

---

[1][2] 黄璜，孙学智．中国地方政府数据治理机构的初步研究：现状与模式 [J]．中国行政管理，2018（12）：31-36．

且不在原来的基础上增设管理机构，能够有效建立起部门间的侨联机制，打破碎片化权威体制的困境①。议事协调机构是在政府职能部门专业分工的基础上，为完成某项特殊性或临时性任务而设立的跨部门协调机构，包括各类咨询委员会和联席会议等②。其中，促进大数据发展部际联席会议负责政务信息资源共享的统筹协调，建立信息共享工作评价机制，督促检查政务信息资源共享工作落实情况。促进大数据发展部际联席会议由发改委负责，其主要职能是：在国务院领导下，统筹推动《促进大数据发展行动纲要》的贯彻落实，研究协调大数据发展重大问题，加强对大数据发展工作的指导、监督和评估，促进有关地方、部门和行业加强沟通协作，推进政府数据开放共享，强化国家数据资源统筹管理，审议大数据领域年度重点工作并跟踪督促落实，研究提出相关政策措施建议，及时向国务院报告有关情况③。

2016年4月13日，促进大数据发展部际联席会议第一次会议在西安召开，会议明确提出要加快数据共享开放，并审议通过了《政务信息资源共享管理暂行办法》和《政务信息资源目录编制指南》等四份文件来指导我国政府数据共享的建设发展。2017年5月5日，促进大数据发展部际联席会议第二次会议在北京召开，会议审议通过《促进大数据发展2017年工作要点》《政务信息资源目录编制指南》和《国家大数据专家咨询委员会设置方案》等文件，并听取了国家数据共享交换平台与共享网站的建设、运行和应用情况。2018年4月28日，促进大数据发展部际联席会议第三次会议暨政务信息系统整合共享推进落实领导小组第四次会议召开，会议提出要认真落实李克强总理对政务信息系统整合共享提出的工作要求，要重点抓好数字基础设施建设，并审议通过《促进大数据发展2018年工作要点》和《国家大数据专家咨询委工作机制和2018年工作要点》等文件。联席会议一方面督促各部门确保《国务院关于促进大数据发展行动纲要》目标的实现和任务的完成，另一方面不断为大数据发展制定规划和制度，推进信息共享。总地来看，联席会议在我国大数据发展中起着至关重要的作用。

2017年5月25日，国家大数据专家咨询委员会成立，将为促进大数据发展及其战略、规划、政策措施和实施方案等提供决策咨询，为出台相关政策措施提供研究支撑。国家大数据专家咨询委员会由两院院士、高校学者、

---

①② 谢延会，陈瑞莲. 中国地方政府议事协调机构设立和运作逻辑研究［J］. 学术研究，2014（10）：50–55.

③ 资料来源：《促进大数据发展部际联席会议》。

企业界专家等组成，并设有大数据应用组专家20名，产业组、安全组专家各10名[①]。实际上，早在2014年，贵州省就成立了贵州省大数据产业专家咨询委员会，充分发挥专家学者的参谋咨询作用，增强决策的科学性，为贵州省大数据产业加快发展、健康发展提供有力支撑。贵州省大数据产业专家咨询委员会的主要职责是：对提交省委、省政府审议的大数据相关重要文件进行会前咨询评议；负责组织有关专家，接受省政府的咨询，对贵州大数据产业发展中的重要问题提出建议；根据省政府委托，对贵州省大数据发展战略、政策和规划提出意见和建议；对国内国际大数据发展问题进行跟踪和超前性研究；积极促进中外专家和咨询机构间的交流，开展大数据国际合作研究[②]。2020年7月，江西省成立了江西省大数据专家咨询委员会，充分发挥大数据领域专家学者的参谋咨询作用，增强决策的科学性，促进大数据产业高质量跨越式发展。江西省大数据专家咨询委员会的主要职责是：为出台相关政策措施、举办技术交流活动等提供决策咨询；对大数据发展应用及相关工程实施提供决策咨询；参与大数据产业项目和方案的评审工作等[③]。大数据专家咨询委员会的建立，将进一步增进大数据战略决策的科学性和民主性，使大数据产业发展在顶层设计上拥有更为强大的智力支撑，为大数据产业健康快速发展保驾护航。

4.3.2 地方政府数据共享制度标准体系

构建政府数据开放共享标准体系不仅是我国政府数据共享发展实践的需要，也是我国国家战略层面的需要。2015年国务院印发的《促进大数据发展行动纲要》指出要提升政府数据开放共享标准化程度，制定并实施政府数据开放共享标准规范体系。《2018年政务公开工作要点的通知》中再次强调，要探索制定相关标准规范，建立统一规范的政务信息资源管理制度，制定数据隐私保护制度和安全审查制度等，可见，建设标准体系为我国政府数据共享的发展营造安全有序的数据要素市场环境十分关键。

[①] 国家大数据专家咨询委成立[EB/OL]. 中国政府网，http：//www.gov.cn/.
[②] 贵州省成立大数据产业专家咨询委员会[EB/OL]. 贵州省人民政府网. http：//www.guizhou.gov.cn.
[③] 江西省人民政府. 江西省工业和信息化厅关于成立江西省大数据专家咨询委员会以及江西省大数据专家库的通知[EB/OL]. 江西省人民政府网，http：//www.jiangxi.gov.cn.

4.3.2.1 管理制度

江西省发改委牵头起草了《关于加快推进全省政务数据共享的工作方案》及2019年工作要点,制定了《江西省政务信息化建设项目审批工作规程》,汇编形成《江西省政务信息资源目录》,编制印发了《2018年度省级政务信息资源共享和开放责任清单》,涵盖省直45个部门1460个数据集[①]。

截至2018年3月大致有41个地方制定了57项与开放数据密切相关的政策,[②] 从战略与具体行动层面推进数据资源的建设、共享、利用。政策主要分为两类:

一是政务数据资源共享管理办法。该办法主要是规定数据资源建设的一系列流程如采集、分类、目录制订、共享、利用、安全保障等事项,如辽宁省出台了《辽宁省政务数据资源共享管理办法》,并于2020年1月1日起施行,政务数据资源共享应当遵循统筹规划、集约建设、汇聚整合、共享交换、有效应用、保障安全的原则。政府部门根据本部门业务职能和责任分工,在法定职权范围内依法采集、核准与提供电子化、结构化的政务数据资源,保障共享政务数据资料来源唯一、内容有效、符合全省统一的技术标准和规范,保证政务数据资源真实、准确、完整、可用。同时要负责维护本部门政务数据资源目录,在法律、法规做出修订或者行政管理职能发生变化之日起10个工作日内做出更新。该文件要求,政务数据资源原则上应当予以共享。有条件共享和不予共享的,应当有法律、法规、规章依据或者国家和省有关规定。该文件提出,政务数据工作机构应当加强共享平台安全防护,建立防攻击、防泄露、防窃取的监测、预警、控制和应急技术保障措施,确保政务数据资源共享交换时和归集后的数据资源安全(如表4-7所示)。

表4-7　　　　　　　　省级政务数据资源共享管理办法

地区	名　　称	发布时间
湖北	湖北省政务数据资源应用与管理办法	2021.1.18
安徽	安徽省政务数据资源管理办法	2020.12.22

---

① 省工业和信息化厅关于省政协十二届二次会议第20190372号提案主办意见的函 [EB/OL]. 江苏省人民政府网, http://www.jiangxi.gov.cn/art/2019/8/27/art_13331_727011.html.

② 周文泓,朱令俊. 我国政府数据治理的发展进程研究与展望:基于国家层面的分析 [J]. 图书馆学研究,2020 (16):57-63.

续表

地区	名称	发布时间
山西	山西省政务数据管理与应用办法	2020.11.27
山东	山东省电子政务和政务数据管理办法	2019.12.16
辽宁	辽宁省政务数据资源共享管理办法	2019.11.8
重庆	重庆市政务数据资源管理暂行办法	2019.7.11
广东	广东省政务数据资源共享管理办法（试行）	2018.11.29
宁夏	宁夏回族自治区政务数据资源共享管理办法	2018.8.31
贵州	贵州省政务数据资源管理暂行办法	2016.11.14
福建	福建省政务数据管理办法	2016.10.15
上海	上海市政务数据资源共享管理办法	2016.2.29

二是实现各地政府政务信息系统整合与共享的实施方案，从具体目标、规划、任务设置等方面为开放数据资源建设奠定基础。这类政策主要在国务院发布的《政务信息系统整合共享实施方案》的框架下展开地方化，基本内容围绕如何建设贯通不同层级与部门的政务系统以打造数据中心提出具体计划[1]，如江西省发改委牵头起草了《关于加快推进全省政务数据共享的工作方案》及 2019 年工作要点，制定了《江西省政务信息化建设项目审批工作规程》，汇编形成《江西省政务信息资源目录》，编制印发了《2018 年度省级政务信息资源共享和开放责任清单》，涵盖省直 45 个部门 1460 个数据集（如表 4-8 所示）[2]。

表 4-8　　　　省级政务信息系统整合与共享的实施方案

地区	名称	发布时间
上海	《上海市政务数据资源共享和开放 2017 年度工作计划》	2017.8.15
福建	福建省政务信息系统整合共享实施方案	2017.10.15
福建	福建省政务信息系统整合共享实施方案	2017.9.22
贵州	贵州省政务信息系统整合共享工作方案	2017.10.13
江西	江西省政务信息系统整合共享实施方案	2017.9.13

---

[1] 周文泓，朱令俊. 我国政府数据治理的发展进程研究与展望：基于国家层面的分析 [J]. 图书馆学研究，2020（16）：57-63.

[2] 省工业和信息化厅关于省政协十二届二次会议第 20190372 号提案主办意见的函 [EB/OL]. 江苏省人民政府网，http：//www.jiangxi.gov.cn/art/2019/8/27/art_13331_727011.html.

续表

地区	名　称	发布时间
江苏	江苏省政务信息系统整合共享工作实施方案	2017.9.7
安徽	安徽省政务信息系统整合共享实施方案	2017.8.23
辽宁	辽宁省政务信息系统整合共享实施方案	2017.8.16
四川	四川省政务信息系统整合共享工作方案	2017
陕西	陕西省政务信息系统整合共享实施方案	2017.9.13
重庆	重庆市政务信息系统整合共享工作方案	2017.10.9
山西	山西省政务信息系统整合共享工作方案	2017.9.28
河南	河南省政务信息系统整合共享实施方案	2017.9.29

资料来源：周文泓，朱令俊. 我国政府数据治理的发展进程研究与展望：基于国家层面的分析[J]. 图书馆学研究，2020（16）：57-63.

4.3.2.2　标准规范

地方政府以国家的相关政策和国内外数据安全的标准规范和本地实践为指导，纷纷编制地方级政务数据共享标准规范。如江西省政务数据共享标准规范，从整体框架、主要功能、共享资源分类、资源形态分类、技术管理要求、共享平台接入、安全保障等方面为政务数据共享提供了技术标准和制度管理的依据。2019年上海市政府发布的《上海市公共数据开放暂行办法》在标准体系和技术规范部分提到，鼓励不同主体参与制定数据开放标准。2018年广东省经信委编制的数据开放和共享系列地方标准发布，具体包括：《政务信息资源标识编码规范》规范了政务信息资源的信息分类编码原则和方法、分类编码、标识符、提供方代码、标识符管理等内容；《电子政务数据资源开放数据技术规范》规范了电子政务数据资源开放数据的分类组织方式、元数据、数据格式、版权声明、数据使用策略、数据更新及数据质量要求等内容；《电子政务数据资源开放数据管理规范》规范了政务数据资源开放数据管理的角色与职责、管理过程、政务数据资源开放内容、数据开放各环节的管理要求等内容。立足于广东省政务数据开放与共享实践，由广东省标准化研究院主导编制的三项电子政务大数据地方标准发布，已于2018年4月25日起正式实施，其中，《政务信息资源标识编码规范》（DB44/T2109-2018）规范了政务信息资源的信息分类编码原则和方法、分类编码、标识符、提供方代码、标识符管理等内容；《电子政务数据资源开放数据技术规范》（DB44/T2110-2018）规范了电子政务数据资源开放数据的分类组织方式、元数据、数据格式、版权声明、数据使用策略、数据更新及数据质量要求等内容；《电子政务数据资源开放数据管理规范》（DB44/T2111-2018）规范了政务数据资源开放数据管理的角色与职责、管理过程、开放内容、数据开放各环节的质量管理要求等内容[①]。在政务数据共享标准方面，许潇文（2021）全面梳理并比对分析了2012年以来各省、自治区、直辖市在政务信息资源共享标准的实践，经统计，24个省份按照国家标准规范，采集政务信息，编制、发布和维护基础信息资源目录；17个省份制定技术标准，建设共享平台，共享开放公共数据；23个省份建立政务信息资源安全管理制度，保障政务信息资源安全；21个省份定期开展调查评估，监督考核政务数据资源共享工作。同时，也有省份提出诸如明确共享信息分类，及时、规范报送共享数据（江西省）；政务信息资源共享，明确共享各方责任（北京市）；部署前置交换系统，确保业务数据库及时更新（天津市）等具有地方特色的任务[②]。

近几年，山东省积极推进电子政务的标准化工作，陆续发布了一批地方标准，推动了山东省电子政务的规范化发展。一是总体标准，制定并发布了《政务数据资源体系总体架构》这一地方标准，对全省政务数据资源体系的建设提供了标准化指导。二是数据标准，制定并发布了九项地方标准：（1）资源目录类：《政务信息资源目录第1部分：编码规则》《政务信息资源目录第2部分：核心元数据》《政务信息资源目录第3部分：编制指南》；（2）数据开放类：《公共数据开放第1部分：基本要求》《公共数据开放第2部分：数据脱敏指南》《公共数据开放第3部分：开放评价指标体系》；（3）共享交换类：《政务信息资源数据交换规范》；（4）农业数据描述类：《农业大数据基础数据元》《农业大数据基础代码集》。三是技术和管理标准，制定并发布了十项地方标准：《政务服务平台第1部分：基本功能要求》《政务服务平台第2部分：基础数据元目录》《政务服务平台第3部分：基础代码集》《政务服务平台第4部分：基础数据规范》《政务服务平台第5部分：业务办件号编码规则》《政务服务平台第6部分：事项分类》等。四是服务应用标准，制定并

[①] 广东省标准化研究院主导编制的三项电子政务大数据地方标准正式发布[EB/OL]. 中国质量新闻网, https://www.cqn.com.cn/zj/content/2018-03/05/content_5505027.htm.

[②] 许潇文, 冯蕾, 廖景行. 我国政务数据共享标准化路径研究[J]. 标准科学, 2021（1）：85-90.

发布了《行政权力事项编码规则》《政务服务工作规范第1部分：行政许可》《政务服务"一次办好"工作规范第1部分：总则》三项地方标准，有效规范了行政权力事项的编码，以及行政许可、"一次办好"工作的规范化开展[①]。

4.3.3 地方政府数据共享激励问责机制

地方政府数据共享激励问责机制包括有效的监督体系和绩效评估体系，从内外两个方面进行评估：一类是以加强内部管理、内部控制为宗旨的内评估；另一类是以外部监督、外部评价为宗旨的外评估[②]。

4.3.3.1 绩效考核

在进行相应制度设计的过程中，应尝试建立具有激励和惩罚机制的考核体系，将数据采集归集的质量、跨部门政务数据的共享应用水平等纳入政府绩效考核体系，奖励在数据共享应用方面成效突出的部门，激发各部门进行数据共享的内生动力[③]。内在激励即使员工对工作产生乐趣，并具有获得感、成就感、光荣感。通过明确的绩效考核制度强化个人的内在动力，内在激励比外在激励有更稳定、更持久、更强烈的效果。此外，激励保障也需要加强立法和制度建设，建立起科学的绩效考核制度，对绩效考核的目标、内容和方式做出明确规定，定期对各部门政府数据开放工作进行督导考评，使政府数据开放共享工作有迹可循、有法可依[④]。

《江西省政务信息资源共享管理实施细则》中规定"对政务部门落实政务信息资源共享要求和网络安全要求的情况进行联合考核，凡不符合政务信息资源共享要求的，不予审批建设项目和安排运维经费。其次，建立审计机关加强对政务信息资源共享专项资金的审计，确保专项资金专款专用、发挥效益。最后，政务信息资源共享相关项目建设资金纳入政府固定资产投资，

---

① 史丛丛，等. 省级电子政务标准化研究［J］. 信息技术与标准化，2019（6）：52-55+60.
② 朱晓红. 政务信息共享机制的主要障碍及疏导策略［J］. 东莞理工学院学报，2008（6）：45-48.
③ 易龙飞，钱泓澎."最多跑一次"改革背景下政务数据共享机制建设［J］. 浙江树人大学学报（人文社会科学），2019（2）：31-36.
④ 徐信予，杨东. 平台政府：数据开放共享的"治理红利"［EB/OL］. 中国社会科学网，http://ex.cssn.cn/dzyx/dzyx_llsj/202103/t20210302_5314765.shtml.

相关工作经费纳入部门财政预算,并给予优先安排"。办法在一定程度上对政务信息资源共享起着资金激励作用,除了经济激励外,还可以采用物质激励、精神激励等方法激发工作人员的热情和动力,而且绩效考核方法可操作性和针对性不强,难以激发员工的内在潜力①。《广东省政务数据资源共享管理办法(试行)》规定,政务数据主管部门应当组织制定政务数据资源共享管理考核方案,可委托第三方机构,围绕政务数据资源质量、共享交换程度、应用支撑能力等方面开展评估并公开结果。省级政务部门政务数据资源共享管理情况被纳入省级政府机关绩效考核内容②。《安徽省人民政府关于打造"皖事通办"平台加快政务数据归集共享的意见》中提出,要将政务数据归集共享纳入省政府目标管理绩效考核,作为"互联网+政务服务"考核的重要内容,督促各市政府和省有关部门加强政务数据归集共享工作,形成推进工作的良性机制。数据资源管理部门要强化定期调度、检查和通报,对发现的问题及时督促整改到位。探索组织开展第三方评估,科学客观评价各地、各有关部门数据归集共享工作成效③。广东省通过对数据挂接率、数据更新情况、数据质量的考核,提升了部门数据工作意识和业务协同热情。浙江省建立政府数字化转型评价指标体系,从体制机制完备度、公共数据整合度、应用支撑整合度等多个维度全面评估④。2020年度福建省电子政务绩效考核指标体系详细规定政务数据汇聚评价指标,具体包括五个方面:一是信息系统报备情况,2分。按照"数字福建项目管理系统"填报要求,完成本单位信息系统规范登记,每发现一处漏报或填报信息有误,扣0.2分,最高扣2分。二是数据应汇尽汇情况,3分。根据数据资源目录,向省政务数据汇聚共享平台汇聚数据,保证数据完整、准确,及时更新。计算数据项汇聚的数量占应汇聚的数据项数量比例,按比例得分。三是应用需求响应情况,3分。根据应用部门提出需求,数源部门向省政务数据汇聚共享平台及时汇聚数据,或提供数据共享服务接口。每发现1个应用需求无响应或无正当理由未满足的,扣0.3分,最高扣3分。四是问题数据纠错情况,1分。数源部门未能

---

① 江西省人民政府关于印发江西省政务信息资源共享管理实施细则的通知[EB/OL]. 江西政务服务网, http://www.jxzwfww.gov.cn/art/2017/12/13/art_14_76.html.
② 广东省人民政府. 广东省政务数据资源共享管理办法(试行)[EB/OL]. 广东省人民政府网, http://www.gd.gov.cn/gkmlpt/content/0/165/post_165211.html#7.
③ 安徽省人民政府关于打造"皖事通办"平台加快政务数据归集共享的意见[EB/OL]. 安徽省人民政府网, http://www.ah.gov.cn/zwyw/ztzl/hlwdzahzwfwsjbzt/jdzcwj/szfbgtwj/8307691.html.
④ 邱玉婷,万文佳. 江苏政务数据共享现状及对策研究[J]. 江南论坛, 2021 (3): 13-15.

及时修正的,每条扣0.1分,最高扣1分。五是自建系统与省级服务总线系统对接情况,1分。实现与省级服务总线系统对接,当天回流各设区市、平潭综合实验区办件。未实现的,不得分[1]。在地方政府的实践中,部分政府出台了地方级绩效考核办法,福州市大数据发展管理委员会于2020年印发了《福州市2020年政务数据资源共享开放绩效考核实施方案》,方案中明确了考核的方式和时间,考核包括日常考核、季度考核、年度考核,其中年度考核结果可分为优秀、良好、合格、不合格四档。考核结果将纳入政府年度考核,作为部门年终考核评价的重要内容。明确绩效考核办法,不仅能促进政府数据共享的规范化、标准化发展,而且能够激发员工的工作积极性[2]。《贵阳市政府数据共享开放考核暂行办法》规定,从9月1日起,政府数据共享开放情况将被纳入政府目标绩效考核。该文件以政府数据共享开放为考核重点,主要考核组织管理、基础保障、数据共享和数据开放等内容。其中,数据共享主要考核行政机关登记政务信息系统采集、使用、产生、管理的数据资产清单等情况,以及运用政府数据共享交换平台进行数据申请、获取和提供等[3]。

4.3.3.2 监督问责

科学有效的监督问责体系能够指导政府共享数据共享工作顺利开展,保障数据共享监管工作能够精准地把握重点,合理地定位目标[4]。原光等(2008)建议对政府机构及其工作人员建立监督制度,将政府数据共享绩效评估列入电子政务效益评估的总体框架之中,实行财政收支两条线的方式进行预算决算监督等。但是,目前我国政府部门数据共享主要采取内部监督模式,即在上下级机构之间建立监督制约关系,通过建立政务信息共享工作评价机制,监督本行政区划内政务信息共享工作落实情况,定期开展评估,并

---

[1] 2020年度福建省电子政务绩效考核指标体系[EB/OL]. 福建省人民政府门户网站,http://www.fujian.gov.cn/zwgk/ztzl/zfwzjsygl/ygwj/202009/t20200917_5387902.htm.
[2] 福州市2020年政务数据资源共享开放绩效考核实施方案[EB/OL]. 福州市大数据发展管理委员会,http://www.fuzhou.gov.cn/zfxxgkzl/szfbmjxsqxxgk/szfbmxxgk/dsjw/gkml/gzxx/202004/t20200428_3263605.htm.
[3] 《贵阳市政府数据共享开放考核暂行办法》政策解读[EB/OL]. 贵阳市政府法制局,http://www.gywb.cn/system/2018/08/09/005792828.shtml.
[4] 代武翔,徐晓林. 智慧城市政府数据共享安全保障机制研究[J]. 中国房地产,2020(7):21-26.

将评估结果进行通报。

2020年颁布的《湖南省政务信息资源管理办法》中明确规定，对违反本办法的工作人员由上级机关、主管部门、任免机关、单位或者监察机关责令改正，情节严重的，对直接负责的主管人员和其他直接责任人员依法给予处分，构成犯罪的，依法追究刑事责任①。《广东省政务数据资源共享管理办法（试行）》规定，政务数据主管部门通过随机抽查、定期检查和电子督查等方式对政务数据资源的编目、挂接、共享、应用等情况进行日常监督，对于发现的问题及时落实整改②。

4.4 地方政府数据共享的典型案例

4.4.1 浙江省"最多跑一次"

4.4.1.1 实践历程

2016年12月，浙江省第一次提出"最多跑一次"的行政改革理念，其中电子政务和信息共享平台的建设是必不可缺的一部分，强调要加大深化改革力度，深入推行"互联网＋政务服务"，以"最多跑一次"改革倒逼政府部门简政放权、优化服务。"最多跑一次"是指群众和企业到政府部门办事，在申请材料齐全或符合法定受理条件时，从受理申请到形成办理结果的全过程只需要一次上门或零次上门的改革国商机构。政务服务的流程再造与数据共享：基于浙江"最多跑一次"改革的考察。2017年2月，浙江省人民政府印发《加快推进"最多跑一次"改革实施方案的通知》，明确要求"省市县乡四级全面推进'最多跑一次'改革"。

2018年1月2日，时任浙江省委书记车俊在全省全面深化改革大会上表示，要深化认识、丰富内涵、拓展外延、提升质量，坚定不移推动这项改革向纵深发展。受浙江省委政研室委托，浙江大学公共管理学院成立了"最多

---

① 湖南省政务信息资源共享管理办法[EB/OL]. 湖南省人民政府网. http://www.hunan.gov.cn/.

② 广东省政务数据资源共享管理办法（试行）[EB/OL]. 广东省人民政府网, http://www.gd.gov.cn/gkmlpt/content/0/165/post_165211.html#7.

跑一次"改革研究课题组,访问了浙江省机构编制办公室等与"最多跑一次"改革紧密相关的核心部门,同时调研了杭州市、衢州市等地的改革进展。杭州市是浙江省较早开始探索电子政务、移动政务的地区,衢州市则在改革中率先形成了"一窗受理、集成服务"的新模式,两者分别代表了省内发达地区、相对欠发达地区的改革进展。跨部门、跨层级和跨地区的实证调研,能够更好呈现浙江省"最多跑一次"改革的实践进程。与此同时,课题组以体验式调查方式走访了杭州"市民之家"等多个行政服务中心,登录了浙江政务服务网、政务服务 App 等实际感受"最多跑一次"的在线用户体验。2018 年 1 月,中央全面深化改革领导小组审议了《浙江省"最多跑一次"改革调研报告》并予以肯定。2018 年 3 月,"最多跑一次"被正式写入李克强总理的政府工作报告。

浙江省推进"最多跑一次"改革,有着扎实的前期工作基础。2013 年党的十八届三中全会后,浙江省在全国率先启动、推行政府权力清单制度,并在权力清单之外制定了"企业项目投资负面清单""政府责任清单",以及"省级部门专项资金管理清单",旨在更好约束行政权力、优化营商环境。针对当时浙江省未建立省级行政服务大厅的客观现状,时任省委副书记、省长李强提出了建设"在线政务大厅"的设想,即通过建立全省统一的政务服务互联网,为市民和企业提供咨询、办事和查阅等多种服务。2014 年 6 月,浙江省"政务服务网"正式上线,从而奠定了浙江省"四张清单一张网"的基本格局。依托政务服务网,浙江省公布了省市县三级部门的所有服务事项,以及 42 个省级部门权力清单上的 4236 项行政权力。到 2014 年 10 月底,全省 101 个市、县(区)的政府部门"权力清单"在浙江政务服务网上正式向社会公布,以此保证政府部门"法无授权不可为"。至此,市民和企业可以在政务服务网完成水电煤缴费,也可以查询政府服务的办事流程和民生事项。不过,由于各职能部门往往需要市民、企业按照特定流程携带身份证等证明材料前往不同部门办理手续,大部分政务事项仍然不能通过政务服务网完成[1]。

4.4.1.2 实践做法

作为一项自上而下推动的重大改革,浙江省委省政府建立了实质性的领

---

[1] 郁建兴,高翔. 浙江省"最多跑一次"改革的基本经验与未来[J]. 浙江社会科学,2018(4): 76-85+158.

导班子，协调各部门共同推进"最多跑一次"改革。省委省政府高度关注改革进程，以强化这一改革的顶层设计。在工作机制上，浙江省设立了省政府推进"最多跑一次"深化"四单一网"改革协调小组，以及由省政府办公厅、省编办、省发展改革委、省法制办等单位组成的"最多跑一次"改革专题组。在改革实践进程中，省政府办公厅承担了主要协调工作，负责协调省编办、省信访局，以及省发改委（企业投资项目）、省工商局（商事制度改革）、省公安厅和省人力社保厅等（便民服务）职能部门的具体工作，如事项梳理、标准化和数据共享、对接等。

除了扎实的领导机制和有效的工作机制，"互联网+政务服务"是浙江省得以实质性推进"最多跑一次"改革的重要技术支撑。在省级层面，浙江省早在2015年11月就成立了数据资源管理中心。在"最多跑一次"改革中，省数据资源管理中心与省编办等职能部门通力合作，选取市民、企业办件量最多的前100个事项集中攻关，明确提出"让数据跑代替老百姓跑"的口号。针对每一个事项，各部门以事项标准化为切入点，统一主项名称、子项名称、适用依据、申请材料、办事流程、业务经办流程、办理时限和表单内容等，并将办事材料分门别类整理为数据目录，区分出可以由其他部门提供共享的数据、本部门产生的数据，以及必须由办事者提交的数据等。在此基础上，浙江省同步推进了各省级单位的数据仓建设，并基于个人、法人的数据库建设，谋划了省市两级资源共享的大数据中心。各部门围绕"数据"的一系列工作，致力于通过政府内部的数据共享，最大程度地减少市民、企业办事时所需提供的证明材料；通过部门间的系统对接，最大限度地简化市民、企业在部门间兜兜转转的办事流程，降低他们的办事成本。通过这一改革，浙江省逐步从"政务服务+互联网"实现了向"互联网+政务服务"的转变。以往，政务服务网是传统政府行政体系的增加项，主要提供政务咨询等服务，市民和企业仍然需要依据行政流程跨部门流动办事；现在，政务服务网成为了政府行政的"大脑"，市民、企业在办理事项时只要到责任部门"一窗受理"，即可获得后台各部门间数据共享、系统对接后提供的"集成服务"。行政服务办事大厅、政务服务网、自助终端机，以及政府服务App则成为无缝对接"互联网+政务服务"与市民、企业的接口桥梁。不过，受制于数据共享、对接进程的工作量，目前的政务服务形态仍然是以"线下服务为主、线上服务为辅"，即更多以行政服务办事大厅这一载体为市民、企业提供便利。

值得注意的是,"最多跑一次"改革尽管是浙江省委省政府自上而下推动的政府改革项目,但它仍然保留了地方政府因地制宜、因时制宜创新的自主性,省委省政府把自身角色严格界定为引导、规范和支持。一是明确目标,通过顶层设计引导地方政府开展"最多跑一次"改革。以发布《加快推进"最多跑一次"改革实施方案的通知》为标志,浙江省政府明确了以人民为中心的改革思想,确立了"一窗受理""网上办理"等主要改革方向和切入点。二是规范进程,通过加大考核督查,启动追责机制,确保各地、各部门都能够切实推进"最多跑一次"改革。三是提供支持,即要求各省级部门为各地区同系统的政务服务工作提供业务培训,支持地方政府推进改革进程。在统一目标方向的前提下,地方政府可以根据当地经济社会发展、地理区位等实际情况,选择适当的切入点探索推进"最多跑一次"改革的方式方法。如在经济相对欠发达的衢州市,企业投资项目、商事服务和便民服务事项办理人次总体较少,当地政府就先探索了"一窗受理、集成服务"这一模式,以物理集成为突破口倒逼各部门再造流程、减少事项。在人口数量密集且前期电子政务发展基础良好的杭州市,当地政府就把"互联网+政务服务"作为突破口,实现了"60分钟完成不动产登记"的"杭州速度"。在工业化、城镇化处于快速发展期的湖州市德清县,当地政府则尝试了企业投资项目"并联审批""区域环评"和"标准地建设"等新做法。

4.4.1.3 实践成果

首先,改革初见成效,政府行政效率大大提升。在"最多跑一次"改革的背后,浙江省基本完成数据归集和数据库建设,在数据共享方面,已开放57个省级单位3600项数据共享权限。此外,全省1300余个乡镇街道、140余个功能区都建成浙江政府服务网乡镇(街道)站。在政府改革过程中,逐渐形成一套"平台+应用"的技术应用框架设计模式,从数据管理、技术支撑、业务应用等几个层面实现政务信息共享和部门联动,推进整体性政府建设。浙江省"最多跑一次"改革数据共享服务平台使用大数据和云计算技术整合了全省公共数据资源,形成全省统一的人口、法人、证照、信用数据库,为"最多跑一次"改革提供海量数据的存储、共享和分析能力。目前,该平台已归集全省5700万名常住人口和1300万余家企业等法人单位的数据,以及身份证、户口簿、营业执照等140余种常用证照数据,为1500余个政府单位提供3.2亿次数据共享调用服务。浙江省做到打破"数据孤岛"、突破部门之间的行政隔阂，实现政务信息资源共享和业务协同，使"数据跑路"代替"群众跑腿"。通过推进政府部门间的信息共享和流程再造，改革在最大限度为市民、企业获得政务服务创造便利条件的同时，也大大提高了行政效率。在便民服务方面，杭州市已经实现平均60分钟完成不动产登记，是全国最快速度；在商事证照登记方面，"多证合一"证照办理的时间被压缩到了1~2个工作日；在企业投资审批项目方面，全省平均所需时间为104个工作日，嘉兴更是压缩到了45个工作日。围绕"最多跑一次"改革开展的多次满意度调查中，办事群众对改革的满意度均达到了90%以上。

"最多跑一次"改革的推动和开展，离不开统一政府服务网络体系的建立。在全省统一规划下，结合本行政区划自身特色编制公共数据发展规划，形成上下联动、协同有效的公共数据运行和管理机制。同样，浙江省"最多跑一次"改革在推动政务数据共享、政府部门协同治理、深化"放管服"改革等方面都取得了显著的成效[①]。政务数据共享不仅为"最多跑一次"改革提供了重要的技术手段，而且在倒逼政府组织形态的重塑以及推进政府治理体系和能力现代化进程中发挥着重要作用。数据共享的实现为改革提供数据支撑，改革的发展同时也推动了政府数据共享的发展。

其次，整合政府模式成效初现，浙江省"最多跑一次"改革的又一重要成效是形成了整体性政府的改革理念，并通过活跃的地方创新为下一阶段党和国家机构改革积累了重要经验。与以往以部门为主体、以权力事项为依托的行政审批制度改革相比，"最多跑一次"改革充分发挥浙江省"四张清单一张网"的前期工作基础，借力"互联网+"的技术支撑优势，赋予了老百姓评价政府改革成效的权利，形成了整体政府的改革模式。对外，它为老百姓提供了无缝隙而非碎片化的政务服务；对内增进了各部门的团结协作，在很大程度上减少了互相推诿现象。

浙江省各地在"最多跑一次"改革进程中开展了各项差异化探索。在省委省政府的大力推动下，各地、各部门围绕"最多跑一次"改革目标，因地制宜、因时制宜，在便民服务、商事登记和企业投资项目审批等领域探索了更好回应人民诉求、提高行政效率的模式。除了前述省级部门和杭州市、衢

---

① 朱璐霞."互联网+政务服务"的流程再造与数据共享——基于浙江"最多跑一次"改革的考察[J].安徽行政学院学报，2020（7）：41-48.

州市和湖州市德清县等的改革模式,其他地区如绍兴市诸暨市提出了"一张身份证办一生事"的新理念,金华市优化了"就近跑"事项办理地点的人性化、精细化布局,丽水市云和县结合自身特色打造了"15分钟办事圈",台州市椒江区大陈镇提出了"渔小二"代办制,宁波市海曙区探索了"全科工作人员"的新机制等。这些实践为浙江省乃至全国的"放管服"改革提供了重要经验。

4.4.1.4 实践经验

根据"最多跑一次"改革要求,浙江省2017年出台了《加快推进"最多跑一次"改革实施方案》,明确要求省、市、县、乡四级全面推进"最多跑一次"改革。同年发布的《浙江省公共数据和电子政务管理办法》成为全国首部省级政府中关于电子政务与信息数据的管理办法,为浙江省利用信息技术和互联网技术深入推进各项政务服务改革提供坚实的法治保障,同时也为国家实施大数据和电子政务战略提供了"浙江方案"。浙江省以"最多跑一次"改革为牵引,依托浙江政务服务网加强全省公共数据和电子政务建设,全面深化一张网建设。"最多跑一次"改革一经推出就迅速引发各省份的关注和效仿。2017年3月,陕西省西安市紧跟浙江省脚步,4月,福建、安徽和吉林等地也紧随其后。6月,扩展至河北、内蒙古、江苏、辽宁等地。2018年3月,"最多跑一次"改革作为国家深化"放管服"改革的重要举措被第一次写进全国两会政府工作报告,并被中共中央办公厅和国务院办公厅作为深入推进审批服务便民化的典型经验之一向全国推广。"最多跑一次"改革由地方探索、地方经验跃升为国家顶层设计,从而更大范围地辐射至全国,作为经典案例被全国各地模仿和学习[①]。具体而言,浙江省以"最多跑一次"改革撬动各方面各领域改革,紧盯群众需求,花大力气打破政府部门间的行政藩篱,加大对行政审批流程的整合,加快部门办事大数据的建设与共享,努力"跑"出浙江发展加速度。通过协同发力、攻坚克难,努力将浙江打造成"审批事项最少、办事效率最高、政务环境最优、群众获得感最强"的省份。

---

① 李一. 浙江"最多跑一次"改革的实践探索和发展意蕴[J]. 中共浙江省委党校学报,2017(6):70-75.

4.4.2 广东省"数字政府"

4.4.2.1 实践历程

2012年11月广东省率先启动大数据战略,根据《广东省实施大数据战略工作方案》,广东省将建立省大数据战略工作领导小组等,为保证大数据战略有效实施,广东省还将建设政务数据中心,并为高等院校和企业等成立大数据研究机构提供支持。广东省还将在政府各部门开展数据开放试点,并通过部门网站向社会开放可供下载和分析使用的数据,推进政务公开。

习总书记提出建设"数字中国"新愿景,对广东提出"四个走在全国前列"的要求。广东省政府率先在国内展开"数字政府"改革建设工作,在体制机制、基础支撑等方面进行"釜底抽薪"式的改革。2017年12月广东省率先在全国部署"数字政府"改革建设,2018年11月发布了《广东省"数字政府"建设总体规划(2018-2020年)》,规划了2018~2020年的重点实施内容,计划到2020年底,建立管运分离、整体协同、集约共享的数字政府架构,构建统一安全的政务云、政务网,建设一体化大数据中心、一体化在线政务服务平台。

4.4.2.2 实践做法

首先,组建新管理机构,从体制机制这块硬骨头入手,组建新统筹机构、开展政企合作、实现"管运分离"、少人少钱还高效。缩编减员调职能,整合原省经济和信息化委大数据管理局电子政务处、省信息中心机构编制资源,组建省政府电子政务办,作为"数字政府"改革建设工作行政主管机构,同时对现有省直各部门的信息中心等信息技术机构进行改革,有关行政管理职能回归机关,负责本部门的应用需求提出、项目评估、实施配合、项目验收等职责。成立由腾讯、三大运营商组成的数字广东网络建设有限公司(以下简称数字广东公司),承担原省信息中心的建设与技术服务工作以及省直部门信息系统建设、开发、运行维护等相关工作,由专业人员高效负责。建立人员互派机制,部门派员负责数字广东公司协同系统迁移、流程优化等工作开展,数字广东公司派员进驻部门,提供需求梳理、技术运维保障等服务。

其次,展开"全省一盘棋"设计,目前全省已经有11个地市成立了"数字政府"改革建设工作领导小组,3个地市成立或明确了"数字政府"

的行政管理部门，7个地市行政管理部门正在筹备之中，4个地市完成了"数字政府"改革工作方案编制，1个地市（珠海）已参照省级模式，组建了本地的运营主体。广州、深圳、云浮、肇庆、江门5个地市作为全省"数字政府"建设试点地市，也涌现出一批在全省甚至全国领跑的先进经验，如广州开办企业的"即办通道"，实现"一小时领执照"，以及"前台综合受理、后台分类审批、统一窗口出件"的一窗通办集成服务模式，深圳推出了群众身边24小时不打烊社区服务站，佛山、肇庆企业开办实现了跨部门一平台通办，大大缩减了企业开办时间，这些基层的创新经验为全省"数字政府"改革建设推进提供了良好的示范和样本。

重造政务云，云化管理基础设施。按照"集约高效、共享开放、安全可靠、按需服务"的原则，统一规划建设广东省政务云平台，为省政府各部门、部分地市提供高效、安全、可按需使用的政务云平台，按需调配，云到哪里，管理就到哪里。整个政务云按照"1+N+M"的布局规划建设，即"1"个省级政务云平台、"N"个特色行业云平台、"M"个地市级政务云平台。政务云平台还可为党委、人大、政协等单位提供服务。在技术上支持与第三方云平台对接，改变以往部门系统分割、烟囱林立、业务隔离、资源分散的局面。建设"两地三中心"电子政务云数据中心体系，在广州建设省级主数据中心及同城副数据中心，以支撑关键政务应用系统同城双活，同时选择在省内其他具备条件的地区建设远程灾备数据中心。同时建立全省统一的政务大数据中心以及全省统一的八大技术支撑平台，即可信身份认证中心、可信证照库、非税支付平台、社会信用库、移动政务应用平台、数据共享平台、地理信息公共平台和智能客服平台。

再其次，政府服务全面升级，广东省整合网上办事大厅、App、政务微信、小程序、QQ城市服务等线上渠道，以及实体办事大厅、自助服务终端等线下渠道，改革服务供给、优化服务体验，进一步提供更多渠道、更广覆盖、更加精准的服务方式，打通服务"最后一公里"，让服务全面触达、一直在线、贴身随行，随时随地可网上办、就近办。技术创新和能力升级，都是为了更便利地解决社会痛点，改善民生，创新社会治理。广东"数字政府"的指尖计划助力政务服务再升级，各省直部门围绕企业群众办事堵点梳理优化事项，围绕不同对象和群体的服务办事需求，按业务梳理和优化。在群众个人服务方面，公安厅、民政厅、省残联、卫计委、省地税五个部门累计开展了行政许可和公共服务2个大类、552个业务事项的梳理工作，在省、市、区三级事项中,清理出近85个典型的痛点堵点,给出了对应的标准化和优化建议。同时按照省、市、区三级标准化的思路,开展全省事项梳理标准化设计,制定广东省政务服务事项标准化梳理实施清单"十统一"工作方案。目前交通查缴、人社、医疗等用户量最大的刚性需求服务在不断上线的"粤系列"移动民生服务平台——得以实现。

最后,政务办公再创新样式,搭建基于政务微信的统一协同办公平台。"数字广东"搭建基于政务微信的统一协同办公平台,覆盖广东全省各级政府、各部门单位的公务人员,有效提升政府工作人员的工作效率,实现全平台实时提醒、全天候处理公务、全方位监督管理,打造智能随身、高效便捷的政务移动办公一体化平台。目前,全省统一的协同办公平台正加快推进,基于政务外网私有化部署的政务微信如期上线,协同办公工作平台以及统一待办、厅局动态、工作圈、云盘、笔记等17个应用按时发布,省经信委、省法制办、省信息中心三家试点单位顺利接入政务微信,实现公文处理、督查督办、行政审批、内务审批等公务一站式移动化办理。此外,集约化建设的电子文件交换系统、督办系统初步建成。2018年9月底建成全省统一的行政办公系统,让各地各部门按需配置使用。

4.4.2.3 实践成果

基于上述创新举措,有效保障了广东"数字政府"的改革建设,推动"全省一盘棋"的整体化和集约化建设,打造了"粤省事""粤商通""粤政易"等"粤系列"移动应用和"广东政务服务网"等政务服务品牌,在提升政务服务效能和企业群众办事体验等方面取得积极进展,拉近了党心民心的距离,提升了政务服务"获得感",在全国发挥了标杆引领和示范带动作用,取得了积极成效。国务院办公厅电子政务办委托第三方连续三年发布的调查评估报告显示,广东省网上政务服务综合能力全国排名从2016年的第9位升至2018年的第1位。[①]

以"粤省事"为例,"粤省事"是全国首个集成民生服务小程序及民生服务公众号,通过人脸识别、身份核验,无须重复注册,即可通办高频常用民生服务,首批上线政务服务事项142项,包含社保、公积金、出入境、交

---

① 省级政府和重点城市网上政务服务能力调查评估报告(2019)[R]. 中央党校(国家行政学院)电子政务研究中心, 2019.

管、助残等民生业务，涉及省、市两级18个部门，覆盖全省21个地市，通过指尖办理的服务体验，可实现25个事项零跑动。截至2018年5月31日，上线短短11天内，"粤省事"注册用户达192万人，公众号粉丝近50万人，日均点击量超过500万次，最高日访问量近1400万次，业务办理累计达到800万宗。自上线以来，被国内外60多家媒体报道并转载，在全省乃至全国产生巨大轰动，受到了群众的广泛好评和点赞，在全国范围内产生了标杆效应，打响了广东省"数字政府"建设的第一炮，"粤省事"平台也成为广东省市民办事的应用神器，让民生服务在指尖轻松触达。[①]

2018年广东全省已经有11个地市成立了"数字政府"改革建设工作领导小组，3个地市成立或明确了"数字政府"的行政管理部门，7个地市行政管理部门正在筹备之中，4个地市完成了"数字政府"改革工作方案编制，1个地市（珠海）已参照省级模式，组建了本地的运营主体。广州、深圳、云浮、肇庆、江门5个地市作为全省"数字政府"建设试点地市。各地市也涌现出一批在全省甚至全国领跑的先进经验，如广州开办企业的"即办通道"实现"一小时领执照"，以及"前台综合受理、后台分类审批、统一窗口出件"的一窗通办集成服务模式，深圳推出了群众身边24小时不打烊社区服务站，佛山、肇庆企业开办实现了跨部门一平台通办，大大缩减了企业开办时间，这些基层的创新经验为全省"数字政府"改革建设推进提供了良好的示范和样本。

4.4.2.4 实践经验

首先，广东省做好顶层设计的制度安排。一是行政理念变革方面，明确提出要以政务互联网思维为指导，打造一体化高效运行的"整体政府"，利用互联网思维和技术手段改进政府服务模式，让政务服务快速触达广大群众和企业。同时，秉承"用户思维"和"流量思维"，从用户体验的角度改进政务服务设计，以群众"爱不爱用"来检验政务服务成效，并通过用户的"好差评"倒逼政务服务水平提升。二是组织架构变革方面，提出要撤销专门承担信息化工作的事业单位，组建"数字政府"建设管理机构，即广东省政务服务数据管理局，作为"数字政府"改革建设工作行政主管机构，统筹

---

① "粤省事"上线指尖通办142项服务［EB/OL］. 广东省政务服务数据管理局，http://zfsg.gd.gov.cn/zt/szzfggiscgz/gg/c/2018/content/post_2507586.html.

推进"数字政府"建设。同时,由三大国有基础电信运营商与腾讯公司共同出资设立"数字政府"建设运营中心,即数字广东网络建设有限公司,承担省级电子政务基础设施和系统的建设及运维工作。政府通过服务购买的形式向"数字政府"建设运营中心购买服务,"数字政府"建设运营中心与其他优秀企业建立紧密的合作关系,发挥各自特长,为"数字政府"建设运营提供长期、稳定的服务和支撑,创造性地构建了"管运分离、政企合作"的"数字政府"建设运营新模式,不仅优化了政府自身的组织架构,同时明确了政企合作竞争的边界,处理好政府与市场的关系。三是技术变革方面,提出要充分利用大数据、云计算等信息技术,以技术创新驱动"数字政府"改革建设,推动信息技术与政府管理、政务服务的深度融合。同时要处理好制度与技术的关系,一方面以技术革新推动出台或完善与"数字政府"建设相适应的法规、规章及配套政策,另一方面运用政策法规为新技术推广应用保驾护航,为"数字政府"可持续发展提供法律制度支撑①。

其次,构建项目全流程管理的制度。为规范"数字政府"项目的建设和管理,广东省从项目立项、项目采购、项目实施和考核评价四个维度全盘考虑,以项目管理办法为统领,制定细化的配套实施制度,构建起"数字政府"改革建设项目全流程管理的制度保障体系,具体包括:一是专门制定《广东省省级政务信息化服务项目管理办法(试行)》,明确项目立项、采购、实施和监督的总体要求。二是制定相关配套制度。在项目立项方面,制定《省级政务信息化服务项目立项审批细则》,规范政务信息化服务项目的立项审批管理,提升项目申报质量和资金使用效能。在项目采购方面,出台并实施《省级政府政务信息化项目自行采购指引(试行)》《广东"数字政府"政务信息化项目自行采购实施方案(试行)》《关于做好省级政务信息化服务项目具体服务采购工作的通知》等政策文件,以推进"数字政府"集约化、一体化和专业化建设为目标,明确"数字政府"建设项目"统采分签"的采购流程和操作指引,为"数字政府"改革建设项目的整体采购提供政策依据。在项目实施方面,专门制定《广东省政务数据资源共享管理办法(试行)》《广东省政务数据治理专项规划(2019-2020年)》《广东省省级政务信息化服务项目验收前置审核细则(试行)》等政策文件,为"数字政府"

---

① 周春晓."广东推进数字化发展"专题(2)协同治理:广东"数字政府"改革建设的关键[J].广东经济,2021(4):12-17.

改革建设中重点涉及的数据治理、安全体系建设和项目验收等问题提供制度支撑，在保障政务数据和政务系统安全的前提下不断提升"数字政府"改革建设项目的质量。在考核评价方面，制定专门的项目考核结算办法，如政务云服务结算办法等，以评促用、以评促改，为社会大众提供高质量和高效率的政务服务，不断提升社会大众的获得感和幸福感。

最后，建立"数字政府"建设的标准规范体系。"数字政府"改革建设的整体推进、集约建设和创新迭代都离不开统一标准规范的支撑。广东省高度重视"数字政府"改革建设的标准规范建设，重点从预算编制规范标准和技术规范标准两个维度切入。一是制定《省级政务信息化服务预算编制规范和标准（试行）》，规范政务信息化服务项目的预算方案编制和预算费用编制，解决建设过程中缺乏科学标准依据、难以合理地评估项目规模和服务费用的问题。二是制定广东省"数字政府"政务云平台建设规范、广东省政务服务事项目录管理、广东省统一电子印章平台接入规范等系列技术标准规范，明确"数字政府"改革建设的技术标准，推进"数字政府"项目的规范化建设[①]。

具体而言，广东省大力推进"数字政府"改革，重点在管理体制、建设模式、运行机制等方面进行探索创新，以构建省级统筹、整体联动、部门协同、一网通办的"互联网+"政务服务体系为目标，加强对"互联网+"政务服务工作的统筹协调和管理力度，构建集中统一、运转高效的管理体制机制。

4.4.3 贵州省"云上贵州"

4.4.3.1 实践历程

"云上贵州"政务数据平台是我国第一个以政府数据"聚通用"（集聚、融通、应用）为核心的省级政务数据平台。按照政务数据平台建设的标准，"云上贵州"政务数据平台主要由两个部分组成：一部分是用于搜集、清洗、整理、归类和计算公共数据并发挥着发布公共信息、公开政务数据等作用的"公共信息平台"。公共信息平台可分为资源层、数据层与服务层，即公共数据进入资源层进行数据存储，并经过数据清洗、归类整理和计算后，分类存

---

① 李哲，石小兵. 推进"数字政府"改革建设的广东探索[J]. 中国财政，2020（12）：69–70.

放在数据层中,以便用户登录并根据应用分属的类别查询或调用相关信息。另一部分是政府职能部门对外发布业务信息和业务办理应用下载的"公共应用支撑平台",即通过公共应用支撑平台与社会发生联系,便于公众通过平台获取信息,并通过平台实时在线办理相关业务。

"云上贵州"政务数据平台于2014年10月正式上线运营,贵州省政府批准成立了云上贵州大数据产业发展有限公司,云上贵州是以推动贵州省大数据产业发展为主要职责的国有全资平台公司,旨在推动贵州大数据产业发展,构建大数据产业生态体系,建设及运营"云上贵州"系统平台,搭建贵州大数据电子信息产业投融资平台,发起管理大数据电子信息产业基金,孵化培育大数据电子信息类企业。2016年,上线启用了数据共享交换平台与贵州省政府数据开放平台;2017年,"云上贵州"App上线运行,实现了面向社会公众的数据和应用交互,这标志着政务数据"聚通用"的框架基本搭建完成。截至2017年底,"云上贵州"政务数据平台打通了扶贫、教育、公安等21个国家部委和省市数据,横向连接65个省直部门,纵向部署9个市州和一个国家级新区,形成了一体化的贵州政府数据共享交换开放体系,累计交换量达到1亿条以上,系统平台的数据存储总容量达3000TB。与此同时,"云上贵州"政务数据平台还完成"20朵云"、72个应用系统、433个数据资源的目录梳理和安全定级、170个数据集上云以及108家网站与省政府门户网站的数据交换。此外,依托于"云上贵州"政务数据平台的精准扶贫大数据支撑平台,不仅上联公安部、住建部、教育部等部分国家部委,还横向打通了扶贫、公安、教育、卫计等17个部门和单位相关数据以及试点市(州)农信社、财政局等5个州级部门的扶贫相关数据,实现了多源异构的数据共享交换,促进了扶贫数据的"通"和"准"。

贵阳大数据产业集团成立于贵州省大数据战略全面布局实施的2018年,是贵阳市进一步发挥国有企业在经济中的带领作用、服务于大数据战略行动、推动"中国数谷"建设的战略举措。贵阳大数据产业集团除云上贵州贵阳分平台业务外,力图以发展前台业务为核心业务,在大数据应用、大数据安全等多个领域进行业务拓展。这是贵阳市大数据产业集团根据企业面临的内外部环境,整合内部资源选择的业务发展方向。为打通数据、更好地为政务决策和社会治理服务,2019年,贵州省启动并发布"一云一网一平台",以"云上贵州"为依据,开展大数据先试先行。这个过程面临如何破解"信息孤岛",拆除"数据烟囱",化解数据与业务"两张皮",实现全省数据汇聚、融通、应用等重重挑战。

4.4.3.2 实践做法

"云上贵州"探索"数字政府"贵州模式，联合国双科技公司，完善"一云一网一平台"数字政府核心基础设施，加快数据融合应用，加速释放政府数据资源价值。

在技术创新上，凭借算力、算法与场景化落地能力，对业务系统中庞杂的数据进行梳理，识别其中可跨越各个业务部门被重复使用的数据形成基准数据，并结合国内外同领域先进经验，构建主数据标准规范，实现数据确源与数据消歧。同时，基于新一代分布式数据仓库、知识智能平台等自主可控的基础软件平台与产品，为"云上贵州"提供完整的数据管理解决方案，建立"数据源图谱"，解决数据分散、数据口径不一致、数据共享交换标准不一致等问题，实现了"一数一源"，提升政务数据跨领域一致性和权威性，推进跨层级、跨地域、跨系统、跨部门、跨业务的协同管理和服务，实现群众办事线上"一网通办"，线下"只进一扇门"，现场办理"最多跑一次"，大大提升便民利民服务水平。

在应用创新上，"数据与知识双轮驱动的新型数据治理"这一协同方法得到了有效检验。基于知识图谱技术，理清机构、业务、对象、规则、流程及系统间的关联关系，构建政务"业务图谱"和政务"知识图谱"，形成整合法律法规、政策文件、行业标准及问答等的知识资源，构建数据图谱与业务图谱，两者相辅相成，实现数据治理与业务治理的迭代闭环，弥合数据与业务之间的鸿沟。基于新型数据治理，政务智库、数据治理协同平台、主数据管理平台等智能应用成功上线，有效化解了数据系统建设与业务应用需要"两张皮"的问题，让数据真正用起来，助力政府组织数字化转型、智能化升级与治理能力现代化。

在模式创新上，构建了"贵州模式"数据治理体系，并梳理政务数据资源建设与管理整体规范，系统概括了新型政务数据资源建设与管理的目标与意义、政务数据资源的现状与痛点，总结出一套完整的实施步骤和管理办法，使政府掌握了如何通过数据挖掘、图谱和模型的建立，来践行政务数据资源体系建设与管理，为运用大数据、云计算、区块链、人工智能等前沿技术推动政府治理手段、模式和理念创新，建设数字政府，推进政府治理体系和治理能力现代化，提供了可复制、可推广的成功经验。

现阶段，项目已经完成对贵州省民政厅、贵州省市场监督管理局、贵州省政务服务中心三家委办厅局的业务数据治理工作，并在2021年下半年陆续开展对人力资源与社会保障局、司法厅、教育厅等6~8个部门的业务数据图谱、主数据管理、数据协同标注、检索等智能化服务场景的挖掘，并以图谱可视化、领导驾驶舱等方式进行呈现，激活政务数据要素潜能，以试点示范带动整体突破，加快释放数据资源价值，赋能数字贵州高速发展。

4.4.3.3 实践成果

贵州省以发展数字经济为重要引擎推动全省经济增长，着力推动大数据与实体经济深度融合，构建以数据为关键要素的数字经济。实施"百企引领""千企引进""万企融合"等行动，开展"一企一策""一地一策""一业一策"，探索大数据与实体经济深度融合的"贵州模式"。发放"云使用券"助推"企业上云"。建设国家级贵阳·贵安大数据产业发展集聚区、贵阳大数据产业技术创新试验区，加快发展大数据产业，推动产业数字化、数字产业化发展。2019年全省电信业务总量、收入增速分别排名全国第4、第5位。[1] 苹果、微软、戴尔、阿里巴巴、华为、腾讯、百度等国内外知名企业落户贵州发展，易鲸捷、数联铭品、航天云网等一批本土企业不断成长壮大。建成大数据应用技术国家工程实验室等一批大数据创新平台，实现了一批成果在贵州省转化。

以"聚通用"为突破口推进政务数据共享开放，开展政府数据"聚通用"攻坚会战，实施"迁云"行动，建成数字政府核心的基础设施"一云一网一平台"，实现省市县政务信息系统互联互通。针对数据共享难、业务协同难等问题，设立了实体化数据调度中心，建立数据使用部门提需求、数据归集部门做响应、数据共享管理部门保流转的调度机制。建成全省统一的数据共享交换平台和开放平台，开放高质量数据集1525个。

以大数据为重要手段有效提升政府服务能力，坚持以应用为核心，实施大数据创新应用示范工程，打造了"数据铁笼""信用云""党建红云""社会和云""智慧法院""东方祥云"等一批典型应用。以增强群众获得感为落脚点，贵州政务服务网实现了"进一张网、办全省事"。"精准扶贫云"实现

---

[1] 国家大数据（贵州）综合试验区开展创新试验［EB/OL］. 发改委网站，https://www.ndrc.gov.cn/xwdt/ztzl/szhzxhbxd/zxal/202007/t20200703_1233042_ext.html.

扶贫相关部门数据实时共享交换，为贫困户精准画像，扶贫政策自动精准兑现。"医疗健康云"以省为单位统一预约挂号，全省实现"一窗式"预约挂号。

以提升信息基础设施水平为重点增强支撑能力，实施信息基础设施建设三年会战，加快关键网络基础设施建设，着力突破信息基础设施瓶颈，努力打造全国大数据内容中心。建成中国南方数据中心基地，全省投入运营及在建的重点数据中心达29个，服务器超过15.6万台。建成贵阳·贵安国家级互联网骨干直联点，跻身全国13大互联网顶层节点，初步形成全国信息存储交换重要枢纽。全省实现所有行政村光纤宽带和4G网络全覆盖，30户以上自然村4G网络覆盖率达到94%。贵阳市被国家发改委批准为首批5G试点城市。[1]

以贵阳大数据交易所为平台探索数据交易，大力推进大数据流通与交易服务平台建设，培育大数据资源流通市场主体。设立了全国第一个大数据交易所——贵阳大数据交易所，依托自主研发的系统，推出"数+12"战略，打造数据确权、数区块链、数据创业、数据定价、数据资产、数据安全等12个大数据平台，参与制定了《信息技术数据交易服务平台交易数据描述》《信息技术数据交易服务平台通用功能要求》《信息安全技术大数据交易服务安全要求》等国家标准。

4.4.3.4 实践经验

首先，贵州省坚持国家大数据战略与贵州发展相结合，把发展大数据作为践行"两个维护"、守好"两条底线"的政治责任，作为谱新篇走新路的重要路径。在推进大数据发展的实践中，主要领导亲自谋划、亲自部署、亲自推动，形成了强有力的上下协同推进合力，保障了贵州大数据在先行先试探索中不断取得新突破、新成效。

其次，坚持培育发展新动能与加快转型发展相结合，贵州省把数字经济作为发展方向，把融合作为发展核心，助力转型升级、高质量发展。开展"千企改造""万企融合"等行动，推动大数据与工业、农业、服务业融合，培育融合服务商，开展融合评估，推动精准融合。推动大数据与服务民生融

---

[1] 国家大数据（贵州）综合试验区"数字红利"加速释放［EB/OL］．贵州省大数据发展管理局，http://dsj.guizhou.gov.cn/zwgk/xxgkml/zdlyxx/dwjl/202201/t20220107_72264925.html.

合，运用大数据促进保障和改善民生，推进政务信息系统整合共享，为"一网通办""一网统管"等做好数据支撑。推动大数据与社会治理融合，运用大数据提升治理现代化水平，在决策、监管等重点领域打造了一批典型示范。

坚持数据治理与促进数据要素市场化相结合，探索推进一体化大数据中心建设，推动数据治理与促进数据要素市场化相结合。打造中国南方数据中心基地，建设云上贵州"一朵云"，推动政府数据汇集，实现所有政府部门信息系统网络通、数据通。推动政府数据共享开放，带动产业发展，促进数据要素市场化。贵州省通过实施"产业培育"工程、"项目裂变"工程，开展"寻苗行动"，大力推动大众创业万众创新，推动新业态新产业发展，在智慧旅游、智慧交通、智慧金融等领域不断涌现出新模式新业态。

注重坚持改革创新与实践探索相结合，贵州省通过颁布《贵州省大数据发展应用促进条例》《贵州省大数据安全保障条例》《贵阳市政府数据共享开放条例》等法规，出台《贵州省政务数据资源管理暂行办法》《贵州省省级政务信息系统建设管理办法（试行）》等制度和标准规范，为数据融合共享提供了制度支撑。通过实施省、市、县三级云长制，推进云工程建设和数据"聚通用"。建立云长巡云制度，不定期开展巡查、抽查、观摩。

最后，贵州省坚持鼓励先行先试与包容创新相结合，贵州省把大数据平台作为高水平对外开放平台，大力营造先行先试、共同创新、容许试错、包容失败的创业创新环境。搭建数博会等技术和资本对接交流平台，引导国内外企业加强大数据关键技术、产品的研发合作。推进大数据安全靶场建设，常态化开展大数据安全攻防演练，提升大数据及网络安全工作能力和水平。打造公共创业创新平台，给创业创新者提供开放数据资源，营造了较好的创业创新环境。

具体而言，贵州省以全覆盖、全联通、全方位、全天候、全过程"五全服务"为引领，以"互联网＋"、大数据和云计算思维转变传统观念，通过创新政务服务方式，优化服务流程，拓展服务渠道，促进政府职能大转变、政务数据大整合、行政效能大提升，实现"进一张网、办全省事"。

第5章 研究设计：分析与资料收集方法

5.1 资料分析技术：扎根理论

5.1.1 扎根理论的概念

扎根理论是格拉斯（Glaser）和斯特劳斯（Strauss）于1967年提出的一种研究方法，其主要宗旨是从经验资料的基础上建立理论。研究者在研究开始之前一般没有理论假设，直接从原始资料中归纳出概念和命题，然后上升到理论。这是一种自下而上建立理论的方法，即在系统收集资料的基础上，寻找反映社会现象的核心概念，然后通过在这些概念之间建立起联系而形成理论。扎根理论一定要有经验证据的支持，但是它的主要特点不在于其经验性，而在于它从经验事实中抽象出了新的概念和思想。

在扎根理论被提出来以前，社会科学研究界普遍存在理论性研究与经验性研究相互之间严重脱节的现象。人们或沉溺于对纯粹理论的探讨，空谈一些形而上的问题；或停留在对经验事实的描述上，一味强调"可观察性"和"可证实性"。因此，扎根理论的发起人在提出这种方法时，声称自己的主要目的是"填平理论研究与经验研究之间尴尬的鸿沟"。扎根理论不仅强调系统地收集和分析经验事实，而且注重在经验事实上抽象出理论，因此被认为较好地处理了理论与经验之间的关系问题。

5.1.2 扎根理论的操作

扎根理论的主要操作程序如下：对资料进行逐级登录，从资料中产生概念；不断地对资料和概念进行比较，系统地询问与概念有关的生成性理论问题；发展理论性概念，建立概念和概念之间的联系；理论性抽样，系统地对资料进行编码；建构理论，力求获得理论概念的密度、变异度和高度的整合性。对资料进行逐级编码是扎根理论中最重要的一环，其中包括三个级别的编码：一级编码、二级编码、三级编码。

5.1.2.1　一级编码

在一级编码中，要求研究者以一种开放的心态，将所有资料按其本身所呈现的状态进行编码。这是一个将资料打散，赋予概念，然后再以新的方式重新组合起来的操作化过程。编码的目的是从资料中发现概念，对概念加以命名，确定概念的属性和维度，然后对研究的现象加以命名及概念化。开放式登录的过程类似一个漏斗，开始时范围比较宽，对资料内容进行逐字逐句的编码，随后不断地缩小范围，直至编码达到饱和。这一轮编码的主要目的是对资料进行开放式探究，研究者主要关心的不是手头这个文本里有什么概念，而是这些概念可以如何使探究进一步深入下去。在进行开放式编码时，研究者需要考虑如下一些基本的原则：

（1）对资料进行非常仔细的登录，不要漏掉任何重要的信息，越细致越好，直到达到饱和；

（2）注意寻找当事人使用的词语，特别是那些能够作为概念的原话；

（3）给每一个概念以初步的命名，命名可以使用当事人的原话，也可以是研究者自己的语言，不要担心这个命名现在是否合适；

（4）在对资料进行逐行分析时，就有关的词语、短语、句子、行动、意义和事件等询问具体的问题，如：这些资料与研究有什么关系？这个事件可以产生什么概念？这些资料具体提供了什么情况？为什么会发生这些事情？

（5）迅速地对一些与资料中词语有关的概念之维度进行分析，这些维度应该可以唤起进行比较的案例，如果没有产生可以比较的案例，研究者应该马上寻找。

5.1.2.2　二级编码

二级编码又称关联式编码或轴心编码，主要任务是发现和建立概念范畴之间的各种联系，以表现资料中各个部分之间的有机关联。这些联系可以是因果关系、时间先后关系、语义关系、情境关系、相似关系、差异关系、对等关系、类型关系、结构关系、功能关系、过程关系、策略关系等。在轴心编码中,研究者每一次只对一个范畴进行深度分析,围绕着这一个类属寻找相关关系,因此称之为"轴心"。随着分析的不断深入,有关各个范畴之间的各种联系变得越来越具体、明晰。在对概念范畴进行关联性分析时,研究者不仅要考虑到这些概念范畴本身之间的关联,而且要探寻表达这些概念范畴的被研究者的意图和动机,将被研究者的言语放到当时的语境以及他们所处的社会文化背景中加以考虑。每一组概念范畴之间的关系建立起来以后,研究者还需要分辨其中什么是主要范畴,什么是次要范畴。这些不同级别的范畴被辨别出来以后,可以通过比较的方法把主要范畴和次要范畴之间的关系联结起来。所有的主从范畴关系都建立起来之后,研究者还可以使用新的方式对原始资料进行重新组合。例如,可以先设计一些图表和模型,看它们是否可以反映资料的情况,然后再考虑是否能够通过这些图表和模型发现其他新的类属组合方式。为了了解目前这些分析方式是否具有实践意义,研究者还可以在对各种范畴关系进行探讨以后,建立一个以行动取向为指导的理论建构雏形。这种理论雏形将重点放在处理和解决现实问题上,其理论基础是当事人的实践理性。

5.1.2.3 三级编码

三级编码又称选择性编码,指的是在所有已发现的概念类属中经过系统分析以后选择一个"核心范畴"。与其他类属相比,核心类属应该具有统领性,能够将大部分研究结果囊括在一个比较宽泛的理论范围之内。就像是一个鱼网的拉线,核心范畴可以把所有其他的类属串成一个整体拎起来,起到"提纲挈领"的作用。归纳起来,核心范畴应该具有如下特征。

(1) 核心范畴必须在所有类属中占据中心位置,比其他所有的范畴都更加集中,与大多数范畴之间存在意义关联,最有实力成为资料的核心。

(2) 核心范畴必须频繁地出现在资料中,或者说那些表现这个范畴的内容必须最大频度地出现在资料中;它应该表现的是一个在资料中反复出现的、比较稳定的现象。

(3) 核心范畴应该很容易与其他类属发生关联,不牵强附会。核心范畴与其他范畴之间的关联在内容上应该非常丰富。由于核心范畴与大多数范畴相关,而且反复出现的次数比较多,因此它应该比其他范畴需要更多的时间才可能达到理论上的饱和。

(4) 在实质理论中,一个核心范畴应该比其他范畴更加容易发展成为一个更具概括性的形式理论。在成为形式理论之前，研究者需要对有关资料进行仔细审查，在尽可能多的实质理论领域对该核心范畴进行检测。

（5）随着核心范畴被分析出来，理论便自然而然地往前发展了。

（6）核心范畴允许在内部形成尽可能大的差异性。

5.1.2.4　实证检验结果和模型构建

实证检验结果可以通过分析开始时预留下的资料进行，其目的是检验资料范畴发展得是否完善，各个主范畴之间是否还能发现新的重要关系。实证检验是构建理论模型之前的一个重要环节，只有通过实证检验的模型才是有效的、可信的。

扎根理论对构建理论的检验标准如下：第一，概念范畴必须来源于原始资料，深深扎根于原始资料之中；第二，理论中的概念应该得到充分的发展，内容会比较丰富；第三，理论中的每一个概念应该与其他概念之间具有系统性联系；第四，由成套概念联系起来的理论应该具有较强的实用性，适用范围较广，解释力较强。

5.1.3　扎根理论的基本思路

5.1.3.1　从资料产生理论的思想

扎根理论特别强调从资料中提升理论，认为只有通过对资料的深入分析，一定的理论框架才可能逐步形成。这是一个归纳的过程，自下而上将资料不断地进行浓缩。扎根理论不像一般的宏大理论，不是对研究者自己事先设定的假设进行演绎推理，而是强调对资料进行归纳分析。理论一定要可以追溯到其产生的原始资料，一定要有经验事实作为依据。这是因为扎根理论认为，只有从资料中产生的理论才具有生命力。如果理论与资料相吻合，理论便具有了实际的用途，可以被用来指导人们具体的生活实践。

扎根理论的首要任务是建立"实质理论"，这种理论类似于默顿（1967）以及 P. 佩尔托和 G. 佩尔托（1970）等人所说的"中层理论"，介于"宏观大理论"和"微观操作性假设"之间。与其他的研究者不同的是，扎根理论的倡导者虽然把重点放在建构"实质理论"上面，但也不排除对"形式理论"的建构。然而，他们强调，形式理论必须建立在实质理论的基础之上，而实质理论必须扎根于原始资料之中，不能凭空制造。扎根理论的一个基本的理论前提是：知识是积累而成的，是一个不断地从事实到实质理论，然后到形式理论演进的过程。建构形式理论需要大量的资料来源，需要通过实质理论的中介。如果我们从一个资料来源直接建构形式理论，这其中的跳跃性太大，有可能导致很多漏洞。因此，如果研究者希望建构形式理论，一定要先在大量事实的基础上建构多个实质理论，然后再在这些实质理论的基础上建构形式理论。一个理论的密度不仅表现在其概括层次的多重性、有关概念类属及其属性的相互关系上，而且表现在这个理论内部所有的概念是否被合适地整合为一个整体上。要使一个理论的内部构成获得统一性和协调性，我们必须在不同的实质理论之间寻找相关关系然后才能在此基础上建构一个统一的、概念密集的形式理论。形式理论不必只有一个单一的构成形式，可以涵盖许多不同的实质性理论，将其整合、浓缩、生成为一个整体。这种密集型的形式理论比那些单一的形式理论内蕴更加丰富，可以为一个更为广泛的现象领域提供意义解释。

5.1.3.2　理论敏感性

由于扎根理论研究方法的主要宗旨是建构理论，因此它特别强调研究者对理论保持高度的敏感性。不论是在研究设计阶段，还是在收集资料和分析资料的时候，研究者都应该对自己现有的理论、前人的理论以及资料中呈现的理论保持警觉，注意捕捉新的建构理论的线索。保持理论敏感性不仅可以帮助研究者在收集资料时有一定的焦点和方向，而且可以在分析资料时注意寻找那些可以比较集中浓缩地表达资料内容的概念，特别是当资料内容本身比较松散时。

其实，人们从事任何工作都有自己的理论，问题是自己对这些理论是否了解、了解程度如何。在质的研究中，如果研究者采取扎根理论的方式进行研究，则应该对理论给予特别的关注。在研究的所有阶段和层面，研究者都应该时刻注意建构理论的可能性，将资料与理论联系起来进行思考。通常，质的研究者比较擅长对研究现象进行细密的描述性分析，而对理论建构不是特别敏感，也不是特别感兴趣。扎根理论认为理论比纯粹的描述具有更强的解释力度，因此强调对理论保持敏感性。

5.1.3.3　不断比较的方法

扎根理论的主要分析思路是比较，在资料和资料之间、理论和理论之间不断进行对比，然后根据资料与理论之间的相关关系提炼出有关的类属及其属性。这种比较必须贯穿于研究的全过程，包括研究的所有阶段、层面和部分。因其持续性和不间断性，这种方法被称为"不断比较的方法"。这种方法通常有如下四个步骤①。

（1）根据概念的类别对资料进行比较。先对资料进行细致的编码，将资料归到尽可能多的概念类属下面；然后将编码过的资料在相同和不同的概念类属中进行比较，为每一个概念类属找到其属性。

（2）将有关概念类属与它们的属性进行整合，同时对这些概念类属进行比较，考虑它们之间存在什么关系，如何将这些关系联系起来。

（3）勾勒出初步呈现的理论，确定该理论的内涵和外延。将这个初步的理论返回到原始资料进行验证，同时不断地优化现有理论，使之变得更加精细。如果发现这些理论可以基本解释大部分的原始资料，那么其概念类属就可以被认为是"有力的"和"合适的"。

（4）对理论进行陈述。将所掌握的资料、概念类属、类属的特性以及概念类属之间的关系一层层地描述出来，最后的理论建构可以作为对研究问题的回答。

此外，研究者还可以使用"逸事比较"的方法，即回想自己在别的地方看到过或听说过哪些类似情况，将这些情况与自己手头已经发展起来的概念类属或初步理论进行比较。研究者不必排除自己个人的经验以及来自其他方面的信息，如尚未正式发表的文章、被研究者在非研究情境下流露出来的信息等，只要它们可以丰富研究者对本研究问题的理解就可以拿来为研究服务。既然研究者是研究工具，那么这个工具的丰富、复杂、精致与否是不可能脱离研究者本人生活经历的。研究者的学术生涯和个人生活其实是一个无法分开的整体，两者之间是一个相互影响、相互促进的关系。但是，需要注意的是，研究者在使用这些资料的时候一定要说明出处，不要把它们与本研究特意收集的资料混为一谈。

5.1.4 利用扎根理论技术分析的优势

本书采用扎根理论技术分析政府数据开放共享是从相关理论技术的特点

---

① Glaser, B G, Strauss, A L. The discovery of grounded theory: Strategies for qualitative research [M]. Chicago, IL: Aldine Transaction, 1967.

出发的，具有如下优势。

首先，政府数据共享在我国是一个较新的范畴，伴随着信息技术的发展而产生，是电子政务实施中的关键环节。随着城市信息化进程的加快，对数据开放共享的需求越来越高。然而对政府数据开放共享的运行机制与治理困境还缺乏相应的研究，大部分现存研究的深度、广度存在不足，研究视角也相对单一。因此，基于扎根理论的政府数据开放共享这一议题在中国尚处于不完全清晰、需进一步探索的阶段，应该通过质化研究进一步充实。

其次，对政府数据共享进行量化分析缺少可靠的基础，从量化研究的假设条件来看，数据共享所受影响因素众多，涉及管理、机制成本等多个方面，难以提出一个明确的假设条件，并不适合这种自上而下的理论分析。在诸多可操作的因素中，也难以给每个因素以合理的量化标准变量。扎根理论技术具有灵活性、不断比较、高敏感性的特点，应用于实际资料的分析，有助于分析者及时发现并纠正体系错误，经过不断地比较、检验，一定程度上还能帮助分析者补充完善理论框架，使用价值高。

最后，质性研究注重研究情境对研究对象的影响，考察现象或行为在具体情境下的互动状态。研究者在收集质性资料时，常常通过在具体或真实的场域中与研究对象接触，持续地与研究对象互动并记录这个过程中的人、事物，从而了解事件或行为发生、发展、演化和转变的脉络。本节旨在对政府跨部门数据共享的运行机制和困境进行描述和诠释，因此要求通过质性研究进行。

基于以上几点，本书选择扎根理论对政府数据共享进行探索研究。

5.2 资料收集

5.2.1 研究地点选取

本书将研究地点选在重庆市，主要基于以下因素：

第一，重庆市政府数据共享起步较晚，但在国家顶层指导下，大力推进跨部门数据共享。2003年为适应城市自身发展的需要成立了重庆市信息化领导小组办公室，2008年重庆市人民政府电子政务办公室成立，2014年成立重庆市委网络安全和信息化领导小组办公室，2017年全市统一的市级数据共享交换平台——重庆市社会公共信息资源共享交换平台上线运行，2018年重庆市大数据应用发展管理局挂牌，2020年重庆市入围全国政务数据开放共享试点地区。但重庆市政府数据整合和开放程度不足、群众办事流程烦琐、便民服务精准不足、政府决策缺乏数据支撑等问题突出，"数据烟囱"现象依然存在，"纵强横弱"实践悖论尚未突破。

第二，本书作者主持了多项数据共享相关项目，如《重庆市政务数据共享机制研究》《重庆市政务数据资源"聚通用"协同机制创新研究》等，并且在前期的调研中与重庆市政府办公厅、重庆市经济和信息化委员会、重庆市电子政务中心、重庆市大数据应用发展管理局建立了联系，获取了大量数据共享相关资料，为后期调研提供了基础。

5.2.2 访谈对象的选取

5.2.2.1 访谈对象划分

治理主体是治理活动的决策者、组织者、协调者、实施者，或者说是数据掌握、管理、使用的关联部门或角色。国际数据治理研究所（Data Governance Institute，DGI）指出，通常一个数据治理项目包括如下机构和人员：数据治理当局（主要职责为制定规则和重要决策）、数据治理办公室（主要职责为协调和决策支持）、与数据相关的业务人员（主要职责为落实数据政策和标准、报告数据质量）[1]。严昕通过分析认为，数据治理角色包括决策者、数据管理人员、数据利益相关者[2]。

（1）决策者，既是数据治理活动自上而下进行的主要规划制定者，也是数据支持决策的受益人。一方面，决策者对数据治理认识的全面性将直接影响到数据治理目标、规划的可行性；另一方面，数据治理过程中对数据的整合、利用将进一步辅助决策。

（2）数据管理人员，是数据相关政策的制定者、数据定义的规定者、数据监管的控制者。他们的职责在于促进和帮助数据治理活动的开展，他们确定指标，对数据治理结果进行绩效评价，并向数据利益相关者和决策者提出建议。

（3）数据利益相关者，来自整个组织机构，包括数据生产者、数据利用

---

[1] 周振国. 治理框架视域下的数据治理研究［J］. 农业图书情报学报，2020（7）：57-62.
[2] 严昕，孙红蕾，郑建明. 城镇信息化中的数据治理问题研究［J］. 情报科学，2017（9）：30-35.

者、数据规则制定者、数据需求提出者等。数据利益相关者既会受到数据的影响，其行为也会影响到数据，他们的工作需要建立在数据治理活动之上。一般情况下，数据治理委员会从数据利益相关者中抽取一部分人作为数据治理委员会的成员，监管数据治理活动。

在现代公司治理中，通常而言公司可分为三个层级：决策层、管理层和执行层，"安东尼结构"把经营管理分为战略规划层、战术计划层、运行管理层，与决策、管理、执行层划分法基本类似。帕森斯（Talcott Parsons, 1937）的次级管理阶层把组织划分为三个层级，分别是策略次级阶层、管理（协调）阶层、技术（运作）阶层[1]，威尔逊（Wilson, 1989）在《官僚机构》一书中将官僚层级组织结构划分为角色和功能各不相同的决策层、管理层和操作层，对应的行动者分别为"行政人员""管理人员"和"操作人员"[2]。

在跨部门政府数据共享中不同层级参与行动主体的职务和主要职能不同，利益诉求也不同，因此，借鉴严昕观点、企业管理、次级管理阶层以及传统官僚划分标准，根据行动主体角色地位、目标诉求的异质性，本书将多元行动主体详细划分为决策层、管理层、操作层三种。

（1）决策层，主要是指负责政府数据共享的统筹规划和组织实施，建立共享标准体系、数据资产管理制度，指导、协调和监督各政务部门数据共享工作的顶层设计者，是推动跨部门数据共享能够稳定运行的重要力量。

（2）管理层，主要是指地方政府各职能部门的领导层与中层管理人员，在跨部门数据共享的过程中负责制定工作的实施方案和步骤，协调下级活动。

（3）操作层，主要是指政府各部门内部基层工作人员，是数据共享过程中的重要参与者和具体执行者，也是跨部门数据共享的末端工作者（如表5-1所示）。

表5-1　　　　　　　　　多元行动主体分类

多元行动主体	决策层	管理层	操作层
职务	主管数据共享顶层设计者	各职能部门的领导层与中层管理人员	各部门内部基层工作人员

---

[1] 帕森斯. 社会行动的结构[M]. 南京：译林出版社，2003.
[2] 苏哲，[美]詹姆斯·Q. 威尔逊. 官僚机构——政府机构的作为及其原因[J]. 孙艳，译. 江苏警官学院学报，2006（3）：136-136.

续表

多元行动主体	决策层	管理层	操作层
主要职责	主要负责政务数据共享的统筹规划和组织实施,指导、协调和监督各部门政务数据共享工作,是推动跨部门数据共享能够稳定运行的重要力量	拟定和选择计划的实施方案、步骤,协调下级活动	政府各部门内部基层工作人员,是政务数据共享的具体执行者,也是政务数据共享的末端工作者

5.2.2.2 访谈对象简况

通过滚雪球法确定了15名访谈对象,具体情况如表5-2所示。

表5-2　　　　　　　受访人员情况

编号	层级	工作单位	年龄（岁）	此单位工作年限（年）
1	决策层	市经济信息委	30	7
2		市大数据发展局	38	3
3		政府办公厅	35	15
4		政府办公厅	33	4
5		市大数据发展局	24	10
1	管理层	市卫生健康委	25	2
2		市人力社保局	34	3
3		市应急局	32	6
4		市卫生健康委	43	8
5		市电子政务中心	52	10
1	操作层	市应急局	57	15
2		市电子政务中心	45	13
3		市人力社保局	45	10
4		市民政局	32	3
5		市电子政务中心	49	6

5.2.3 访谈法的特点

访谈法是研究者通过有目的地与调查对象直接交谈来获取社会信息的方

法。这种方法与我们日常生活中相互之间的交谈有许多不同之处。首先，访谈有预定的计划，有专门的主题，有一定的工具（如调查表）或辅助手段（如录音机），而日常交谈不需要这些。其次，访谈主要由被调查者提供信息，而日常交谈则是双方相互交换信息。在商讨访谈中，所商讨的内容以受访人为中心时，被称为当事人本位访谈；所商讨的内容以问题事件为中心时，被称为问题本位访谈。如果说访谈也有结构式、无结构式和半结构式三种类型之分的话，那么与问卷法正好相反，在社会调查的实践中，访谈法通常采用无结构式，结构式访谈和半结构式访谈都处于从属地位，即在需要时作为对前者的补充，使其不足得以弥补。

访谈法是社会研究中一种历史悠久、应用广泛、行之有效的方法。与其他社会调查方法相比，它的优点主要表现在以下方面：

首先，认识社会现象的广泛性。由于访谈是一种直接的、面对面的社会交往过程，研究者不仅可以了解正在发生的社会现象，还可以了解曾经发生过的社会现象；通过访谈，研究者不仅可以抓住外显的行为事实，还可以把握被调查者潜在的观念、感情、动机和看法。运用访谈法可以全方位、多角度地了解情况。与之相比，观察法只能了解当时实地发生的现象，问卷法只能局限在某一个专题方面。

其次，研究问题的深入性。访谈时调查者可以与受访者单独接触，促膝交谈，因而不仅可以了解到"是什么"，还可以了解到"为什么"。访谈调查通过访问者与受访者的反复交谈，可以对要研究的主题一层一层地深入探讨，发现社会现象之间的因果联系和内在本质，了解到更多深层次的东西。与之相比，运用观察法和问卷法了解到的社会现象则可能是肤浅的、流于表面的。

再其次，资料收集的可靠性。环境可控也是访谈法的一个优点。访谈调查是访问者与受访者之间直接、面对面的交谈。访问者可以通过不断的察言观色，对受访者回答问题的准确程度与完整程度做出判断；通过不断的询问追问，帮助受访者吐露真情。访问者在访谈过程中还可以运用各种非语言方式进行交流，如肢体语言等，这些都有利于提高调查的可靠性，从而保证收集到的资料的真实性与可靠性。

最后，调查方式的灵活性。访谈调查是一种面对面的直接调查，它可以根据不同的访问对象、不同的情境、不同的调查题目以及访谈过程中的不同情况，随时变换调查方式，因地制宜，有针对性地开展工作。访谈可以为不同的受访者准备各自合适的问题，被调查者表示对所提问题不甚理解时可以重复提问，而其他调查方法皆无此灵活性。此外，访谈法可以克服问卷调查的回收困难。那些不善阅读的人可以在访谈时回答问题；那些不愿意花精力填写问卷的人可能乐于与调查者谈话，因为对话要比阅读来得轻松。

5.2.4 资料收集过程

第一，采用文献分析法来设计半结构访谈提纲，此步骤主要包括收集和整理相关文献，然后根据访谈对象的不同，制定 3 份访谈提纲，同时通过预调查来完善 3 份访谈提纲，拟选定访谈决策层、管理层、操作层各 5 名；

第二，通过熟人推荐和滚雪球方式获取访谈对象，进入正式访谈阶段，采取电话访谈法或面对面访谈，每次访谈时间平均控制在 1 小时左右；

第三，基于访谈记录、录音和访谈中的观察，整理访谈资料，包括对访谈问题的具体回答，访谈对象语气和面部表情、身体动作等。一边收集访谈资料一边整理访谈资料，直至不能从访谈资料中提取新的概念为止。

第6章 地方政府数据共享运行机制

6.1 译码过程

6.1.1 开放式编码

开放式编码是扎根理论编码的首要环节，也是一项基础性工作。要求从原始的访谈资料中获取初始概念，在持续的比较分析中去除前后矛盾的初始概念，选择重复频次高的初始概念的基础上以新的方式重新组合，进行范畴化。在开放式编码过程中，主要运用"逐行编码""逐句编码"，不断从文本材料中寻找代表各个范畴的例子和现象，并且不断对其进行比较，尽力达到范畴饱和。本章研究围绕15名受访对象的访谈资料，最终抽象出21个概念，并将所提取的初始概念进行筛选、合并、分类后得到12个范畴（如表6-1所示）。

表6-1 "跨部门政府数据共享的运行机制"开放式编码表

访谈资料	概念化	范畴化	范畴内涵
J-1	集体性收益 a1	预期收益重要性（决策层）A1	"信息报告评估"中提到"重要性认知"，此处主要指跨部门数据共享的潜在效益和价值的实现程度
J-2	选择性收益 a2		
J-3	治理创新 a3	创新治理有用性（决策层）A2	有用性认知（TAM模型，Davis & Warshaw, 1989）是指使用某项技术能够加强工作表现的程度，决策层的有用认知主要体现在衡量数据共享对于政府年度工作的绩效考核、决策主体的升职机遇的作用，与目前的政策倡导、主流媒体宣传、法律法规推动是否契合

续表

访谈资料	概念化	范畴化	范畴内涵
G-3	共享成本 a4	成本风险相容性（管理层）A3	相容性认知是根据（Rogers, 1998）的创新扩散理论提出，在此处，借鉴谭海波（2015）文章中的定义，即指与采纳者的价值观、经验、社会标准、需求结构等相一致的程度，在跨部门数据共享中，这种相容性更多地表现为管理层衡量共享系统会不会造成部门的成本支出和风险增大
G-1、G-2	共享风险 a5		
G-5	上级任务 a6	任务需求有用性（管理层）A4	是指使用某项技术能够加强工作表现的程度，此处指管理层推进数据共享是符合落实相关政策要求和业务需求
G-3	业务需求 a7		
C-3	自我效能 a8	操作流程易用性（操作层）A5	易用性认知是指使用某项技术的容易程度，操作层关注凭借自己所积累的知识与经验，正确合理使用政府数据共享平台的可能性
C-1	收益感知 a9	收益感知有用性（操作层）A6	操作层关注数据共享对自身的职务、工资福利的收益是否有提高的效用，即有用性认知，也是根据前面（Davis, 1986）的技术接受模型引申而来
J-5	多方价值追求 a10	价值追求与权力流动 A7	决策层在跨部门数据共享过程中更关注推动数据共享是否符合政策倡导，以及数据流动带来的权力提升
J-2	权力流动 a11		
G-4	部门利益得失 a12	利益得失与潜在风险 A8	管理层在跨部门数据共享过程中，基于政府数据的特权属性和部门利益的竞争特性，延伸出不同的数据需要和利益导向，尽可能部门利益最大化和避免责任风险
G-2	潜在风险伴随 a13		
C-5	额外成本投入 a14	成本投入与收益补偿 A9	操作层作为政府行政职能部门的基层工作人员，是各种项目和改革的最终执行者，在传统的科层制行政体系中，受上级行政命令的指挥，承担了大量的工作压力，他们对自身投入的成本和收益是否平衡较为敏感
C-4	收益补偿均衡 a15		

续表

访谈资料	概念化	范畴化	范畴内涵
J-1	推动 a16	推动/弱化 A10	行动参与者判别参与跨部门数据共享的"有效性"和"能率"（Chester Irving Barnard），结合外部环境，采取了推动、弱化、合作、抵制、配合、对抗等多元互动策略
J-4	弱化 a17		
G-1	合作 a18	合作/抵制 A11	
G-4	抵制 a19		
C-2	配合 a20	配合/对抗 A12	
C-3	对抗 a21		

6.1.2 主轴式编码

主轴式编码就是在开放式编码范畴的基础上进行聚类分析，发现和建立各范畴之间的联系，整合出更高层次的范畴。本书在此步骤进一步提炼出3个主范畴，确立故事线（见表6-2）。

表6-2 "跨部门政府数据共享的运行机制"主轴式编码

主范畴	对应范畴	范畴的内涵
多元行动主体共享认知体系	预期收益重要性（决策层）A1 创新治理有用性（决策层）A2 成本风险相容性（管理层）A3 任务需求有用性（管理层）A4 操作流程易用性（操作层）A5 收益感知有用性（操作层）A6	数据共享作为一种"外来"的信息技术[1]，由于多元行动主体地位与角色的差异，会形成了不同的主观认知，也就赋予其不同意义和期望，这种认知和期望在很大程度上影响到数据共享效果，不同主体对应的认知虽名称有的相似，但具体内涵不同，详解见后述
多元行动主体关注焦点	价值追求与权力流动 A7 利益得失与潜在风险 A8 成本投入与收益补偿 A9	由于数据共享可能会影响权力与利益的重新分配，多元行动主体根据自己所处位置，难免会产生不同关注焦点[2]，利用数据共享创造价值规避风险、稳固权利保障收益、提高效率降低成本则成为多元行动主体的出发点。地方政府数据共享过程中决策层、管理层和操作层会分别围绕价值—权力、利益—风险、投入—收益关系做出理性权衡，体现了多元行动主体对职级规范的内化程度，亦成为他们的关注焦点

---

① 邱泽奇. 技术与组织的互构——以信息技术在制造企业的应用为例[J]. 社会学研究，2005(2)：32-54.

② 赖茂生，樊振佳. 政治利益对政府信息资源共享的影响分析：基于理性选择制度主义的视角[J]. 图书情报工作，2012(7)：112-116.

续表

主范畴	对应范畴	范畴的内涵
多元行动主体互动策略	推动/弱化 A10 合作/抵制 A11 配合/对抗 A12	行动主体的实际行为是由主体对该行为的认知和关注焦点决定的。地方政府数据共享过程中，作为理性的行动主体往往会形成基于自身关注焦点的效用函数，在特定的约束条件下关注各自的收益进而决定相应策略[1]：一种反应是存在潜在的机遇，它可能是增加自身目标效用的利好因素；另一种反应则是把它当成潜在约束，认为它可能会转化为减少自身目标效用的不利因素[2]。由于多元行动主体在相互合作的过程中在资源分配、合作规则、成本收益等方面难以达成一致，他们会判别地方政府数据共享的预期结果与自身期望值的差异，由此产生了推动/弱化、合作/抵制、配合/应付等互动策略，最终形成了地方政府数据共享实际运行效果

在主轴式编码过程中，首先，不同行动主体对地方政府数据共享的态度和看法不同，例如决策层为预期收益重要性和创新治理有用性，管理层为成本风险相容性和任务需求有用性，操作层为操作流程易用性和收益感知有用性，这6个范畴都是行为参与者对数据共享的认知，总体反映出他们对社会效益、组织效益、个人效益的倾向不同，是有差异的。其次，数据共享在决策层的眼中符合多方的价值追求取向，同时也伴随着数据权力流动，是价值与权力并存；在管理层眼中数据流动既会为部门带来利益也有潜在风险，是利益与风险权衡；在操作层眼中数据共享意味着额外的工作量投入和收益补偿的艰难，是投入与收益平等的博弈，这3对范畴反映了各行为参与主体基于不同的利益诉求有着不同的关注焦点。最后，因为不同行动主体对地方政府数据共享的认知和关注焦点不同，导致在数据共享过程中很多方面难以达成一致，他们会判别参与地方政府数据共享的最终预期结果与自身期望值的差额，决定采取推动、弱化、合作、抵制、配合、对抗6个范畴的行动策略。综上，共归纳出3个主范畴，这3个主范畴可以一一递进，呈现出行动者的复杂行动策略是如何互动的。

---

[1] Becker G S. The Economic Approach to Human Behavior [M]. University of Chicago Press, 1976.
[2] 埃哈尔·费埃德伯格. 权力与规则：组织行动的动力 [M]. 上海：上海人民出版社，2005.

6.1.3 选择式编码

选择式编码是在已有范畴的基础上，经过系统的分析以后，选择具有统领性的、能将其他范畴集中在宽泛的理论范围之内的一个或几个核心概念，即核心范畴（故事线）[①]。本书将开放式编码过程中所提取的初始概念进行比较，通过不断比较将开放性编码中的12个范畴进行筛选、合并、分类，提取出关联度、出现频率较高的3个主范畴，同时澄清概念与类属之间的关系，最终确定以"地方政府数据共享运行机制"为核心范畴。基于此，扎根理论验证了跨部门数据共享是立体而又错综复杂的现象。现有的制度体系既是对各行动主体行为的制约，同时又是行动主体互动策略的结果，既是限制行动主体恣意妄为的规制力量，又是行动主体进行集体合作的一种产物（如表6-3所示）。

表6-3　"地方政府数据共享的运行机制"选择式编码

核心范畴	核心范畴的关联关系	关联关系的内涵
地方政府数据共享运行机制	↓共享认知：决策层、管理层、操作层分别侧重于从社会效益、组织效益、个人效益来看待跨部门数据共享	首先，基于此处技术接受模型（TAM模型）中易用性认知和有用性认知，（Rogers, 1998）的创新扩散理论中相容性认知，信息报告评估中重要性认知来对不同主体如何看待地方政府数据共享进行概括归纳
	↓关注焦点 价值追求与权力流动/利益得失与潜在风险/成本投入与收益补偿	其次，进一步从不同主体层面分析他们各自的关注焦点是什么，在地方政府数据共享中最在意的是哪些方面，证实客观现状
	↓互动策略 推动—弱化/合作—抵制/配合—对抗分离 ↓运行效果→共享困境 偏离设定	最后，因共享认知和关注焦点的不同，他们有着不同的行动策略，往往采取了推动、弱化、合作、抵制、配合、对抗等多元互动策略。最终使得地方政府数据共享理性设计的制度体系会导致非理性的后果，即运行效果与原本设定发生了一定程度的偏离，陷入了共享困境

[①] 陈向明. 扎根理论的思路和方法 [J]. 教育研究与实验, 1999 (4): 58-63+73.

6.1.4 关系示意图

围绕"地方政府数据共享运行机制"这一核心概念,"故事线"可以概括为:不同层级的行动参与者是具有自由意志、有限选择能力和合作能力的有限理性人,因此地方政府数据共享的有效运行取决于各行动主体的合作行为即互动策略。而互动策略的产生是基于决策层、管理层、操作层在政府中因职位和角色的异质性,会对地方政府数据共享产生不同的共享认知(社会效益、组织效益、个人效益)和关注焦点(价值追求与权力流动/利益得失与潜在风险/成本投入与收益补偿)。基于上述"故事线",结合前面的译码,本章建立了包含各个范畴的关系示意图,如图6-1所示。

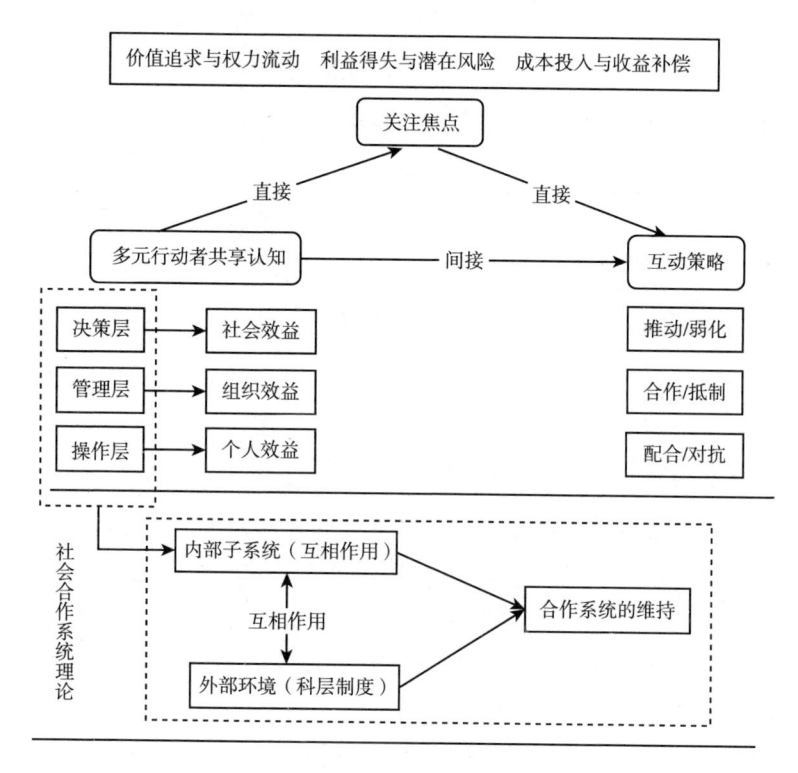

图6-1 关系示意图

社会合作系统理论通过描述行动者策略性的行动、来源作为理论的逻辑起点,推导出在外部环境下,组织系统内部的行动者是如何通过策略性的互动来争取自己有利地位的过程，以及体现组织运作逻辑的行动体系是如何生成的。正如巴德纳认为：整个组织系统能够得以稳定运行的前提是协作。地方政府数据共享是个复杂的社会组织，其中包括由政府内部多元行动参与主体的合作行为组成的内部合作行为子系统。

数据共享要实现稳定和持续运行，就需要具有"有效性"和"能率"。"有效性"即数据共享能够不断提出新的目的以吸引多元行动参与主体贡献协作性努力，"能率"即多元行动参与主体的个人动机能够通过协作获得满足。因此，地方政府数据共享需要维持政府内部各种行动参与主体的协作意愿，以便实现组织目标——数据共享。

实践的情况是：一方面，内部子系统由于行动者之间存在相互依赖性与不平衡性，会根据预期的对方行为来调适自己的行为，相互之间最终达成妥协性的均衡。另一方面，参与地方政府数据共享的行动主体并非只是目前政府制度环境塑造的对象与规则的顺应者，他们会根据存在的环境与条件，做出于己有利的决策。最终会重新建构现有组织体系，在地方政府数据共享中体现为数据共享运行效果与原本设定发生了一定程度的偏离，陷入了共享困境。

6.2 多元行动主体共享认知体系构建

数据共享作为一种"外来"的信息技术[①]，由于其本身具有的交互性、外源性等特征使其在被某个组织运用时，会给组织内的行动者带来不一样的观感，这种观感可用"不确定性"来意义。简要地来说，就是政府数据共享包含着部分难以预见的情况，也存在着不同变化的可能，也就是不确定性，正如斯蒂芬·巴利所提到的：技术充当了"触发器"的角色。为此，不同的行动者需对这种不确定性做出反应，并根据自身情况对数据共享进行评价，从而形成不同的主观认知和判断，也就是行动者认知。在地方政府数据共享中，行动主体做出的行动策略是基于他们对数据共享的直觉认识作为出发点，也就是行动主体所感知的关于数据共享这一行为的结果以及对该结果进行评

---

① 邱泽奇. 技术与组织的互构——以信息技术在制造企业的应用为例 [J]. 社会学研究，2005 (2): 32-54.

价的函数。个体在组织中的行为受到职位关系的影响，基于职位关系，组织成员对工作任务的承担和理解不同①，由于职位结构多元化，会形成不同的主观认知，也就赋予其不同意义和期望，这种认知和期望在很大程度上影响到数据共享效果。

6.2.1 社会效益：决策层共享认知

决策层的正式权威、行政参与以及非正式领导，对于推动部门间的沟通协同可以起到很大的促进作用。已有相关实证分析指出，决策层在数据共享运用的过程中始终是处于支配地位、起着主导作用的，简单地理解，决策层握有最高的权威，如果没有他们的同意，数据共享理念是无法引入政府机构的，更不会引发之后技术和组织之间这种复杂变化的关系，且即使在数据共享的过程中，决策层的决策事实上对数据共享施加了最大的影响，数据共享被其作为管理创新和政绩追求的重要工具来运用，并通过集中各方力量和注意力来完成特定任务②。

6.2.1.1 数据治理有用性

J-4："重庆市政府已经认识到了数据的重要性，专职机构大数据局的成立就是证明，大数据局的成立可以督促各部门重视数据，从而帮助地方政府更高效地发掘数据价值，为智慧城市建设提供燃料。"

J-2："目前在国家治理现代化的背景下，也响应习主席的讲话精神，我们单位牵头做好数据共享工作可以说是一个基础吧，做好数据共享工作，也就为治理现代化提供了一个大的环境，其他各业务部门才能在这个大环境下，提升工作效率，从而做好治理现代化工作。例如，医疗健康数据在卫生部门，教育数据在教育部门，环境数据在环境部门，财政数据在财政部门。新成立的大数据管理局则可以通过联网在不同部门间进行数据互换，打破不同部门之间的壁垒，这不仅可以提高效率，还可以帮助相关部门提高其现代治理能力。"

---

① 王旭辉. 从抽象到具体：对科层组织运作动态的分析——以《工业组织的科层制类型》、《科层组织的动态》为线索 [J]. 社会学研究，2008（3）：215-229.
② 何诗懿. 从条块分割走向协作耦合：地方政府跨部门信息共享优化研究 [D]. 上海：上海师范大学，2016.

当前，政府部门的数据治理和数据应用主要以服务本部门日常工作为核心，这些数据的作用范围仅局限在部门内部，暂未实现多部门的数据整合共享，数据价值没有得到更加充分的发挥，必须先破除这种状态，通过数据治理推进政务资源整合共享。实际上，政府数据共享一直以来也是党中央关注的重点，从 2015 年国务院发布《促进大数据发展行动纲要》，正式提出"加快政府开放共享"，明确政府数据应"以共享为原则，不共享为例外"，到党的十九届四中全会指出"推进数字政府建设，加强数据有序共享"后，上海、北京、武汉、佛山等地方政府陆续推出开放数据平台网站；广州、沈阳、成都相继成立"大数据管理局"，专门负责政府数据的开放与共享；贵阳、北京相继成立大数据交易平台，规范数据要素合理流动①。各地也涌现出政府治理创新实践，如数据共享的"最多跑一次"、"聚通用"基础上的"服务到家"等②。专职机构的设立以及地方政府政策创新及其"以点带面"的扩散被长期视为适应改革开放复杂环境变化的关键因素，也改变了决策层对数据共享的认知，使其抛弃传统科层制政府对于"安全、专业、秘密"的价值遵循，勇于打破传统的部门条块分割、数据壁垒状态，不断推进以促进创新为目的的数字政府建设转变③。

根据 TAM 理论模型可知，人类的特定行为表现是由行为意图决定的，其中态度因素的影响十分显著。对态度起决定性作用的是有用性认知和易用性认知。有用性认知是指使用某项技术能够加强工作表现的程度，决策层的有用性认知主要体现在衡量政府数据共享与目前的政策倡导、主流媒体宣传、法律法规推动的契合④。《促进大数据发展行动纲要》指出："将大数据作为提升政府治理能力的新途径，推动政府管理理念和社会治理模式进步，逐步实现政府治理能力现代化"。因此，决策层必须明确政府数据资源整合共享是数据治理的首要基础性工作，而数据治理是以服务治理能力现代化为核心，是推进当前地方政府治理改革模式创新的重要手段。

第一，政府数据共享可以提升科学化治理能力。当前，地方政府部门在

---

① 贾开. 从"开源软件"到"开放政府"：互联网影响下的政府治理变革 [J]. 经济社会体制比较，2016 (3)：104 – 112.

② 唐莹，易昌良. 刍论政府数据治理模式的构建 [J]. 理论导刊，2018 (7)：68 – 74.

③ 何艳玲，李妮. 为创新而竞争：一种新的地方政府竞争机制 [J]. 武汉大学学报（哲学社会科学版），2017 (1)：87 – 96.

④ Davis F D, Bagozzi R P, Warshaw P R. User Acceptance of Computer Technology: a Comparison of Two Theoretical Models [J]. Management Science, 1989 (8)：982 – 1003.

进行日常监管决策、制定各项法律法规、发布重大方针政策的时候，仍然存在"主观主义""经验主义""形式主义"的问题，特别是面对新变化、新态势、新局面的处理，难以做出科学准确的应对决策。通过政府数据共享能够真实客观、多角度、多层次地反映实际情况，通过大数据分析能够更加精准地反映深层次的原因，实现对政府科学决策的靶向治理，增强公共服务的有效性，提升地方政府治理的科学性。

第二，政府数据共享可以提升动态化治理能力。通过政府数据共享推进构建对多部门政务数据采集、监控、分析一体化系统的数据基础，密切掌握政府各方面数据的变化发展情况，通过大数据技术对各类数据进行实时的深度挖掘、关联分析和知识推理，形成直接结果导出、智能综合分析、整体趋势研判、快速预警发布和协同联动防控能力，基于不断变化的数据资源，智能动态调整各种应对策略、防范措施和服务手段，推进地方政府动态化治理能力的形成。

第三，政府数据共享可以促进开放化治理。政府数据共享工作促进了不同政府部门的数据融合交换，数据的应用更加开放，数据规模种类更加庞大，数据变化更加多样，这为大数据相关技术在政务领域的深入应用提供了良好的数据基础，各类数据在不同部门间应用，促进了部门间业务相互融合，部门间的业务壁垒也逐步弱化，数据孤岛逐渐消失，政府部门相互之间更加透明公开，同时政务信息公示的举措也调动了社会公众参与国家治理和政府决策的积极性，在此基础上政府部门的权责更加清晰、运行更加公开、公众参与度更高，政府数据资源整合共享打开了政府部门之间、政府部门与社会公众之间的信息共享渠道，为地方政府开放化治理提供了有力保障。

6.2.1.2 预期收益重要性

J-1："从当前各地政府轰轰烈烈推进的数字政府建设具体实践来看，难以突破的瓶颈正是数据畅通，部门数据共享是最关键的部分，无法获得足够的、高质量的决策数据支持，从而导致数字政府的建设出现'有数字无智慧'。"

J-3："现在国家号召，地方响应，贵州、杭州、上海这些地方做到了前面，做得比较好，所以现在各个地方都在积极推进这个事情，如果能在其他数据开放共享效果好的省市的基础上推进一点点，那效果肯定很明显，从单位角度出发，可以持续推进治理现代化等国家号召工作，从个人出发，肯定也是有好处的。目前重庆市还建立了统筹协调机制、'云长'权责机制、人才支撑机制、年度评比机制和创新建设运营机制等，预期形成统筹高效、权责匹配、协调联动的'智慧名城'推进格局。"

各级各类政府部门掌握的政务数据，是现阶段数量最庞大、价值密度最高的数据资源。跨部门数据共享通过数据共享实现数据价值的增值和服务对象的满足，从而达到数据资源的获取和降低环境不确定性的目的[①]，地方政府数据共享程度越大，这些政府获得的集体收益越多，故而地方政府间的数据共享行为可被视为提升区域竞争力的理性举措[②]。

首先数据共享有利于政府决策科学化。从发达国家的经验来看，从"定性决策"到"量化决策""数据决策"是发展的必然趋势，在大数据时代，对全样本的复杂数据进行实时分析处理，依托海量数据实时监测经济运行过程中的动态变化，揭示传统技术方式难以展现的经济指标之间关联关系来提前预测经济运行的发展趋势，使政府决策所依据的数据资料更加全面，从而降低决策偏差概率，提高决策的针对性、科学性和时效性。

其次数据共享有利于治理能力精准化。信息化时代对政府治理和监管水平提出了更高的要求，迫切需要打破部门数据割裂和行业垄断，促进互联互通、数据开放、信息共享和业务协同，构建全流程、全覆盖、全响应的数据治理与服务体系。通过政务大数据的应用，建立统一集中的数据共享平台，将有效打通部门壁垒，大幅减少部门数据获取、处理及分析响应时间，提高行政效率，提升政府治理水平和管理服务效能[③]。

再其次政府数据共享有利于公共服务便利化。通过推行"互联网+政务服务"，建设政务服务大数据平台，不断完善政务服务信息资源系统，建立完善人口、电子证照、社会信用等相关信息库，把涉及政务服务的证件数据、相关证明数据集成化和标准化，利用大数据平台共享交换，实现政务服务信息资源跨地区、跨部门、跨层级的互联互通；同时，通过大力推进电子公文和电子证件等在政务服务中的应用，进行网上验证核对，让数据信息多跑路，让公众少跑腿。通过简化服务事项、优化服务流程、提高服务效率，避免服务对象重复提交材料和循环证明，缩短办理时限，降低办事成本，促进政府

[①②] 锁利铭. 府际数据共享的双重困境：生成逻辑与政策启示 [J]. 探索, 2020 (5)：126 - 140 + 193.

[③] 熊俊潇. 政务大数据应用的价值、问题与对策 [J]. 信息化建设, 2017 (7)：32 - 34.

公共服务能力的提升，为公众提供方便、高效、精细化的公共服务[1]。

最后政府数据共享有利于数据资源产业化。对于政务数据而言，可以通过政府购买服务、协议约定等方式，加强政府与企业合作，支持企业开展基于大数据的第三方数据分析挖掘服务、技术外包服务和知识流程外包服务。还可以鼓励和支持各类市场主体共同参与开发和创新公益性和增值性应用服务，发展智慧旅游、智慧健康、智慧社区等生活类经济信息服务，培育信息服务市场，推动信息服务专业化和产业化。

另外，在跨部门政府数据共享实践中，受传统社会交往资源获取方式的影响，在既有的电子政务框架下，多数部门工作人员倾向于依靠社会网络关系，通过同学、邻居、亲戚、同事或者经常有业务往来部门的工作人员获取数据，这种偶发、分散的数据共享交换，较多含有人情成分。在部门业务协同过程中发生的批量数据共享，大部分也是通过熟人关系或领导协调来实现的，而部门领导间关系会直接影响部门间数据共享的范围、程度和共享机制的建立[2]。熟人社会网络中的"人情交换"成为获取数据的重要途径[3]，这种亦公亦私的复杂网络下，"部门联系"演变成了"人际联系"[4]，从决策者个人行为来看，个人意识和能力的限制以及熟人社会的人际关系网络为获取数据资源提供的便利成为影响地方政府数据共享的主要因素[5]。显然，跨部门数据共享的决策者通过进入数据共享平台的资格，结成数据共享网络，可以获得数据接收部门的积极反馈和扩大的权限以及高层领导的赞赏[5]，可以通过网络关系的收益提升在行动主体中的影响力和声誉。

预期收益的考虑将激发跨部门进行数据共享行为。制度性集体行动框架提出了协同合作中行动者的收益要素，可分成集体性收益（collective benefit）和选择性收益（selective benefit）。集体性收益是指合作项目给各方带来的收益，选择性收益就是某种合作关系带来的社会资本、收益以及官员晋升可能

---

[1] 唐晓阳，代凯. 大数据时代提升政府治理能力研究 [J]. 中共天津市委党校学报，2017 (6)：74-83.

[2][5] 李重照，黄璜. 中国地方政府数据共享的影响因素研究 [J]. 中国行政管理，2019 (8)：47-54.

[3] 蔡小筱，张敏. 虚拟社区中基于熟人关系的知识共享研究综述 [J]. 图书馆学研究，2015 (1).

[4] 徐晓林，明承翰，陈涛. 数字政府环境下政务服务数据共享研究 [J]. 行政论坛，2018 (1)：50-59.

[5] Wang F. Understanding the dynamic mechanism of interagency government data sharing [J]. Government information quarterly，2018 (4)：536-546.

性加大，这些收益直接作用在具体决策者身上①。作为地方政府数据共享参与的行动主体，决策层除了通过数据共享实现数据价值的增值，从而达到数据资源获取集体性收益的目的，亦通过进入数据共享平台的资格，结成数据共享网络，可以通过获得网络关系的收益、满足上级政府的制度规则要求、提升在行动主体中的影响力和声誉等获得选择性收益。重要性认知来源于"信息报告评估"，指的是信息技术运用的潜在社会效益和价值的实现程度，在政府组织中则与政绩有相同的意涵。以上分析表明数据共享符合决策层的重要性认知：数据共享行为一方面是构建数字政府的客观要求和必然选择，有利于提高决策的科学性，可被视为提升部门协同能力的理性举措；另一方面政策创新又可能获得领导升迁可能性，这符合决策层的共享认知，即偏于重要性认知。

6.2.2 组织效益：管理层共享认知

管理层在本书中是指地方政府各职能部门的领导层与中层管理人员，他们面临着由自上而下的行政指令所构成的任务环境，又要维护本部门的权利和利益。

6.2.2.1 业务需求有用性

G-5："在政务数据共享中，针对数据采集、汇聚、共享和应用等多个环节，重庆市都提出了针对性措施，压实了采集责任，目前重庆实行的'数字重庆'云平台，强力实施'迁云'行动计划，规定凡是'未上云'的系统一律不安排运维费用，凡是'未上云'的市级部门和单位从严控制新建、续建项目，凡是'未上云'的区县不再支持区县信息化项目，要求新建或已有的市级部门内部信息系统均整合'上云'。"

G-3："有个共享系统的话，可以节约很多工作实践，大大提高本部门工作效率。我们单位原本就不如民政、交通、税务这些部门的数据资源多，平时工作需要用的话有时候去拿纸质版的，还有一些基本的目前也可以从网上签收，但总归是不方便。"

---

① 锁利铭. 府际数据共享的双重困境：生成逻辑与政策启示 [J]. 探索，2020（5）：126-140+193.

科层制体系下的政府是一种以"分部—分层""集权—统一""指挥—服从"等为特征的组织形态①,以各种路线、规章、方针、决定、通知、规定等形式为代表的行政命令,从具体目标、规划、任务设置等方面为数据共享奠定基础,也使数据提供部门面临着明显的行政压力。在政府中,政绩的考核对于职能部门有极其重要的意义,好的评价意味着部门得以保存、管理层得以升迁或者获得更多的财政拨款机会,对于部门来说,数据成果本身就是政绩。从上诉访谈中也可以看到,"不交数据就交帽子"的办法对数据共享政策的贯彻和实施会起到重要的推动作用。

此外,政府数据资源的整合共享离不开业务需求,业务需求和业务特性本身对政务数据资源整合共享也具有较大的影响。一个组织生存和发展的资源可能来自外部环境,在此基础上,组织或个体可能会向外界主动提供帮助,以期获得外界回报,但这种回报往往没有具体的兑现时间和要求,因此具有较大的不确定性,上述过程被称为社会交换。社会交换理论有助于理解合作在数据共享当中的必要性,该理论认为互惠性是推动组织成员间信息共享行为的重要力量,数字时代下,数据已成为组织赖以生存和发展的重要资源,而部门人员也可能出于对未来回报的期望主动向外界共享数据,显然让"数据多跑路",通过数据互通和流转来实现"联动配合""共享合作""统一协同"成为数字政府目标②。

有用性是指使用某项技术能够加强工作表现的程度,以上分析表明,管理层往往采取"对上负责"的态度推进落实相关政策要求和业务需求③,任务需求有用性在此处是指管理层推进数据共享是符合落实相关政策要求和业务需求的。

6.2.2.2 成本风险相容性

G-3:"我们的单位是根据自己的职能、自己的需要在管理框架范围内开发和收集的数据,格式与规定的并不相同,其实每个单位的软硬件条件都

---

① 段盛华,于凤霞,关乐宁. 数据时代的政府治理创新——基于数据开放共享的视角 [J]. 电子政务,2020 (9): 74 – 83.

② 袁刚,温圣军,赵晶晶,陈红. 政务数据资源整合共享:需求、困境与关键进路 [J]. 电子政务,2020 (10): 109 – 116.

③ 周雪光,练宏. 政府内部上下级部门间谈判的一个分析模型——以环境政策实施为例 [J]. 中国社会科学,2011 (5): 80 – 96 + 221.

能不一样,如果引入最先进的系统,再聘用一个团队来专门处理,人力、物力、财力的支出以及后期不断上传维护都是不小的开支。"

G-1:"数据共享是好的,但我认为不同行业应该具体制定详细规则,比如一些关于民生的数据是可以共享的,还有基本的信息也可以,但像党群口的单位,这些数据是绝对不能共享的,它属于涉密的。"

G-2:"各部门数据共享是可以打造透明政府的,意味着面对的监督也就更加严格,这无形中会使很大一部分精力用于监督质疑上。"

由上述访谈资料可知:数据共享成本高昂,不仅包括硬件采购、软件实施的成本,还包括数据采集、储存分析、数据应用、数据库的维护等,这些工作是持续性的,尤其是对于一些采集非结构化数据的项目,对价值密度低的数据进行分析和处理,需要花费大量的人力和物力。另外,政府各部门信息系统分割,而部门之间数据共享需求越来越大,系统需要对接的情况越来越频繁,各个应用系统开发时又大多采用不同的语言、技术、数据库等,数据的交换大多需要单独编程,导致政府在信息化建设时,在为数据开发各种兼容性接口上浪费大量的时间,一方面会增加政府信息化建设的成本;另一方面数据交换效率得不到提高,交换质量也得不到保证,许多项目数据往往需要重复采集,为政府财政带来了巨大的负担[1]。许多受访者提到自己所在部门未实现真正共享的原因在于部门信息化程度低,用于数据共享建设的经费有限,即使上级领导重视,但没有资金只能是有心无力。这与谭军(2016)观点一致,上级政府对于政府数据共享的财政支持不足并且没有具体的关键绩效指标,也无法预估其具体收益,但是政府数据共享平台的建设和维护却需要投入大量人力、物力,如果没有来自上级的支持,政策无法有效执行下去。此外,还有增加成本的因素来自复杂的行政管理,一些数据共享系统要将数据集中管理,行政阻力很大,数据集中后需要协调数据质量维护的责任,也会增加成本;再者数据收集部门对收集对象时常有保密承诺,数据可被共享而保密承诺无法保证,这些问题都将增大信息共享成本,造成效益下降[2]。

政府数据共享过程中涉及的数据安全问题包含:对数据资源分类分级整合共享的配套制度不完善;缺乏对公共数据、个人数据和隐私数据等的明确

---

[1] 戴燕臻. 地方政府数据共享研究——以靖江市为 [D]. 兰州:兰州大学,2018.
[2] 胡小明. 电子政务信息共享价值再反省——老问题的新认识 [J]. 电子政务,2012(12):68-77.

定义和分类区别；针对不同数据对象尚未制定规范化的数据整合共享策略，用以防止和避免信息泄露和错误共享；同时对于数据整合共享的安全防护措施和数据运维管理技术体系还未形成通用性的标准规范，缺乏统一的数据整合共享信息安全顶层设计，各部门系统网络安全等级保护标准不统一、防护等级不相同的现状普遍存在。因此，从数据共享带来的数据安全问题角度考虑，各部门对于推进数据共享工作存在担忧和疑虑。

相容性（compatibility）是根据罗杰斯（Rogers，1995）的创新扩散理论提出的，是指某项创新与现有价值观、以往经验、预期采用者需求的共存程度。本书同时借鉴谭海波等（2015）的相容性认知观点，即指与采纳者的价值观、经验、社会标准、需求结构等相一致的程度。上述分析说明，在地方政府数据共享中，这种相容性更多地表现为管理层衡量共享会不会造成部门的成本支出和风险增大。

6.2.3 个人效益：操作层共享认知

操作层主要指代政府各部门内部基层工作人员，他们是各种项目和改革的最终执行者，在传统的科层制行政体系中，受上级行政命令的指挥，承担了大量的工作压力，对自身投入和收益是否平衡较为敏感。

6.2.3.1 操作流程易用性

C-3："作为一个普通的基层公务员，我认为数据共享迫切需要引入专业人士，我们在做完基本工作后还需要上传数据，但是目前数据共享交换平台的数据质量不高、格式不一、内容标准多样，甚至导致重复录入相关数据等情形，不能实现科学的分类和标准化的集中管理，我们需要认真校验以及对数据进行脱敏处理，一套程序下来需要很多精力。"

首先，由于各部门业务数据类型、数据格式及业务要求不同，所以用于数据计算、处理和存储的基础平台也不一致，从物理设备类型来看，可能有的数据运行在小型机上，有的运行在 X86 服务器上。从操作系统角度来看，有的可能是 Windows 系统，有的是 Linux 操作系统。从数据库类型来看，有的采用的是 Oracle 数据库，有的是国产数据库。从数据存储方式来看，有的采用 SAN 存储，有的采用 NAS 存储，基础平台的技术构成不同使操作层的工作难度变大。

其次，地方政府数据共享主要涉及数据产生过程、处理过程、比对校验过程、审核过程、数据流转方式以及数据留痕管理[①]，无论是在前端信息采集、整合，还是在后端分类及共享，都需要依据统一的标准和规范，才能使各大数据平台和技术平台实现真正意义上的共通互联。当前我国地方政府数据共享缺乏统一的规划和有效的控制，不同部门的数据系统、格式、标准、兼容性不同，数据校验机制也没有很好地建立和实行，因此操作层的工作人员需要去纠正原本逻辑有误的数据或者筛选删除无效数据。

最后，技术人员是保障数据资源共享平台运转的重要一环，但目前能熟练掌握并运用电子技术的高精尖人才大多聚集在大城市和经济发达的沿海地区，造成了内地与沿海、西部与东部地区人才分配失衡的状况。操作层自身的素质即对计算机的熟练程度、对业务流程的熟练程度参差不齐，这些都增加了操作难度，面对这种情况，操作人员可能会抵制数据共享，数据共享平台最终沦为演示系统。

易用性认知是指使用某项技术的容易程度，从上述分析可知，操作层关注凭借自己所积累的知识与经验，正确合理使用政府数据共享平台的可能性。

6.2.3.2　收益感知有用性

C-1："数据共享可能会造成部门内部我们工作人员职位的重新变动，这就会涉及我们工资福利的改变，但当前共享的成效并未体现在部门或职员的绩效当中。"

C-3："以重庆大部分行政审批大厅为例，每个部门在行政审批厅的不同楼层和柜台都有服务窗口，他们的工作流程除了在平台交换所需的信息外，在大多数情况下，还需借助'点对点'的传统方法，这样工作效率和满意度也会大大降低。"

C-2："有的行政服务中心年度'服务满意窗口'评比活动结合'创建零投诉'活动、市纪检/监察等部门的明察暗访情况、电子监察系统反馈情况一并进行。对测评结果为满意的服务窗口，由行政服务中心通报表彰，给予奖励，授予'满意服务窗口'或'达标服务窗口'称号。并将获奖的服务窗口名单报市政府、市直机关工委和服务窗口主管部门。对测评结果为不满

---

①　鲍静，张勇进，董占广．我国政府数据开放管理若干基本问题研究[J]．行政论坛，2017(1)：25-32．

意的服务窗口,通报批评,限期整改,建议其派出单位调换窗口工作人员。"

当一个新的政策下达或者新的改革方案下发的时候,操作层承担了大量边缘性改革的任务和压力,例如数据共享带来的数据二次录入,各种会议、评比、培训、制度实施等仪式活动,意味着投入工作量和学习成本的增加。但在实地调研中却发现,即便地方政府设置了大数据局来统筹数据归集和共享工作,一些部门负责人仍然倾向于绕过大数据局,采用"点对点"方式直接开展数据共享。但操作层的职务晋升、工资福利等实质性的权力仍然掌握在原有的考评体制中,这种结构决定了操作层高度依赖于考评体制,这样一来政府部门开展的活动和制度建设,就很难成为他们关注的焦点,因而缺少开展行动的积极动力,往往流于仪式化,很难达到实质性的效果。且现行的行政体制是否会尊重他们的劳动付出,这些付出能否使他们感知自我价值的提升,特别是职务晋升和工资福利等核心人事关系有没有建立有效的激励机制,若没有将又可能导致操作层人员激励失效、精神缺失、数据共享建设"停滞不前"等问题。

因此,根据前面(1986)的技术接受模型可知,操作层关注数据共享对自身职务、工资福利的收益是否有提高的效用,即有用性认知(如表6-4所示)。

表6-4　　　　　　　　多元主体的共享认知差异

	决策层	管理层	操作层
总体倾向	社会效益	组织效益	个人效益
有用性认知	治理创新	任务需求	收益感知
重要性认知	预期收益		
相容性认知		成本风险	
易用性认知			操作流程

6.3　多元行动主体的关注焦点分析

由于数据共享可能影响到组织资源的重新分配,其背后隐藏着行为主体利益格局的变动和调整,因而难免会产生组织内部的利益冲突。在我国现有行政管理体制下,无论是不同政府组织之间或者是组织内部不同部门之间,本位主义问题都十分严重,再加上对于数据的使用权、管理权、转移权等相关管理职责不明确，从而导致不少政府部门将所掌握的政府信息资源当作寻求自身效用最大化的筹码，有意无意地对数据共享设置阻碍，常会出现"部门所有""相互割据"的局面。鉴于此，有学者发现数据共享对于不同的行动者所产生的效用和价值是不同的，每个行动主体总是试图维护自己的利益[①]，地方政府数据共享会影响到不同主体的利益，多元行动主体根据自己所处职位，规避风险、稳固权利、保障收益、提高效率、降低成本成为多元行动主体的出发点。地方政府数据共享过程中决策层、管理层和操作层会分别围绕价值—权力、利益—风险、投入—收益关系做出权衡，体现了行动主体对职级规范的内化程度，亦成为他们的关注焦点。

6.3.1 决策层：政策协同与权力流动

决策层在地方政府数据共享过程中更关注推动数据共享是否具有政策协同创新，以及数据权力流动带来的数据资源整合和激发其他主体内生活力。

6.3.1.1 政策协同创新

J-5："刚才我也提到了，数据开放共享与国家的大政策背景是相符的。'十二五'期间，数据共享显露苗头，当时主要是'十二金'系统的互通，主要是强调信息化技术应用；2013~2014年，在发改委推动下，数据开放共享开始运用到民生领域；2015年，'互联网+'战略出台，引入了国家大数据战略，《促进大数据发展行动纲要》已成为制定国家大数据战略的基础。数据共享不仅开始建立系统，而且开始将数据作为资源，利用数据优化市场环境、进行政府治理、服务民生这三大方面。所以积极推进数字政府建设、推进数据更好地开放共享是现在的工作重点。"

J-2："我们关注的当然就是数据共享能够给整个社会带来的多种正面影响，在国家政策的倡导下部门数据共享可以推动我们治理理念的转化，促进透明化政府的建设，还可以促进本地区的产业发展，向上级政府和当地百姓交上一份满意的答卷。"

学界对政策协同的概念界定遵循了一定的规律性，即以"具体要素协同—子系统协同—系统协同"为主线不断演进的过程。政策协同是为解决和

---

① 埃哈尔·费埃德伯格，张月. 权力与规则[M]. 上海：上海人民出版社，2005.

缓解政府在管理社会事务、提供公共服务过程中出现的政策碎片化问题,不同政策主体在对政策客体运用政策工具时,通过组合、协调、整合等方式,实现减少政策系统的主体、客体、工具等要素之间以及子系统之间的重复、交叉和冲突情况。政策协同能够增加政策之间相互兼容、协调、支持,从而解决跨领域、跨部门的事件冲突、协作冲突,加强政策的一致性、连贯性、综合性,从而提升政策系统的效能[①]。

首先,政策主体协同。同级政府部门之间的横向协同,是指同一层级政府管理主体为落实上级的同一目标,通过采用不同的政策工具,实现部门之间的协同、配合。政府数据共享政策应以充分释放数据红利,激发创新创业活力以及促进价值链、创新链和产业链深度融合为整体发展目标,加强部门间的组织协调、职能融合、分工协作,提高开放政府数据政策与数据产业战略的协同度。上下级政府部门之间的纵向协同,是指在同一系统内不同层级政府部门在政策的制定、执行、评估过程中,通过沟通、配合、协调等方式,更好地实现全系统的整体目标。纵向协同要求各级政府部门以国家大数据战略以及数据产业和数据经济发展规划为指引,根据自身实际情况制定和配置相应的基础设施、人力资源、财政配套等方面政策措施,辅之有效运行的政策激励机制,以确保数据共享战略的实施效率和效能。随着各级政策主体对开放政府数据这一涉及多主体、多方面的"跨界""复杂"问题重视程度的提高,决策者逐渐关注相互合作配合的力度。

其次,政策目标协同。数据共享主要目标是提升政府治理效能、加快数据产业和数字经济发展以及运用政府数据创新公共服务[②]。一是优化政府治理与促进经济发展政策目标协同。随着"网络强国""数字中国"等国家大数据战略的提出,党中央、国务院相继出台加快推进大数据产业发展的相关政策,例如《关于运用大数据加强对市场主体服务和监管的若干意见》《关于构建更加完善的要素市场化配置体制机制的意见》《国务院办公厅关于进一步优化营商环境更好服务市场主体的实施意见》等,为优化政府治理效能、实现数据产业和数字经济创新发展提供了政策基础。二是优化政府治理与创新民生服务政策目标协同分析。随着"简政放权"和"放管服"等改革

[①] 洪伟达,马海群. 我国开放政府数据政策协同机理研究[J]. 情报科学, 2020(5): 126 - 131.

[②] 洪伟达,马海群. 我国开放政府数据政策的演变和协同研究——基于2012 - 2020年政策文本的分析[J/OL]. 情报杂志, 2021(8): 1 - 10.

措施的出台,例如《关于加快推进"互联网+政务服务"工作的指导意见》《国务院办公厅关于加快推进政务服务"跨省通办"的指导意见》等,各级政府部门注重发挥大数据等新型技术在社会民生服务中的作用,加快新一代信息技术赋能国家治理现代化,用"技术变革"推动"服务变革"和"治理变革",提升社会治理和民生服务的效能。三是促进经济发展与创新民生服务政策目标协同。通过政府数据开放共享政策的出台,例如《关于推进公共信息资源开放的若干意见》《政务信息资源共享管理暂行办法》等,不仅能够提高市场主体生产经营活动的透明度,有效调动社会力量监督市场主体的积极性;而且带动社会公众针对政府数据增值性、公益性开发和创新应用,充分释放数据红利。显然,政策制定逐渐由单一目标转变为多重目标,决策者在制定开放政府数据政策时注重同类型目标之间的有机配合,推进目标协调一致,不仅注重将数据共享、数据开发、数据治理等总体性目标结合使用,而且更加注重将制度建设、产业发展、服务创新等具体性目标结合使用,共同推进政府数据共享政策实施。

最后,政策工具协同。供给型政策工具是政府通过提供公共服务、基础设施、教育培训、技术支持、资金投入等有效手段来支持政府数据共享的发展;环境型政策工具则表现为外部因素对政府数据共享活动的影响和渗透作用,包括目标规划、措施规范、内部职责、数据保护等;需求型政策工具是指政府通过对政府数据共享活动的扶持、关注,刺激市场的繁荣或者是重构新的市场,降低市场风险,从而推动政府数据共享健康、快速、和谐发展。显然,决策者善于通过使用行政推动、考核监督、法规管制等环境型工具保障目标实现的效果,通过加强基础设施、规范标准制定、加大资金投入等供给型工具促进政策目标的实现,而需求型工具中则是鼓励引导、交流合作采用得相对较多。

6.3.1.2　数据权利流动

政府大数据具有天然的公共属性,唯有最大化利用才能产生最大价值。首先,数据具有消费非排他性、收益非竞争性的公用品属性,个体的数据利用并不排斥他人利用、个体的收益并不排除或降低他人的数据收益,数据流通与共享的成本较低;其次,数据具有规模经济特征,虽然数据的产生通常需要较高的成本投入,但其复制和传播的成本较低,几乎不产生边际成本,且重复使用可以使单位数据的边际成本不断降低,甚至趋近于零;最后,

"大"数据才能发挥出更好价值,数据之和的价值将大于数据价值之和,数据价值密度本身相对较低,只有大规模、高维度、及时性很强的"大数据"才能有效发挥经济价值[1]。数据作为当今社会战略资源的价值内核,归根到底即数据权利的问题,由此可延伸出许多新的理论焦点。例如,如果流动才能带来数据价值,那么,理解数据权利也必须要放在动态的、多维的、层次的视角下才可能是完整的;如果数据流动构筑了一种新的生存"空间",那么决策者应考虑新的空间生产与规划的原则或价值标准的平衡[2]。

J-4:"当前,全市政务数据资源整合共享正有序推进。重庆市数据共享系统建设完成后,已连接 76 个市级部门,共 2926 类数据,集中存储了 1484 类数据。根据计划,政府数据资源将共享并链接到 3500 类。创建了数字重庆云平台,搭建开放可扩展的云平台架构,建设多云管理体系,初步构建起'1+N'的'大云牵小云'体系,基本完成政务信息系统迁移上云。完善政务数据中心'两地三中心'体系,基本完成市级部门非涉密政务专网并入或接入全市电子政务外网。"

面对传统治理体系下"碎片化治理"和"机构裂化"问题突出的困境,数字化大平台则是形成"整体性政府"组织结构的实践路径,通过数据资源的互联互通,打造高效协同的应用业务平台,使得不同政府部门能够在统一的平台上,按照统一的规范标准实现业务系统需求,在不打破政府行业管理专业分工结构的情况下,实现数字化领域的组织边界突破,为政府在复杂条件下进行科学决策和宏观经济管理提供支撑。我国近几年大力推进的政务数据共享实践充分反映了这一点,使得政府部门能在一定的规制下,以需求为导向,调动使用与业务相关的所有数据。其具体作用机理是:将发改、市监、税务、卫健等不同政府部门之间的数据汇聚到数据共享平台,形成包含基础数据库和主题数据库的数据资源体系;在公共数据集中汇聚的基础上,充分借助大数据、人工智能等先进技术手段,进行数据整合和分析,发掘数据规律,可视化合成数据结果,并进行智能化或半智能化的辅助决策;输出政府宏观经济调节、市场监管、社会管理和公共服务的数字化应用,形成"用数据说话、用数据决策、用数据管理、用数据创新"的决策与管理机制。

---

[1] 段盛华,于凤霞,关乐宁. 数据时代的政府治理创新——基于数据开放共享的视角 [J]. 电子政务,2020(9):74-83.

[2] 黄璜. 对"数据流动"的治理——论政府数据治理的理论嬗变与框架 [J]. 南京社会科学,2018(2):53-62.

这一机制对于激活数据价值、提升政府治理效能具有重要意义[1]。首先，政府职能部门能够方便、及时、准确地获取与本部门业务相关的数据，降低了与其他部门的沟通合作成本及数据重复采集成本；其次，通过不同数据的关联打通，将释放出"数据之和价值大于数据价值之和"的规模效应，提升数据分析的准确性、预测性水平，进一步提高政府治理的科学性、前瞻性；最后，通过数据的互联互通，保证基础决策数据的准确性、统一性、完整性，使来自不同部门的决策形成一个有机整体，促进不同决策的协调性、互补性，"虽然'政出多门'，但能够'殊途同归'"[2]。另外，以数据共享促进业务协同事实上也是倒逼政府机构改革的一种体现，是在保持审批与监管协调有序的情况下，实现各个部门审批权的物理集中和标准化统筹管理，摒弃了权力完全分散化、碎片化带来的行政效率低下，促进了政府机制由权力分散向系统整合的嬗变[3]。

治理能力的发挥需要依靠其权力。迈克尔·曼将国家权力划分为专断性权力和基础性权力[4]，前者是通过强制力自上而下地把国家意志转变为现实政策；后者是通过各种基础设施和技术的支持实现国家的目标[5]。显然，数据"控制式权力"和"基础性权力"的构建与其价值的释放有赖于不同主体之间数据的共享与流动，这是由数据的本质特点所决定的。从数据的生产环节来看，"控制式权力"即意味着数据汇集、存储和控制，地方政府数据共享在政策体制的推动下具有刚性的约束力，在共享数据的同时，也对权力实现了最大限度的整合。从数据的共享环节来看，"基础性权力"即意味着数据共享可以提升政府治理效能，为地方政府吸引上级财务权等资源的支持，在激发其他主体内生活力等方面具有重要价值。

6.3.2 管理层：利益得失与潜在风险

管理层在地方政府数据共享过程中，基于政府数据的特权属性和部门利

---

[1][5] 段盛华，于凤霞，关乐宁. 数据时代的政府治理创新——基于数据开放共享的视角[J]. 电子政务，2020（9）：74-83.

[2] 徐晓林，明承瀚，陈涛. 数字政府环境下政务服务数据共享研究[J]. 行政论坛，2018（1）：50-59.

[3] 皇甫鑫，丁沙沙. 数据共享、系统性创新与地方政府效能提升——基于浙江省"最多跑一次"改革案例[J]. 中共福建省委党校学报，2019（4）：109-117.

[4] Michael Mann. States, War and Capitalism[M]. Oxford：Blackwell, 1998.

益的竞争特性,延伸出不同的数据需要和利益导向,存在一种博弈的机制,都有"提供得少,但是想要用得多",这种"贪心"的天然张力希望尽可能做到部门利益最大化和避免责任风险。

6.3.2.1 潜在风险伴随

G-3:"目前,重庆已将政府最大的信息资源平台委托于企业,以建设和开发大数据项目。但是,政府缺乏硬件平台、网络安全设施和IT研发团队,隐藏了许多潜在的风险。由于依赖于外包企业,政府尚未建立数据治理体系,共享的内部驱动力不足。如果长时间处于这种模式,当外包企业拥有大量的政府数据资源时,可能会出现员工滥用信息谋取私利的情况,甚至在数据安全方面可能存在隐患。"

G-1:"当然,一旦数据实现了互联互通,就存在数据泄露的可能性,而现在还没有建立数据溯源机制来防范数据泄露的风险。而且数据体量大未进行严格的审核,部分数据出现误差也无法避免,作为责任主体,在安全监管环节出错已明确了处罚条件。"

由上述访谈资料可知:数据共享的过程中往往也伴随着一定的风险。

首先,数据汇聚阶段。核心敏感数据大量汇聚并集中存储,数据的访问缺乏细粒度的权限控制,一旦基础防护被突破或在运维、BI分析等场景下通过特权账户接入,将为获取更核心、更重要、价值密度更高的数据提供极大便利。多方复杂数据加工,很可能因为数据权限划分粒度过粗,从而获取到多方的公开或密级较低的数据,进行聚合加工后得到密级较高的敏感数据,新加工得到的数据同样因为缺少精确的权限控制,存在被窃取或泄漏等风险。此外,在整个过程中往往缺少监控审计机制,事件难于追溯定位。

其次,数据共享阶段。共享交换场景中,数据的使用方往往可能不是数据的拥有方,故数据事件相关责任界定原则往往难于形成共识,数据在使用环节反倒没有得到完备的保护,可能出现数据在跨部门、跨域留存时,因安全策略不一致而发生被窃取、泄漏等情况。此外,由于共享交换中数据审核方对数据请求方的请求目的审查不清等原因,导致不当授权,对流出数据的流向和使用缺乏有效监管、跟踪,导致产生极大的数据滥用或误用的隐患。

最后,数据开放阶段。数据开放通常是由业务发展的需要来驱动的,可能会发生没有经过科学严密分析、没有成熟的安全模型和必要安全措施,保证数据公开前经过全面的审查和绝对脱敏;有些通过数据开放接口提供的,其接口安全机制不完备，提供了可被利用的接口漏洞，后果也很严重。另外，对于开放出去的数据，由于不可能做到叠加历史数据或其他渠道取得数据的比对分析，很难做到有效的风险预估和开放控制机制，恶意人员可通过正常的途径获取到敏感信息点。

政府数据共享关系到国家安全、商业机密以及个人隐私，通过数据关联等技术手段仍然可以将不直接涉及机密和隐私的数据进行拼接重组，从而识别出重要信息。我国还没有专门保护隐私权等个人数据权利的法律，缺少针对不同类型数据开放的规范和指导，数据安全难以保障。大数据局是否有能力保障数据安全，是各职能部门关心的核心问题。一位市级大数据局负责人说道："部门担心的主要是数据安全问题，我把数据都放在你这里，你能不能保证一定不出问题？"[1] 随着改革推进，大数据局开始要求各职能部门将数据直接传输到公共数据平台，而非仅仅开放数据共享接口，这一举动旨在通过海量数据汇集实现大数据分析，但也加深了一些职能部门的顾虑。

地方政府数据共享是一项政府创新，"谁共享、谁负责"的要求增加了共享者的责任压力，经过脱敏处理的涉密数据少量使用时不存在问题，但是集中使用时就存在安全风险。另外，黑客入侵、病毒、外包管理不善、管理制度不健全、技术手段不先进等多种原因，都可能造成涉密数据的安全问题[2]。例如某政府部门反映，同一个地区工商与税务所统计到的企业数目居然有着很大的差异，如果部门所提供的原始数据有误或者被"污染"，导致使用主体做出了错误的行政决策或者造成了损失，并且引发行政复议或者行政诉讼的情况，意味着该部门要承担着行政责任风险。相比之下，"点对点"共享虽然也无法确保数据不出问题，但数源单位通常能够了解数据去向，一旦数据发生问题就能够找到相关责任部门。且这种非正式的数据共享模式往往发生在关系较好的单位和个人之间，一位区发改局的工作人员提到："我可能和数管局不太熟悉，但是和国资之类的部门领导比较熟，我们都是兄弟，那我可能就直接找他拿一下（数据）"，而这种基于个体信任的传统互动模式也能提升官员对于数据共享安全的预期[3]。

---

[1][3] 李重照，黄璜. 中国地方政府数据共享的影响因素研究 [J]. 中国行政管理，2019（8）：47-54.

[2] 王芳，储君，张琪敏，张亦琛，赵安. 跨部门政府数据共享：问题、原因与对策 [J]. 图书与情报，2017（5）：54-62.

6.3.2.2 部门利益得失

G-4:"简单地来说,如果一个部门要在工作中获取数据或维护系统,必然将付出物力或财力成本,若别的部门在共享时不需要付出,难免会使提供部门产生抵触心理。而关于协调平衡部门间利益补偿的机制目前几乎没有,在实际运行中肯定会受到压力。"

G-2:"各个部门的业务板块不一致,在依据职责开展工作时需要以自己部门收集的数据为支撑,因此部门间沟通合作的机会较少,即便是上级下达命令,一般也只是相互配合提供帮助。"

政府部门既是数据"提供者",又是数据"使用者"[①]。就"提供者"身份而言,政府数据因准确性高、结构完整具有很高的使用价值,但由于其产生的内部性、涉密性一般不会对外完全流通,尤其是在工商、质监、银行、海关等部门存在巨大阻碍。数据的垄断对部门工作有竞争性意义,影响到其政绩的评估,导致一个部门不愿意轻易将其所获得的数据与其他部门共享,而如果部门之间或者部门的领导之间有竞争关系的话,数据共享就更加困难。目前对数据共享渠道的管制仍存在漏洞,各省市级现有的规定仅仅是建立了正式的数据传输渠道,并没有对非正式数据传输渠道予以取缔。在实际当中,部门推送给信息共享平台的数据实效性、完整性往往较差,数据应用单位在需要获取数据时,可能会直接向部门提出申请,要求共享准确、完整的数据资料。这种方式为数源单位创造了"数据寻租"的空间,依托此类数据的部门则因此有了与其他部门进行利益交换的筹码。

就"使用者"身份而言,数据整合共享后,就很难对数据的用途进行监管和跟踪,对数据再次利用的广度和深度无法进行有效控制。大数据局保有的数据完整性、准确性和实效性影响职能部门的行为。一位区级市场监管局负责人说道:"数据资源管理局是成立才几年,虽然有全区各个部门的实际数据,但是数据缺乏时效性。你去向它要这些数据,有没有,以及给到什么程度,它(区数据资源管理局)都不关心,因为它没有面临实际应用。我们要数据的目的是要做分析和实际的预警,没有实时和准确的数据,做出来就会缺乏可信度有效性,只有用的人才知道数据有没有问题。"该区行政服务

---

① 张亚楠. 政府数据共享:内在要义,法治壁垒及其破解之道[J]. 理论探索,2019(5):20-26.

中心的负责人也表示："大部分数据是数据资源管理局在统筹，但是有些比较专业的数据，我们可能要到相关部门去拿，哪里权威我到哪里去拿。"[1]

此外，对于政府垂直管理部门，一般都已建有专业垂直业务系统。一方面，在这些系统的业务流程已基本成熟固化，对所需提交、流转的数据也有专业化要求；另一方面，虽然《关于开展政务信息系统整合共享应用试点的通知》及各地配套政策正逐步落实，但垂直系统与地方横向系统的对接依然有限。因此，要配合本级政府开展政务服务数据共享、政务服务改革，这些接受垂直管理的职能部门就需额外增加工作量，即使本级政府职能部门共享出相关数据，该职能部门也难以直接使用；而其他部门要使用该职能部门生成的数据，也需事先进行额外转换。另外，少部分职能部门信息化程度已远超本级其他职能部门平均水平，或者处于政务服务链条前端，对获取其他职能部门数据的要求不高，没有足够的动力来参与统一改革。

6.3.3　操作层：成本投入与收益补偿

操作层作为政府行政职能部门的基层工作人员，是各种项目和改革的最终执行者，在传统的科层制行政体系中，受上级行政命令的指挥，承担了大量的工作压力，他们对自身投入的成本和收益是否平衡较为敏感。

6.3.3.1　额外成本投入

C-5："目前的各个部门都有自己专门的保密系统，其他部门呢是没有权限的，需要专门的发函，不是说我们不愿意办事，大多数时候确实办不了。没有专门的信息化人员，没有专门的系统，或者虽然有系统，一些部门借故不愿接入数据共享交换平台，需要部门间共享资料信息时，直接采取各部门管理层相互沟通、文件打印等方式。我们在这方面也做了很多基础工作，比如说数据上传，但是毕竟不是专业的，和技术人员没法相比，对这个系统也不是非常熟练，这些都需要慢慢培训。"

当政府部门越来越依赖大数据治理时，对技术官僚的需求和重视就不可避免，而目前的人力资源构成显然无法匹配和适应。

---

[1] 李重照，黄璜. 中国地方政府数据共享的影响因素研究 [J]. 中国行政管理，2019 (8)：47-54.

首先，根据数据生命周期可知，跨部门数据共享包含了数据生产、数据处理、数据发布、数据共享等几个步骤，急需在数据收集、存储、处理、分析和解释方面的专业人才，特别是来自计算机学科、人工智能领域、心理学、工程学等学科领域的专家型人员。过去熟悉办公自动化（OA）、静态网站和社交媒体运营的政府部门 IT 人员，如何在涉及业务流程、数据维护、系统安全等诸多事项中更新知识和武装技能，是值得关注的问题。汪玉凯曾指出"前些年，一些地方、部门自行研发出一大批电子政务平台，甚至是根据业务内容，采取一个接一个的项目化运作。研发得越多，貌似成绩就越大。用的时间越长，越有惯性和依赖"[1]，这势必会在原基础上增加操作层工作人员的时间和精力成本。

其次，就组织内部来说，数据标准不统一，导致不同系统间技术不兼容、数据结构不一致，这些都对操作层工作人员在数据的录入和上传过程中造成比较大的困难，且对其既精通业务又拥有 IT 专业能力提出新要求，相应的培训学习都会带来工作成本的增加。

6.3.3.2 收益补偿均衡

C-4："我们有的领导也给予了重视，经常开会鼓励，但是经费很多时候不能保障，我们培养也就跟不上，日常的工作考核很少涉及这方面，一般是完成其他工作后进行数据筛选录入，关键有时候实际还得一级一级审批，用处不大。"

共享平台设立后，不少职能部门只是把平台看作是应付市政府的一项临时任务。除了进驻业务没有很好地落实外，在已进驻业务的运作方面，功能并没有发挥出来，不少审批部门不愿放权于平台，导致授权不到位，从而使共享平台沦落为政府职能部门的"收发室"和"传达室"。如此一来，办事者办理项目还得托关系、找熟人，到原单位去走老一套繁杂的程序，最后办理完毕，再通过平台"发件"给办事者。换而言之，只是在旧有办事模式基础上设立的一个收发地点，"只挂号不看病"，进行申请后仍需转到分散林立的后台部门和处室去审批。一些本应可以即时办结的业务往往因审批程序未能相应改进，而要送回单位盖章，拖延了审批办结时间，降低了办事效率。

---

[1] 数据共享平台如何用得更好（来信综述）[EB/OL]. 光明网, https://m.gmw.cn/baijia/2020-03/09/33630035.html.

地方政府数据共享要付出较多的代价，包括人力、财力的耗费，特别是当数据共享的支持工作变为一项长期的业务时，工作成果的社会能见度却不高，又不体现在常规的工作绩效里，因此共享的积极性不高。应建立利益驱动的共享激励机制使操作者能切实感受到共享带来的好处和不进行共享的危害，以激发其参与热情，如因维护数据共享系统额外增加的工作量与经费支出，操作层对通过增加编制或增加数据的采集与运行经费方式进行补偿更为关注。

6.4　地方政府数据共享的运行机制分析

从上述分析可以看出，在地方政府数据共享这一复杂合作过程中，虽然科层规则和制度结构对行动主体的行为进行了塑造和约束，但是实际上他们对数据共享的认知存在差异，也有着彼此并不相同的利益目标。例如决策层认知倾向为预期收益重要性和治理创新有用性，管理层为任务需求有用性和成本风险相容性，操作层为收益感知有用性和操作流程易用性，总体反映出他们对社会效益、组织效益、个人效益的倾向不同。跨部门政府数据共享在决策层的眼中符合国家政策倡导，会带来地位的提升，是价值追求与权力流动并存；在管理层眼中数据特权属性和部门利益会受损且可能有责任风险，是利益得失与潜在风险权衡；在操作层眼中数据共享意味着额外的工作量和晋升的艰难，是成本投入与收益平等的博弈。

基于以上原因，在地方政府数据共享的建设过程中，有规则体系向参与行动主体表明其可能面对的制约和诸种限制，与此同时，行动主体也有一定的自由发挥余地，他们凭借展示自己各不相同的资源和能力，通过互动和协商，在地方政府数据共享得以运行的基础上，其权力关系与协商关系也不断进行建构。

6.4.1　多元行动主体互动策略

正如组织决策学派的分析思路，相对自主的行动者在一种有限理性的总体制约下采取行动[①]。地方政府数据共享体系中，在科层规则的制约下，多

---

① ［法］克罗戴特·拉法耶. 组织社会学［M］. 北京：社会科学文献出版社，2000.

元行动主体经过互动、协商，判别参与地方政府数据共享的最终预期结果与自身期望值的差额，然后往往采取推动、弱化、合作、抵制、配合、对抗等行动策略，最终使地方政府数据共享的实际运行效果与原本设定发生了一定程度的偏离。

6.4.1.1 决策层：推动或是弱化

J-1："跨部门数据共享是个很好的机遇，我们也大力推动，做了很多工作。例如与国家信息中心等国家政府信息交换单位建立了战略合作机制，高素质团队参与协助了重庆市政府进行平台搭建和共享以及信息资源分类的工作，重庆成为国家政务信息资源目录编制试点省市。"

决策者作为地方政府数据共享的主要推动者，数据共享的高效落实可以为他们带来预期收益：一是可以从实践上回应数据共享的政策，有助于数字政府的建设；二是获得更多的信任和认可，因此地方政府数据共享给决策层带来的预期收益大于其可能潜在成本时，决策层往往会推动地方政府数据共享。

J-4："毫无疑问，大数据管理局的设立，为数据共享提供了有力抓手，但要真正转型成功，大数据管理局还任重而道远，目前还没有建立起一个政府自己掌控的成熟的机制、体制，也没有形成完整的人才培养方案，但这是形势所需。除了技术方面的压力，还有各业务部门实际工作中的需求问题，数据共享毕竟是个有风险的事情，一旦哪个环节出现问题，就会造成不可预估的损失，不管是对个人还是整体，决定因素很复杂。"

另外，大多数职能部门已经基于业务职能的条状结构形成了垂直的业务模式，业务"条线化"必然逐步向更加专业化的方向发展，同时专业化程度越高的部门，业务模式也就越趋于内部的统一化、标准化和独立化，许多业务问题和业务需求都集中在该系统内部。虽然数据"控制式权力"和"基础性权力"形成有赖于不同主体之间数据的共享与流动，但决策层奉行的"多做多犯错，少做少犯错，不做不犯错"的潜规则，导致地方政府数据共享的动力不足、积极性不高，决策层往往会弱化共享行为。

此外，政府内部特定对象之间的数据共享，实际上具有加深彼此了解与信任、进而促进其他领域协作的功能，一方面，高度的信任可以通过提高感知收益和降低感知风险以促进数据共享项目的全面参与[1]，以及关于复杂业务流程和实践的高水平知识分享[2]。另一方面，组织信任能够缓解冲突和风险承担。信息和数据在某种程度上象征着一个政府部门的权力，共享数据意味着部分权力的分散或流失，如果担心自主性丧失和部门数据被滥用，就会给该部门带来压力，而信任则能够有效缓解这一担忧[3]。显然政府内部特定对象之间的数据共享对决策层来说是一个获得选择性收益的机会，而如果完全采用自上而下的政策执行方式进行无固定指向性的分享，政府部门之间则难以通过数据来获取特定社会资本[4]。

6.4.1.2 管理层：合作或是抵制

G-1："我们单位一直是紧跟领导方向，搭建了内网OA平台，连接了政务网站——重庆政务云平台，且进行了备案登记，实现了电子化办公，互联互通，也得到了一些资金上的支持和预算补贴。"

G-4："《重庆市政务信息资源共享开放管理办法》虽然提及'各政务部门采集的政务信息资源需要遵循规定的技术标准来进行数据存储、处理'，但是并没有强制性统一各个部门接入数据共享平台的数据格式。某些部门领导戏剧化地以为将各部门出台的政策文件、媒体的新闻报道以及负责的工程项目情况等发布到门户网站或者交换平台就算是政务数据资源共享，在系统建设过程中比较注重'面子工程'，存在形式主义情形。"

从上述访谈中可以得出：一方面，在地方政府数据共享过程中，虽然正式权力可以通过"服务条款"或"授权许可协议"的方式来规范地方政府数据共享，提供财政资源等行政措施可以鼓励跨部门投入到数据共享中，非正式领导支持主要通过推动部门之间的交流沟通和互动来构建信赖关系，但目前跨部门之间的协作关系和分配模式不够明确，数据互联互通缺乏硬性规定，因此，管理层只有在数据共享有利于所在部门经济利益和政治利益时才会选

---

[1] 范静，张朋柱. 基于电子政务环境下的组织间信息共享成功因素模型研究 [J]. 情报科学，2007（7）：1080-1084.

[2] Pardo T A, Cresswell A M, Thompson F, et al.. Knowledge sharing in cross-boundary information system development in the public sector [J]. Information technology & management, 2006 (4): 293-313.

[3] Bellamy C, Raab C. Multi-agency working in British social policy: risk, information sharing and privacy [J]. Information polity, 2005 (10): 51-63.

[4] 锁利铭. 府际数据共享的双重困境：生成逻辑与政策启示 [J]. 探索，2020（5）：126-140.

择合作行为，这蕴含了科层制的逻辑。

在政府数据共享协同过程中，无论涉及多少个行为主体，在合作过程中都会存在利益让渡的行为。合作达成与交易达成原理一样，需要"等价交换"，只有当参与协同的各方利益让渡行为一致且资源贡献度被认为基本相同时，协同的"窗口"才会打开，并得以持续。而数据开放共享不是交换，一旦供给数据，数据便成为难以收回的沉默成本，成为集体公共物品，具备了非排他性和非竞争性。这种沉默成本的投入，无法保证分配的公平性，在数据投入与产出上很难诱发政府部门的积极预期，使得政府部门在进行共享合作时会更加谨慎，在一定程度上抑制了数据开放共享。在没有上级权威强制压力，或者虽有上级权威主导但是压力不持续的情况下，协同达成和持续的关键在于部门管理层对于协同成本与利益的考量。著名的政治经济学家诺斯认为，"由于政治市场存在信息成本、决策者有限理性、合同实施不完全、不确定性等因素，导致政治市场的交易成本高于经济市场"[1]。通常我们认为跨部门行为的成本至少包括三个方面：一是决策成本，二是行动成本，三是政治成本。阿尔特和海芝总结的跨部门合作的成本与风险包括：失去技术优势和竞争优势；失去时间、金钱、信息、原材料、合法性等资源；被失败牵连，分担失败的成本，例如失去声望、地位或者财政收入；失去单方面控制结果的自主性和能力；失去稳定性、确定性等。[2]

另一方面，部门建设信息化项目和业务专网的权力并未得到有效约束。不同单位开发使用的信息化项目和业务系统往往互通性较差，且数据资源格式不一，不仅严重阻碍了数据资源共享，也同样加大了后端数据利用的难题。数据共享涉及多个业务部门，而政府对数据的权责问题如数据共享后数据的存储、安全、所有权等的界定不够清晰，部门担心数据共享后失去对数据的控制权，担心数据的泄露，此时会"选择性"地共享数据，将非将原始、不完整的数据拿出来共享，"核心"数据仍留在原部门，接入共享的政务数据不仅规模小，而且质量差，甚至存在失真、失准、失效、失稳等，这便会增加其他单位在使用中的数据清洗、数据匹配成本，进入隐形抵制共享阶段[3]，使得共享的程度、质量与预设产生一定程度的偏差。

---

[1][2] 蒋敏娟. 中国政府跨部门协同动力及困境探析——以"成本—收益"为视角[J]. 湖北行政学院学报, 2018 (5): 46-51.

[3] 周雪光. 无组织的利益与集体行动[J]. 社会发展研究, 2015 (1): 182-208+246.

6.4.1.3 操作层：配合或是应付

C-3："由于重庆市政府尚未建立信息建设过程中的技术人才机制，因此缺乏数据挖掘人员、数据分析人员、数理统计师和软件工程师等高质量的技术人员。此外，用于深度数据挖掘、深度信息分析、资源整合和网络安全监测的技术相对较少。仅仅凭借当前的人员配置，来运转每日大量的数据，我们工作压力非常大，天天加班，各种培训开会时间精力也不允许。"

C-2："作为一个普通工作人员我们肯定是全力配合的，将各单位数据上传到统一平台，不需要审批，极大地提高了工作效率，而且领导也肯定了我们的工作付出。"

有学者通过与"经济人理性"比较[1]，指出"政治人理性"是"以满足精神需要为主要特征的自利行为"，是一种"社会公共性行为"，同时具备"政治行为主体的工具理性"特征。操作层作为地方政府数据共享的最终实施者，承担了大量的工作，付出了较多时间、精力、工作投入成本。有些部门会在年度工作考核中引入评估机制，对操作层额外的工作成本、效率等指标进行绩效评估管理，通过考核将有机会晋升职务，在工资福利方面，也会有较大增幅的补偿和改善，此时，操作层只有在意识到自身工作能够真正推进地方政府数据共享工作或自己能够得到物质或精神激励时才会积极配合。

而当对地方政府数据共享认同低时，操作层默许自己被改变成为简单的工具，为共享目标服务，而数据共享目标的界定与他们无关，操作层把数据共享看作是应付上级的一项临时任务，成为各部门的"收发室"和"传达室"[2]。操作层对各种仪式的形式化遵从、对规章制度的选择性遵守，产生这种困境的根源，主要在于部门权力-利益的自我设防、双重管理造成的操作层身份认同的缺失以及操作层作为理性行动者利己的行动策略，导致数据共享的停滞不前，也就是行政阻滞，具体有以下表现：第一，行为的隐蔽性，操作层在执行数据共享的过程中使政策发生变形、走样乃至完全停滞，其行为往往不是以直接公开的形式同政策及其目标发生冲突，这一点是由政策本身的原则性和强制性的运行规则所决定的，因此操作层在面对数据共享时存

---

[1] 刘志伟. 论政治人理性：从"经济人理性"比较分析的角度 [M]. 北京：中国社会科学出版社，2005.

[2] 折晓叶. 合作与非对抗性抵制——弱者的"韧武器" [J]. 社会学研究，2008 (3)：1-28+243.

在表面服从的情况。第二，活动的相关性，即操作层所从事的数据共享并非完全与既定政策无关。操作层一方面为了维护自身利益而对代表整体利益的政策随意取舍，另一方面又不得不使自己的实际操作与数据共享政策发生这样或那样的关系，以免其个人自身利益遭受损失。第三，政策执行局部化，即操作层在执行政策时根据自己的利益需求对数据共享原有的精神实质或部分内容任意取舍，有利的就贯彻执行，不利的则有意曲解乃至舍弃，致使数据共享最终体现的效果残缺不全，无法完整落到实处，甚至收到与初衷相悖的绩效，这种政策执行阻滞形式被称为"选择性执行"。第四，政策执行扩大化，即操作层在执行数据共享的过程中为了个人利益或局部利益给所执行的政策附加了一些原政策目标所没有规定的不恰当内容，致使政策的调控对象、范围、力度、目标超越政策原定的要求，影响了数据共享的有效实现。第五，政策执行全异化，即当政策执行者所执行的政策对自己不利时，他们就在执行过程中换入表面上与政策一致，而事实上背离政策精神的内容。这种"替换性执行"即人们常说的"你有政策，我有对策"。第六，政策执行停滞化，即政策与操作者的个人利益之间发生冲突或由其他原因而导致的从执行过程的一开头就未得以贯彻实施或在某一阶段、某一环节出现了"梗死"。

6.4.2 地方政府数据共享运行机制

地方政府数据共享的运行机制契合了巴纳德的社会合作系统理论，多元行动主体参与地方政府数据共享的运行机制实质可以理解为：基于职位关系角度，参与地方政府数据共享中不同行动主体的互动行为是如何在科层规制的制约下建构地方政府数据共享体系的。

从前面分析可以发现，阻碍地方政府数据共享的因素不仅有制度、个体理性行为、技术方面的影响，参与地方政府数据共享的行动主体作为职位角色的"代理人"，因职位角色、目标诉求的异质性，呈现出对共享认知、关注焦点的差异性，而每个行动者都是具体的、经验的和有限理性的行动参与者，现有的科层规则一定程度上给予了行动者"自由余地"，各行动主体就他们参与的诸多条件进行互动、协商、谈判，具体表现为相互依赖的多元行动主体采取了推动/弱化、合作/抵制、配合/应付等互动策略。行动主体不是孤立存在的，在地方政府数据共享合作子系统中，他们都是集体行动的参与者，最终互动结果即数据共享运行效果体现了各类行动者的相互作用，展示了跨部门数据共享内部运作的深层秩序（如图6-2所示）。

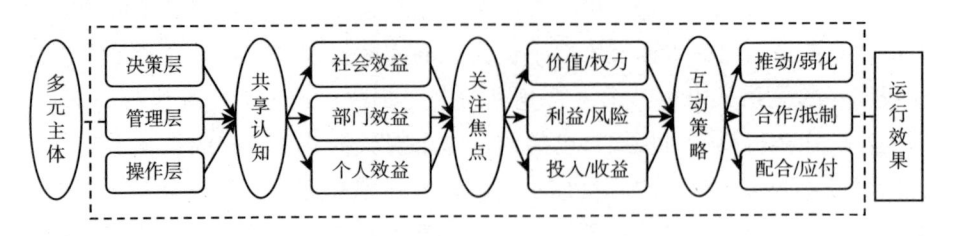

图6-2　地方政府数据共享的运行机制

第7章 地方政府数据共享治理困境

7.1 译码过程

7.1.1 开放式编码

本章研究围绕15名受访对象的访谈资料，最终抽象出12个概念，并将所提取的初始概念进行筛选、合并、分类为6个范畴（如表7-1所示）。

表7-1　"地方政府数据共享的治理困境"开放式编码

访谈资料	概念化	范畴化	范畴内涵
J-5	创新思维守旧 b1	价值理性偏差（决策层）B1	部门决策者在政府治理创新的实践中，依然是囿于旧思维找新方法，缺少对"数字治理"与"数据治理"两者治理逻辑的区分，在实际运作中虽采取了新的管理方式，但在理念上依然是权力思维，缺少向服务思维的转变，政府全能的单极格局依然没变，本质上仍属于管理创新的行为
J-4	治理理念冲突 b2		
G-3	政府数据部门化 b3	专有独享观念（管理层）B2	出于数据控制的"思维惯性"，加之数据的所有权、采集权、开发权、经营权的归属、转移及相关管理原则还不明确，政府数据独有专享的权属观念在各部门都普遍存在，"谁（收集）的数据，归谁所有"理念造成了不少政府部门将数据资源的产权归属部门化，从而导致了事实上的数据"部门私有"格局，凭借自己所掌握的数据资源，人为限制数据共享以寻求政治利益和经济利益，形成了数据寻租
G-6	部门数据利益化 b4		

续表

访谈资料	概念化	范畴化	范畴内涵
C-3	预期收益模糊 b5	净收益不确定（操作层）B3	数据共享的预期收益模糊不仅指收益的不可量化，也包括产生收益的周期长，和回报的不确定性，而数据共享包含了数据生产、数据处理、数据发布、数据共享等步骤，涉及业务流程再造、数据维护、系统安全等诸多事项和成本投入，势必会在原基础上增加操作层工作人员的时间和精力成本
C-1、C-2	潜在成本增加 b6		
J-2	法律制度缺位 b7	交往理性缺失（决策层）B4	数据共享的配套政策法规还不健全，如数字治理法规陈旧，不适应大数据时代的数据治理新要求；政策法规的协调性不够，前后不统一、政策"打架"现象较多；一些法规内容空泛，缺乏可执行性。此外，数据专用性的形成一方面是由于数据使用者的需求，另一方面也是使用者之间长期形成的惯例加深了路径依赖，业务因素成为当前阻碍政务数据资源整合共享的重要原因
J-3	共享需求不足 b8		
G-4	安全风险挑战 b9	风险责任压力（管理层）B5	以部门为中心转型为以人民为中心，场景的转变带来了数据流转环境的巨大转变，使得在数据汇聚和数据共享两个阶段及对应的应用场景下，原有数据安全能力缺陷和短板也随之凸显出来，管理层担心在数据共享过程中一旦出现敏感数据误读、数据侵权、数据泄露等问题，可能面临追责问责压力
G-2、G-3	追责问责担忧 b10		
C-1	共享绩效难测 b11	绩效考核困境（操作层）B6	政府数据共享绩效可测量性是政府数据共享执行过程的任务监测衡量难度以及共享效果的监测难度，因多因性、多维性、动态性等特点，数据共享的绩效可测量性低，而长期各自为政的业务模式并没有更多意义，并未收获其他实质性利益，这极大削弱了各政府部门推动数据共享的主动性和积极性
C-6	激励机制缺乏 b12		

7.1.2 主轴式编码

主轴式编码就是在开放式编码范畴的基础上进行聚类分析，发现和建立各范畴之间的联系，整合出更高层次的范畴。本章在此步骤进一步提炼出 2 个主范畴，确立故事线（如表 7-2 所示）。

表 7-2　"地方政府数据共享的治理困境"主轴式编码

主范畴	对应范畴	范畴的内涵
内生动力缺失	价值理性偏差（决策层）B1 独有专享观念（管理层）B2 净收益不确定（操作层）B3	目前的政府数据共享基本上是以自上而下的强制方式推进，缺少对政府行动者自主意愿的关注，存在不共享、少共享、弱共享，消极对待数据共享的动机。共享行动主体意识因素是地方政府数据共享实施的内驱因素，它直接决定各行动主体的行为
外驱动力不足	交往理性缺失（决策层）B4 风险责任压力（管理层）B5 绩效考核困境（操作层）B6	共享环境包括部门内部情境和政府数据共享的外部环境，即不同政策保障机制，以强制或其他方式影响政府数据共享行为

在主轴式编码过程中可以发现，首先，不同行动主体对地方政府数据共享的主体意识不同，目前存在决策层价值理性偏差、管理层独有专享观念、操作层净收益不确定的内生动力缺失情况，这 3 个范畴反映出各行动主体共享积极性不高。其次，机构行动者在面临共同收益时，同样要受到外部环境的制约，在地方政府数据共享中具体表现为交往理性缺失、风险责任压力、绩效考核困境。

7.1.3　选择式编码

选择式编码是在已有范畴的基础上，经过系统的分析以后，选择具有统领性的、能将其他范畴集中在宽泛的理论范围之内的一个或几个核心概念，即核心范畴（故事线）[1]。本章将开放式编码过程中所提取的初始概念进行比较，通过不断比较将开放性编码中的 12 个范畴进行筛选、合并、分类，提取出关联度、频率较高的 2 个主范畴，同时澄清概念与类属之间的关系，最终确定"地方政府数据共享治理困境"为核心范畴。基于此，扎根理论验证了地方政府数据共享是立体而又错综复杂的现象。现有的制度体系既是对各行动主体行为的制约，同时又是行动主体互动策略的结果，既是限

---

[1] 陈向明. 扎根理论的思路和方法 [J]. 教育研究与实验, 1999 (4): 58-63+73.

制行动主体恣意妄为的规制力量，又是行动主体进行集体合作的一种产物（如表7-3所示）。

表7-3 "地方政府数据共享的治理困境"选择式编码

核心范畴	核心范畴的关联关系	关联关系的内涵
地方政府数据共享的治理困境	↓内生动力缺失 决策层：价值理性偏差 管理层：专有独享观念 操作层：净收益不确定	首先，基于各行动主体的共享主观意愿不足，分析决定主体数据共享行为的内在因素
	↓外驱动力不足 决策层：交往理性缺失 管理层：风险责任压力 操作层：绩效考核困境	其次，进一步围绕管理制度，从行动主体层面分析制约数据共享的外在因素
	↓共享困境→运行效果 决策层：认知分歧 管理层：利益冲突 操作层：激励缺位	最后，因内生动力缺失和外驱动力不足，导致多元行动主体陷入了共享困境，进而产生制度性集体行为

7.1.4 关系示意图

围绕"地方政府数据共享治理困境"这一核心概念，"故事线"可以概括为：不同层级的行动参与者会通过机会主义行为隐藏或弱化个体收益，个体间缺乏共同采取行动的动力，于是会出现不参与或"搭便车"等非合作或弱合作的"集体行动困境"现象。在政府数据共享中具体表现为：政府数据共享在决策层的视野中是数字治理还是数据治理引发的价值理性偏差，且因数据共享触发的管理创新与治理创新理念冲突，面临认知分歧；在管理层视野中因部门绩效测量难，且利益协调机制的不完善导致成本利益分配不具有对称性，面临利益冲突；操作层在政府数据共享过程中，无法体会到自我价值的认可，且工作量增多却得不到有效激励，表现出多种行政阻滞行为，面临激励缺位。基于上述"故事线"，结合前面的译码，本章建立了包含各个范畴的关系示意图（如图7-1所示）。

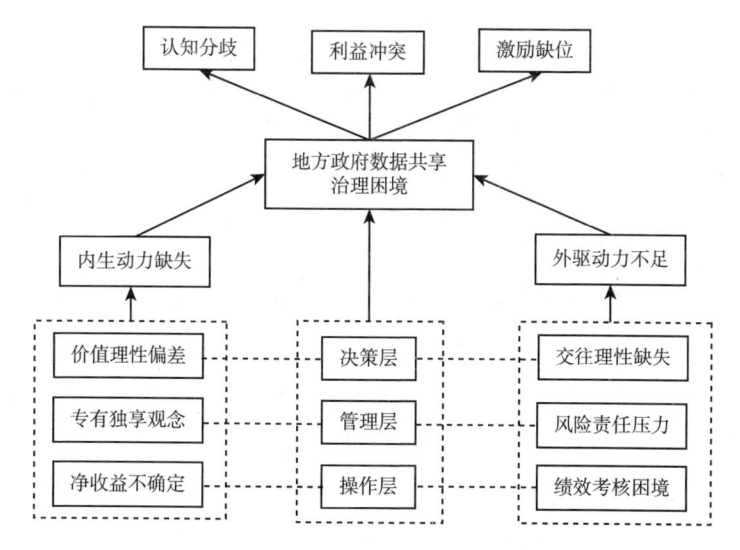

图 7-1　地方政府数据共享治理困境关系示意图

7.2　内生动力缺失

7.2.1　决策层：价值理性偏差

7.2.1.1　创新思维守旧

J-5："他不知道我这个政府部门数据开放共享之后会带来什么样的效果，所以他没有这个意识和认识。但是一旦开放后，比如交委开放数据大赛，听完方案之后，就解决了存在的难点，认识到这个好处。其实最初沟通的时候还是非常困难的，但今年就非常顺利，意识到数据共享会带来好处，就会主动共享。"

"数字"一词是智能机器运行过程中呈现的一种数字逻辑即二进制逻辑（1 和 0），并在这种逻辑支配下所演化成的一种数字化状态。信息技术发展所呈现的一种数字化状态，迫使政府逐渐开始呈现出扁平型网络结构、分权化和无缝隙的趋势[①]。随着数字信息技术在政府中的大范围渗透，使得传统"电子政府""网上政府""虚拟政府"等组织架构下的形态被突破，信息技

---

① 颜佳华，王张华. 数字治理、数据治理、智能治理与智慧治理概念及其关系辨析［J］. 湘潭大学学报（哲学社会科学版），2019（9）：25-30+88.

术已经不仅仅局限于在技术层面上提升政府的管理和服务,而是撬动了传统政府统治模式的固有根基,为推动分权化、民主参与提供了可能和技术支持,推动政府管理开始向"以公民为中心"转变,加之受治理理论的影响,"数字治理"这一概念被适时提出,用来实现对原有"电子政务""网上政府""虚拟政府"等概念的替换和演进,"它所倡导和关注的是治理主体与客体之间的信息互动以及社会公众利用技术参与公共事务的能力"[①]。"数据治理"是近些年才兴起的一个新的提法,随着数据科学的发展,产生了大量高价值多结构的海量数据集,数据已经成为一种可以影响组织发展的宝贵资源,传统的数据管理手段和方法已经不能适应不断发展的数据形态,对数据进行治理的重要性和紧迫性摆在了大多数组织的面前[②]。

"数据治理"与"数字治理"都是伴随着信息时代发展而衍生出的治理概念,都着眼于"数"的技术性和量化性在治理领域中的应用[③]。实际上,数字更多是认识工具,反映在认识过程中,从属于认识的需要;数据则会引导实践的方向,是属于建构需要的[④]。"数字治理"侧重于"治理行为的抽象性",其背后暗含的逻辑是以"0"或"1"表示的二进制信号组成的一串符号序列,通过字符序列所蕴含的信息来实现政府与社会的互动以及政府内部的运行,更大程度上是通过数字本身对社会问题进行量化解析,只是传统思维方式之下研究问题的一种更为精准的工具,不是作为一种思维方式实现对科学认知框架的突破。而"数据治理"跳出了旧的数字观念,使从对"数"的追求变为强调数据所带来的思维方式的变革,侧重于"治理对象的数据性",使数据开始走向在线化、集聚化和应用化,数据已经改变了其客观存在的静态属性,开始成为一种动态的流动资源[⑤],显然,两者的侧重点不一样。从治理活动的具体内容来看。"数字治理"关注通过信息技术的运用来解决新公共管理运动主张分权与效率的过度运用引致的碎片化、低效化的管理现象,进而提升公共部门的管理绩效;"数据治理"聚焦的是"可记录的数据",面向政府政策和公共服务的供给更加精准化、个性化和智能化的现实,其关注

---

① 黄璜. 对"数据流动"的治理——论政府数据治理的理论嬗变与框架 [J]. 南京社会科学, 2018 (2): 53 – 62.
②⑤ 颜佳华, 王张华. 数字治理、数据治理、智能治理与智慧治理概念及其关系辨析 [J]. 湘潭大学学报 (哲学社会科学版), 2019 (9): 25 – 30 + 88.
③ 王金水, 张德财. 以数据治理推动政府治理创新: 困境辨识、行动框架与实现路径 [J]. 当代世界与社会主义, 2019 (5): 178 – 184.
④ 张康之. 数据治理: 认识与建构的向度 [J]. 电子政务, 2018 (1): 2 – 13.

的核心是治理技术的智能化。部门决策者在政府治理创新的实践中，依然囿于旧思维找新方法，缺少对"数字治理"与"数据治理"两者治理逻辑的区分。

"我们每年都会有培训，提高各个部门对政府数据共享的认识和能力，但是毫不客气地说，有些部门每年都在最后，虽然已经纳入市政府绩效考核体系，从我们的角度来看，我们也很无奈。"

"我们只是实施角色，并不起到决定性作用……如果领导觉得这件事情非常有意义，特别好，值得去做，意识强烈的话，会采取措施来提高技术能力，有可能提高政府部门的技术能力和水平。"

7.2.1.2 治理理念冲突

J-4："我们单位不是很重视吧，大概就是知道一下这个事情吧，就是简单的知道你做没做就行了，不会特别的关注，毕竟不是业务嘛。我一开始觉得政府数据共享就是将政府数据放到一个平台上，有需要的政府单位和个人就会自己去拿嘛，了解也是不够的吧，就是听到要把数据放上去这回事，意义啊各种啊，感觉跟自身关系也不是很大。你只需要按照上级政府的要求去做就好了，不需要了解这么多。"

大数据已经在"智能化"地重新塑造着政府治理模式，被认为是继互联网革命之后又一次技术革命和政府治理现代化的重要推动力量。数据共享既可以带给政府管理手段的创新，也可能推动治理机制的创新，最终变革政府治理范式[①]。从治理主体来看，政府从传统的数据权利所有者、控制者和监管者逐步转向数据权利的协调者和社会协同治理的服务者，从部门利益转向了政府的整体利益，从信息孤岛转向跨层级、跨领域、跨地域、跨系统、跨部门和跨业务的数据共享。从治理客体来看，数据资源从单一到多样，从静态到动态，从结构化为主转向非结构化为主等转变；从价值来看，从单一转向多元，面向政府、面向企业、面向公众的各种价值多样化的需求；从数据权属关系来看，从简单转向所有权、处置权、利用的许可权及隐私保护权等复杂。从治理活动来看，数据采集从单一来源转向多源异构，存储从分布式冷备份存储转向热备份和云存储，利用从机构内部共享，逐渐扩展转向跨地域、跨领域、跨层级、跨系统、跨部门和跨业务共享[②]。

[①] 翟云. 中国大数据治理模式创新及其发展路径研究 [J]. 电子政务，2018（6）：12-26.
[②] 安小米，宋懿，郭明军，白献阳. 政府大数据治理规则体系构建研究构想 [J]. 图书情报工作，2018（5）：14-19.

迄今为止，我国的政府组织结构仍是从横向和纵向"条块分割"的模式。各政府职能部门横向上相互独立，分别行使不同的管理职能，只对上级负责；纵向上具有明显的权力行使的单向性，整个行政系统内部实行垂直领导，下一级对上一级层层负责，形成了一个封闭的金字塔式的组织结构。政府作为唯一的管理主体，具有权威的不可替代性和权力行使的单向性，因此，管理创新是一种不触动政府单一主体地位的行政变革。而治理创新则意味着政府的角色开始由"单一控制"向"多元主导"转变，体现了治理主体逐渐演变成由政府主导、公众和社会共同参与的治理模式。另外，治理权力的来源更加分散化，普通公众或者社会组织可以借助信息通信、大数据、人工智能技术的便捷性，快速获得话语权，进而对政府治理决策施加影响①。对于数据驱动下的行政体制改革而言，理念创新是根本，改变了权力本位的治理逻辑；结构创新是数据共享的基础创新力，激活了组织结构的灵活性；流程创新是内容，推进了内外部流程协同；方式创新是关键，线上线下融合②。有的决策者在实际运作中虽采取了新的管理方式，但在理念上依然是权力思维，缺少向服务思维的转变，政府全能的单极格局依然没变，本质上仍属于管理创新的行为。

"我觉得数据共享实现起来困难的原因呢，主要是领导层面重视程度不一（领导不重视、领导表率差），比较重视数据共享建设单位，在一些例会上主要领导经常讲把共享列上重要议程……"

"技术部门只是实施角色，并不起到决定性作用。如果领导觉得这件事情非常有意义，特别好，值得去做，对技术有一定的影响但不大。一旦部门决定要共享政府数据，技术不是关键因素，处于最基础的影响因素，本身并不存在问题，意识强烈的话，会采取措施来提高技术能力，有可能提高政府部门的技术能力和水平。"

7.2.2 管理层：专有独享观念

7.2.2.1 政府数据部门化

G-3："组织方面，要成立领导小组这样的，无论你做什么事情，就像

---

① 颜佳华，王张华. 数字治理、数据治理、智能治理与智慧治理概念及其关系辨析[J]. 湘潭大学学报（哲学社会科学版），2019（9）：25-30+88.

② 皇甫鑫. 数据共享、系统性创新与地方政府效能提升——基于浙江省"最多跑一次改革"案例[J]. 中共福建省委党校学报，2019（5）：109-117.

我们之前做安全之类的都会有一些领导小组，谁负责啊，谁牵头啊，都要做详细规定。这个事情呢我觉得可能没有明确架构来说明谁负责，可能就是默认的就是你（信息处）来负责，信息技术科负责，可是你这个部门自身的人员是不是够。主要是由分管领导，也是小组组长，我们科长也是小组长什么的，最终还是由已有的这些存在的组织来负责。"

政府数据是政府部门履行职责的"副产品"，其记录和证明着政府行为轨迹[1]。政府数据具有公益性，这是由政府数据来源、用途的公共性和受益群体的不特定性，以及管理主体的公共属性决定的，任何人无法对政府数据主张独占[2]。

从现有规制实践来看，政府数据权属配置主要有三个方案：一是不明确政府数据的权利归属，而仅规定政府数据开放共享的基本原则。如上海市在公共数据立法时指出政府数据开放遵循需求导向、安全可控、分级分类、统一标准、便捷高效的基本原则。二是明确规定政府数据归属国家所有，纳入国有资产管理。一些地方在公共数据规制制定时不仅明确了政府数据归属国家的基本属性，还对政府数据权利范围、内容、各项权利的归属进行较为明确的制度安排。如西安市在规制政府数据时明确指出，政府数据权利包括所有权、管理权、采集权、使用权和收益权等内容；公共数据所有权归属国家，纳入国有资产管理范畴，市政府委托大数据产业发展机构行使数据资源统筹管理权，政务部门依据其法定职能拥有对相关政务数据资源的采集权、管理权和使用权。三是明确规定政府数据归政府所有。如广东省政府数据规制时明确规定，政府数据资源所有权归政府所有[3]。

长久以来各政府部门独自建设自己的业务专网，分散在各个业务和职能部门：人口数据库由公安局负责，空间地理数据库由规划局、国土局等负责，法人单位库由工商局等负责，宏观经济数据库由发改委负责。由于对政府数据保密的要求，有些部门出于数据控制的"思维惯性"，加之数据的所有权、采集权、开发权、经营权的归属、转移及相关管理原则还不明确，政府数据独有专享的权属观念在各部门都普遍存在[4]，"谁（收集）的数据，归谁所

---

[1] 胡凌. 论地方立法中公共数据开放的法律性质 [J]. 地方立法研究，2019 (3)：2-9.
[2] 吕富生. 论私人的政府数据使用权 [J]. 财经法学，2019 (6)：24-35.
[3] 赵加兵. 公共数据归属政府的合理性及法律意义 [J]. 河南财经政法大学学报，2021 (1)：13-22.
[4] 曾娜. 政务信息资源的权属界定研究 [J]. 时代法学，2018 (4)：29-34.

有"理念造成了不少政府部门将数据资源的产权归属部门化[①],从而导致了事实上的数据"部门私有"格局。

7.2.2.2 部门数据利益化

G-6:"从我个人角度来理解的话,比如说,我做这件事情对我有利,我才有动力去做,那么政府数据共享其实也是这样的。只有他觉得我按照所有的要求共享这些数据资源对我部门自身是有利的,我们才会有动力作用去做。就像我们部门就是领导认识到做这件事情对我们部门的行政管理来说非常有利,他才愿意去做。在现实中,即使有相关的上级部门要求共享政府数据,但他可能也存在一些不利的影响,他也只会采取一些形式去应付一下。"

跨部门数据共享表面上是对数据资源的重新配置,其背后隐藏的却是相关层级利益的调整。推进跨部门数据共享的过程,必然会对既定的利益格局产生触动。随着大数据应用的深化,政府数据潜藏的价值受到了各种社会力量的关注。在面对这一巨大诱惑时,国家所有权可以起到两个作用:一是政府对数据收益的追求,应受制于资源的公共性。国家所有权的正当性并不来自它在事实上为政府带来多少利益,而在于它所促进的公众使用,为公民的自由和自主发展所提供的前提性保障。据此,政府部门在推进政务信息资源的开放开发时,应当有意识地关注社会福利与公民福祉,减少数据的二次利用所引起的不平等现象。二是数据收益的分配,应有利于实现公民的实质性平等。政务数据的开放并不意味着公众的免费使用,尽管数据不会因过多的公众使用而被破坏或毁灭,但无偿使用只是有利于具有资本和专业知识的大型企业,却不利于普通公众。目前一些地方政府正在探索政务服务数据免费使用、基础数据有偿使用的方式,对于所获收益,可以考虑用于提高弱势群体的信息技术能力,使每一公民都享受到技术带来的好处[②]。

政府数据虽归属政府并由政府控制支配,但政府仅是代表国家行使相应的占有、使用、收益、处分及管控等权利,从本质上来讲政府数据所有权应当也只能由全体人民享有。换言之,政府仅是代表全民对公共数据行使相应权利,并最终将全部收益归属于全体人民[③]。在实践中,少数政府部门往往认为数据来源于本部门工作的积累,就应属于"部门私有",有的则通过各

---

① 吕富生. 论私人的政府数据使用权 [J]. 财经法学, 2019 (6): 24 - 35.
② 曾娜. 政务信息资源的权属界定研究 [J]. 时代法学, 2018 (4): 29 - 34.
③ 赵加兵. 公共数据归属政府的合理性及法律意义 [J]. 河南财经政法大学学报, 2021 (1): 13 - 22.

种间接方式谋取不当利益。凭借自己所掌握的数据资源，人为限制数据共享以寻求政治利益和经济利益，这就形成了数据寻租。数据寻租会产生寻租资金，主要来源有三种：一是政府的"无意创租"，政府在弥补市场不足时采取不当方法而无意产生的租金；二是政府的"被动创租"，政府通过颁布或实施一些能够为某些利益集团带来特殊利益的政策法案而产生的租金，本质上是被动为利益集团服务的；三是政府的"主动创租"，政府官员采用行政干预或法律手段，人为地制造租金，迫使对方接受，这本质上是一种权钱交易。例如，工程发包中拥有决定权的部门进行暗箱操作行为形成的租金；政府采购中主管采购的官员利用采购权从供货商处获得的租金；或是政府部门在政治压力或者有关利益集团和个人的游说下将有关数据资源优先提供给设租者，从而获得经济利益[①]。

7.2.3 操作层：净收益不确定

政府数据共享是自上而下由政府推进的，有些地方对于政策落地往往沦为"形象工程"。检查评比或上级督促工作的时候，操作层的具体工作才受到重视，一旦上级的注意力转移或推动力减小，操作层的运行和服务质量就会令人质疑，演变为一场不触及体制性和实质性问题的形式主义变革，政府数据共享成为各部门的"收发室"和"传达室"。此外，在数据共享的具体实践中，很多部门不敢也不愿放权，导致对工作人员的授权有限，进而使数据共享流于形式。戴维斯（Dawes）关于部门间数据共享的研究认为是明确的利益和强大的政治压力驱使才推动各部门参与数据共享[②]。现行的行政体制是否会尊重他们的劳动付出，这些付出能否使他们感知自我价值的提升，决定了操作层是否愿意参与到数据共享的行为中。在数据共享的实际运作过程中，操作层处理的内容偏机械，他们在意识到自身工作能够真正推进跨部门数据共享工作或自己能够得到物质或精神激励时才会积极配合。如果数据共享使操作层得不到长效的工作激励，再加上有时候评价工作的绩效往往采用指标管理的方式，那么操作层对于数据共享就缺乏内生动力。

---

① 周淑云，陈书华. 信息寻租问题浅析 [J]. 情报杂志，2007 (5)：93-94+97.
② Sharon S. Dawes. Interagency Information Sharing: Expected Benefits, Manageable Risks [J]. Journal of Policy Analysis and Management, 1996 (3): 377-394.

7.2.3.1 预期收益模糊

C-3："……只能从内部进行调整，比如规定是7号必须完成，协调看看能不能推迟到10号。总之，不会影响到这件事情到底做还是不做，但是会对最终数据共享实施的程度和实施效果产生影响。"

政府间数据共享将有益于提高数据质量、简化业务流程、提高管理效率、增强决策能力以及降低成本等[①]。此外，数据提供部门预期的共享回报还包括对高层领导的赞赏、增加的财务预算、成本补偿、数据接收部门的积极反馈和扩大的权限，这意味着部门利益甚至是负责官员的个人利益是数据提供部门的直接激励[②]。然而"政府数据共享的合作经常受到官员自身的本位主义、避邻现象和各种因素的限制。这些因素可能包括权力、金钱收入、声望、便利、安全、个人忠诚、精通工作的自豪感、为公共利益服务的渴望和对特定行动计划的承诺等"[③]。从交易成本经济理论的角度来看，激励可以对跨部门数据共享产生重要作用，只有当操作层感知到对己对人有所帮助时才会积极参与数据共享。操作层面对数据共享也会权衡成本与收益问题，要从共享数据这个集体物品中获益，先得支付数据处理的预先成本。也就是说，尽管"人们一定懂得，只要人人为了共同利益而合作，那么所有人都会从中受益"，但事实上，由于短视利益的驱动和出于使命、拒绝冒险或者害怕失败等原因，个体理性并非总能带来集体利益的帕累托最优，从而面临着集体行动的困境。这是因为"数据"这一特殊交易物品资产专用性较高、绩效可测量性较低，所以在跨部门数据共享中存在着净收益的非对称性，影响到共享动力，将产生制度性集体行动的协调风险[④]。

预期收益的模糊不仅指收益的不可量化，也包括产生收益的周期长和回报的不确定性。产生收益的周期长是指跨部门数据共享是一个复杂且又漫长的过程，从数据的整理、分享到使用期间需要不断地投入巨大的成本，不仅是人力物力财力成本，更多的是时间成本。根据大卫·保罗的传播假说可知，

---

① Fan J, Zhang P, Yen D C. G2G information sharing among government agencies [J]. Information&management, 2014 (1): 120-128.

② Wang F. Understanding the dynamic mechanism of interagency government data sharing [J]. Government information quarterly, 2018 (4): 536-546.

③ 安东尼·唐斯, 郭小聪等译. 官僚制内幕 [M]. 北京: 中国人民大学出版社, 2006.

④ 锁利铭. 府际数据共享的双重困境：生成逻辑与政策启示 [J]. 探索, 2020 (5): 126-140.

新技术所产生的效益需要一个"扩散期",也就是说新技术必须在得到广泛传播、人们普遍掌握了如何使用之后,才能出现回报。目前政府数据共享还处于初始阶段,需要探索数据共享实践模式,挖掘数据的价值,数据从资源到资产的转变需要投入更多的成本。回报的不确定性是指数据的提供方需要投入巨大的成本来进行数据收集、整理和分享,但是经过跨部门数据共享之后,数据的使用方提取到所需要的有价值的信息,因此产生了收益,投入巨大成本的数据的提供方却得不到任何回报。预期收益的模糊是操作层所担忧的,也是导致操作产生分歧的主要原因。

7.2.3.2 潜在成本增加

C-1:"那是相当大的工作量。工作量大并不在于数据本身,而在于数据管理。领导可能会因为数据安全和隐私等问题考虑,大量的时间和成本都花在审核方面。"

C-2:"有时候放也是放一部分,如果全部放,工作量很大啊。我放了,代表我做了,OK,任务完成了,就是这样子。上级通知时间很短,人手不足,根本都完不成。"

任何原始的数据都需要经过分类、归类、分析、研究与综合等过程,才能去粗取精、去伪存真,变成可用的信息资源。数据共享意味着责任增加,使得基层行政人员的业务边界大为扩展,工作量是过去的多倍。政府数据共享包含了数据生产、数据处理、数据发布、数据共享等步骤,涉及业务流程再造、数据维护、系统安全等诸多事项和成本投入,势必会在原基础上增加操作层工作人员的时间和精力成本。操作层还需要充分保证数据的完整性、准确性、一致性和时效性。需要采集分散在各部门的业务数据,以数据共享政策文件为依据确定数据源单位,通过比对质量目标与现有水平,发现低质的数据并退回数据源单位校核修复,反复循环直至达到数据质量目标。

此外,对于政府垂直管理部门,一般都已建有专业垂直业务系统。一方面,在这些系统中的业务流程已基本成熟固化,对所需提交、流转的数据也有专业化要求;另一方面,虽然《关于开展政务信息系统整合共享应用试点的通知》及各地配套政策正逐步落实,但垂直系统与地方横向系统的对接依然有限。因此,要配合本级政府开展政务服务数据共享、政务服务改革,这些接受垂直管理的操作层就需额外增加工作量,即使共享出相关数据,该职能部门也难以直接使用；而其他部门要使用该职能部门生成的数据，也需事先进行额外转换①。

"这件事情工作量大。通过计算机手段信息化手段来解决，比如定性分析，只能通过加班等形式完成。本来想从其他方面增派人手，但受到部门职能系统影响，没有实现。"

"跨部门数据共享是高压、耗时、费力的工作。其间充满会议、谈判、文件以及与日俱增的协商，常常是"周三熬夜""周末加班"等。"

7.3 外驱动力不足

7.3.1 决策层：交往理性缺失

7.3.1.1 法律制度缺位

J-2："规章制度和组织要结合起来，做这个的相关发文要更加具体，不能说不能宽泛，要规定详细的操作细则、范围，不能说很空洞的规定，我们下面做这个事情的话操作的余地也比较大，你也没办法控制。"

制度性集体行动强调协作各方在制度、政策、战略等规则的约束下，降低谈判成本，其中上级政府的规则约束即通过引入上级权威来降低监督成本和违约风险。当前许多地方都出台了数据资源采集、编目和使用的政策规范，但从总体上来看，数据共享的配套政策法规还不健全，如数字治理法规陈旧，不适应大数据时代的数据治理新要求；政策法规的协调性不够，前后不统一、政策"打架"现象较多；一些法规内容空泛，缺乏可执行性。此外，地方政府数据共享面临数据分布碎片化明显，数据所有权、管理权和使用权以及信息共享的责任主体等一直没有从制度层面予以明确，推进数据共享只能从工作层面协商解决，难度大，周期长，一个项目的共享协议往往需要几个部门协商很长时间，共享的数据质量、时效性等均难以保障，大大影响项目建设

---

① 徐晓林，明承瀚，陈涛. 数字政府环境下政务服务数据共享研究［J］. 行政论坛，2018（1）：50-59.

进度和数据共享效能[1]。

制度性集体行动框架中使用了政策网络来表征协作的基础，主要是指在数据共享之前相关各部门之间是否具备了在业务领域中的合作、协同等行动，例如是否签署过相关合作协议、是否处于同一个协作小组或联席会，以及曾经在协作中取得过成效。其中，有过信息分享的经历或者建立起了信息分享的网络，将对数据分享产生积极的作用。这是因为在已有的协作关系和协作网络的情况下，信息分享会通过行动者之间的互惠行为与预期降低潜在风险，从而增加协作与共享的可能。但是跨部门数据共享是一个复杂而又漫长的过程，数据价值的增值能否实现还有很多不确定性因素，奥尔森的集体行动逻辑揭示了在人类社会中群体共同的收益并不能促使个体之间有效的共同行动，个体会通过机会主义行为弱化个体收益，个体缺乏共同行动的动力，于是出现了"搭便车"或不参与等非合作的集体行动困境[2]。且政府间的正式合作通常是各方签订具有约束力的书面协议，但政府间的合作并非都是正式的，非正式的市政府间合作则通常以"握手协议"即非书面协议的形式呈现[3]。因此，政府协作包括"正式协作"和"非正式协作"两种形式，政府数据共享协作方式很多都停留在"握手"协作层面，由于协作缺乏必要的合作约束机制，当政府间面临信息不对称、未来充满不确定性时，决策层不得不担忧其背后的风险、责任由谁承担、权力如何分配、预期收益怎么保障等问题，由于缺乏数据共享的相关制度，各部门仍在探索数据交换与共享，会根据本部门的业务数据情况进行数据更新，进而导致在解决"数据多跑路、群众少跑腿"方面存在较大的不足。同时，数据共享的申报流程和程序在具体共享交换过程中存在过于烦琐的缺陷，以及人为的原因会带来不同部门之间数据流动不够顺畅的问题，这些都会影响共享和开放的效果。

"因为规章制度和标准，只要按照这个标准就好了，相对比较规范，没有的话那就是拍脑袋啦。根据参考上级标准，本身定的标准不一定适用。没有一个能够量化的标准，不能了解每个部门的职责范围。上级规章制度都是

---

[1] 叶战备，王璐，田昊. 政府职责体系建设视角中的数字政府和数据治理 [J]. 中国行政管理，2018 (7): 57 - 62.

[2] 锁利铭. 府际数据共享的双重困境：生成逻辑与政策启示 [J]. 探索，2020 (5): 126 - 140.

[3] 斯蒂芬妮·波斯特. 大都市治理——冲突、竞争与合作 [M]. 许源源，等译. 重庆：重庆大学出版社，2012.

比较宏观的，对于下级部门来说可操作的空间比较大。"

7.3.1.2　共享需求不足

J-3："我们平时不怎么用市里的系统……部里面的系统已经用习惯了，对一些材料的提交也有专门的要求，市里面即使共享出来了，我们也可能用不了，所以平时都是让申请人自己提交材料，按照部里的系统办理……国家部委之间都共享不了，市里面要想完成这个，难度不小……"

数据的产生和加工过程本质上是数据的"专用性"问题。数据专用性的形成一方面是由于数据使用者的需求，另一方面也是使用者之间长期形成的惯例加深了路径依赖，使数据的专用性日益增强，形成所谓的行业内部专用语言。数据专用性越高则该数据对于特定部门使用效率越高，但其他部门可及性越低，与之相对的是，数据通用性越高，则越有可能在更多政府机构中被采纳和使用，更能促进政府机构间的合作共享[①]。

实践中，对于地方政府跨部门政府数据共享，业务因素成为当前阻碍政务数据资源整合共享的重要原因。一是业务数据使用条线化。有些业务系统主要服务于本系统内部，并已形成了贯穿上下的纵向业务应用和数据应用交换体系，然而这一切都是由部门职能和业务属性决定的。如一些垂直管理机构，该部分数据主要是用于支撑专业化业务领域，数据业务属性特点明显，数据识别受限于专用业务模式，数据应用只能在本业务领域内上下贯通，无法应用到其他行业或部门，因此与其他部门的信息资源实现横向整合共享难度大。二是业务应用横向关联度不强。虽然部门业务的电子化、信息化、数字化早已实现，但长期以来各个部门专注于依据自身业务职能建设应用系统，并且由于长期的积累和沉淀，当前应用系统能够支撑业务职能的正常运转，并逐步形成了一个独立的封闭体系，没有考虑业务之间的关联协同联动关系，所以部门之间的业务关联关系尚未建立，从而因缺乏业务基础导致数据整合共享存在困难。三是业务模式对数据整合需求弱。由于历史的原因，目前各职能部门大多数是依据业务职能的条形结构形成了纵向贯通的业务模式，业务条线化必然逐步向更加专业化的方向发展，同时专业化程度越高的部门，业务模式也就越趋于内部的统一化、标准化和独立化，许多业务问题和业务

[①] 锁利铭. 府际数据共享的双重困境：生成逻辑与政策启示［J］. 探索，2020（5）：126-140.

需求都集中在本系统内部，自身的业务模式对外部门协同需求不强，因此纵向条线化的业务内模式导致这些部门对于数据整合共享需求弱，缺乏主动推进数据资源整合共享的驱动力①。

另外，资源禀赋差异本可以成为政府数据共享的动力，但在政府层面却成了各部门间联系与合作的约束条件，因为各部门间资源禀赋的差异成为各部门衡量自身利益得失、采取何种经济措施、担负多少合作成本的重要参照指标。这种实力不对称对较弱势的一方影响较大，弱势主体既希望共享强势主体更多的数据，实现"借梯登高"，同时又担心自身数据资源被强势主体剥夺。对于强势主体而言，由于自身实力较强，不寻求合作也能实现服务供给，常导致强势主体对共享缺乏兴趣而弱势主体"一厢情愿"的现象出现。即使双方达成合作，由于实力不对称，强势一方可能要求更多的利益回报，或剥夺弱势一方的数据，而弱势一方往往只能选择被迫接受"游戏规则"。如果没有有效的合作机制和制度约束，实力非对称部门之间的数据共享合作将难以持续推进。

7.3.2 管理层：风险责任压力

7.3.2.1 安全风险挑战

G-4："大家对安全很重视，我们也可以理解，特别是《网络安全法》出台以后，出了事要判刑的，数据共享到底应该怎么推，有很多的困惑。"

随着数字化建设成果的应用，数据业务化运营、政务行业的业务开展由以部门为中心转型为以人民为中心，场景的转变带来了数据流转环境的巨大转变②：一是数据流动的变化，从"原有场景下固化的数据流动"到"新场景下每天海量动态数据共享交换"。二是安全域的变化，从"数据仅会在有限且可控的安全域内被使用"到"随着几十到数百个部门的接通，数据会跨越不同的不可控安全域使用"。三是数据存储的变化，从"原有场景下数据分别在各部门安全域中分散存储"到"随着地方或行业大力推进数据汇

---

① 袁刚，温圣军，赵晶晶，陈红. 政务数据资源整合共享：需求、困境与关键进路 [J]. 电子政务，2020（10）：109-116.

② 罗海宁. 政务信息共享数据安全国家标准的应用实践研究 [J]. 信息安全与通信保密，2021（6）：2-10.

聚,海量数据集中存储"。四是数据责任主体的变化,从"数据提供方、数据使用方共同协商主体责任"到"数据提供方、数据使用方不断转变,主体已经交叉混淆"。五是数据接触人员变化,从"数据的业务流程可见,接触人员相对较少"到"数据业务流程繁杂不可见,接触人员变多"。

面临这些转变,在数据汇聚和数据共享两个阶段及对应的应用场景下,原有数据安全能力缺陷和短板也随之凸显出来:一是数据大量产生与集聚,因其涉及民生相关的重要数据和个人敏感隐私,数据价值极大,本身就更容易招致攻击。数据主管部门和数据提供者、使用者承担着更大的安全管理责任,面临着更高的安全风险。二是数据在多部门、多组织之间频繁交换和共享,常态化的流动使系统和数据安全的责权边界变得模糊,权限控制不足,存在数据超范围共享、扩大数据暴露面等安全风险和隐患,如果发生安全事件难以追踪溯源。三是数据的共享开放使得原本的边界安全机制无法有效保护流转到边界外的数据,基于边界的安全管理和技术措施已经无法适应当前的安全需要。四是大数据、人工智能等技术的发展催生出新型攻击手段,攻击范围广、命中率高、潜伏周期长,针对大数据环境下的 APT 攻击通常隐蔽性高、感知困难,使得传统的安全检测、防御技术难以应对。

7.3.2.2 追责问责担忧

G-2:"因为部门领导是第一负责人会影响到技术层面,领导是数据安全等第一负责人、信息安全的第一责任人。如果领导认识到开放政府数据价值和意义大,安全因素也是需要考虑的因素,考虑到责任风险,会影响政府数据共享的实施程度和效果。从组织层面来说,可以公开,没问题,但技术层面可能存在风险安全等问题,从管理上,考虑到可能存在的问题,我们是不是可以考虑暂缓共享或者共享一些风险小的数据。"

G-3:"现在大家动不动就以安全为借口不共享。我们也有这个担心,我们建好了数据交换平台,数据汇聚过来,责任到底谁来负?我们做到了什么就可以免责?"

数据共享中会产生背叛相关方意愿的行动,共享的各方会在数据是否真实和是否被滥用等方面谨慎考量,这种对共享产生抑制的因素在制度性集体行动框架中被称为背叛风险[①]。很多管理层担心在数据共享过程中一旦出现

---

① 锁利铭. 府际数据共享的双重困境:生成逻辑与政策启示 [J]. 探索, 2020 (5): 126 - 140.

敏感数据误读、数据侵权、数据泄露等问题，可能面临追责问责压力。

一是数据误读。一方面，大量的数据冗余提高了数据分辨难度，使得共享数据的利用犹如在稻草堆中寻针，容易导致人们对数据的片面解读并诱使人们做出错误的决策；另一方面，数据一旦开放，发布数据的政府部门就不能够继续跟踪和控制随后的数据认知与利用，数据的准确理解与充分利用完全取决于接收方能力和所处的环境氛围，既可能导致接受者数据利用的混乱，也为居心不良的人曲解数据提供了契机与佐证。管理层会考虑到其他组织可能滥用数据或可能收到质量低下的数据，并且关于其他政府机构如何处理、使用和保护共享数据的不确定性引发了政府机构作为数据提供者对跨越边界共享数据的责任的担忧[①]。

二是数据侵权。即是否在合意的边界内被使用，而不会被滥用，这种风险的存在同样会抑制数据的提供。随着数据发掘、监控和跟踪能力的空前发展，通过算法归类和内容分析就可有效预测出更为精准详细的个人数据和商业秘密，特别是来自不同数据集的数据整合可能会损害原有数据匿名的隐私/秘密保护举措，客观上为"数据窥探者"和"数据侦探业"的繁荣及其个人信息的过度采集和不被告知的采集等侵权行为提供了契机；同时，由于非授权的增加、删除和修改等操作使得人们在利用开放数据平台获取公共数据时，很容易造成共享数据平台中的关键数据被窃取、篡改或破坏，如身份盗用、数据欺诈等数据滥用。

三是数据泄露。一方面，管理层担心个人隐私和敏感数据在数据共享过程中的保密问题；另一方面，共享数据将参与的部门暴露在公众监督之下，并且跨部门数据共享会增加相关机构受到更多公开审查的可能性，或引起绩效评估，此时交流的数据就会变得敏感，降低跨部门政府数据共享的意愿。另外在大数据时代，政府数据共享也许符合部门职责要求，但各部门的数据整合与数据挖掘则可能触及国家安全、个人隐私和商业秘密。

管理层以及承接政府数据业务的第三方出于数据控制权的失落、问责的担忧等而采取对政府数据共享进程消极阻挠和变相抵制，数据操纵现象就会出现。另外在现实中很多本来相关度不大的数据集，一旦成功匹配并进行关联分析，会带来负面影响和不利后果，要么害怕共享时暴露出本部门原有数

[①] 刘红波，邱晓卿. 政务数据共享影响因素研究述评 [J]. 华南理工大学学报（社会科学版），2021（7）：96–106.

据不真实、不精确而引发问责，要么认为"数据安全与保密比共享更重要"、采取封闭行为更妥当。个别政府部门拒绝共享最为冠冕堂皇的理由是《中华人民共和国保守国家秘密法》属于国家法律，而《中华人民共和国政府信息公开条例》只是行政法规，《促进大数据发展行动纲要》更只不过是国务院的红头文件而已。显然，对管理层而言，"保密"比"公开"更重要，"封闭"比"共享"更安全[①]。

7.3.3 操作层：绩效考核困境

7.3.3.1 共享绩效难测

C-1："现阶段考核也只是形式，没有考核依据，没有标准。经信委考核不确定我这个部门到底有多少数据，哪些是可以开放可以不开放。比如说杯子，纸杯子，咖啡色，描述这个业务到底用了多少数据描述，我就不知道你到底用多少数据描述，很可能就不知道到底有多少这样的杯子。经信委不能作为主动推动部门，只能作为配合部门。经信委也只是业务部门，不了解业务，怎么去考核，不考核每个部门总体情况。我只能制定一个大的框架，不能把控，不能把每个部门的业务数据都了解一遍。"

数据共享绩效是指在政府部门的行为主体在政务数据共享中投入、过程效能及其可衡量结果的程度，是对政务数据共享在质量、效益、贡献等方面的目标实现和成绩成效，利用定量标准和定性标准进行综合衡量和反馈[②]。数据共享绩效通常具有多因性、多维性、动态性三个特点，其中多因性是指政府部门的政府数据共享绩效的优劣是受多个因素的影响而决定的，包括政务数据的基础建设环境、数据应用技术水平和共享工作效率等；多维性是指政务数据共享绩效的优劣应从多个方面、多个角度进行分析，才能取得比较合理的、客观的、可信的、易接受的结果；动态性是指政务数据共享绩效的结果是动态的、变化着的，随着时间的推移、技术的发展、协作水平的变化而动态变化。

绩效可测量性作为衡量合作领域中地方政府行为的重要影响因素，会影响合作执行效果。绩效可测量性是指合作方测量服务成果的困难程度以及监

---

① 邓念国.如何破解政务大数据共享难题[N].学习时报，2017.6.12.
② 康振国.政务数据共享绩效评价及优化路径研究[D].呼和浩特：内蒙古大学，2020.

控供应方提供服务的困难程度，即服务绩效产出和实施管理成本的测量难度[1]。政府数据共享绩效可测量性是政府数据共享执行过程的任务监测衡量难度以及共享效果的监测难度。政府数据共享中虽然也有监测网点的设置，但是其流动性更快、涉及范围更大，行动参与主体可能产生"搭便车"或隐藏数据的行为。政府数据共享很难由单个部门或机构进行治理，政府数据共享的绩效可测量性低。从交易成本的理论来看，交易物可测量性越高则分配不公的风险越低，行动者之间达成合作的风险也就越低。即当共享绩效可测量性高时，各部门会采用市场方式或与其他的部门合作的方式，交易成本会更低、交易风险更小、合作收益的不确定性更低，各部门更倾向于形成稳定的、正式程度高的、合作关系紧密的集体关系；当共享绩效可测量性变小时，为防范交易风险带来的成本，部门可能会进行选择性共享；随着绩效可测量性进一步降低，部门更倾向于形成形式灵活、网络松散的合作方式，并且上级政府也会倾向于选择采取统一管理或政策干预的方式。

数据共享绩效反映在数据共享后的效果上，也就是其他部门享有该数据后产生的价值，这在测量上是一个难题，因为这取决于政策问题需求、与其他数据配合以及处理工具等方面的问题[2]。由于数据共享的绩效可测量难度大，相关政府机构是否充分地进行共享是一个很难精准测量的实践难题，故而操作层有消极对待数据共享的动机。

"……但有些事情大家关注度比较低，做了跟没做好像没有多大区别。"

"我给出了数据，有没有反馈，有没有度量上的确认，有没有工作上的确认。"

"我们这边有全市实施办法，其实我们在绩效评估中也是制定了相关指标，要求各个部门建立部门内部配套的管理制度，我们只能说有这个工作要求，但是实际上也没有，我们也没有办法，没有上升到法律层面。"

7.3.3.2 激励机制缺乏

C-6："若主管部门不力、行政权威有限、协调和监管难以到位，则数

---

[1] Brown T L, Potoski M. Transaction costs and institutional explanations for government service production decisions [J]. Journal of Public Administration Research and Theory: J - PART, 2003 (4): 441 - 468.

[2] 锁利铭. 府际数据共享的双重困境：生成逻辑与政策启示 [J]. 探索, 2020 (5): 126 - 140.

据共享可能沦为一纸空文……所以数据共享应作为一项长远而有重大意义的工作来做……"

在跨部门数据共享过程中，来自个人、机构自身、跨部门共享项目三方的愿意贡献资源的动机或目的，以及不愿意贡献资源的动机或目的，都客观存在，并且由这两种动机或目的所产生的相反的力量是变化着的、微妙的。激励机制是管理层依据法律法规、价值取向和文化环境等，对管理对象之行为从物质、精神等方面进行激发和鼓励以使其行为继续发展的机制。哈维茨（Hurwiez）的机制设计理论中"激励相容"是指：在市场经济中，每个理性经济人都会有自利的一面，其个人行为会按自利的规则行为行动；如果能有一种制度安排，使行为人追求个人利益的行为正好与组织实现集体价值最大化的目标相吻合，这一制度安排就是"激励相容"[①]。

一方面，政府数据是政府部门开展政务管理活动的记录和成果，可直接反映政务部门的权力运行状况和工作管理成效，因而，政府部门对于政府数据的垄断是实现本部门权力垄断和维护部门利益的依托和手段。而在"以共享为原则，不共享为例外"的准则下推动政务信息资源共享即是要打破各政务部门对于本部门政务信息资源的垄断，以及由此要求各政务部门实现业务工作的信息化、透明化，这将直接触及各政务部门的既得利益。

另一方面，各政府部门在既定的编制环境下推动本部门政务信息资源共享，增加了部门工作任务和负担，额外承担了信息安全、共享保障等技术专业性较强的工作责任。此外，网络改造、设备采购、环境搭建等直接占用部门预算资源。在消耗本部门人力、物力资源的同时，除了获得共享其他政务部门信息资源的便利性，对于长期各自为政的业务模式并没有更多意义，并未收获其他实质性利益，这极大地削弱了各政府部门推动政务信息资源共享的主动性和积极性。一些部门表示，数据共享需要投入额外的人力物力，但是工作成果的社会能见度却不高，又不体现在常规的工作绩效里，出现部门在数据资源共享中付出的成本与利益形成不公平的矛盾现象，没有对提供数据的部门进行合理的成本补给奖励，或者在长期存在职能交叉、协同工作的部门之间没有建立成本共同承担的利益协调机制，因此使部门操作层心理得不到平衡与安慰，阻碍政府数据共享的工作。

"我觉得上级考核吧，自己做还是外部考核，像做信息系统一样，会对

[①] 龙健. 政府基础信息资源跨部门共享机制研究 [D]. 北京：北京大学, 2013.

开放政府数据有很大影响。你部门数据的实际情况,然后你放在上面是什么样子,有个监督,不能说时时吧,一年一两次吧,看看你这个系统里面的数据是什么样的,我觉得这个约束还是很大的。我们现在做一些项目的时候,首先考虑到的就是如何在上级来审查的时候,要解释得通,要说得过去,怎么样。我觉得加上这个环节的话,约束性会更大一点。"

7.4 多元行动主体参与跨部门政府数据共享困境

7.4.1 决策层认知分歧

7.4.1.1 管理创新还是治理创新

数字治理是传统"电子政务"从技术层面到治理层面的跃升,体现着数字要素和治理要素的结合,是对现实治理实践活动的真实反映,是信息通信技术(ICT)渗透政府内外行政过程的产物,是将信息技术的效用从政府组织内部延伸到组织外部的过程,实现了对政府组织的内部"赋能"[1]。而数据是包含数字的,"数据治理"跳脱出了旧的数字观念,造成从对"数"的追求变为强调数据所带来的思维方式的变革。因而可以认为,数字更多是认识工具,反映在认识过程中,从属于认识的需要;数据则会引导实践的方向,是从属于建构需要的[2]。作为"数字""数据"要素与"治理"要素相结合的一组概念,我们很难忽视其与治理理论的天然联系,这种联系决定了这组概念之间存在的同构性,主要体现在以下几个方面:其一,治理主体的多元化。从数字治理、数据治理概念范式的建构历程来看,技术因素贯穿这组概念的始终,为了适应技术进步所带来的权力分散化和民主化的趋势,政府的角色开始由"单一控制"向"多元主导"转变,体现了治理主体逐渐演变成由政府主导、公众和社会共同参与的治理模式。其二,治理权力的分散化。技术进步开辟了新的权力渗透路径,使得治理权力的来源更加分散化。

---

[1] 黄璜. 对"数据流动"的治理——论政府数据治理的理论嬗变与框架 [J]. 南京社会科学,2018(2):53-62.

[2] 颜佳华,王张华. 数字治理、数据治理、智能治理与智慧治理概念及其关系辨析 [J]. 湘潭大学学报(哲学社会科学版),2019(9):25-30+88.

传统意义上的行政服务中心模式实质上是将外部事务内部化了,将群众多跑腿变成了公务人员多跑腿。究其原因,在于政府各部门间数据专网并没有完全打通,只是将收集到的材料在部门间进行"传阅式录入、审核",是一种"虚假的共享",并没有从根本上共享工作流程。大数据背景下各部门协同办公的核心要义是将数据部门联通,建立"共享数据池"。"共享数据池"中的数据都是标准化、格式化的,且只需在一个端口录入数据信息即可实现数据电子化,汇入"共享数据池"。依据相关法律法规可知,政府各部门可根据办理事项从中调取必要资料,从而有效地避免数据信息多次录入、信息非标准化等问题,从而可以极大地节省办理时间、降低办理成本,真正实现让群众、公务人员少跑路,让数据多跑路。在政府治理运作的实践中,"管理创新"与"治理创新"存在概念使用上的模糊性[1]。改革开放以来,随着行政体制改革不断深化和推进,我国虽已施行多次政府机构改革,但传统的政府组织结构没有发生改变。政府作为唯一的管理主体,具有权威的不可替代性和权力行使的单向性,因此,管理创新是一种不触动政府单一主体地位的行政变革。而治理创新则意味着公共权力的运行不再是政府全能的单极格局,而是吸引多元主体共同参与、协同共治的局面[2]。虽然有的政府部门在跨部门数据共享实际运作中采取了新的管理方式和方法,但部分决策层对治理这一概念的把握和对创新的界定依然存有认知分歧。

7.4.1.2 部门主导还是业务驱动

数字政府建设通过将信息技术嵌入政府行政来解决传统科层制职能分割、碎片主义带来的行政冗长、服务迟缓问题,通过以数据为代表的信息资源在政府内部的合作流通来驱动政府部门业务协同。因此,数据共享是数字政府建设的核心问题,只有实现了跨层级、跨部门、跨地区和跨系统的数据共享与业务协同,才能推进政府内数据共享的广度与深度,打破部门间的数据孤岛、数据烟囱,实现"用数据说话、用数据决策、用数据管理、用数据创新"战略目标。然而政府数据形成于科层组织的专业分工与条块化治理结构,一方面专业分工导致了政府部门各自为政、存在部门竞争,带来了统筹

---

[1] 皇甫鑫,丁沙沙. 数据共享、系统性创新与地方政府效能提升——基于浙江省"最多跑一次改革"案例[J]. 中共福建省委党校学报,2019(4):109-117.
[2] 王金水,张德财. 以数据治理推动政府治理创新:困境辨识、行动框架与实现路径[J]. 当代世界与社会主义,2019(5):178-184.

困难协同不易的问题;另一方面条块化治理结构导致了政府数据的碎片化分布,形成了部门对共享数据需求与供给的错位,不清楚其他部门拥有哪些数据,而其他部门也不清楚自己部门数据的流向与应用领域。对于缺乏数字化意识的部门决策者而言,数据共享只是上级下达的政治任务,只需完成数据共享权责清单内明确划分的部门共享业务即可,他们并不清楚共享数据的流向、共享数据的用途以及共享数据的价值。

另外,从国家部委到市县级相关部门的纵向内网、信息系统搭建已久,且已经投入运行多年,取得了较为优异的成果,形成了一系列较为固定的业务流程,诸如国家公安、税务等部门的系统平台。由于政府部门对已娴熟运用于业务流程的技术会存在路径依赖,当面临跨部门政府数据共享改革的政策要求时,硬件上来说这些部门的系统难以匹配新型的政务系统,职能上来说这些部门的业务流程亦需要拆解重组,对这些部门而言,存在着较高的系统重建成本与组织学习成本,且短时间内并不会直接提升相关部门的行政绩效,因此在面临政务一体化改革与数据共享的需求时,这些政府部门会最大限度地保持原有的组织结构与业务流程,决策层对部门的数据采取不共享、弱共享,甚至是选择性共享的策略。

目前政府数据共享制度很大程度上是由地方政府基于地方政务服务业务来开展制定的,相关工作由地方大数据局统筹推进,但以大数据局为首的部门并没有高于其他部门的地位、权威与等级,只是在政务服务数据整合上具有职能的权威,因此政府数据共享取决于其他部门参与协作的程度[①]。在面临一体化政务平台建设与数据共享的政策要求下,政府部门会依然使用原有的信息系统与业务流程,只是将业务接口整合到平台上,将办结数据回传到地方政府政务服务中心或大数据管理中心,从本质上来说,这与数据共享促使政府扁平化进而提升行政效能的设计理念背道而驰。

7.4.2 管理层利益冲突

7.4.2.1 政府所有还是部门所有

政府数据是政府在履行公共服务和管理职能过程中采集和产生的数据,

---

① 许鹿,黄未. 资产专用性:政府跨部门数据共享困境的形成缘由[J]. 东岳论丛,2091(9):126-135.

由政府代社会对其控制；因政府管理和服务需要，政府代社会使用数据，社会取得收益。所以，政府数据属于公共数据。从经济学角度来看，政府数据属于公共产品。首先，政府数据具有非排他性，平等对待所有主体、无条件且非歧视，不同于私人数据产品"谁付款、谁受益"。任何人对政府数据的消费不会影响其他人。其次，政府数据具有非竞争性，突出表现在政府数据边际生产成本和拥挤成本为零。理论上不论增加多少需求，同一数据集可以无限次近乎零成本地被重复访问下载。再次，政府数据效用不可被分割。无论政府数据如何被使用，都不会改变原始存储在开放平台上的数据效用。数据源不会被随意修改，用户对数据后续具体使用处理也不影响原数据的整体效用。最后，政府数据的公共性源于政府本身的公共属性，全体国民是政府数据的所有人，基于公共信托法律关系，国家机关成为政府数据的形式所有人并享有数据支配权，国家机关作为处置数据的执行人，负有数据管理职责。如 2020 年 7 月 15 日，深圳市司法局发布的《深圳经济特区数据条例（征求意见稿）》印证了这一立场，确立了公共数据属于国有资产，即数据要素市场主体对其合法收集和自身生成的数据享有数据权，而公共数据的数据权归国家所有，由深圳市政府代为行使[①]。

长期以来，我国的信息化是以部门为中心展开的，客观上形成了行业垂直的信息化体系，在地方上形成了条块分割的"信息孤岛"。由于当时缺少国家层面的、全局性的总体设计与协调，更缺少可执行的标准，数据的采集与组织受限于特定目的和客观条件，往往各自为战、相互协调、沟通不充分，以致所形成的各类数据存在参照不一致、不规范、不协调等缺陷和不足。在后续利用中出现数据相互割裂、难以集成利用等问题。数据系统开发和建设的"部门化"，导致政府数据呈现出"系统林立"和分裂状态，不仅严重制约政府数据的共享，而且由此形成的体制分割和数据壁垒又给政府数据共享设置了极其牢固的藩篱和障碍。

实际上，政府数据具有典型的公共资源属性，是为全体人民公有公用的资源，对于这一资源，单纯采用"你的数据"还是"我的数据"这一解释路径无法说明其归属的正当性。从本质上来讲"公共数据"是"大家的"，任

---

① 赵加兵. 公共数据归属政府的合理性及法律意义［J］. 河南财经政法大学学报，2021（1）：13–22.

何人都不能独占,更不能垄断[①]。在大数据时代,政府数据不再是部门的"专属品",决策层需要破除政府数据"部门私有"的旧观念,大力强调其"公共品"的属性,任何部门都不得在整体上独占政府数据[②]。

7.4.2.2 不敢共享还是不愿共享

2015年8月国务院印发《促进大数据发展行动纲要》,明确提出"推动政府数据共享";2016年12月国务院通过了《"十三五"国家信息化规划》,提出要打破各种信息壁垒和"孤岛",推动信息跨部门跨层级共享共用。如何推动政府部门数据共享,打破信息壁垒和"数据烟囱",优化政府管理流程和提升协同治理能力成为当务之急。

有些管理层基于风险的考虑而不敢将管理数据拿出来与其他部门共享。主要原因是担心共享后会带来负面影响和不利后果,要么害怕共享时暴露出本部门原有数据不真实、不精确而引发问责,要么认为"数据安全与保密比共享更重要"、采取封闭行为更妥当。个别管理层拒绝共享最为冠冕堂皇的理由是《中华人民共和国保守国家秘密法》属于国家法律,而《中华人民共和国政府信息公开条例》只是行政法规,《促进大数据发展行动纲要》更只不过是国务院的红头文件而已。显然,对个别管理层而言,"保密"比"公开"更重要,"封闭"比"共享"更安全。"不敢共享",其实质是保守心理主宰下的"不作为",其行动策略往往是"以守为攻",或者埋头做鸵鸟,不去直面全新的时代背景及时代要求。"不敢共享"的表现形式主要有观望等待、畏葸不前、害怕创新突破等。

有些管理层不愿意将本部门本系统的管理数据拿出来与其他部门共享。其原因主要有三:一是出于权力本位不愿共享。少数政府部门往往认为数据来源于本部门工作的积累,隐含着部门权力,就应属于"部门私有",认为数据的共享意味着权力的流失或者旁落,因此从自身权力和利益出发,不愿意主动提供数据。二是因缺乏法律约束和考核机制不愿共享。最为冠冕堂皇的理由是关于数据共享没有"法律的强制约束"或"上级明确指令和硬性要求"。三是政府部门由于自身惰性和"路径依赖"不愿共享。有些政府部门

---

① 赵加兵. 公共数据归属政府的合理性及法律意义 [J]. 河南财经政法大学学报, 2021 (1): 13-22.

② 陈川生, 王子晗, 李显冬. 论公共资源交易契约的法律属性 [J]. 中国政府采购, 2019 (2): 70-74.

习惯于因循固有的工作模式,缺乏数据共享的动机。"不愿共享"实质上是部门保护主义,其行动策略通常是墨守成规、以静待动、跟风随行,采取"多一事不如少一事"的态度,或者"明修栈道、暗度陈仓",不愿迈出共享的步子。"不愿共享"的表现形式主要有拖延共享、抵制共享或只共享无关紧要的数据以应付、敷衍等。

7.4.3 操作层激励缺位

7.4.3.1 政治利益还是经济利益

在现有体制下,"政府数据共享的合作经常受到官员自身的本位主义、避邻现象和各种因素的限制。这些因素可能包括权力、金钱收入、声望、便利、安全、个人忠诚、精通工作的自豪感、为公共利益服务的渴望和对特定行动计划的承诺等"[①]。也就是说,尽管人们一定懂得,只要人人为了共同利益而合作,那么所有人都会从中受益,但事实上,由于短视利益的驱动和出于使命、拒绝冒险或者害怕失败等原因,个体理性并非总能带来集体理性的帕累托最优。这是因为个体都存在着"搭便车"的心理,集体成员越多,个体就越会产生"有我没我影响不大"的消极心理。当缺乏有效的外部激励或者控制时,就会有人采取"搭便车"的行为,并且随着合作规模的扩大,"搭便车"越发难以控制,最终导致合作行动的失败。

跨部门政府数据共享包含了数据生产、数据处理、数据发布、数据共享等步骤,涉及业务流程再造、数据维护、系统安全等诸多事项和成本投入,势必会在原基础上增加操作层工作人员的时间和精力成本。而当数据共享的支持工作变为一项长期的业务时,操作层的工作成果既不体现在年度绩效考核中,又不能明显地呈现在大众眼中,因此,工作积极性降低,出现政策执行局部化,即依据自身利益对政策执行有意曲解,致使数据共享最终体现的效果残缺不全,无法完整落到实处,甚至产生与初衷相悖的绩效[②]。

此外,政府数据共享过程尽管可能会给操作者个人带来潜在的经济补偿,

---

① [美]安东尼·唐斯. 官僚制内幕[M]. 郭小聪,等译. 北京:中国人民大学出版社,2006.
② 丁煌. 我国现阶段政策执行阻滞及其防治对策的制度分析[J]. 政治学研究,2002(1):28-39.

但对于理性的行动者而言，价值、利益追求才是首位的。有学者通过与"经济人理性"比较[1]，指出"政治人理性"是"以满足精神需要为主要特征的自利行为"，是一种"社会公共性行为"，同时具备"政治行为主体的工具理性"特征。政府数据共享过程关系到政府部门的社会形象和具体政治人的政绩，信息共享的范围、深度等都是政治人要反复权衡的问题。政治利益在政府数据共享过程中实际上扮演着二元角色：一方面，出于政治利益的争取和维护，政治人希望通过信息共享不断巩固自身政治地位和政治利益；另一方面，考虑到既得政治利益流失的风险，政治人又不希望自身掌握的信息资源被其他部门特别是存在竞争关系的部门所共享，因此可能会采取短视的"个体理性"做法，而忽视了政府"整体理性"[2]。

7.4.3.2 绩效考核还是监督问责

要实现数据共享的长效机制，就要打通在数据共享推进过程中的壁垒，除了共享协作组织和平台的构建，明确数据共享业务推进在绩效考核中的考核内容是数据共享得以实现的有效动力。考核制度的建立要确保考核内容细化和可操作性，明确被考核人的考核标准，将数据共享进展和完成情况纳入绩效考核指标，针对各部门的"懒政"行为及时形成问责机制，严格执行推进数据共享完成情况时间表，以时间表有效地约束各部门行动力，倒逼操作层重视并督促数据共享的推进。

数据共享主要考核行政机关登记政务信息系统采集、使用、产生、管理的数据资产清单等情况，以及运用政府数据共享交换平台进行数据申请、获取和提供等情况。在实践中，政府数据共享开放考核工作由大数据行政主管部门会同督办督查行政主管部门负责，考核结果将作为行政机关年终考核评价的重要内容，并向媒体公布，接受社会监督。考核结果为不合格的，由大数据行政主管部门责令限期整改，逾期未整改的，报本级人民政府予以通报批评，并按有关规定追究责任。跨部门数据共享表面上是对数据资源的重新配置，其背后隐藏的却是相关层级利益的目标管理责任制，实际上是一种压力型的管理制度，它的运作特点是靠上级对下级规定的各种任务和指标，并

---

[1] 刘志伟. 论政治人理性：从"经济人理性"比较分析的角度 [M]. 北京：中国社会科学出版社，2005.

[2] 赖茂生, 樊振佳. 政治利益对政府信息资源共享的影响分析：基于理性选择制度主义的视角 [J]. 电子政务，2011 (11)：112–116.

以完成情况的考核和一票否决制的方式对下级施加压力。这种管理制度把某项指标、任务作为考核、晋升提拔的根据，明显带有"零和博弈"的性质：完成某一项指标，就是"一切"和"全好"，相反，就是"零""全坏"，即一旦某项任务没达标，就视其全年工作成绩为零。其最大弊端就在于它很容易导致政策的执行者欺上瞒下、弄虚作假，进而导致他们对政策执行的阻滞行为，那么操作层对于数据共享就缺乏内生动力。

推动政府数据共享不仅需要制度和技术层面的完善，更需要各层级行动参与主体的配合。不同的行动主体在面对数据共享这一集体行为时，都会产生正反两面的态度，也会基于主观规范做出不同的行为选择，而这往往是引起政府数据共享治理困境的关键所在。在政府数据共享中具体表现为：对政府数据共享在决策层的视野中是管理创新还是治理创新、是部门主导还是业务驱动有着不同认知，存在认知分歧；在管理层视野中因数据系统开发和建设的"部门化"忽视了政府数据"公共品"属性，出于利益和风险的考虑而不敢或不愿与其他部门共享数据，面临利益冲突；操作层在政府数据共享过程中，出于经济人理性与政治人理性，导致制度性集体行动困境，且绩效考核得不到有效激励，监督问责强化了数据共享中多种行政阻滞行为，面临激励缺位（如图7-2所示）。

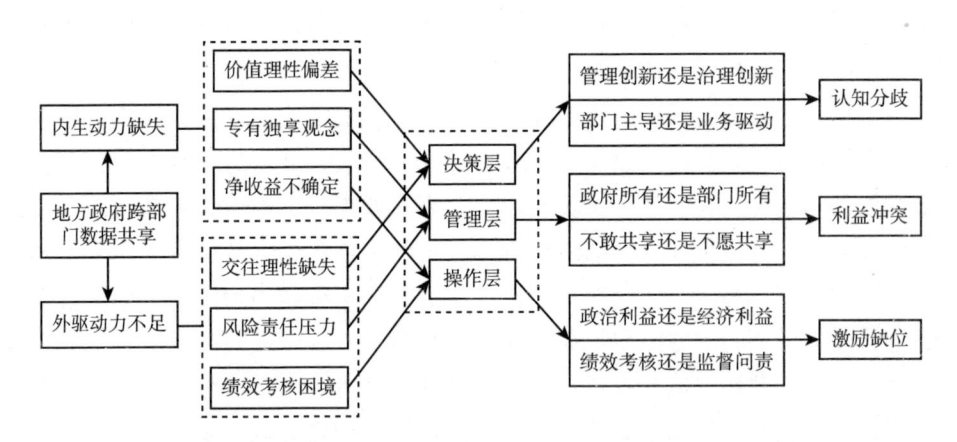

图7-2　多元行动主体参与地方政府跨部门数据共享困境

第 8 章　地方政府数据共享破解路径

在制度性集体行动中,组织的共同目的与个人动机并不总具有统一性。个人动机是个人的、主观的、内在的事物,共同目的也必然是外在的、非个人的、客观的事物。在协作过程中,必须要注意区分组织目的和个人动机,并处理好两者之间的关系。由此,干预路径的思路需从"如何影响个体,以使其尽可能采取合作姿态"转变为"如何影响处于交互关系中的多方,以使他们采取彼此都能接受的方案与行为",即尝试从多方主体交互性策略行动的角度去思考如何对这一问题做出有效的应对。

8.1　治理理念重构

8.1.1　数据治理:整体性治理

从数据管理的视角来看,数据治理是基于数据全生命周期理论,对数据进行质量管理、资产管理、风险管理等统筹和协调管控的过程[1]。因此,"针对数据"的政府数据治理专注的是政府数据本身,其主要目标是提高数据质量,确保数据安全,同时推进政府数据资源的整合与共享。随着研究的推进,数据治理越来越被认为是组织"基于数据的治理",而不再是局限于"针对数据的治理"。"基于数据"的数据治理就是以大数据、人工智能、区块链等信息技术为基础的分析、决策和监督反馈的治理过程,数据作为一种治理工具或手段,强调让数据更好地服务于政府服务、政府决策、风险研判和公共

---

[1] 明欣,安小米,宋刚. 智慧城市背景下的数据治理框架研究[J]. 电子政务,2018(8):27-37.

治理①。因此,"基于数据"的政府数据治理是指将数据作为治理的工具,是指基于数据挖掘、分析和应用来支撑政府的管理、服务和决策,强调的是政府部门与部门之间的治理过程,关注政府部门如何利用"数据"实现治理创新。

整体性治理基于传统治理体系下"碎片化治理"和"机构裂化"问题突出的困境,强调机构之间的合作、协调和整合,通过对中央和地方组织的纵向层级整合协商解决跨域议题,将各个部门及具有同类功能的治理主体进行横向整合,形成高效化的整体政府运行网络②。首先,整体性治理与数据治理都源自信息技术背景。整体政府建设强调信息技术的应用,以信息技术改造优化内部业务流程,优化政府决策,提高公共服务质量。因此,整体性治理在一定程度上是从信息技术角度来理解的,从这个角度上来说,整体性治理模式与数据治理是源自相同的技术背景。其次,整体性治理与数据治理都走向相同的治理目标。整体性治理强调从分散走向集中、从部分走向整体、从碎片走向整合,为社会公众提供无缝隙、非分离的整体性服务。数据治理强调实现治理主体之间的数据共享和业务协同,搭建政府数据统一开放平台,主张"让数据多跑路,让群众少跑路",为老百姓提供"一门式、一张网、一站式"政务服务。从治理目标上来讲,两者都是致力于推进治理体系和治理能力现代化的治理目标。最后,整体性治理针对的是"碎片化治理"带来的治理困境,政府数据治理针对的是"粗放式治理"带来的治理难题,是一种"精准治理",更是一种"智慧治理",两者既在理论承袭和政府角色重塑以及组织结构层面表现出自身的特殊性,又相互补充、相互升华,殊途同归③。

作为一种新的治理范式,整体性治理建立在对官僚制和新公共管理理论批判的基础之上,顺应了信息技术发展的时代背景,主张从分化走向集中、从部分走向整体、从碎片走向整合,实现政府跨部门协同治理,推动政府内部的流程整合,推进治理主体之间的有效协调,从而实现高效、精准的一种政府治理范式④。

(1)理念创新:权力思维向服务思维转变。整体性数据治理要求各治理主体培育较强的数据文化氛围,在数据观念认知、数据文化、数据伦理、数

---

①③ 胡海波. 理解整体性政府数据治理:政府与社会的互动[J]. 情报杂志,2021(3)153-161.

②④ 胡象明,唐波勇. 整体性治理:公共管理的新范式[J]. 华中师范大学学报(人文社会科学版),2010(1):11-15.

据能力、数据治理意识等方面做到价值体系一致性，强化数据思维的公共应用。决策层应该认识到数据不仅是公共治理和智能决策的工具，更应是一种组织文化，即"政府数据文化"，也是一种社会形态，即"数据社会"，更应是一种更高层次的治理文明，即"数据文明"。通过建立跨层级、跨部门、跨系统、一站式的政府数据共享平台，运用大数据、人工智能、区块链等信息技术全面感知动态社会事件的动态变化，及时将这些信息传输给政府大数据中心进行分析和可视化，做到多端口的数据信息输入、单端口的治理结果输出。以往的政府改革多是以权力为中心的政府内部运作方式的调整，以方便管理为指导。政府数据共享不仅便于政府内部运作，还方便广大群众，以提升群众的获得感为导向，提升办事群众的办事体验，从本质上来说，还应体现着较强的服务思维。

（2）结构创新：权力分散向系统整合转变。在数据共享驱动下数字治理模糊了政府部门的边界，强化了政府部门间的协作，丰富了公共事务治理主体的构成，孕育了新的协同治理模式，冲击了以权威为依托的等级制集权体系。在数据治理过程中，需要涉及不同部门的权力和利益，既要实现在同一系统内不同层级部门之间进行信息和数据的纵向间互相传递，又要实现在同一层级不同部门之间进行信息和数据的横向间互相传递。实行扁平化管理形成高效率组织体系是数据协同治理的根本保障，显然在保持审批与监管协调有序的前提下，将政府各部门的审批权稍加集中、统一管理，实质上体现着权力的整合，这既摒弃了完全分散化审批带来的行政效率低下，也避免了审批权过于集中导致权力寻租等现象的出现，标准化统筹管理还增强了审批的科学性，可谓是兼顾效率提升与风险规避的有效选择。更进一步地，随着数据共享的深入推进，数据共享将会倒逼政府机构改革，从而促进政府权力的整合和优化调整。

（3）流程创新：审批流程再造。数据共享对政府流程创新有着极为重要的作用，主要体现在以下三个方面：第一，削减不必要的办事流程。在传统的行政审批过程中，审批内容重复的现象时有发生，甚至会出现审批标准不一致的情况，建立"数据共享池"可以极大限度地削减这些重复审核的流程，并进一步规范审批流程。第二，重构、优化必要的办事流程。互联网的应用为行政事务的处理带来了便利，网络实时办公成为可能，这就给传统的行政流程带来了挑战。数据多跑路、群众少跑路，各部门在网络上实现协同，从而通过流程重构达到优化的目标。第三，内外部流程的协同推进。互联网驱动下的数据共享是一次全面的流程再造，不仅限于政府内部，也延展到了政府外部，主要表现在办事群众可以通过网络进行业务办理。足不出户就可以将审核材料上传至政府网络端口，办事群众与政府公务人员可以在网络上进行实时对话，从而能实现政府内部与外部协同的全流程网络化、智能化、即时化，极大地提升行政效率和行政质量。

地方政府把实现"善治"作为政府治理和行政体制改革的重要方向，但是各决策层对其的认知尚未统一，受传统管制型政府影响较深，在开展政府数据治理过程中仍存在一定阻碍。实际上，决策层应不再局限于"针对数据治理"，构建"基于数据治理"的整体性数据治理，主要体现为政府治理内在逻辑的系统性创新，即理念创新、结构创新、流程创新、方式创新。理念创新是数据共享得以推动的根本创新力，改变了权力本位的治理逻辑，是结构创新、流程创新和方式创新的根本指引；结构创新是数据共享的基础创新力，激活了组织结构的灵活性，是理念创新、流程创新和方式创新的基础载体；流程创新是数据共享的直接创新力，打破了政府行为僵化的局面，是理念创新、结构创新的直接体现[①]。

8.1.2 政府数据：新型国有资产

党的十九届四中全会，将数据与土地、劳动力、资本、技术等作为生产要素写入本次会议的决定；2020年3月30日通过的《中共中央 国务院关于构建更加完善的要素市场化配置体制机制的意见》则明确提出"加快培育数据要素市场"、加快"研究根据数据性质完善产权性质"的任务。

政府数据具备数据资源一般特点，一是主体繁杂性。一方面，政府数据主体涉及数据产生者、数据存储者、数据处理者、数据应用者等多个利益关系体；另一方面，数据也可能是来源于多个主体的综合信息，且由于数据易获取、易复制、易传播等特点，往往导致数据主体不便追踪。二是价值依附性。对于纯粹的数据，其价值是有限的，政府数据的价值，更多的是数据要素与土地、资本、人力等要素，以及与各产业具体业务、应用场景相结合。同时，数据价值的体现不仅决定于数据规模，还依赖于大数据分析技术、

---

① 皇甫鑫. 数据共享、系统性创新与地方政府效能提升——基于浙江省"最多跑一次改革"案例[J]. 中共福建省委党校学报，2019（5）：109-117.

大数据计算能力，以及计算模型等诸多因素。三是效率倍增性。数据要素与劳动力、资本、技术、土地等传统要素相结合，提升资源配置效率，加快实体经济向数字化、网络化、智能化发展进程，助力实体经济突破既有发展边界。四是规模暴增性。政府数据因其来源丰富、易收集、易复制等特点，资源非常富足。同时，政府数据的无实物性或虚拟性特征使得政府数据可以在诸多领域与组织之间达成共享却不造成任何损失，其规模还将呈现爆发式的增长。

政府数据作为一种新型生产要素，还具有公共性的特点。由于政务数据资源是政府在履行其职能的活动中产生、收集和利用的数据信息，因此必然具备一种"公共"的品性。从资产的角度来看，政府数据资源的公共性主要体现在三个层面上：首先，就资产的所有而言，政务数据资源是公众所有、政府及其职能部门代为管理的资产；其次，就资产的管理而言，政府及其职能部门只是代为管理，因此必须推行"统一开放平台，以开放为常态、不开放为例外"的基本原则，并且有责任建设制度和硬件设施，促进一般大众和企业充分利用政务大数据；最后，就资产的保值增值而言，政府数据资源面向社会开放应采取免费的方式，但为促进某类专业性强、关联价值高的数据资源的利用，政府及其职能部门有责任设置多样的激励措施，鼓励企业或社会组织为公益目的开发和再利用这些数据。

政府数据有很大一部分存在于各级政府统一建设的垂直管理系统中，由基层部门负责进行数据采集填报工作，但并不是政府数据的所有权属于数据采集部门。政府数据资源具有的公共性特征（数据管理或保护原则是"全民所有，政府代管"）[1]。2020年7月15日，深圳市司法局在其官网公布了《深圳经济特区数据条例（征求意见稿）》，首提数据权和国有资产，把数据所有权明确为"公共数据属于新型国有资产，其数据权归国家所有，由深圳市政府代为行使数据权"，其他地方也开始做出这方面的一些探索[2]。

一方面，政府数据属于公共资源。公共资源是指属于国家和社会公有公用的用于生产或生活的有形资源、无形资源以及行政管理和公共服务形成或

---

[1] 张鹏，蒋余浩. 政务数据资产化管理的基础理论研究：资产属性、数据权属及定价方法 [J]. 学术界，2020（8）：61-73.

[2] 首提数据权和国有资产，深圳数据条例公开征求意见 [EB/OL]. http://www.echinagov.com/news/284048.htm.

衍生的其他资源①。政府数据是政府在政务活动中形成的数据,属于政府在履行公共管理和公共服务职责时形成或衍生的资源。政府数据是政府履行职责的"副产品",其记录和证明着政府行为轨迹②。政府数据因政府政务活动而生,随政府政务范围扩大不断增加,因此政府数据符合公共资源的基本范围。从权益主体角度来看,政府数据归属政府符合公共资源权属配置基本模式。公共资源为全体社会成员所有,任何主体都不得在整体上独占和使用公共资源③,这是我国对公共资源归属的基本定位,即全民所有,法律保障每个公民享有平等合理利用公共资源的权利。政府数据是数据集合,所有社会公众提供的数据及政府活动的全部记录共同组成了这一公共数据集合,对该公共数据集合,政府可依法代表国家行使所有权,并将相应收益归全体人民共同所有。胡凌对政府数据权益原始归属的研究认为,数据是人类活动的副产品,其原初属性取决和依附于该活动的实施者。……由于政府数据产生于得到授权的政府公务活动,……其产生的数据也可以依托这一过程形成公共数据资源,政府理应成为公共数据的排他控制者,并可以根据公共利益的需要授权使用④。

另一方面,政府数据属于生产资料。生产资料是人们从事社会物质生产所需的一切物质条件,是生产力中物质的因素及生产方式的物质基础。换言之,生产资料就是涵盖生产、分配、流通和消费整个社会生产过程的物质因素与人的因素,是满足社会化大生产需要及进行扩大再生产的主要材料。从其表现形式及使用场景来看,公共数据应属于生产资料范畴,包括公共数据在内的数据资源将成为变革人类思维模式、商业模式及管理模式的核心力量。而政府数据的经济价值和社会价值也正体现于此:一方面,对公共数据的掌握程度可以转化为经济价值的来源,而且公共数据本身便是重要的战略资源;另一方面,政府数据已然撼动从政府到医疗、教育、经济、人文以及社会的各个领域,并被视为推动经济社会发展的最重要战略资源,既是人们获得新认识、创造新价值的源泉,也是改变市场、组织机构及政府与公民关系的基本方法,这显然符合生产资料的基本定位。生产资料公有制既是我国经济制

---

① 蔡小慎,刘存亮. 公共资源交易领域利益冲突及防治 [J]. 学术界,2012 (3):47 - 54 + 269 - 272.

②④ 胡凌. 论地方立法中公共数据开放的法律性质 [J]. 地方立法研究,2019 (3):2 - 9.

③ 陈川生,王子晗,李显冬. 论公共资源交易契约的法律属性 [J]. 中国政府采购,2019 (2):70 - 74.

度的基础,也是社会主义制度的基本特征[①]。生产资料公有制是指生产资料和劳动产品归联合起来的劳动者共同所有或公共占有的社会主义所有制[②],但生产资料归全民所有并不意味着必须由全民共同参与生产资料的占有与管理,而是将生产资料依法委托给政府负责管理。政府负责生产资料的管理与运营,而将由此产生的收益归属于全体人民。

政府数据一旦被依法确定为生产资料,按照生产资料社会主义公有制和保障、巩固国有经济发展的要求,政府应优先将政府数据作为出资交由国有企业展开运营,此时代表国家履行出资人职能的政府行使收入所有权,而将政府数据产生的收益归属全体人民[③]。张会平等以成都市为例分析政府数据授权运营的实现机制和内在机理,其基本特性是将数据作为新型国有资产进行的市场化运营,具体包括:一是将政府数据授权给本地国有企业运营,这样产生的经济收益能够以国有资产运营收入的方式进入地方财政,实质是将政府数据作为国有资产运营;二是不改变政府部门对各自数据的管理权,并通过全程留痕和透明的方式记录数据使用情况,便于政府数据授权运营的全程监管,有效连接数据使用方和数据提供方;三是以数据服务方式为数据使用单位提供服务,充分利用成都超算中心的独有优势,运用技术手段避免数据使用单位复制和再现相应数据,确保政府数据的经济价值不被流失,尽可能让作为新型国有资产的政府数据资产保值、增值[④]。

8.1.3 集体行动:构建共同体

从操作层的角度来看,作为数据共享主体的相关政府部门,既是数据的生产者和提供者,也是数据的需求者和使用者。更进一步,对于数据共享的部门、机构与组织而言,又可划分为发出数据方和获得数据方,这两类行动主体对是否产生足够的预期净收益的考虑将激发政府部门进行数据共享。制度性集体行动框架提出了协同合作中行动者的收益要素,可分成集体性收益

[①] 葛扬. 社会主义初级阶段基本经济制度的历史逻辑与理论创新 [J]. 四川大学学报(哲学社会科学版), 2018 (5): 5 – 14.

[②] 王成稼. 论生产资料公有制的建立及其实现形式 [J]. 当代经济研究, 2012 (12): 9 – 13 + 93.

[③] 肖泽晟. 论国家所有权与行政权的关系 [J]. 中国法学, 2016 (6): 93 – 107.

[④] 张会平, 顾勤, 徐忠波. 政府数据授权运营的实现机制与内在机理研究——以成都市为例 [J]. 电子政务, 2021 (5): 34 – 44.

和选择性收益。集体性收益是指该合作项目给各方带来的项目收益,这个收益是宏观的、集体的,是所有合作各方共同获得的收益。选择性收益就是某种合作关系带来的社会资本、收益以及官员晋升可能性加大,这些收益直接作用在具体官员上①。跨部门政府数据共享通过业务协同,有利于优化政府决策,有利于提升政务服务供给能力,有利于提高政务服务整体质量,有利于发挥电子政务规模效应,是当前政府治理能力现代化的有效解决方案,然而实践中同级横向职能部门之间往往缺乏专门的数据沟通机制,仅有通过日常业务 OA、QQ、微信等建立的亦公亦私的复杂关系网络,"部门联系"实际上演变成"人际联系",人际和谐,数据沟通就顺畅;人员间有嫌隙,联络就受阻②。因此政府数据共享的集体性收益是指通过数据共享实现数据价值的增值和服务对象的满足,地方政府跨部门数据共享程度越大,获得的集体收益越多。对于选择性收益而言,通过数据共享获得了进入数据共享平台的资格,结成数据共享网络,可以获得网络关系的收益、满足上级政府的制度规则要求、提升在相关主体中的影响力和声誉等③。从制度性集体行动框架来看,数据是否共享及其共享程度本质上是机构行动者出于成本与收益的考量而做出的理性选择,集体行动的逻辑同时说明共同的利益并不能自动产生共同的行动。

"共同体"近年来频繁出现在政策话语与学术讨论之中,是指个体、组织等基于相似的价值认同、目标追求等,自觉形成的相互关联、相互促进且关系稳定的群体。目前,除了社会治理共同体,还有城市群环境共同体、京津冀创新共同体治理体系、跨区域的应急治理共同体、医患关系共同体等,已在多个公共治理议题上提出了共同体的构建④。通过开展一系列交流活动,使操作层逐渐由"局外人"转向"局内人",逐渐由共同体的"边缘"走向"核心",与此同时,操作层在共享实践中实现身份的转变,其身份也逐渐由个体的单一身份向集体的多元身份转变⑤。此外,可以使身在其中的操作层

---

①③ 锁利铭. 府际数据共享的双重困境:生成逻辑与政策启示 [J]. 探索,2020 (5):126 - 140.

② 徐晓林,明承翰,陈涛. 数字政府环境下政务服务数据共享研究 [J]. 行政论坛,2018 (1):50 - 59.

④ 锁利铭. 面向共同体的治理:功能机制与网络结构 [J]. 天津社会科学,2020 (6):71 - 78.

⑤ 李子建,邱德峰. 实践共同体:迈向教师专业身份认同新视野 [J]. 全球教育展望,2016 (5):102 - 111.

快速学习与掌握相关的专业知识与技能，也推动着操作层对共享情境的内化与管理，更为重要的是促使操作层逐步实现参与身份和归属感。参与身份给操作层集体归属感，集体归属感是满足操作层参与身份的情感诉求，赋予操作层行动强劲的动力与指向性，达到操作层能够实现异质性主体之间的彼此信任、依赖与融合。

针对操作层之间存在的集体行动困境，建构或形成共同体是克服集体行动障碍的最佳方案。一是有效地提高收益。集体行动之所以在现实中很难达成，本质上是由于难以实现选择性收益的最大化，而共同体机制强调主体间不以"事"来连接，而是以共同意识、社会资本和社会信任为纽带，这种主体间的连接恰恰指向选择性收益。而共同体机制能够使行动主体间进行协作的收益趋于最大化，从而增强理性主体形成集体行动的动机。二是有效地降低风险。首先，在共同体中，行动者之间是一种强社会关系，即原本就具有相同或相近的背景，由此，他们之间的基础性差异和目标性差异会尽可能被缩小。其次，共同体不以事项为连接，则尽可能地降低了数据资产专用性和数据共享绩效可测量性的影响。最后，共同体成员间紧密的社会关系与长期存在的互相监督使他们做出的承诺属于不能撤回的专用投资，是可置信承诺，理性操作层会选择兑现承诺来降低成本和获得将来更高的收益，从而有效抑制了背叛动机的产生。三是有效地降低成本。在共同体机制中，行动主体间彼此高度嵌入、互相渗透，信息获取和交换更为便捷，且信息隐藏变得更为困难，这又进一步推动主体间互相信任与依赖。由于共同体的协作风险低，成员间互相信任，集体行动所产生的执行成本和监督成本也是最低的[1]。

8.2 管理制度完善

8.2.1 业务协同：政府数据治理

政府数据治理所需要的数据不仅依赖于政府内部的数据库，同时还需要通过构建政府间跨部门、跨层级、跨区域的合作关系，有效整合、共享数据

---

[1] 锁利铭. 面向共同体的治理：功能机制与网络结构［J］. 天津社会科学，2020（6）：71-78.

资源实现政府间数据协同共享。政府间数据协同关系的构建是提升政府数据治理能力的重要途径，不同部门间、层级间和区域间能通过平等合作以及数据资源整合、共享和交换消除数据孤岛现象，改善政府大数据碎片化治理的现状，破除政府间利益固化思维，促进不同区域、不同层级和不同部门间有效沟通和协调，加速推动政府间数据整合、共享与交换，在合作中利用数据资源共同创造更多公共服务价值并提升自身数据治理能力。目前政府数据应用体系多是基于业务需求驱动，嵌入治理流程的数据支持功能。根据数据治理的应用可以将政府治理活动范围分为三类：一是面向公共管理的应用，包括部门业务流程、运行状态、监督管理等，便于及时获取、分析、控制、调整和备查。二是面向公共决策的应用，如审批部门可以通过数据平台，在审批时随时调用企业监管数据，为审批提供决策依据。三是面向公共服务的应用，以浙江"最多跑一次"、贵州"服务到家"、广东省佛山市禅城区"数字公民：市民画像与信用评级"以及"互联网法院"为代表的地方改革创新都是在政府数据治理开放共享的运行机制构建中的先行者[1]。

当前政府在数据治理的实践中还面临着严峻的能力挑战和"成长的烦恼"，主要集中在政府数据治理的建设模式和实施路径还存在着思维认识碎片化与应用水平不高等问题。具体表现为：一是在政府数据汇集过程中，存在"数据烟囱"林立、"数据孤岛"丛生等现象；二是在政府数据分析中，结构化数据与非结构化数据混杂，数据质量不高，数据标准不统一[2]；三是在政府数据应用过程中，业务范围囿于部门大数据，缺少与政府业务职能结合等问题，都在困扰着政府数据治理的可持续发展。

第一，解决清单化管理问题。构建清单化工作管理机制，印发试点实施方案，明确目标任务，建立责任清单，逐项分解，明确时限，压实责任。要摸清本部门的数据家底，有多少数据存量、是什么类型的数据、更新频率如何、是否涉密等，这是实现政府大数据融合的前提。明确政务数据普查对象，对政务信息资源相关的系统、数据进行全面普查及盘底，建立政务数据资源目录体系，明确相关数据资源的采集、共享、更新等工作环节，实现"业务清、资源清、部门清、共享需求清"。完善政府数据自主登记及动态调整机制，实现数据实时、动态更新，保障数据时效性。基于政务数据普查，建设人口、法人、自然资源与空间地理、社会信用、宏观经济、电子证照等多种数据源的

---

[1][2] 唐莹，易昌良. 刍论政府数据治理模式的构建［J］. 理论学刊，2018（7）：68-74.

基础库，聚焦人民群众普遍关心的热点、难点民生领域，梳理业务流程和需求，明确业务数据项，构建基于场景和需求的人口、法人"数据画像"①。

第二，解决数据标准规范问题。为解决各部门之间政务数据多头采集、重复采集，数据命名、类型、格式差异，数据接口不一，技术架构多样化等问题，需从顶层设计的角度制定完善的数据共享和应用系统规范体系，包括数据标准、技术标准、质量标准、应用标准、平台标准、管理标准、服务标准、监管标准、安全标准等，推动分散在各部门数据向大数据平台汇聚。基于大数据平台，打破数据孤岛，加强业务经验向数据模型的转化和沉淀，结合各类应用数据，提供通用化、定制化的数据服务支撑，为业务应用提供全量、干净、标准的数据资源，增强数据中台业务支撑能力②。

第三，解决业务大数据问题。政府数据资源整合共享不能仅局限于部门数据，要与政府业务职能结合。根据业务规则和业务关系，横向拓展、纵向延伸政务数据整合共享范围，从部门大数据整合共享向业务大数据整合共享转变。通过业务流程的串联引导，促进各类政务数据的交互作用。一是形成数字政府的业务大数据体系，实现跨层级、跨地域、跨系统、跨部门、跨业务数据的流通交互和互认共享，形成政府业务流程走到哪里，业务数据就流向哪里；通过业务数据共享作用和业务流程的衔接管理，解决当前普遍存在业务协同难、部门联动难的问题。二是业务大数据串联打通部门间的业务壁垒，形成完整的业务数据链条，深入发掘政府数据资源整合共享价值，辅助支撑政府业务跨层级、跨地域、跨系统、跨部门、跨业务的全程电子化、自动化的一站式办理模式，达到政务服务的协同智慧化水平，提升行政人员工作效率，降低公众办事成本。三是发挥数字政府对于数字要素、环境要素、技术要素等资源要素的整合调配优势，将当前政府部门存在的"单打独斗""相互牵制""重复交叉"状态向"联动配合""共享合作""统一协同"的工作方式转变③。

8.2.2 数据权责：权利义务分配

政府数据共享行为主要包括"提供行为"和"使用行为"。就"提供行

---

①② 胡利敏. 优化政务数据共享体系需从五方面发力 [EB/OL]. http://www.sohu.com/a/445463335_224692.

③ 袁刚，温圣军，赵晶晶，陈红. 政务数据资源整合共享：需求、困境与关键进路 [J]. 电子政务，2020（10）：109–116.

为"而言，主要存在两个问题：一是要不要提供的问题。目前的政府数据共享仅仅是对"国家基础数据资源"和部分"信息系统"作指导性建议，并没有政府数据共享的具体操作细则可供执行，因此政府部门在提供政府数据时就具有较大的裁量空间。基于政府数据的特权属性和部门利益的竞争特性，需求性强的部门和需求性弱的部门有着不同的利益导向，存在一种博弈的机制，都有"提供得少，但是想要用得多"这种"贪心"的天然张力，很难平衡。二是提供成什么样的问题。政府数据共享尚处在初步探索阶段，政府数据的提供缺乏统一的程序、格式与规范，在缺少"法律法规"的指导下，"以次充好""以偏概全""怠于更新"等问题层出不穷，为后续的"使用行为"埋下隐患。在"使用行为"阶段，同样要注意两个难题：一是政府数据的使用限度问题。政府数据一旦被纳入共享的使用阶段，提供部门就很难对数据的用途进行监管和跟踪，"政府数据"的结构化特性决定了对其再次利用的广度和深度无法进行有效控制，而根据不同主体所掌握的技术进行后续开发的政府数据，其权属应该如何进行界定，是归原数据的所有者还是后续的加工者？二是政府数据的致害问题。政府数据的共享主要是为了简化行政许可、行政审批等行政流程，为行政主体的重大决策提供技术指导和分析，但如果其他部门所提供的数据样本有误或者被"污染"，导致使用主体做出了错误的行政决策或者对行政相对人的权益造成了损害，并且引发行政复议或者行政诉讼的，该如何处理直接行政主体与行政相对人的关系呢？而最终的归责责任又应该由谁承担呢[①]？

现在政府部门间的数据资源整合工作虽然正在有效开展，取得了很大突破，但某些政府部门仍存在"不愿共享""不敢共享""不能共享"数据资源的行为，对于政务数据对外开放更是存在抵触情绪，究其原因主要是国家层面对于政务数据的整合共享和开发利用引起的权责问题缺乏完善的法律规章及政策制度支撑，政府部门对数据归属、数据利用、数据价值和数据公开等方面问题存在迷惘。因此，共享主体之间的权利义务分配如何达到二元乃至三元利益的平衡，将是改变当前政务数据资源整合共享难的破局之策。

第一，解决数据资源权属问题。通过"服务条款"或"授权许可协议"的方式来规范政府数据共享行为，还可以针对其特殊的数据需求，有针对性地进行协商，以"合同""协议"或者"备忘录"的书面形式或电子形式进

---

① 张亚楠. 政府数据共享：内在要义，法治壁垒及其破解之道 [J]. 理论探索, 2019 (5)：20-26.

行缔结，主要是明确数据归属权、使用权和管理权，明确各方的相互关系和职责权利，消除数据提供、管理和使用部门的后顾之忧，促进某些政务部门能积极参与数据整合共享工作。如果行政机关作为政府数据的提供者，则至少可以肯定其对所提供数据享有一定程度的支配权能，即所有权和使用权。

第二，解决数据使用信任问题。主要是数据的提供方和数据使用方相互之间信任和对共享数据内容的信任，确保对数据的使用达成一致，避免后期数据使用或者开发利用过程中产生纠纷。行政机关作为政府数据的使用者，一方面对自己所拥有的数据具有进行完全开发利用的权利，另一方面对其他政府部门提供的政府数据具有"附加限制"的使用权。这种"附加限制"主要是指对不属于本部门的政府数据进行加工、利用和流转共享的限制，一是局限于"履行行政职责"，出于"商业利益"的"数据交易行为""数据交换行为"都应被禁止；二是仅限于数据共享的部门之间，未参与数据共享的部门不应纳入共享的主体范围①。

第三，解决数据追溯问题。为了让数据提供方更好地跟踪自己提供数据的去向，数据交换模块提供数据追溯功能。当使用方调用数据提供方提供的数据并返回结果反馈后，系统将数据使用方的身份、本次调用发生的时间、本次调用涉及的数据范围、本次调用的结果等信息记录存储，并提供给数据提供方进行查看和使用。数据使用方也可通过数据追溯功能自查调用情况，若存在数据丢失、缺失情况时，使用指定模式补录数据②。对于数据提供和使用过程做到可追溯、可定位，从而可明确责任定位，分清工作边界，进行数据校验核对等方面工作。

8.2.3 激励约束：考核问责相容

激励与约束关系问题是公共管理学领域的经典问题，考核与问责是公共管理最常见的管理工具③。新公共管理学派主张在政府中引入绩效管理机制，以此影响官员行为，将其自利行为变得更加符合组织目标。绩效考核旨在认定操作层的数据共享业绩贡献，在正向激励下，这有利于鼓励各部门利用政

---

① 张亚楠. 政府数据共享：内在要义，法治壁垒及其破解之道 [J]. 理论探索, 2019 (5)：20-26.
② 秦晓东. 基于大数据的政务业务协同系统设计 [J]. 江苏科技信息, 2021 (9)：43-47.
③ 冯涛，韩栋，朱玲霞. 基层官员管理中考核与问责"不兼容"成因及其化解 [J]. 观察与思考, 2020 (6)：83-88.

务数据为政府部门业务赋能,提升政府部门业务效率,形成社会效益与经济效益。但是,同样在激励机制作用下,官员也可能只关心自己的相对位次,为职位晋升而更加努力①。问责旨在约束官员不当行为,实现数据共享的合法性与合规性,但同时它又会挤压激励作用空间,造成过程主义、痕迹主义。

相比问责,考核更倾向于激励,促使基层官员积极作为,但又可能导致结果主义、选择性执行等问题。相比考核,问责更侧重于约束,旨在规范基层官员行为,但"不当"问责又可能会带来过程主义、痕迹主义等问题。如果说激励旨在引导操作层"有所为",那么约束重在警示他们"不可为"②。在考核中,操作层更重视结果、绩效,以此获得更大的晋升机会;而对待可能被问责的问题,他们更倾向于"不出事逻辑",往往以按章办事方式保护自己,即使出现问题也将责任归结于政策本身,甚至还通过事事"留痕"的痕迹主义来避责。只有合理问责,才能促进操作层更好地履职,减少事故或者过错的发生。但如果问责多以结果来定责、追责,难免造成责任不清、根源难溯等问题。因此,建立绩效考核与问责机制的推行,将有效促进政府数据共享的进程④。考核的主要目的是通过奖惩方式激励官员积极作为,问责重在增强基层官员责任意识,规范其行为。高锡荣(2007)认为,我国在制度设计上缺乏对政务数据跨部门共享的激励机制和保障措施,既需要进行正向的激励,也需要相应的负向问责,正向激励和负向激励共同作用,才能促进政府横向部门之间的数据协同与合作。

第一,绩效可测量性问题。绩效可测量性是指合作方测量服务成果的困难程度以及监控供应方提供服务的困难程度,即服务绩效产出和实施管理成本的测量难度⑤。容易测量的服务可以通过服务的数量或质量等易于量化和可识别的性能指标来验证,但其他服务就需要创建有利于有效测量、监控和管理供应方行为的机制⑥,绩效可测量性用于衡量服务执行或服务效果的困

---

① 周黎安. 晋升博弈中政府官员的激励与合作——兼论我国地方保护主义和重复建设问题长期存在的原因 [J]. 经济研究, 2004 (6): 33 - 40.

② 冯涛, 韩栋, 朱玲霞. 基层官员管理中考核与问责"不兼容"成因及其化解 [J]. 观察与思考, 2020 (6): 83 - 88.

④ 邓念国. 如何破解政务大数据共享难题 [N]. 学习时报, 2017 - 6 - 12.

⑤ Brown T L, Potoski M. Transaction costs and institutional explanations for government service production decisions [J]. Journal of Public Administration Research and Theory: J - PART, 2003 (4): 441 - 468.

⑥ Carr J B, Leroux K, Shrestha M. Institutional ties, transaction costs, and external service production [J]. Urban Affairs Review, 2008 (3): 403 - 427.

难程度①。数据共享的绩效可测量性表现为政府数据共享执行过程的任务监测衡量难度以及共享效果的监测难度。政府数据共享很难由单个部门或机构进行治理，政府数据共享的绩效可测量性低，故而政府部门有消极对待数据共享的动机。当绩效可测量性高时，各部门会采用市场方式或与其他部门合作的方式，交易成本会更低、交易风险小、合作收益的不确定性低，各部门更倾向于形成稳定的、正式程度较高的、合作关系紧密的集体关系；当绩效可测量性变小时，为规避交易风险带来的成本，部门可能会进行选择性共享。

第二，普遍性激励不足问题。共同利益不是集体成员采取一致行动的充分条件，集体共同利益的增加作为一种"普遍性激励"效用有限。基于此，奥尔森提出"选择性激励"，旨在弥补"普遍性激励"的不足，消解个体理性与集体理性之间的张力，破解集体行动的困境②。"选择性激励"的运用也是打造"积极贡献者"的过程。例如，根据"谁受益谁补偿"的原则，对于共享主体和受益主体进行界定，健全晋升激励制度，拓宽操作层晋升渠道，扩大职业发展空间，制定详细有效的考核标准，建立全方位、多层次的考核体制，实施综合考核方式，并及时反馈考核结果，将考核结果与晋升、薪酬、培训等相联系，奖优罚劣，做到公开透明。除了物质激励之外，政府部门同时要加强对于有关各方精神层面的激励。要在大型的媒体和平台对做得好的工作人员进行大力的表彰，给予其专项的荣誉和称号，通过网络媒体以及电视媒介进行大力的宣传，在社会上形成强有力的舆论支持，打造积极舆论环境。与此同时，"选择性激励"的目的在于将积极成员和消极成员区分开来，使前者为共同利益做出贡献，将"潜在成员"扩编为"正式成员"。

第三，刚性问责和惩戒问题。政府跨部门数据共享的绩效考评不仅应当注重考查各部门数据共享基础层、数据层、平台层、使用层等共享的最终效果，更应当加强数据共享过程考核，规制数据共享过程使用，通过过程控制，规范部门数据共享行为和方式，实现政府跨部门数据共享绩效考核评价的立体化、全过程、全方位。实现跨部门政府数据共享并不困难，技术性的问题从来都不是障碍，最大的问题在于工作作风问题。当务之急，就是要有效提升有禁不止、有令不行的规定的执行力。当前的检查、考核以及惩罚措施虽然较为有力，但是却要面对适用范围不足的尴尬，不论扣分还是上报，都有

---

① 锁利铭，李雪. 区域治理研究中"商品（服务）特征"的应用与影响 [J]. 天津社会科学，2018（6）：82-86.

② 张衡，高云. 选择性激励：职教体系中的运用、反思及超越 [J]. 职教论坛，2008（4）：81-88.

可能带来较为严重的惩罚后果，同时还存在一些不足以采用这些措施却又难以解决的问题。如未能进入上级关注范围，还由于缺乏合适的惩罚方式导致了问题解决的乏力。在明确了可共享的"共享清单"之后，还要辅以刚性的问责和惩戒机制，监督数据共享政策的落实情况，对未完成、未落实共享政策的区域进行督导，必要时向上级报告相关共享情况，通过上级压力给予共享动力。对于监督过程中发现的问题要依法依规进行追责，对于违法部门和负责人，要严肃处理，并及时地向全社会进行公布，让失职渎职者为此付出代价，通过责任倒逼操作层提升政府数据共享意识。

地方政府数据共享目前存在的"数据壁垒"不仅是由体制性和技术因素造成的，也是在行动者充满策略性的交互行动中被构造出来的。由于内生动力缺失和外驱动力不足，跨部门数据共享的行动者面临不同困境，具体表现为决策层认知分歧、管理层利益冲突、操作层激励缺位。本书尝试从多方主体交互性策略行动的角度去思考如何对这一问题做出有效的应对，即围绕治理理念重构和管理制度两个维度，从整体性数据治理和数据业务协同两个方面解决决策层认知分歧困境，从新型国有资产和权利义务分配解决管理层利益冲突困境，从构建共同体和考核问责相容解决操作层激励缺位困境，以此构建地方政府数据共享的破解路径（如图 8-1 所示）。

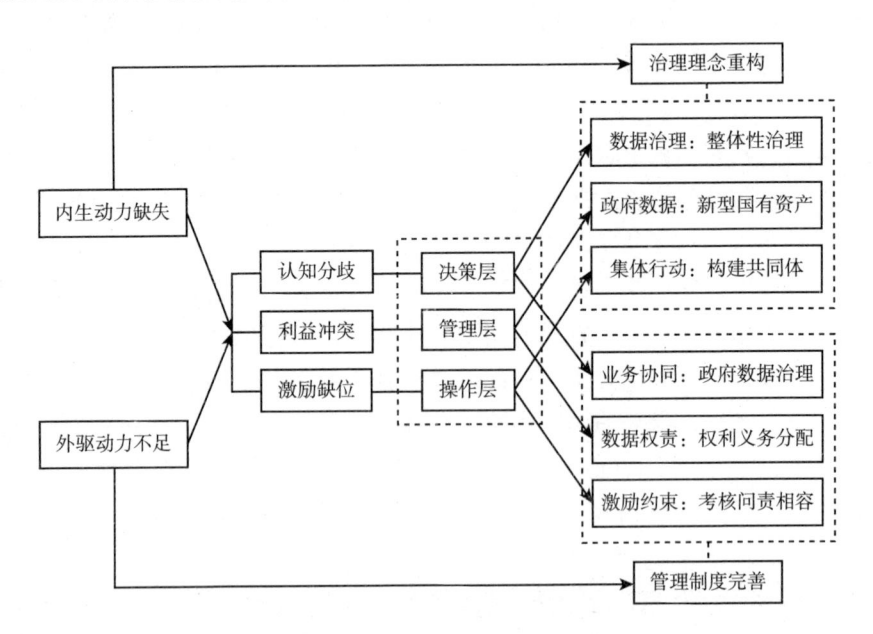

图 8-1 地方政府数据共享破解路径

附录　访谈提纲

_____先生/女士：

　　您好！

　　首先感谢您的参与支持，我们课题组承担有关部门的研究项目，对重庆地区开展调查研究，便于有关部门有针对性地制定相关政策，开展服务工作。我们想就"多元行动主体跨部门政府数据共享"这一研究主题，了解一下您关于跨部门数据共享的看法、意见或建议，以便为我们研究提供借鉴。以下问题的回答没有对错之分，访谈过程不记录您的姓名，对您回答的内容，我们将依据《中华人民共和国统计法》严格保密，访谈时间大约要 1 小时，谢谢您的配合与支持。

地方政府跨部门数据共享研究课题组
2020 年 3 月

访谈提纲（决策层）

1. 访谈对象的基本信息，包括职务、教育背景、工作经历和职责。

2. 请简单介绍下重庆市政府数据共享的发展情况，贵单位主要负责哪些工作，在政府行政机构中扮演着什么样的角色？

3. 您一直在政府机关工作，对这方面的了解更有发言权，您怎么看待政府数据开放共享呢？重庆市开展数据共享建设的目的是什么？

4. 您认为大数据时代的社会环境与之前的时代有何差别？您怎样看待近年来国内外政府数据共享的变化及未来趋势？您认为地方政府推动跨部门数据共享将会发挥什么作用，体现在哪些方面？

5. 您认为落实地方政府跨部门数据共享将会对政府年度工作的绩效考

核、政治激励制度产生直接或间接的影响吗？

6. 在实际的工作基础中，从您的工作岗位和自身来说，在政府跨部门数据共享中您最关注的是什么？

7. 在您的工作中，是怎么推进数据共享的？容易完成吗？贵单位采取了哪些措施来应对挑战？

8. 您觉得现在政府数据有没有做到开放共享呢？

9. 您觉得您自己或您的同事具不具有推动政府数据开放共享的理念？您觉得如何做才能更有效、更能转变政府机构工作人员的数据开放意识和行为呢？

10. 在您的实际工作中有没有体会到制约这项工作发展的障碍？能具体谈谈吗？

11. 那么在清除障碍的道路上国家应制定哪些措施来推动人们注重政府数据共享？

访谈提纲（管理层）

1. 访谈对象的基本信息，包括职务、教育背景、工作经历和职责。

2. 请简单介绍一下贵单位的基本情况，包括隶属机构、行政级别、编制情况、下辖事业单位以及公共数据平台建设等。

3. 您怎么看待政府数据共享呢？在您看来，政府数据开共享的目的是什么？您认为地方政府推动跨部门数据共享将会发挥什么作用，体现在哪些方面？

4. 您所在的单位是否参与了当地的政府跨部门数据共享？参与数据共享能否得到一些优惠政策和其他支持？您认为各机构是主动参与还是环境大势所趋？

5. 您认为不同政府单位或机构在地方政府跨部门数据共享过程中是否有所不同？参与对本部门的业务工作的完成、目前现行的权力构架和利益局势有没有影响？

6. 参与地方政府跨部门数据共享开放可以减少政府部门的管理成本，同时也带来了数据处理的成本，您怎么看待这一问题？

7. 参与政府数据共享与本部门系统的技术兼容以及利益的契合程度如何？

8. 您认为参与政府跨部门数据共享对本部门的数据安全性有无影响？

9. 是否会导致部门工作受到外界额外的监督质疑？

10. 在实际的工作基础中，从您的工作岗位和自身来说，在政府跨部门数据共享中您最关注的是什么？

11. 在您的工作中，是怎么推进数据共享的？容易完成吗？

12. 您觉得现在政府数据有没有做到共享呢？

13. 在您的实际工作中有没有体会到制约这项工作发展的障碍？能具体谈谈吗？

访谈提纲（操作层）

1. 访谈对象的基本信息，包括职务、教育背景、工作经历和职责。

2. 您怎么看待政府数据开放共享呢？在您看来，政府数据共享的目的是什么？您认为地方政府推动跨部门数据共享将会发挥什么作用，体现在哪些方面？

3. 您认为参与或不参与政府跨部门呢数据共享是否给您的工作带来了差异？如有差异，具体对您的工作、生活、自我价值实现、态度会产生什么影响？您会如何应对这些变化？

4. 您对现行的数据共享流程是否了解？对大数据局工作的时效性是否满意？当您向大数据局提出数据共享需求时，是否能够获得令人满意的数据？您认为凭借正确合理使用新的设备平台的操作难度如何？需要投入的额外培训量有多少？

5. 您觉得如何做才能更有效、更能转变政府机构工作人员的数据开放意识和行为呢？

6. 在实际的工作基础中，从您的工作岗位和自身来说，在政府跨部门数据共享中您最关注的是什么？

7. 在您的工作中，是怎么推进数据共享的？容易完成吗？

8. 您觉得现在政府数据有没有做到开放共享呢？

9. 在参与政府开放共享的工作中，您的工作获得感高吗？您认为所搭建的平台能否高效促进开放共享？

10. 在您的实际工作中有没有体会到制约这项工作发展的障碍？能具体谈谈吗？在执行政策文件及标准指南时具体的困难体现在哪些方面？

参考文献

[1] 安小米，白献阳，洪学海. 政府大数据治理体系构成要素研究——基于贵州省的案例分析 [J]. 电子政务，2019 (2)：1-16.

[2] 安小米，宋懿，郭明军，白献阳. 政府大数据治理规则体系构建研究构想 [J]. 图书情报工作，2018 (5)：14-19.

[3] 白献阳，蔡昱，安小米. 政府数据开放协同机制研究——以贵州省为例 [J]. 图书馆，2019 (9)：46-52+59.

[4] 鲍静，贾开. 数字治理体系和治理能力现代化研究：原则、框架与要素 [J]. 政治学研究，2019 (3)：23-32.

[5] 鲍静，张勇进，董占广. 我国政府数据开放管理若干基本问题研究 [J]. 行政论坛，2017 (1)：25-32.

[6] 才世杰，夏义堃. 发达国家开放政府数据战略的比较分析 [J]. 电子政务，2015 (7)：17-26.

[7] 蔡婧璇，黄如花. 美国政府数据开放的政策法规保障及对我国的启示 [J]. 图书与情报，2017 (1)：10-17.

[8] 仓定兰. 基于本体的政府信息资源组织研究 [J]. 图书馆理论与实践，2008 (2)：50-52.

[9] 曹凌. 大数据创新：欧盟开放数据战略研究 [J]. 情报理论与实践，2013 (4)：118-122.

[10] 曹树金，司徒俊峰，马利霞. 论政府信息资源的元数据标准 [J]. 情报学报，2004 (6)：715-722.

[11] 曹雨佳，黄伟群. 政务数据开放生态系统构建：以数据安全为视角 [J]. 图书馆理论与实践，2016 (10)：20-24.

[12] 陈川生，王子晗，李显冬. 论公共资源交易契约的法律属性 [J]. 中国政府采购，2019 (2)：70-74.

[13] 陈传夫，冉从敬. 法律信息增值利用的制度需求与对策建议 [J].

图书与情报, 2010 (6): 23-28.

[14] 陈栋, 刘祖云. 透明政府: 一种政府模式研究的反思 [J]. 中共南京市委党校南京市行政学院学报, 2007, (5) 77-81.

[15] 陈国富. 官僚制的困境与政府治理模式的创新 [J]. 经济社会体制比较, 2007 (1): 76-81.

[16] 陈婧. 协同机制对政府开放数据的影响分析 [J]. 情报资料工作, 2017 (2): 43-47.

[17] 陈氢. 跨部门政府信息共享协商系统研究——基于元数据 [J]. 情报杂志, 2014 (7): 188-193.

[18] 陈尚龙. 论政府数据开放的理论基础 [J]. 理论与改革, 2016 (6): 104-107.

[19] 陈涛, 冯平, 朱多刚. 基于威胁分析的电子政务信息安全风险评估模型研究 [J]. 情报杂志, 2011 (8): 94-99.

[20] 陈向明. 扎根理论的思路和方法 [J]. 教育研究与实验, 1999 (4): 58-63+73.

[21] 程万高. 政府信息资源增值服务供给机制研究 [M]. 北京: 科学出版社, 2011.

[22] 程银桂, 赖彤. 新西兰政府数据开放的政策法规保障及对我国的启示 [J]. 图书情报工作, 2016 (19): 15-23

[23] 慈玉鹏. 马克斯·韦伯对"现代官僚制"的解释 [J]. 金融博览. 2012 (11): 32-33.

[24] 崔志林. 现代西方政府价值转换研究 [D]. 哈尔滨: 黑龙江大学, 2017.

[25] 代杨. 政府数据共享交换平台的设计与实现 [D]. 贵阳: 贵州大学, 2019.

[26] 戴长征, 鲍静. 数字政府治理——基于社会形态演变进程的考察 [J]. 中国行政管理, 2017 (9): 21-27.

[27] 戴艳清, 吴芳. 日本政府门户网站内容建设的政策解读——一项基于内容分析法的研究 [J]. 图书馆, 2017 (2): 55-60.

[28] 戴燕臻. 地方政府数据共享——以靖江市为 [D]. 兰州: 兰州大学, 2018.

[29] 邓林艳. 中国政府开放数据现状研究 [J]. 信息技术与信息化,

2018（9）：175-177.

[30] 邓念国. 如何破解政务大数据共享难题[N]. 学习时报，2017-6-12.

[31] 迪莉娅. 国外政府数据开放研究[J]. 图书馆论坛，2014（9）：86-93.

[32] 迪莉娅. 政府开放数据的监管模式研究[J]. 情报理论与实践，2018（5）：22-26+10.

[33] 丁波涛. 政府数据治理面临的挑战与对策——以上海为例的研究[J]. 情报理论与实践，2019（5）：41-45.

[34] 丁煌. 我国现阶段政策执行阻滞及其防治对策的制度分析[J]. 政治学研究，2002（1）：28-39.

[35] 丁念，夏义堃. 发展中国家开放政府数据战略的比较与启示[J]. 电子政务，2015（7）：27-36.

[36] 丁晓东. 数据到底属于谁？——从网络爬虫看平台数据权属与数据保护[J]. 华东政法大学学报，2019（9）：69-83.

[37] 董娇，董建新. 开放政府数据中公民参与影响因素实证研究[J]. 广东行政学院学报，2017（1）：21-28.

[38] 董凌峰，李永忠. 基于云计算的政务数据信息共享平台构建研究——以"数字福建"为例[J]. 现代情报，2015（10）：76-81.

[39] 杜小勇，陈跃国，范举，卢卫. 数据整理——大数据治理的关键技术[J]. 大数据，2019（3）：13-22.

[40] 杜治洲. 基于博弈论的政府部门间电子政务信息资源共享研究[J]. 现代管理科学，2009（4）：29-30.

[41] 段盛华，于凤霞，关乐宁. 数据时代的政府治理创新——基于数据开放共享的视角[J]. 电子政务，2020（9）：74-83.

[42] 樊博，孟庆菌. 顶层设计视角下的政府信息资源共享研究[J]. 现代管理科学，2009（1）：3-5.

[43] 樊博. 跨部门政府信息资源共享的推进体制、机制和方法[J]. 上海交通大学学报（哲学社会科学版），2008（2）：13-20.

[44] 樊博. 推进开放政府数据：提升政府部门大数据能力[J]. 学海，2018（2）：5-10.

[45] 范静，张朋柱. 基于电子政务环境下的组织间信息共享成功因素模型研究[J]. 情报科学，2007（7）：1080-1084.

[46] 方由林. 论西方官僚制理论的发展和演变 [D]. 西安: 西北大学, 2007.

[47] 冯惠玲. 大数据的权属亟需立法界定 [J]. 中国高等教育, 2017 (6): 53-54.

[48] 冯涛, 韩栋, 朱玲霞. 基层官员管理中考核与问责"不兼容"成因及其化解 [J]. 观察与思考, 2020 (6): 83-88.

[49] 冯伟宸, 刘新萍. 政府间协同与信息共享问题研究 [J]. 安徽大学, 2018 (1): 152-154.

[50] 符嵘. 参与主体视角下的政府数据开放研究——以上海市为例 [J]. 科技促进发展, 2017 (4): 237-241.

[51] 高洁, 李佳培. 基于本体思想的电子政务信息资源管理 [J]. 图书情报工作, 2008 (4): 57-57.

[52] 高倩倩. 浅谈政务数据治理 [N]. 人民邮电报, 2020-10-22.

[53] 高天鹏, 莫太林. 政府数据开放平台用户初始采纳模型及实证研究 [J]. 电子政务, 2018 (11): 69-82.

[54] 高锡荣. 电子政府跨部门信息共享的激励机制模型设计 [J]. 电子政务, 2007 (3): 60-65.

[55] 国内外统计数据共享研究课题组. 全球政府数据共享模式研究——对中国的启示 [J]. 统计学报, 2020 (2): 14-25.

[56] 韩娜娜, 罗贤春. 政务信息资源的价值层次及其实现 [J]. 图书与情报, 2016 (5): 25-33.

[57] 韩兆柱, 马文娟. 数字治理理论及其应用的探索 [J]. 公共管理评论, 2016 (1): 92-109.

[58] 韩兆柱, 马文娟. 数字治理理论研究综述 [J]. 甘肃行政学院学报, 2016 (1): 23-35.

[59] 韩兆柱, 翟文康. 西方公共治理前沿理论述评 [J]. 甘肃行政学院学报, 2016, (4): 23-39+126-127.

[60] 何瑞文. 国外跨边界政务信息共享影响因素综述及启示 [J]. 情报资料工作, 2013 (3): 53-56.

[61] 何圣东, 杨大鹏. 数字政府建设的内涵及路径——基于浙江"最多跑一次"改革的经验分析 [J]. 浙江学刊, 2018 (5): 45-53.

[62] 何诗懿. 从条块分割走向协作耦合: 地方政府跨部门信息共享优

化研究 [D]. 上海：上海师范大学，2016.

[63] 何彤昕. 基于开放政府理论视角的地方政务新媒体研究 [D]. 青岛：青岛大学，2020.

[64] 洪伟达，马海群. 我国开放政府数据政策的演变和协同研究——基于 2012-2020 年政策文本的分析 [J/OL]. 情报杂志，2021 (8)：1-10.

[65] 洪伟达，马海群. 我国开放政府数据政策协同机理研究 [J]. 情报科学，2020 (5)：126-131.

[66] 侯衡. 区块链技术在电子政务中的应用：优势、制约与发展 [J]. 电子政务，2018 (6)：22-30.

[67] 侯人华，徐少同. 美国政府开放数据的管理和利用分析——以 www.data.gov 为例 [J]. 图书情报工作，2011 (4)：119-122.

[68] 胡海波. 理解整体性政府数据治理：政府与社会的互动 [J]. 情报杂志，2021 (3) 153-161.

[69] 胡建淼，高知鸣. 我国政府信息共享的现状、困境和出路——以行政法学为视角 [J]. 浙江大学学报（人文社会科学版），2012 (2)：121-130.

[70] 胡凌. 论地方立法中公共数据开放的法律性质 [J]. 地方立法研究，2019 (3)：2-9.

[71] 胡平，甘露，罗凌霄. 地方政府部门间信息共享的影响因素内部结构研究 [J]. 情报科学，2008 (6)：826-833.

[72] 胡象明，唐波勇. 整体性治理：公共管理的新范式 [J]. 华中师范大学学报（人文社会科学版），2010 (1)：11-15.

[73] 胡小明. 电子政务信息共享价值再反省——老问题的新认识 [J]. 电子政务，2012 (12)：68-77.

[74] 胡小明. 电子政务信息资源共建共享研究 [C]. 电子政务信息资源共建共享研究论文集，2004 (10)：34-65.

[75] 胡逸芳，林焱. 加拿大政府数据开放政策法规保障及对中国的启示 [J]. 电子政务，2017 (5)：2-10.

[76] 怀进鹏，林宁，吴志刚. 我国的电子政务标准化工作 [J]. 信息技术与标准化，2006 (9)：7-10.

[77] 皇甫鑫，丁沙沙. 数据共享、系统性创新与地方政府效能提升——基于浙江省"最多跑一次改革"案例 [J]. 中共福建省委党校学报，

2019（4）：109-117.

[78] 黄萃. 中国电子政务信息资源开发的制度障碍分析[J]. 电子政务，2005（13）：45-50.

[79] 黄国彬，刘馨然，张莎莎. 英澳科学数据共享过程中个人隐私保护政策研究[J]. 图书情报知识，2017（6）：105-113.

[80] 黄璜，孙学智. 中国地方政府数据治理机构的初步研究：现状与模式[J]. 中国行政管理，2018（12）：31-36.

[81] 黄璜，赵倩，张锐昕. 论政府数据开放与信息公开——对现有观点的反思与重构[J]. 中国行政管理，2016（11）：13-20.

[82] 黄璜. 对"数据流动"的治理——论政府数据治理的理论嬗变与框架[J]. 南京社会科学，2018（2）：53-62.

[83] 黄璜. 美国联邦政府数据治理：政策与结构[J]. 中国行政管理，2017（8）：47-56.

[84] 黄璜. 数据计算与治理变革：对政府计算的研究与基于计算的政府研究[J]. 电子政务，2020（1）：2-12.

[85] 黄璜. 数字政府：政策、特征与概念[J]. 治理研究，2020（3）：6-16.

[86] 黄璜. 中国"数字政府"的政策演变——兼论"数字政府"与"电子政务"的关系[J]. 行政论坛，2020（3）：47-55.

[87] 黄建友. 表达权还是知情权：信息自由概念的内涵变迁[J]. 国际新闻界，2018（9）：116-127.

[88] 黄静，周锐. 基于信息生命周期管理理论的政府数据治理框架构建研究[J]. 电子政务，2019（9）：85-95.

[89] 黄陆斐. 我国政府开放数据平台评价体系研究[D]. 大连：大连海事大学，2017.

[90] 黄如花，赖彤. 数据生命周期视角下我国政府数据开放的障碍研究[J]. 情报理论与实践，2018（2）：7-13.

[91] 黄如花，李楠. 澳大利亚开放政府数据的元数据标准——对Data.gov.au的调研与启示[J]. 图书馆杂志，2017（5）：87-97.

[92] 黄如花，李楠. 国外政府数据开放许可协议采用情况的调查与分析[J]. 图书情报工作，2016（8）：5-12.

[93] 黄如花，李楠. 美国开放政府数据中的个人隐私保护研究[J].

图书馆,2017 (6):19-24+76.

[94] 黄如花,林焱.法国政府数据开放共享的政策法规保障及对我国的启示 [J].图书馆,2017 (3):1-6.

[95] 黄如花,刘龙.英国政府数据开放的政策法规保障及对我国的启示 [J].图书与情报,2017 (1):1-9.

[96] 黄如花,苗淼.中国政府开放数据的安全保护对策 [J].电子政务,2017 (5):28-36.

[97] 黄如花,温芳芳.在开放政府数据条件下如何规范政府数据——从国际开放定义和开放政府数据原则谈起 [J].情报理论与实践,2018 (9):37-44.

[98] 黄如花,温芳芳.我国政府数据开放共享政策问题的构建 [J].图书情报工作,2017 (12):26-36.

[99] 黄如花.我国政府数据开放共享标准体系构建图书与情报 [J].图书与情报,2020 (3):17-19.

[100] 黄雨婷,黄如花.丹麦政府数据开放的政策法规保障及对我国的启示 [J].图书与情报,2017 (1):27-36.

[101] 霍小军,袁飚,舒春燕.新形势下地方政府电子政务数据规划与建设研究 [J].电子政务,2016 (11):79-90.

[102] 贾开.从"开源软件"到"开放政府":互联网影响下的政府治理变革 [J].经济社会体制比较,2016 (2):104-112.

[103] 贾映辉,曹红丽.政府信息共享与数据开放研究综述 [J].网络空间安全,2018 (5):1-7.

[104] 贾玉锋,胡迎新.电子政务中数据整合技术的研究 [J].中国管理信息化,2006 (8):44-46.

[105] 江尚谦.我国政府数据开放的共享机制研究 [D].哈尔滨:黑龙江大学,2017.

[106] 姜流,杨龙.制度性集体行动理论研究 [J].内蒙古大学学报(哲学社会科学版),2018 (4):96-104.

[107] 焦迪.详解政务信息共享数据安全国家标准 [J].信息安全与通信保密,2021 (6):11-15.

[108] 金澈清,陈晋川,刘威,张召.政府治理大数据的共享、集成与融合 [J].大数据,2020 (2):27-40.

［109］金泳，徐雪松，王刚，等．基于区块链的电子政务大数据安全共享研究［J］．信息安全研究，2018（11）：1029－1033．

［110］荆宁宁，程俊瑜．数据、信息、知识与智慧［J］．情报科学，2005（12）：1786－1790．

［111］荆雪蕾．"互联网＋"形势下政府大数据开放与共享研究［J］．中国管理信息化．2017（10）：155－156．

［112］康振国．政务数据共享绩效评价及优化路径研究［D］．呼和浩特：内蒙古大学，2020．

［113］赖茂生，樊振佳．政治利益对政府信息资源共享的影响分析：基于理性选择制度主义的视角［J］．电子政务，2011（11）：112－116．

［114］郎艳娜．我国省级政府开放数据平台数据质量评价研究［D］．保定：河北大学，2019．

［115］李白杨．我国政府数据开放的用户需求及其保障策略研究［D］．武汉：武汉大学，2017．

［116］李闯，张晓黎．大数据时代下的地方政府数据开放建设探析——以广东南海区为例［J］．决策咨询，2018（4）：58－63．

［117］李佳佳．信息管理的新视角：开放数据［J］．情报理论与实践，2010（7）：35－39．

［118］李金刚．行政公开及我国相关制度之完善［J］．经济与法，1999（3）：14－16．

［119］李盼，翟军，陈燕．基于Drupal的政府开放数据平台构建［J］．现代情报，2016（8）：37－43．

［120］李平．开放政府视野下的政府数据开放机制及策略研究［J］．电子政务，2016（1）：80－87．

［121］李卫东．政府信息资源共享的原理和方法［J］．中国行政管理，2008（1）：65－67．

［122］李一．浙江"最多跑一次"改革的实践探索和发展意蕴［J］．中共浙江省委党校学报，2017（6）：70－75．

［123］李永忠，胡思琪．基于混合本体的政务异构数据集成研究［J］．电子科技大学学报（社科版），2016（5）：17－20．

［124］李勇军．推进与响应：1949－1978政策执行模式研究［J］．云南行政学院学报，2012（2）：74－76．

[125] 李玉亮. 数据分类分级的现状与发展 [J]. 中国信息安全, 2021, (05): 55-56.

[126] 李苑. 建立数据开放门户网站 通过政府数据免费使用带动创新 [N]. 中国电子报, 2014.2.25.

[127] 李月, 侯卫真. 政府大数据应用的多元主体协同策略研究——纽约市案例分析 [J]. 图书情报工作, 2017 (10): 50-56.

[128] 李哲, 石小兵. 推进"数字政府"改革建设的广东探索 [J]. 中国财政, 2020 (12): 69-70.

[129] 李重照, 黄璜. 中国地方政府数据共享的影响因素研究 [J]. 中国行政管理, 2019 (8): 47-54.

[130] 李子建, 邱德峰. 实践共同体: 迈向教师专业身份认同新视野 [J]. 全球教育展望, 2016 (5): 102-111.

[131] 练宏. 注意力竞争——基于参与观察与多案例的组织学分析 [J]. 社会学研究, 2016 (4): 1-26+242.

[132] 梁宇. 马克思的国家治理思想探析 [J]. 哲学研究, 2015 (5): 31-35.

[133] 廖敏慧. 电子政务相关术语关系的比较及使用误区 [J]. 学习月刊, 2009 (11): 47-48.

[134] 刘国忠. 省级政务信息资源共享体系建设探索 [J]. 电脑知识与技术. 2020 (6): 229-230.

[135] 刘红波, 邱晓卿. 政务数据共享影响因素研究述评 [J]. 华南理工大学学报 (社会科学版), 2021 (7): 96-106.

[136] 刘杰彦, 眭建军. 电子政务中基于 SAML 的信任与授权服务系统设计 [J]. 计算机应用研究, 2007 (7): 111-113+150.

[137] 刘梦华, 陈能华. 论政府信息资源增值服务的优化 [J]. 情报杂志. 2008 (3): 105-108

[138] 刘萍, 李绪蓉, 基于本体的信息集成框架研究, 计算机技术与发展, 2007 (12): 34-36.

[139] 刘权. 政府数据开放的立法路径 [J]. 暨南学报 (哲学社会科学版), 2021 (1): 92-102.

[140] 刘胜, 杨岳湘, 邓劲生, 等. 基于关键属性比对的增量数据抽取方法 [J]. 计算机工程与应用, 2012 (4): 115-117.

[141] 刘文静,陈耿. 政府信息共享制度建设的价值取向 [J]. 电子政务, 2014 (10): 17-26.

[142] 刘志伟. 论政治人理性: 从"经济人理性"比较分析的角度 [M]. 北京: 中国社会科学出版社, 2005.

[143] 刘铸. 基于政务信息资源共享模式研究 [J]. 信息系统工程, 2020 (12): 43-44.

[144] 刘紫微,孙世强,刘春艳. 云计算环境下政府信息资源集成模式研究 [J]. 现代情报, 2012 (10): 159-162.

[145] 柳玲,姜春艳,沙锋. 云计算环境下电子政务统一信息平台建设研究 [J]. 洛阳理工学院学报(自然科学版), 2013 (1): 54-57.

[146] 龙健. 政府基础信息资源跨部门共享机制研究 [D]. 北京: 北京大学, 2013.

[147] 龙健. 政府信息资源跨部门共享影响因素研究进展及启示 [J]. 情报资料工作, 2014 (2): 44-51.

[148] 龙怡. G2C场景下政府信息共享效益评价研究 [D]. 上海: 上海大学, 2018.

[149] 鲁金萍,许旭. 深化我国政务数据共享亟需培养"四种能力" [N]. 中国计算机报, 2021.5.31.

[150] 吕富生. 论私人的政府数据使用权 [J]. 财经法学, 2019 (6): 24-35.

[151] 吕欣,高枫. 电子政务信息资源共享中的隐私保护方法 [J]. 计算机应用, 2012 (1): 82-85.

[152] 吕元智. 基于云计算的电子政务信息资源共享系统建设研究 [J]. 情报理论与实践, 2010 (4): 104-109.

[153] 罗长银,陈学斌. 基于数据模糊化处理的数据脱敏研究 [J]. 软件, 2019 (10): 6-10.

[154] 罗海宁. 政务信息共享数据安全国家标准的应用实践研究 [J]. 信息安全与通信保密, 2021 (6): 2-10.

[155] 罗贤春,李阳晖. 我国电子政务信息资源共建共享模式 [J]. 图书馆理论与实践, 2006 (4): 45-46+88.

[156] 骆毅,王国华. "开放政府"理论与实践对中国的启示——基于社会协同治理机制创新的研究视角 [J]. 江汉学术, 2016 (4): 113-122.

[157] 马费成, 胡翠华, 陈亮. 信息管理学基础义 [M]. 武汉: 武汉大学出版社, 2002.

[158] 马广惠, 安小米. 政府大数据共享交换情境下的大数据治理路径研究 [J]. 情报资料工作, 2019 (2): 62-70.

[159] 马海群, 王茜茹. 美国数据安全政策的演化路径、特征及启示 [J]. 现代情报, 2016 (1): 11-14.

[160] 马海群. 基于结构方程的政府数据网站服务质量评价研究 [J]. 现代情报, 2016 (9): 10-15+33.

[161] 毛太田, 赵绮雨, 朱名勋. 基于协同理论的政府开放数据共建共享研究 [J]. 图书馆学研究, 2020 (11): 28-32+51.

[162] 孟庆国. 基于三权分置的政务数据交换共享与实现机制 [J]. 软件和集成电路, 2018 (8): 30-31.

[163] 孟庆国. 政府数据资产化探究 [EB/OL]. https://www.sohu.com/a/456621912_416839.

[164] 孟祥宏. 基于语义 Web 服务的电子政务数据集成研究 [J]. 图书馆理论与实践, 2009 (1): 52-54.

[165] 明承瀚. 政务服务数据共享研究——以武汉市为例 [J]. 电子政务, 2018 (1): 14-21.

[166] 明欣, 安小米, 宋刚. 智慧城市背景下的数据治理框架研究 [J]. 电子政务, 2018 (8): 27-37.

[167] 莫富传. 政府数据开放平台数据创新性开发利用服务研究 [J]. 知识管理论坛, 2018 (5): 245-254.

[168] 穆勇, 王薇, 赵莹. 我国数据资源资产化管理现状、问题及对策研究 [J]. 电子政务, 2017 (2): 66-74.

[169] 聂志强, 李信利. 基于本体的电子政务信息集成研究 [J]. 微型计算机信息, 2003 (3): 155-157.

[170] 欧阳辉, 基于协议异构数据源集成与信息共享关键技术研究 [D]. 华南师范大学, 2007.

[171] 帕森斯. 社会行动的结构 [M]. 南京: 译林出版社, 2003.

[172] 潘光辉. 基于元数据的政务信息资源目录体系应用研究 [J]. 图书馆理论与实践, 2009 (10): 42-45.

[173] 彭远浩, 潘久辉, 基于日志分析的增量数据捕获方法研究 [J].

计算机工程，2015（6）：56-60.

[174] 齐爱民，盘佳. 数据权、数据主权的确立与大数据保护的基本原则［J］. 苏州大学学报（哲学社会科学版），2015（1）：64-70+191.

[175] 秦浩. 政府信息共享模式：理论、实践与个案研究［J］. 电子政务，2017（4）：75-83.

[176] 秦晓东. 基于大数据的政务业务协同系统设计［J］. 江苏科技信息，2021（9）：43-47.

[177] 秦颜霞. 官僚制与中国行政改革［J］. 武汉交通管理干部学院学报，2003（4）：14-17.

[178] 邱玉婷，万文佳. 江苏政务数据共享现状及对策研究［J］. 江南论坛，2021（3）：13-15.

[179] 邱泽奇. 技术与组织：多学科研究格局与社会学关注［J］. 社会学研究，2017（4）：167-192+245-246.

[180] 邱泽奇. 技术与组织的互构：以信息技术在制造企业的应用为例［J］. 社会学研究，2005（2）：32-54.

[181] 冉从敬. 美国公共部门信息再利用的制度体系研究［J］. 图书与情报，2010（4）：69-74.

[182] 任泳然. 数字经济驱动下政务数据资产化与创新策略研究［D］. 南昌：江西财经大学，2020.

[183] 荣静. 基于属性基加密的云数据共享机制研究［D］. 扬州：扬州大学，2016.

[184] 沙志刚. 政务信息资源元数据目录服务系统的设计与实现［D］. 上海：东华大学，2010.

[185] 邵熠星，王薇. 政府信息资源再利用比较研究［J］. 图书情报工作，2010（15）：125-129.

[186] 沈大风，周民，沈解伍. 电子政务发展前沿［M］. 北京：中国城市出版社，2013.

[187] 沈晶，胡广伟. 利益相关者视角下政府数据开放价值生成机制研究［J］. 情报杂志，2016（12）：92-97.

[188] 沈亚平，许博雅. "大数据"时代政府数据开放制度建设路径研究［J］. 四川大学学报（哲学社会科学版），2014（05）：111-118.

[189] 盛小平，杨智勇. 开放科学、开放共享、开放数据三者关系解析

[J]. 图书情报工作, 2019 (9): 15-22.

[190] 石丹. 大数据时代数据权属及其保护路径研究 [J]. 西安交通大学学报: 社会科学版, 2018 (3): 84-91.

[191] 史丛丛, 逄锦山, 张嫒. 省级电子政务标准化研究 [J]. 信息技术与标准化, 2019 (6): 52-55+60.

[192] 史丛丛, 张嫒, 逄锦山, 都海明. 政务数据标准化研究 [J]. 信息技术与标准化, 2020 (10) 9-11.

[193] 史雅涓. 政务数据发布共享中的隐私保护研究 [D]. 石家庄: 石家庄铁道大学, 2018.

[194] 数字时代治理现代化研究报告 (2021) [R]. 中国信通院政策与经济研究所, 2021.3.

[195] 司莉, 赵洁. 美国开放政府数据元数据标准及启示 [J]. 图书情报工作, 2018 (2): 86-93.

[196] 宋懿, 安小米, 范灵俊等. 大数据时代政府信息资源共享的协同机制研究——基于宁波市海曙区政府信息资源中心的案例分析 [J]. 情报理论与实践, 2018 (6): 64-69.

[197] 苏哲, [美] 詹姆斯·Q. 威尔逊. 官僚机构——政府机构的作为及其原因 [J]. 孙艳, 译. 江苏警官学院学报, 2006, 21 (3): 136-136.

[198] 孙九林. 科学数据资源与共享 [C]. 中国基础科学, 中国科学数据共享学术讨论会专辑, 2003 (1): 30-33.

[199] 孙奕, 毛琨, 陈性元, 杜学绘. 面向互联网电子政务的定制数据安全交换技术研究综述 [J]. 计算机应用研究, 2014 (4): 965-969.

[200] 锁利铭, 李雪. 区域治理研究中"商品(服务)特征"的应用与影响 [J]. 天津社会科学, 2018 (6): 82-86.

[201] 锁利铭. 府际数据共享的双重困境: 生成逻辑与政策启示 [J]. 探索, 2020 (5): 126-140.

[202] 锁利铭. 面向共同体的治理: 功能机制与网络结构 [J]. 天津社会科学, 2020 (6): 71-78.

[203] 谭必勇. 政府信息资源再利用问题初探 [J]. 档案学研究, 2007 (4): 23-26.

[204] 谭海波, 孟庆国, 张楠. 信息技术应用中的政府运作机制研究 [J]. 社会学研究, 2015 (6): 73-98.

[205] 谭海波,张楠. 政府数据开放:历史、价值与路径 [J]. 学术论坛,2016(6):31-34+53.

[206] 谭军. 基于TOE理论架构的开放政府数据阻碍因素分析 [J]. 情报杂志,2016(8):175-178.

[207] 唐潇潇. 京津冀信息资源共享政策研究 [D]. 保定:河北大学,2016.

[208] 唐晓阳,代凯. 大数据时代提升政府治理能力研究 [J]. 中共天津市委党校学报,2017(6):74-83.

[209] 唐莹,易昌良. 刍论政府数据治理模式的构建 [J]. 理论导刊,2018(7):68-74.

[210] 陶晨阳. 开放政府数据的元数据质量评价方法及保障机制研究 [D]. 大连:大连海事大学,2020.

[211] 陶洋航. 大数据背景下重庆市政务数据资源共享研究 [D]. 重庆:重庆大学,2019.

[212] 陶易,马海群. 开放数据研究主题的知识结构演化分析 [J]. 情报资料工作,2017(4):30-35.

[213] 田应斌,贵义华. 法治政府的价值取向及指标体系探析 [J]. 湖北教育学院学报,2006(3):76-78.

[214] 涂平,李桂平,陈楠. 区域政务信息资源共享服务平台设计与实现 [J]. 福州大学学报(自然科学版),2008(6):819-824.

[215] 汪玉凯. 中国电子政务十年回顾和发展展望 [J]. 信息化建设,2009(11):11-13.

[216] 王本刚,马海群. 开放政府理论分析框架:概念、政策与治理 [J]. 情报资料工作,2015(6):35-39.

[217] 王彩霞. 电子政务信息资源共享模式分析 [J]. 辽宁工程技术大学学报(社会科学版),2009(2):155-157.

[218] 王长胜.2009年中国电子政务发展报告 [J]. 行政管理改革,2009(1):50-55.

[219] 王芳,陈锋. 国家治理进程中的政府大数据开放利用研究 [J]. 中国行政管理,2015(11):6-12.

[220] 王芳,储君,张琪敏,张亦琛,赵安. 跨部门政府数据共享:问题、原因与对策 [J]. 图书与情报,2017(5):54-62.

[221] 王芳, 储君, 张琪敏. 跨部门政府数据共享：一个五力模型的构建 [J]. 信息资源管理学报, 2018 (1)：19-28.

[222] 王红霞. 基于数据仓库的电子政务决策支持系统 [J]. 情报理论与实践, 2006 (3)：361-364.

[223] 王继业, 高灵超, 董爱强等. 基于区块链的数据安全共享网络体系研究 [J]. 计算机研究与发展, 2017 (4)：742-749.

[224] 王建伯. 数据资产价值评价方法研究 [J]. 时代金融, 2016 (12)：294-295.

[225] 王金水, 张德财. 以数据治理推动政府治理创新：困境辨识、行动框架与实现路径 [J]. 当代世界与社会主义, 2019 (5)：178-184.

[226] 王静, 刘晓晨. 政府数据共享的法治路径和突破点 [J]. 中国司法, 2019 (11)：36-40.

[227] 王立清, 唐宇萍. 澳大利亚新西兰政府网站建设的元数据标准 [J]. 情报资料工作, 2004 (s1)：410-413.

[228] 王毛路, 华跃. 数据脱敏在政务数据治理及开放服务中的应用 [J]. 电子政务, 2019 (5)：102-111.

[229] 王平水, 王建东. 匿名化隐私保护技术研究综述 [J]. 小型微型计算机系统, 2011 (2)：248-252.

[230] 王斯好. 中国政府数据开放：现状问题与策略选择 [D]. 长春：吉林大学, 2016.

[231] 王伟玲. 加快实施数字政府战略：现实困境与破解路径 [J]. 电子政务, 2019 (12)：86-94.

[232] 王晓周, 乔喆, 白雪. 大数据安全与敏感数据保护技术应用实践 [J]. 电信工程技术与标准化, 2019 (11)：60-63+92.

[233] 王新才, 陈祥令. 我国政府信息资源增值商品的定价研究 [J]. 情报科学, 2016 (3)：11-15+21.

[234] 王旭辉. 从抽象到具体：对科层组织运作动态的分析——以《工业组织的科层制类型》、《科层组织的动态》为线索 [J]. 社会学研究, 2008 (3)：215-229.

[235] 王颖. 透明政府构建：后现代会话理论的视野 [J]. 理论探索, 2006, (5)：124-126.

[236] 王玉兰. 基于层次分析法的数据资产评估模型研究 [D]. 天津：

天津商业大学，2018.

[237] 韦檫．政务大数据平台等保2.0测评与实践［J］．上海信息化，2021（6）：19-23.

[238] 卫军朝，蔚海燕．国外政府数据开放现状、特点及对我国的启示［J］．图书馆杂志，2017（8）：69-78+84.

[239] 温芳芳．我国政府数据开放的政策体系构建研究［D］．武汉：武汉大学，2019.

[240] 吴昊．大数据时代中国政府信息共享机制研究［D］．长春：吉林大学，2017.

[241] 吴建东，程永志，杨帆．基于SOA的电子政务个性化信息服务框架研究［J］．通信与信息技术，2018（3）：24-26+23.

[242] 吴琼．混合云环境下基于属性EHR共享系统安全技术研究［D］．南京：南京邮电大学，2016.

[243] 吴善鹏，李萍，张志飞．政务大数据环境下的数据治理框架设计［J］．电子政务，2019（2）：45-51.

[244] 吴信东，董丙冰，堵新政，杨威．数据治理技术［J］．软件学报，2019（9）：2830-2856.

[245] 吴应良，肖炯恩．电子政务治理理论框架下的政务数据共享创新研究［J］．电子政务，2018（10）：51-59.

[246] 吴湛微，孙欣睿，萧若薇．当开放数据遇到开源生态：开放政府数据平台建设模式比较研究［J］．图书馆杂志，2018（5）：82-90.

[247] 吴峥．浅谈政务大数据平台架构和体系设计［J］．信息通信，2020（8）：117-118.

[248] 武俊杰．网络环境下我国跨部门政府信息共享的对策探析［J］．全国商情（经济理论研究），2009（3）：140-142.

[249] 武琳，黄颖茹．开放政府数据平台元数据标准研究进展［J］．图书馆学研究，2017（3）：14-21.

[250] 武琳，刘珺．数据消费与孵化创新——开放政府数据商业应用发展趋势［J］．情报资料工作，2016（3）：90-94.

[251] 夏立新，徐晨琛，白华．基于本体的电子政务知识管理研究［J］．情报科学，2009（11）：1609-1610.

[252] 夏姚璜．开放政府数据评估框架下的数据质量调查与启示——基

于《中国地方政府数据开放报告（2018）》[J]. 情报理论与实践, 2019 (8): 44-49+66.

[253] 夏义堃. 开放政府数据战略的国际比较与中国的对策选择 [J]. 电子政务, 2017 (7): 45-56.

[254] 夏义堃. 试论数据开放环境下的政府数据治理：概念框架与主要问题 [J]. 图书情报知识, 2018 (1): 95-104.

[255] 夏义堃. 试论政府数据治理的内涵、生成背景与主要问题 [J]. 图书情报工作, 2018 (9): 21-27.

[256] 夏义堃. 政府数据治理的国际经验与启示 [J]. 信息资源管理学报. 2018 (7): 64-72+101.

[257] 肖冬梅, 文禹衡. 数据权谱系论纲 [J]. 湘潭大学学报（哲学社会科学版）, 2015 (6): 69-75.

[258] 肖炯恩, 吴应良. 大数据背景下的政府数据治理：共享机制、管理机制研究 [J]. 科技管理研究, 2018 (17): 188-194.

[259] 肖敏. 我国政府数据开放平台评价指标体系构建及实证研究 [D]. 郑州航空工业管理学院, 2019.

[260] 肖泽晟. 论国家所有权与行政权的关系 [J]. 中国法学, 2016 (6): 93-107.

[261] 谢先江. 电子政务外网平台信息资源构建研究 [J]. 情报科学, 2005 (11): 1610-1616.

[262] 谢笑. 欧美公共部门信息增值利用面临的问题与反思 [J]. 情报理论与实践, 2012 (5): 120-124.

[263] 谢延会, 陈瑞莲. 中国地方政府议事协调机构设立和运作逻辑研究 [J]. 学术研究, 2014 (10): 50-55.

[264] 熊俊潇. 政务大数据应用的价值、问题与对策 [J]. 信息化建设, 2017 (7): 32-34.

[265] 徐慧娜, 郑磊. 面向用户利用的开放政府数据平台：纽约与上海比较研究 [J]. 电子政务, 2015 (7): 37-45.

[266] 徐俊刚, 裴莹. 数据 ETL 研究综述 [J]. 计算机科学, 2011 (4): 15-20.

[267] 徐晓林, 刘勇. 数字治理对城市政府善治的影响研究 [J]. 公共管理学报, 2006 (1): 13-20+107-108.

[268] 徐晓林,明承翰,陈涛. 数字政府环境下政务服务数据共享研究 [J]. 行政论坛,2018(1):50-59.

[269] 徐晓林,周立新. 数字治理在城市政府善治中的体系构建 [J]. 管理世界,2004(11):140-141.

[270] 徐晓日,李思聪. 大数据背景下政府信息资源共享问题研究 [J]. 长白学刊,2015(6):57-61.

[271] 许欢,孟庆国. 大数据推动的政府治理方式创新研究 [J]. 情报理论与实践,2017(12):52-57.

[272] 许可. 数据权属:经济学与法学的双重视角 [J]. 电子知识产权,2018(11):25-32.

[273] 许鹿,黄未. 资产专用性:政府跨部门数据共享困境的形成缘由 [J]. 东岳论丛,2091(9):126-135.

[274] 许潇文,冯蕾,廖景行. 我国政务数据共享标准化路径研究 [J]. 信息资源管理学报,2021(1):81-84+90.

[275] 闫丰. 政务部门数据交换共享方式对比 [J]. 电子技术与软件工程,2018(8):165-165.

[276] 严昕,孙红蕾,郑建明. 城镇信息化中的数据治理问题研究 [J]. 情报科学,2017(9):30-35.

[277] 颜佳华,王张华. 数字治理、数据治理、智能治理与智慧治理概念及其关系辨析 [J]. 湘潭大学学报(哲学社会科学版),2019(9):25-30+88.

[278] 晏晓菁. 开放政府数据管理政策研究 [J]. 农业图书情报学刊,2017(12):81-84.

[279] 杨刚,杨凯. 大数据关键处理技术综述 [J]. 计算机与数字工程,2016(4):694-699.

[280] 杨会良,陈兰杰. 基于扎根理论的跨部门政务信息共享影响因素实证研究 [J]. 情报杂志,2016(11):158-164.

[281] 杨琪,龚南宁. 我国大数据交易的主要问题及建议 [J]. 大数据,2015(2):38-48.

[282] 杨瑞仙,毛春蕾,左泽. 国内外政府数据开放现状比较研究 [J]. 情报杂志,2016(5):167-172.

[283] 杨兴凯,刘畅. 政府信息资源集成方法研究综述 [J]. 电子政

务, 2013 (5): 5-6.

[284] 杨正联, 林二爽. 浅析威尔逊官僚制下组织成功的原因 [J]. 商业时代. 2012 (12): 105-106.

[285] 姚乐野. 实现跨部门政府信息资源整合与共享的路径与措施 [J]. 四川社科界. 2012 (2): 49-50.

[286] 姚远. 基于混合本体的政府信息共享方法研究 [J]. 辽宁师范大学学报 (自然科学版), 2013 (9): 350-355.

[287] 叶润国, 陈雪秀. 政务数据开放共享安全保障问题与建议 [J]. 信息技术与标准化, 2016 (6): 22-25+34.

[288] 叶雅珍, 刘国华, 朱扬勇. 数据资产化框架初探 [J]. 大数据, 2020 (3): 3-12.

[289] 叶战备, 王璐, 田昊. 政府职责体系建设视角中的数字政府和数据治理 [J]. 中国行政管理, 2018 (7): 57-62.

[290] 易龙飞, 钱泓澎. "最多跑一次" 改革背景下政务数据共享机制建设 [J]. 浙江树人大学学报 (人文社会科学), 2019 (2): 31-36.

[291] 于春永. 跨越的碰撞, 飞跃的构想——《构建虚拟政府: 信息技术与制度创新》评析 [J]. 电子政务, 2012, (5): 58-61.

[292] 于代荣, 杨扬, 马炳先等. 基于分层身份的电子政务网格认证模型研究 [J]. 计算机科学, 2008 (12): 55-57+61.

[293] 于文轩, 许成委. 中国智慧城市建设的技术理性与政治理性——基于147个城市的实证分析 [J]. 公共管理学报, 2016 (4): 127-138+159-160.

[294] 余红, 刘娟. 开放数据及其对图书馆信息资源共享的影响 [J]. 图书馆, 2014 (4): 87-90.

[295] 余奕昊, 李卫东. 我国地方政府数据开放平台现状、问题及优化策略——基于10个地方政府数据开放平台的研究 [J]. 电子政务, 2018 (10): 99-114.

[296] 余益民, 陈韬伟, 段正泰, 赵昆. 基于区块链的政务信息资源共享模型研究 [J]. 电子政务, 2019 (4): 58-67.

[297] 俞可平. 治理与善治 [M]. 北京: 社会科学文献出版社, 2000.

[298] 郁建兴, 高翔. 浙江省 "最多跑一次" 改革的基本经验与未来 [J]. 浙江社会科学, 2018 (4): 76-85+158.

[299] 喻健,刘美伶.政务大数据交换中心的架构研究[J].武汉职业技术学院学报,2020(2):108-112.

[300] 原光,王艺.我国政府信息资源增值利用模式的创新[J].统计与决策,2009(8):70-72.

[301] 袁刚,温圣军,赵晶晶,陈红.政务数据资源整合共享:需求、困境与关键进路[J].电子政务,2020(10):109-116.

[302] 袁国杰.政务数据开放安全影响因素研究[D].哈尔滨:黑龙江大学,2018.

[303] 曾娜.政务信息资源的权属界定研究[J].时代法学,2018(4):29-34.

[304] 翟军,翁丹玉,袁长峰等.英国政府开放数据的"国家信息基础设施"建设及启示[J].情报科学,2017(6):107-114.

[305] 翟军,于梦月,林岩.世界主要政府开放数据元数据方案比较与启示[J].图书与情报,2017(4):113-121.

[306] 翟军.我国开放政府数据"脏数据"问题研究及应对——地方政府数据平台数据质量调查与分析[J].图书馆,2019(1):42—51.

[307] 翟晓静.基于消息中间件的政务信息集成模型研究[D].电子科技大学,2009.

[308] 翟云.基于"互联网+政务服务"情境的数据共享与业务协同[J].中国行政管理,2017(10):64-68.

[309] 翟云.中国大数据治理模式创新及其发展路径研究[J].电子政务,2018(6):12-26.

[310] 张成福.开放政府论[J].中国人民大学学报,2014(3):79-89.

[311] 张春艳.大数据时代的公共安全治理[J].国家行政学院学报,2014(5):100-104.

[312] 张聪丛,郤颖颖,赵畅等.开放政府数据共享与使用中的隐私保护问题研究——基于开放政府数据生命周期理论[J].电子政务,2018(9):24-36.

[313] 张涵,王忠.国外政府开放数据的比较研究[J].情报杂志,2015(8):142-146+151.

[314] 张衡,高云.选择性激励:职教体系中的运用、反思及超越

[J]. 职教论坛, 2008 (4): 81-88.

[315] 张洪汇. 地方党政官员跨部门数据共享意愿影响因素研究 [D]. 杭州: 浙江大学, 2020.

[316] 张会平, 顾勤, 徐忠波. 政府数据授权运营的实现机制与内在机理研究——以成都市为例 [J]. 电子政务, 2021 (5): 34-44.

[317] 张会平, 胡树欣. "互联网+政务服务"跨部门数据共享的推进策略研究 [J]. 情报杂志, 2018 (12): 168-174.

[318] 张婧慧, 罗雪娟, 薛强, 曹扬. 大数据领域标准中"核心技术要素"的选择与编写 [J]. 中国质量与标准导报, 2020 (4): 48-51.

[319] 张康之. 论合作制组织中的行为选择 [J]. 探索, 2018 (3): 26-34.

[320] 张康之. 数据治理: 认识与建构的向度 [J]. 电子政务, 2018 (1): 2-13.

[321] 张璐, 李晓勇, 马威. 政府大数据安全保护模型研究 [J]. 信息网络安全, 2014 (5): 69-73.

[322] 张鹏, 蒋余浩. 政务数据资产化管理的基础理论研究: 资产属性、数据权属及定价方法 [J]. 学术界, 2020 (8): 61-73.

[323] 张卫, 王昊, 邓三鸿, 张宝隆. 电子政务领域中文术语层次关系识别研究 [J]. 情报学报, 2021 (1): 62-76.

[324] 张晓娟, 唐长乐. 我国政府信息元数据标准体系框架构建及其应用流程 [J]. 信息资源管理学报, 2018 (3): 25-36.

[325] 张晓娟, 王文强等. 中美政府数据开放和个人隐私保护的政策法规研究 [J]. 情报理论与实践, 2016 (1): 38-43.

[326] 张亚楠. 政府数据共享: 内在要义, 法治壁垒及其破解之道 [J]. 理论探索, 2019 (5): 20-26.

[327] 张毅菁. 从信息公开到数据开放的全球实践——兼对上海建设"政府数据服务网"的启示 [J]. 情报杂志, 2014, 33 (10): 175-178+183.

[328] 张引, 陈敏, 廖小飞. 大数据应用的现状与展望 [J]. 计算机研究与发展, 2013 (S2): 216-233.

[329] 张勇进, 章美林. 政务信息系统整合共享: 历程、经验与方向 [J]. 中国行政管理, 2018 (3): 22-26.

[330] 张臻, 贾雯清, 王丽娟, 蔡卓成. 贵州省大数据管理机构改革的回顾、理念及思考 [J]. 北京电子科技学院学报, 2020 (1): 58-66.

[331] 章剑生. 知情权及其保障——以《政府信息公开条例》为例 [J]. 中国法学, 2008 (4): 150.

[332] 赵加兵. 公共数据归属政府的合理性及法律意义 [J]. 河南财经政法大学学报, 2021 (1): 13-22.

[333] 赵劲松. 我国电子政务信息资源共享研究 [D]. 北京: 北京邮电大学, 2008.

[334] 赵龙文, 莫荔媛, 陈明艳. 面向政府数据开放的资源描述方法 [J]. 图书情报工作, 2017 (3): 115-121.

[335] 赵强, 曲海鹏. 电子政务下政府信息资源共享机制的构建 [J]. 重庆与世界, 2011 (15): 43-45.

[336] 赵蓉英, 梁志森, 段培培. 英国政府数据开放共享的元数据标准——对 Data.gov.uk 的调研与启示 [J]. 图书情报工作, 2016 (11): 31-39.

[337] 赵树宽, 孙彦明, 张福俊等. 基于跨界融合的政府数据开放共享模型研究 [J]. 图书情报工作, 2018 (12) 21-29.

[338] 赵志超. 电子政务大数据系统应用云计算架构 [J]. 计算机与网络, 2014 (7): 62-65.

[339] 赵灼. 基于 SOA 的电子政务信息资源整合初探 [J]. 中国新通信, 2014 (8): 22-23.

[340] 折晓叶. 合作与非对抗性抵制——弱者的"韧武器" [J]. 社会学研究, 2008 (3): 1-28+243.

[341] 郑丹辉. 大数据仓库数据模型在电子政务中的应用研究 [D]. 郑州: 郑州大学, 2020.

[342] 郑锋, 涂平, 王钦敏等. 基于 WebServices 的政务信息共享平台 [J]. 计算机工程, 2006 (8): 134-136.

[343] 郑磊, 关文雯. 开放政府数据评估框架、指标与方法研究 [J]. 图书情报工作, 2016 (11): 43-55.

[344] 郑磊. 开放不等于公开、共享和交易: 政府数据开放与相近概念的界定与辨析 [J]. 南京社会科学, 2018 (9): 83-91.

[345] 郑磊. 开放政府数据研究: 概念辨析、关键因素及其互动关系

[J]．中国行政管理，2015（11）：13-18．

[346] 中国地方政府数据开放平台报告（2017）[R]．复旦大学数字与移动实验室，2017．

[347] 中国科学院．数据质量评价过程、数据质量控制和评价框架体系、数据质量研究报告 [R]．2005．

[348] 中国行政管理学会课题组．我国政府数据开放顶层设计研究 [J]．中国行政管理，2016（11）：6-12．

[349] 钟军．政务数据资产化与交易架构研究 [J]．福建电脑，2017（10）：87-88．

[350] 钟源．美国地方政府数据开放政策研究 [J]．国家图书馆学刊，2016，（2）：32-41．

[351] 周春晓．"广东推进数字化发展"专题（2）协同治理：广东"数字政府"改革建设的关键 [J]．广东经济，2021（4）：12-17．

[352] 周健雄，梁孟．基于国家标准要求的政务数据共享安全架构研究 [J]．信息安全与通信保密，2021（6）：24-31．

[353] 周黎安．晋升博弈中政府官员的激励与合作——兼论我国地方保护主义和重复建设问题长期存在的原因 [J]．经济研究，2004（6）：33-40．

[354] 周淑云，陈书华．信息寻租问题浅析 [J]．情报杂志，2007（5）：93-94+97．

[355] 周文泓，朱令俊．我国政府数据治理的发展进程研究与展望：基于国家层面的分析 [J]．图书馆学研究，2020（8）：57-63．

[356] 周雪光，练宏．政府内部上下级部门间谈判的一个分析模型——以环境政策实施为例 [J]．中国社会科学，2011（5）：80-96+221．

[357] 周雪光．无组织的利益与集体行动 [J]．社会发展研究，2015（1）：182-208+246．

[358] 周毅．论政府信息增值服务的政策创新及其路径 [J]．情报理论与实践，2009（2）：1-5．

[359] 周振国．治理框架视域下的数据治理研究 [J]．农业图书情报学报，2020（7）：57-62．

[360] 周志忍，蒋敏娟．中国政府跨部门协同机制探析——一个叙事与诊断框架 [J]．公共行政评论，2013（2）：91-117+170．

[361] 朱丹．政务数据资产价值评估与价值实现研究 [D]．广州：华南

理工大学，2017.

[362] 朱迪. 服务型政府建设中政务数据共享和开放的挑战与对策研究——以静安区为例 [D]. 上海：中共上海市委党校，2019.

[363] 朱红灿，胡新，李顺利. 基于 Kano 模型的政府数据开放平台用户体验要素分类研究 [J]. 现代情报，2018（12）：13 – 21.

[364] 朱璐霞. "互联网 + 政务服务" 的流程再造与数据共享——基于浙江 "最多跑一次" 改革的考察 [J]. 安徽行政学院学报，2020（7）：41 – 48.

[365] 朱前磊. 电子政务系统中海量数据清洗方法研究与应用 [D]. 上海：东华大学，2010.

[366] 朱锐勋. 基于 SOA 的电子公共服务体系架构建模研究 [J]. 电子政务，2017（8）：65 – 74.

[367] 朱水成. 政策执行的中国特征 [J]. 学术界，2013（6）：15 – 23 + 281.

[368] 朱晓红. 政务信息共享机制的主要障碍及疏导策略 [J]. 东莞理工学院学报，2008（6）：45 – 48.

[369] 朱新现. 国内外电子治理研究文献综述 [J]. 中国行政管理，2010（10）：100 – 103.

[370] 朱岩，刘国伟，王静. 政务大数据安全架构研究 [J]. 信息安全研究，2019（5）：370 – 376.

[371] 朱颖杰. 基于 SOA 的电子政务平台的设计及实现 [D]. 苏州：苏州大学，2016.

[372] Akbulut A Y, Kelle P, Pawlowski S D, et al. To share or not to share? Examining the factors influencing local agency electronic information sharing [J]. International journal of business information systems, 2009（2）：143 – 172.

[373] Atabakhsh H, Larson C A, Petersen T, et al. Information sharing and collaboration policies within government agencies [J]. intelligence and security informatics, 2004：467 – 475.

[374] Attard J, Orland F, Scerri S, et al. Systematic review of open government data initiatives [J]. Government Information Quarterly, 2015（4）：399 – 418.

[375] Ayre L B, Craner J. Open Data: What It Is and Why You Should Care [J]. Public Library Quarterly, 2017 (2): 173 – 184.

[376] Dawes S S. Interagency Information Sharing: Expected Benefits, Manageable Risks [J]. Journal of Policy Analysis and Management, 1996 (3): 377 – 394.

[377] Dawes S, Vidiasova L, Parkhimovich O. Planning and designing open government data programs: an ecosystem approach [J]. Government information quarterly, 2016 (1): 15 – 27.

[378] Denhardt, R B, J V Denhardt. The New Public Service: Serving Rather Than Steering [J]. Public Administration Review, 2000, 549 – 59.

[379] Dunleavy P, Hood C. From Old Public Administration to New Public Management [J]. Public Money&Management, 1994 (3): 9 – 16.

[380] Dunleavy P, Margetts H, Bastow S, et al. New Public Management is Dead. Long Live Digital-Era Governance [J]. Journal of Public Administration Research Theory, 2006, (3): 467 – 494.

[381] Fan J, Zhang P, Yen D C. G2G information sharing among government agencies [J]. Information&management, 2014 (1): 120 – 128.

[382] Feiock R C. Rational choice and regional govermance [J]. Journal of Urban Affairs, 2007 (1): 49 – 65.

[383] Felipe G Z, Richard H. The multiple meanings of open government data: understanding different stakeholders and their perspectives [J]. Government information quarterly, 2015 (4): 441 – 452.

[384] Ganapati S, Reddick C G. Open e-government in US. State Governments: Survey Evidence from Chief Information Officers [J]. Government Information Quarterly, 2012 (29): 115 – 122.

[385] Gil – Garcia J R, Sayogo D S. Government inter – organizational information sharing initiatives: Understanding the main determinants of success [J]. Government Information Quarterly, 2016 (3): 572 – 582.

[386] Gonzalez Zapata F, Heeks R. The Multiple Meanings of Open Government Data: Understanding Different Stakeholder and Their Perspectives [J]. Government Information Quarterly, 2015 (4): 441 – 452.

[387] Jun, K N, Wang, F, Wang, D. E-Government Use and Perceived

Government Transparency and Service Capacity [J]. Public Performance & Management Review, 2014 (1): 125 -151.

[388] Katsonis M & Botros A. Digital Government: A Primer and Professional Perspectives [J]. Australian Journal of Public Administration, 2015 (1): 42 -52.

[389] Liu W. Government information sharing: Principles, practice, and problems - An international perspective [J]. Government Information Quarterly, 2011 (3): 363 -373.

[390] Lourenço R P. Open government portals assessment: A transparency for accountability perspective [J]. Electronic Government, 2013 (3): 62 -74.

[391] Martin A S, Rosario A H D, Perez M D C C. An International Analysis of the Quality of Open Government Data Portals [J]. Social Science Computer Review, 2015 (3): 298 -311

[392] Nataša Veljković N, Sanja Bogdanović-Dinić, Leonid Stoimenov. Benchmarking open government: An open data perspective [J]. Government Information Quarterly, 2014, 31 (2).

[393] Open Government Working Group. Eight Principles of Open Government data [EB/OL]. http://opengovdata.org/.

[394] Open Knowledge Foundation. The Open Definition [EB/OL]. http://opendefinition.org/.

[395] Ostrom E. Understanding institutional diversity [M]. NJ: Princeton University Press, 2005.

[396] Ostrom, Elinor, Ahn, T K. Foundations of Social Capital [M]. Edward Elgar Pub, 2010.

[397] Pardo T A, Tayi G K. Interorganizational information integration: A key enabler for digital government [J]. Government Information Quarterly, 20074 (4): 691 -715.

[398] Parycek P, Hochtl J. Open Government Data Implementation Evaluation [J]. Journal of theoretical and applied electronic commerce research, 2014 (2): 80 -99.

[399] Peter Parycek, Michael Sachs. Open government-information flow in web2.0 [J]. European Journal of ePractice, 2010 (1) 1 -11.

[400] Sharon S. Dawes. Interagency Information Sharing: Expected Benefits,

Manageable Risks [J]. Journal of Policy Analysis and Management, 1996 (3): 377 – 394.

[401] The White House. Open Government Directive [EB/OL]. https://obamawhite house. archives. gov/open/documents/open-government-directive.

[402] Veljković N, Bogdanović-Dinić S, Stoimenov L. Benchmarking open government: an open data perspective [J]. Government Information Quarterly, 2014 (2): 278 – 290.

[403] Wang F. Understanding the dynamic mechanism of interagency government data sharing [J]. Government Information Quarterly, 2018 (4): 536 – 546.

[404] White House. Memorandum on Transparency and Open Government [EB/OL]. https://obamawhitehouse. archives. gov/the-press-office/transparency-and-open-government.

[405] Zhang J, Dawes S S, Sarkis J, et al. Exploring "stakeholders" expectations of the benefits and barriers of e-government knowledge sharing [J]. Journal of Enterprise Information Management, 2005 (5): 548 – 567.